교육학개론

김성훈 · 고진호 · 박선형 · 조상식 · 신나민 · 박종배
박현주 · 윤초희 · 장환영 · 이효정 · 김융희

introduction to education

박영story

인간은 가소성(可塑性)을 가진 존재이기 때문에, 성장하면서 어떤 환경자극을 접하는가에 따라 발달의 경로와 내용이 극적으로 달라질 수 있다. 어떻게 보면 개인이 속한 사회적·문화적 환경은 그 사회가 지향하는 개인 발달의 이정표와 방향을 설정하는 역할을 한다고 볼 수 있다. 그것이 보다 계획적이고 체계적으로 이루어질 때, 우리는 그것을 교육이라고 말한다. 교육은 인간을 인간답게 하는 행위이며, 오직 인간만이 교육을 수행할 수 있다. 교육은 발달하는 인간에게서 아직 성숙하지 않은 미래의 새로운 정신과 행위 방식을 낳게 하는 과정이다. 이러한 교육은 개인의 성장과 자아실현뿐만 아니라 사회문화 발달의 토대가 되며, 인간은 교육을 통해 이전 세대의 문화적 유산을 계승하고 새로운 문화를 창조한다. 교육은 인간이 자연 상태로부터 벗어나 자율적이고 도덕적인 존재가 되게 하며, 건강하고 행복한 삶을 영위할 수 있게 해준다. 이 책은 교육학을 처음 접하는 학생들에게 교육의 중요성을 인식시키고 다양한 교육 이론을 소개하는 데 목적이 있다. 또한 이들이 예비교사로서 향후 교육현장에서 발생할 수 있는 여러 가지 문제들에 대처할 수 있는 방법과 전략들을 모색할 수 있도록 기획되었다.

이 책을 집필하게 된 배경은 다음과 같다. 첫째, 예비교사를 위한 교육학 입문서는 많지만, 대부분의 입문서가 교육학개론 수업 교재로 사용되기에는 다소 많은 내용을 담고 있다는 문제가 있었다. 집필진은 교육학을 처음 접하는 전공 학생들뿐만 아니라 교직을 이수하는 예비교사들을 위해, 내용이 많지 않으면서 다양한 교육학적 쟁점들에 대해 생각할 수 있고 교육현장에서도 실제적인 도움이 될 수 있는 교육학 입문서가 필요하다는 데 공감하여 이 책을 집필하게 되었다. 둘째, 이 책은 동국대학교 교육학과 전체 교수들 간

1

의 협력을 도모한 첫 번째 공동 저술 작업이라는 의미를 갖는다. 오랜 기간 한 울타리 안에서 함께 교육을 연구하고 실천해 온 교육학과 교수들이 평소 가지고 있던 교육에 대한 생각과 고민들을 이 책에 담았다. 각 장(章)은 교육학의 각기 다른 하위 분과 영역의 정체성을 담고 있지만, 교육이라는 더 큰 주제로 연결되어 있다. 각 하위 영역이 교육과 연결되는 고유한 방식들을 검토하면서 책을 읽는 것도 하나의 즐거움일 것이다. 셋째, 이 책은 지난 28년간 교육학 연구와 후학 양성 및 사회 활동을 통해 우리나라 교육 발전에 기여하신 김성훈 교수님의 정년퇴임을 기념하는 의미가 담겨 있다. 책의 발간일과 교수님의 퇴임 시기가 맞물려서 더욱 의미 있는 교육학 교재가 될 것 같다. 평소 교육평가는 '인간을 인간답게 만드는 데 기여하는 평가가 되어야 한다'는 말씀으로 평가의 교육적 의미를 강조하셨던 김성훈 교수님께서 이제 더 자유롭게 활동하시면서, 그동안 못 다하신 학문과 삶에 대한 많은 이야기들을 들려주시기를 기대한다.

이 책은 〈교육학개론〉 수업에서 한 학기 동안 다룰 수 있는 12가지 주제로 구성되어 있다. 각 주제를 반영하는 장의 집필은 개별 저자가 자신의 전공 영역을 맡아서 집필하는 방식으로 이루어졌다. 제1장 '교육과 교육학'(조상식), 제2장 '한국교육의 역사적 전개'(박종배), 제3장 '서양교육의 역사와 철학'(조상식)은 교육학 탐구의 도입 장으로서 교육의 개념과 목적, 역사와 철학을 다룬다. 제4장 '교육과정'(고진호), 제5장 '교육사회학'(김용희), 제6장 '교육심리학'(윤초희)은 교육의 내용으로서 교육과정(curriculum)과 교육현상의 사회(학)적 및 심리(학)적 이해를 다룬다. 제7장 '교육행정학'(박선형), 제8장 '교육공학'(신나민), 제9장 '교육평가'(김성훈)에서는 교육의 운영과 관리, 수업의 설계 및 기술적 측면들, 그리고 교육현장에서 이루어지는 다양한 유형의 평가에 대해 살펴본다. 마지막으로, 제10장 '생활지도와 상담'(박현주), 제11장 '통합교육시대의 특수교육'(이효정), 제12장 '평생교육'(장환영)은 보다 다양한 교육수요자들을 이해하고 이들의 성장과 학습을 도모하는 데 도움이 되는 장이다. 이들 장에서는 학교에서 이루어지는 다양한 심리상담의 실제, 다양성과 포용의 가치를 내포하는 통합교육, 그리고 평생학습을 지향하는 학습사회의 특성과 평생교육에 대해 소개한다. 학문적 지식은 시대적 흐름에 따라 점차 영역 간 경계가 약화되고 융합되어 가는 양상을 띠고 있다. 이러한 동향은 교육학 분야에서도 나타난다. 이는 교육(현상)을 세부적인 분과 영역의 관점에서 분석하는 것뿐만이 아니라 전체적으로 조망하고 종합할 수 있는 거시적 안목이 필요하다는 점을 시사한다. 특히 복잡하고 복합적인 교육 문제를 해결하기 위해서는 다학문적 접근이 요구되는데, 이 책은 교육학의 하위 분과 영역의 전문 지식과 더불어 이들 영역 간의 통합적 접근을 통해 다양한 층위와 관점에서 교육의 문제를 생각해볼 수 있도록 구성되었다.

이 책을 통해 학생들은 교육의 본질과 목적, 교육현상과 관련된 다양한 개념과 쟁점들을 이해하고 분석하는 기회를 가질 수 있을 것이다. 또한 다양한 가치를 추구하는 데 있어 교육의 역할과 기능들에 대해 논의할 수 있을 것이다. 그러나 이 책은 단순히 교육학의 이론만을 다루지 않는다. 실제에 변화를 가져와야 진정한 이론이 될 수 있듯이, 이 책은 학교에서 마주칠 수 있는 다양한 교육 실천적 문제들을 숙고하고 이에 대비할 수 있도록 하는 것을 목표로 삼았다. 그러므로 이 책은 교육학을 전공하는 학생들, 예비교사, 현장교사를 포함하여 교육을 생각하는 모든 사람들을 위한 교육학 입문서라고 할 수 있다. 아무쪼록 교육학을 접하는 모든 학생들이 이 책을 통해 교육(학)으로의 즐거운 여정을 시작할 수 있기를 기대한다.

책의 집필에 애쓰신 교육학과 교수님들과 책의 기획부터 발간까지 전 과정에서 아낌없는 지원을 해준 박영스토리에 진심으로 깊은 감사를 드린다.

2021년 8월
저자 일동

/ 목 차 /

교육학개론

INTRODUCTION TO EDUCATION

PART

교육과
교육학

PART

교육과 교육학

 학습개요

이 장에서는 '교육이란 무엇인가?' 하는 질문에 대한 기본적인 대답을 탐구한다. 교육의 개념에 대한 다양한 이해를 그 정의 방식에 따라 공학적 개념, 성년식, 사회화 그리고 자기형성으로서 교육으로 나누어 설명한다. 다음으로 학문으로서 교육학의 탄생과 학문적 성격 그리고 이후 분화 발전 과정을 다루기로 한다.

교육학은 교육을 대상으로 탐구하는 분야이다. 학문으로서 교육학을 다루기 전에 먼저 교육이란 무엇인지 살펴볼 필요가 있다. 인간은 이미 역사 이전에도 생존을 위해 경험과 관찰을 통해 학습을 했다. 사전적인 의미에서도 교육이란 '인간이 삶을 영위하는 데 필요한 모든 행위를 가르치고 배우는 과정이며 수단을 가리키는 용어(한국민족문화대백과사전)'이다. 아울러 한자어로 교육(敎育)은 '가르치다'와 '기르다'의 복합어로서, 시범을 보이거나 가르치는 성인과 이를 모방하는 아동 및 청소년 세대가 전제되어 있다. 이처럼 일상적인 의미에서나 사전과 같은 통상적인 의미에서 교육 개념은 완전히 일치하는 것처럼 보이지만, 인간, 사회, 세계, 지식 등에 대한 상이한 관점에 따라 그리고 학문으로서 교육학에 대한 상이한 탐구 방식에 따라 역사적으로 교육을 다양하게 이해해 왔다. 학문으로서 교육학의 성격과 연구 분야에 대해 알아보기 전에 이처럼 다양한 교육에 대한 개념적 접근을 이해할 필요가 있다.

1. 교육의 개념

1) 정의(定義) 방식

어떤 개념이 무엇을 의미하는지를 밝히는 것을 정의(定義, definition)라고 한다. '정의하다(define)'는 '경계를 짓다' 혹은 '한계를 짓다'라는 의미로서 어떤 용어가 내적으로 지니고 있는 의미의 충실성(내포)을 기준으로 그것이 가리키는 대상의 포괄성(외연) 정도를 결정하는 것이다. 개념을 정의하는 방식에는 다양한 시도들이 있지만, 가장 오래되었으며 논리적으로 설득력이 있는 방식은 고대 그리스 철학자인 아리스토텔레스에 의해 제안되었다. 그에 따르면 정의는 '종차(種差) 개념과 유(類) 개념의 결합'이다. 종차 개념이란 정의하고자 하는 개념과 다른 개념을 구별하는 결정적인 차이를 진술하는 것이며, 유 개념은 정의하고자 하는 개념이 포함하는 상위의 개념을 의미한다. 예컨대 원(圓)에 대한 정의인 '한 점에서 같은 거리에 있는 점들의 집합'에서 '한 점에서 같은 거리에 있는'이 종차 개념이고 '점들의 집합'이 유 개념이 된다.

아리스토텔레스의 개념 정의에 대한 고전적인 규정과 별개로 오늘날 교육에 대한 정의는 학자들마다 거의 모두 다르게 이루어져 왔기 때문에 간단히 정의될 수 없을 정도이다. 미국의 교육철학자 셰플러(I. Scheffler)는 교육을 정의하는 방식을 일반적인 정의 방식과 과학적인 정의 방식으로 구분한 바 있다(Scheffler, 1960: 11−35). 일반적인 정의 방식은 과학 이외의 사태에서 정의하는 것이다. 여기엔 사전적·서술적·보고적인 방식의 기술적(記述的, descriptive) 정의, 특정한 주제를 다루면서 글의 맥락에서 저자가 제한된 정의를 내리는 약정적(約定的, contractual) 정의, '어떻게 해야 하는가, 어떻게 하는 것이 옳은가'라는 맥락에서 개념을 파악하는 강령적(綱領的, programmatic) 정의가 있다. 특히 강령적 정의는 정의하고자 하는 개념이 이미 올바른 의미를 지니고 있음을 전제하면서 그 개념이 이러이러하다고 정의하는 방식이다. 교육과 같이 이미 가치가 내재된 개념을 정의하는 경우에는 강령적 정의의 형식을 띤다. 그 대표적인 정의 방식은 뒤에서 다루게 될 피터스의 교육 개념에 잘 나타나 있다. 셰플러는 과학적 정의의 대표적인 방식으로 조작적(操作的, operational) 정의를 든다. 조작적 정의 방식은 물리학 방면에서 등장한 것으로서 이를 처음으로 제안한 바 있는 브리지먼(P. W. Bridgman)은, '개념의 의미는 일련의 조작에 지나지 않는다'라고 주장하였다(Bridgman, 1927. 윤정일 외, 2003: 38에서 재인용). 이는 모든 개념은 조작을 통해서 부여된 의미 그 이외에는 무의미하다는 주장이다. 이러한 정의 방식은 물리학 방면에서는 흔한 접근일 수밖에 없다. 이를테면 B라는 금속을 규정할 때, 이것은 금속의 굳기를 기준으로 A 금속으로 긁었을 때는 긁히지만 C금속으로는 긁히지 않는 금속으로 정의하는 방식이다. 이렇듯 조작적 정의는 만약 어떤 조작(혹은 처치)을 한다면 항상 어떤 결과가 일어난다는 if~, then~ 구조를 취한다. 이러한 정의 방식은 물리학 방면에서만 사용되는 것이 아니라 인간의 내적인 특성을 설명하고자 할 때에도 활용될만하다. 예를 들어 인간의 정신적 특성인 지능의 정도를 측정하기 위해서, 지능을 구성하는 요소들을 미리 확정한 후 이를 기반으로 지능 검사지를 제작하고 집단을 대상으로 이 검사를 실시한 결과를 지능이라고 정의하는 방식이 그것이다. 따라서 지능 검사지에 따라 동일한 검사자의 지능이 다르게 결과할 수 있는 것은 지능에 대한 조작적 정의가 다르기 때문일 것이다. 조작적 정의 방식에 따라 교육 개념을 정의하는 것은, '교육활동에 포함되는 기본적인 요소와 그 요소들이 작용하는 실제적인 과정과 방법을 보여줄 수 있도록 한다(같은 곳)'. 그 대표적인 사례는 정범모의 교육 개념에 잘 드러나 있다. 이에 대해서는 아래에서 다루기로 하겠다.

'교육이 무엇이다'라고 단정적으로 정의하기는 쉽지만은 않다. 아래에서는 교육의 개념을 이해하는 대표적인 정의 방식을 이홍우가 『교육의 개념(2016 주석 증보판)』에서 구분한 바 있는 공학적 개념, 성년식 개념, 사회화 개념을 중심으로 소개한 후, 그 밖에 교육에 대한 새로운 접근 방식도 아울러 다루기로 하겠다.

2) 공학적(工學的) 개념

정범모는 저서 『교육과 교육학(1976)』에서 교육이 힘을 발휘하기 위해서는 관찰 가능한 결과가 필요하다고 주장하면서, 교육을 '인간행동의 계획적인 변화'라고 정의한다(정범모, 1976: 2). 이러한 교육 개념에 대한 이해는 추상적인 개념을 관찰 가능하도록 정의내리는 것이기에 위에서 설명한 바 있는 조작적 정의 방식에 해당된다. 셰플러가 과학 분야에서의 정의 방식이라고 구분한 조작적 정의와 유사하기 때문에 이를 공학적 교육 개념이라고 부른다.

정범모의 교육에 대한 정의는 '인간행동', '계획적' 그리고 '변화'라는 핵심적인 세 의미 요소를 포함하고 있다. 먼저 '인간행동'은 교육의 대상에 해당한다.

> 교육의 직접 관심은 우선 인간이다. ··· 성과의 면에서도 교육의 성과란 인간에게 나타나는 성과를 말한다. ··· 그러나 교육이 '인간'을 기른다고만 하는 것은, 농사를 '농작물'을 기른다고 하는 것과 같이 아직 막연하다. ··· 우리는 인간을 좀 더 분석적으로 파악하고 동시에 교육이 다루는 인간 개념을 보다 명석히 하기 위하여 행동 내지 인간행동이라는 개념을 동원하여야 한다(같은 곳, 2-3).

정범모는 교육의 대상을 인간이 지닌 총체적인 요소들 중에서 관찰 가능한 '외현적인 행동'으로 간주한다. 이는 행동주의 심리학에 기반을 둔 인간 이해라고 할 수 있다. 두 번째 의미 요소인 '계획적'이라함은 교육이 의도성과 계획성을 가지고 있음을 의미한다.

> 교육은 그냥 인간행동의 변화라기보다는 계획적인 인간행동의 변화를 말한다. 이런 행동을 이렇게 변화시키겠다는 의도와 계획이 있는 것에 한해서 교육이라고 규정할 수 있다. ··· 여기에서 우리는 이른바 '무의도적인 교육'은 교육의 개념에서 배제하고자 한다. 왜냐하면, 무의도적인 교육까지 교육에 포함한다면 그것은 곧 학습이라는 말이며, 인간의 삼라만상이 다 교육상황이 되는 셈이 되어 교육은 정의 하나마나이기 때문이다(같은 곳, 5-7).

결국 정범모에게 '계획적'이라는 말은 인간행동에 관한 명확한 설정과 의도가 있다는 의미이다.

> '이렇게 하면 이것은 길러진다'는 이론과 실증의 뒷받침이 있는 계획과 과정이 있다는 것을 의미한다. 전자는 명확한 교육목적이 있다는 말이며, 후자는 교육(육성) 이론 그리고 그것에 터한 교육 프로그램 내지 교육과정이 있다는 말이다. 길러야할 인간행동으로서의 교육목적에 관한 명확한 의식이 없는 정도에 따라, 그리고

이론적으로 실증적으로 자신 있는 교육계획이 없는 정도에 따라 학교라 할지라도 거기엔 교육은 없다(같은 곳).

마지막 의미 요소인 '변화'는 다른 사회과학과 달리 교육의 독자적인 의미가 인간행동의 변화, 즉 육성이나 교정이나 개조에 관심을 가지고 있음을 의미한다.

> 교육은 이런 성장, 발달, 조성 등 변화의 길이 개인에게 선천적으로 결정되어 있지 않다고 전제하는 데서 그 존재 이유가 선다. 즉 개인의 변화의 길이 그의 운명이나 사정비결이나 또는 유전에 따라서 미리 결정되어 있는 것이 아닌 한에서만 교육은 존립한다. 왜냐하면 교육은 인간행동이 자연적으로 변해가는 것에 관심이 있기 때문이다. 바꾸어 말하면, 교육은 인간행동을 능동적으로 가변한 것으로 보는 한도에서 존립한다. 유전이냐 환경이냐라는 문제에서 쉽게 짐작할 수 있다시피, 인간행동을 의도적으로 또는 능동적으로 변화시킬 수 있는 범위에 어떤 한계가 있을 것이다(같은 곳, 3-4).

정범모는 비의도적인 과정을 거쳐서 이루어지는 학습이나 유전적인 요소들이 저절로 발현되는 생물학적 의미에서의 성숙 같은 것을 교육 개념에서 배제하여 버린다. 따라서 정범모의 교육 개념은 잠재적 교육과정과 같은 교육의 비의도성을 제외하여 다소 좁은 규정이기는 하다. 정범모의 교육 개념에 대해 이홍우는 다음과 같이 두 가지 측면에서 비판한다(이홍우, 2016: 90-93). 첫째, 교육내용의 측면에서 외적인 변화를 일으키는 것에만 관심을 가짐으로써 이론적 지식처럼 내적인 안목을 기르도록 하는 교육의 목적은 사라지고 만다. 둘째, 교육의 방법 측면에서 정범모의 교육은 교사가 학생을 설득하는 데 치중하는 나머지 학생은 외적인 결과를 얻는 수단에 불과해버리고 인간됨이나 인격적 성숙과 같이 학생의 정신상태 자체를 목적으로 취급할 수 없게 된다. 이러한 비판에도 불구하고 정범모의 교육 개념은 1960년대 이후 교육의 과학화라는 학문적 흐름에서 교육의 과정을 이해하려고 했다는 역사적인 시도라는 점에서 나름대로 공헌을 하였다고 할 수 있다.

3) 성년식 개념

영국의 교육철학자인 피터스(R. S. Peters)는 교육을 합리적인 사고와 활동으로 입문시키는 성년식(成年式, Initiation)으로 규정하였다. 동양에서도 성인이 되는 의식(儀式)이 있듯이, 교육은 자라나는 세대를 성인세대가 이루어 놓은 문화유산(경험내용)으로 안내하는 일련의 과정이라는 말이다. 인간은 태어나면서 거의 동물과 별반 차이가 없는 상태이지만, 합리적인 사고와 경험을 배움으로써 진정한 의미에서의 인간이 된다는 점에서 교육은 그 자체로 가치가 내재되어 있는 활동이 된다. 피터스에 따르면, 교육은 "모종의 가치 있는 것이 도덕적으로 온당한 방식으로 의도적으로 전달되고 있거나 전달된 상태"이다(Peters, 1966. 이홍우·조영태 역, 2003: 25). 이러한 교육 개념은 가치 있는 인간활동으로서 교육을 미리 가정하기 때문에 규범적 정의에 속하며, 셰플러의 구분에 따르면 강령적(綱領的) 정의에 해당된다. 이 교육 개념에 따르면 합리적인 사고 계발이나 지적인 안목을 기르는 데 관련이 없는 교육내용이나 훈련 혹은 조건화 같은 교육방법은 진정한 의미에서의 교육이 아니다.

피터스는 엄밀히 말하자면 교육을 정의하고자 하지 않고 교육을 '개념적 기준'으로 간주하면서 교육 개념을 이해하고자 한다.

> 사물의 이름은 그 전형적인 지시 대상과 관련하여 의미를 가지지만 모든 용어가 이와 같은 방식으로 의미를 가지는 것은 아니다. 그리고 '교육'이라는 용어는 확실히 이런 용어에 속한다. '교육'이라는 용어는, 예컨대 '재배'라는 용어와 달리, 어떤 특정의 활동을 지칭하지 않는다. 물론 교육이 일어나려고 하면 어떤 과정이 전개되어야만 하며, 어떤 사람이 교육받은 사람이 되어 나오려기 위해서는 그 과정을 거쳐야만 한다. … 교육은 특별한 활동이나 과정을 꼬집어서 지칭하는 것이 아니라 활동이나 과정이 갖추어야 하는 기준을 명시하는 것이다(같은 곳, 22-23).

말하자면 교육은 그 어떤 구체적인 활동을 가리키는 이름이 아니라 그 구체적인 활동을 통해서 이루어지는 그 어떤 것을 가리키는 용어이다. 이러한 의미에서 보자면, 피터스는 교육 개념 자체를 정의하고자 함이 아니라

'교육'이라는 활동을 하는 데 어떤 기준을 충족시켜야만 하는가, 즉 교육의 개념적 기준을 밝히고자 한다. 피터스는 그 기준을 세 가지로 다루고 있다. 규범적 기준, 인지적 기준, 과정적 기준이 그것이다.

먼저 규범적 기준은 교육을 행위자의 관점에서 규범적으로 정의하는 것인데, 교육의 내재적 가치를 가리킨다. 교육의 행위는 무엇인가 가치 있는 것을 추구하는 것을 의미하며 가치 있는 것이 전달되었기 때문에 학습자의 입장에서는 가치 있는 태도를 형성하였음을 의미한다.

> 교육은 무엇인가 가치 있는 것이 도덕적으로 온당한 방법으로 의도적으로 전달되고 있거나 전달되었다는 것을 함의하고 있다. 어떤 사람이 교육을 받았으나 하등 좋은 방향으로 달라진 것이 없다고 말한다든지, 자기 아들을 교육하면서 아무런 가치 있는 것도 가르쳐 주지 않았다고 말하는 것은 논리적으로 모순일 것이다. 이것은 순전히 개념적인 요점을 지적하는 것이다(같은 곳, 23).

다음으로 인지적 기준은 교육내용에 관한 기준이다. 즉 교육은 일반적인 훈련과 달리 전인적인 계발을 지향해야만 한다. 이를테면 '무기력한 지식'이나 '단편적인 지식'을 교육내용으로 다루는 것이 아닌, 인간 삶 전체를 포괄하는 지식을 다루어야 한다. 아울러 인지적 기준은 교육받은 사람이 '폭넓은 안목'을 가짐으로써 자신의 분야가 다른 인간 삶과 어떤 관련을 맺고 있는지를 깊이 이해할 수 있어야 함을 의미한다. 여기서 유독 피터스가 교육 개념이 훈련 개념과 명백히 구분되어야 한다고 강조하는 이유가 여기에 있다.

> … '훈련'의 개념은 특수한 목적 내지 기능을 위하여, 또는 특수한 사고방식이나 실천의 규범에 맞게 사용될 것을 전제로 하여 기술이나 능력이 습득되는 경우에 적용된다. … 우리는 어떤 특수한 목적이나 기능이나 사고방식과 관련해서는 '교육받은 사람'이라는 말을 쓰지 않는다. 군인·역사가·요리사는 교육받은 사람일 수도 있으나 그들은 전쟁을 위하여, 역사가로서, 또는 요리하는 직업에 알맞도록 '교육'되는 것은 아니다. '교육은 전인을 기른다'는 말은 곧 교육은 그 어떤 전문화된 기술이나 활동이나 사고방식을 가르치는 일이 아니라는 소극적인 강조점을 나타내고 있다(같은 곳, 40).

마지막으로 교육의 과정적 기준은, 교육은 도덕적으로 온당한 방식으로 가르쳐야 함을 의미한다. 요컨대 교육의 목적을 달성하기 위해서 목적에 맞는 내용뿐만 아니라 그러한 목적에 맞는 방법을 사용해야 한다는 것이다. 이는 이른바 '전통적인 교육 방법'의 전형적인 특성인 학습자의 심리적 상태를 고려하지 않고 강제적이고 일방적인 훈육의 방식으로 교육의 목적에 도달하는 관행을 비판하는 것과 관련이 있다. 이를테면 행동주의 심리학의 행동수정에서 가정하듯이 학습자를 수동적인 존재로 파악하지 않고 학습자의 자발성에 기반을 두어야 한다는 것이다.

> 어떤 것이 교육적 과정으로 간주되기 위해서는 교육받는 사람에게 자기가 교육받고 있다는 데 대한 최소한의 의식이 반드시 필요하다. … 아이들은 자기가 무엇을 배우고 있고 무엇을 하고 있는지 알며, 자기가 도달해야 할 기준이 어떤 것인지를 파악하고 있다. 뿐만 아니라 이 때 아이들은 다소간 자발적인 행동을 하고 있다고 볼 수도 있다(같은 곳, 53).

이처럼 피터스는 교육 개념 자체를 정의하는 것보다는 그 활동의 개념적 기준을 설정하는 방식으로 개념을 이해하고자 한다. 피터스는 교육이라는 이름으로 행해지는 수많은 활동들이 진정한 의미에서 '교육적으로' 이루어지고 있는지 판단할 수 있는 기준을 제시함으로써 참된 교육과 그렇지 않은 교육을 규범적으로 구분시켜 주었으며 교육활동의 본질적 측면을 이해하는 데 중요한 공헌을 하였다고 할 수 있다.

4) 사회화 개념

우리는 태어나서 특정한 공간에서 보고, 느끼고, 행동하면서 이미 그 사회에서 요구하는 규범, 관습, 규칙 등을 습득한다. 아마도 체계적인 교육활동이 없었던 과거에도 이러한 방식으로 세대 간의 재생산이 이루어졌을 것이다. 이러한 과정을 사회화(社會化, socialization)라고 부른다. 교육 개념을 이와 같은 사회화로 이해하는 대표적인 인물이 뒤르켐(E. Durkheim)이다.

> 교육은 사회생활을 하는 데 아직 준비가 되어 있지 못한 어린 세대에 대해 성인세대
> 가 영향력을 행사하는 것이다. 그 목적은 전체로서의 정치사회(예: 국가나 단체)와
> 아동이 장차 소속하게 될 특수한 환경(예: 직장이나 사적인 단체) 모두에서 요구하는
> 지적·도덕적·신체적인 제반 특성을 아동에게 육성 계발하는 데 있다(Durkheim,
> 1978: 72).

이 정의에 나타나 있듯이 뒤르켐에게 교육은 사회화와 동일하다. 사람
이 사회적 존재로 길러져야 하는 데 교육이 이러한 기능을 담당하는 셈이다.
한편 사회화를 위한 교육의 기능으로 보편적 사회화와 특수 사회화가 있다.
전자는 '전체로서의 정치사회'를 의미하며 후자는 '특수한 환경에 요구되는
사회화' 기능을 가리킨다. 보편적 사회화는 특정한 사회에 공통되는 감정, 신
념, 집합의식 등을 자라나는 세대에게 내면화함으로써 그 사회에 속하는 구
성원들에게 동질성을 부여하는 것이다. 이를 통해 사회가 해체되지 않고 계
속 존속할 수 있으며, 이로써 한 사회의 독특성이 유지되어 정체성을 가지는
데 필수적인 것이다.

> … 모든 교육은 교육의 목적으로서 공통요소를 아동에게 심어 주지 않으면 안 된
> 다. … 사회가 존속하려면 그 구성원들 사이에 동질성이 충분히 유지되지 않으면
> 안 된다. 교육은 아동에게 어릴 때부터 집단생활에 필요한 기본적인 동일성을 형
> 성시킴으로써 사회의 동질성을 영속시키고 동시에 강화한다(같은 곳, 71).

이에 반하여 특수 사회화는 사회의 분업화에 따른 사회 집단의 분화에
따라 특정 집단에서 요구되는 독자적인 혹은 전문적인 지식이나 규범을 터득
하는 것과 관련이 있다.

> 각종 직업은 저마다 특유의 능력과 특별한 이론 및 전문지식을 요구하는 고유한
> 환경을 형성하고 있다. 또한 이에 장차 아동이 속하게 될 집단에서 요구되는 기능

을 준비시켜주어야 할 의무가 있기 때문에 아동이 일정한 연령이 되면 모든 이에게 동일한 교육을 행할 수는 없는 노릇이다. 이러한 이유에서 우리와 같은 문명국가에서는 다양하고 전문화된 교육으로 진화하는 것이다(같은 곳, 68).

이처럼 뒤르켐의 교육 개념에 따르면, 교육은 사회의 산물로서 집단적 의식의 내면화를 의미한다. 이러한 개념은 사회는 일종의 정신적 실체이며 개인은 사회를 수동적으로 내면화함을 가정하는데, 사회 제도 안에서의 구성원들의 삶은 사회의 정신적 요소를 수용하게 된다. 따라서 교육은 사회화라는 하나의 개념을 토대로 동질성(사회적 통합 및 편입)과 이질성(분업적 개별화)이라는 이중적 성격을 지니고 있다.

앞서 피터스의 교육 개념이 '교육받은 사람'을 전제로 이론적 지식을 강조함으로써 엘리트주의적 관점을 가지는 데 반해, 뒤르켐은 교육 개념을 사회화와 동일시하면서 교육의 사회적 맥락을 강조한 고전적인 시도를 한 공헌이 있다. 언어가 사회구조를 영속화하는 기능을 수행한다는 점에서 계층 및 계급에 따라 상이한 언어적 학습은 문화적인 차원에서 차별 혹은 차이를 초래한다는 번스타인(B. Bernstein)의 연구도 이러한 관점을 계승한 것이라고 할 수 있다.

5) 자기형성(Bildung)으로서 교육

지금까지 교육 개념에 대한 이해는 영미 교육철학 방면에서 등장한 사례이다. 교육의 영어 단어인 education은 라틴어로 '이끌어내다'를 뜻하는 'educere'에 기원한다. 이 개념에는 이미 소크라테스와 플라톤의 사상에 기반을 두었듯이 인간이 지니고 있는 내적 소질을 계발한다는 의미를 지닌다. 하지만 이 과정엔 소질을 이끌어내는 교사 및 앞선 세대의 역할이라는 위계질서가 전제되어 있다. 이러한 의미에서 영미권 교육학에서는 교육을 '앞선 세대가 후속 세대에게 의도적이고 계획적인 개입'으로 이해하고 있다. 이와 마찬가지로 education에 해당하는 독일 단어 Erziehung에 대한 의미도 슐라

이어마허(F. Schleiermacher)가 정의하였듯이 '세대 간의 순환으로서' 교육이다.
서로 다른 학문적 전통이지만 교육(education, Erziehung)에 대한 의미에는 공
통적으로 수동적인 아동 및 학습자 규정이 놓여 있다. 이러한 의미에서 교육
에 대한 공학적(工學的)이고 행동주의적 접근이 커다란 흐름이 되었으며, 교
육의 프로그램적 성격을 강조한 나머지 교육의 가치화·심미화·내면화 등과
같은 측면이 경시되었다.

이러한 교육 개념과 별도로 독일어엔 Bildung 개념이 있다. 이 개념의
역사적 기원은 유럽지역 언어에 공통적인 기반을 두고 있지만 독특한 교육의
의미를 지니게 된 것은 18세기 후반 훔볼트(W. von Humboldt, 1767~1835)에
의해서이다. 우리나라에서 Bildung은 '교양' 혹은 '도야'로 번역 소개되어 왔
다. 교양은 지나치게 외연이 큰 것이어서 특정한 맥락에서만 타당하다고 할
수 있으며, 도야(陶冶)는 글자 그대로 도자기를 빚듯이 인간의 형식적 품(品)
을 의미하기에 좋은 번역에 가깝다. 영국의 저명한 독문학자인 브루폴드(W.
H. Bruford)는 Bildung 개념을 self-cultivation으로 번역한 바 있다(Bruford,
1975). 이 개념의 특징은 다음과 같다. 첫째, 이 개념은 인간 주체의 합리적인
자기규정능력(철학적 개념으로 self-determination, Selbstbestimmung)을 의미하는
것으로서 주체에 의한 끊임없는 세계 해석의 과정을 가리킨다. 둘째, 자기형
성 개념으로서 Bildung은 인간의 개별성(개성)과 보편성(사회성)을 포함한다.
셋째, 이 개념은 18세기의 근대적 성과로서 자유와 평등의 의미를 내포하고
있다. 넷째, 이 개념은 도덕적·인지적·심미적·실천적 차원을 포괄하는 다면
성의 성격을 가진다. 이렇듯 교육(education) 개념과 자기형성(Bildung) 개념을

┃ 표 1.1 ┃ **교육과 자기형성**(Gujons, 1995: 169)

	교육학적 사유와 행동 원칙	
	개인적 입장에서 구성적 원칙	사회적 입장에서 규제적 원칙
교육(Erziehung)	자주성의 요구	교육적 결정에서 사회적 강제
자기형성(Bildung)	인간의 자기규정성의 근거로서 형성가능성	인간의 실천 전체에서 비(非)위계적 질서관계

비교하면 다음과 같다.

　이미 언급하였듯이 자기형성 개념은 독일 교육학 및 유럽 인문학의 맥락을 가진 독특한 개념이다. 자기형성 개념을 교육학적 의미로 정착시키는 데에는 훔볼트(Wilhelm von Humboldt)의 기여가 결정적이었다. 훔볼트는 자기형성 개념을 이론적으로 정립하면서 그 기본적인 개념 요소로서 인간, 자기형성 그리고 세계로 규정하였다. 이에 따라 자기형성 개념은 '자아와 세계 사이의 상호작용'으로 규정된다(조상식, 2004: 223−258). 훔볼트는 당시까지 지배적이었던 라이프니츠(Leibniz)의 단자론(monadology)에 근거한 폐쇄적인 자아를 근대적 자아 개념, 즉 인간의 개별성을 자기형성 과정의 목적에 두고 그 과정을 자아와 세계 사이의 대결로 파악하였다. 다시 말해서 훔볼트에게 인간의 내면적 본성은 그 발현 방향과 가능성이 미리 정해진 것이 아니라 항상 열려진 상태에서 변화가능성, 즉 '교육가능성(Bildsamkeit)'을 지닌 것으로 이해된다. 이러한 개인의 능력 발현을 위한 내적 조건은 조화로운 자기계발을 가능하게 하는 자유이며, 외적 조건은 계몽주의 이후 자유주의 국가 질서가 요구된다. 훔볼트의 자기형성 개념의 또 다른 중요한 요소인 세계는 인간을 둘러싼 외부 환경이면서 동시에 인간에 의해 주체적으로 해석되는 총체성이다. 이러한 세계와 상호작용하는 인간은 필연적으로 낯섦을 경험한다. 이를 '외화(外化, Entäußerung)' 혹은 '소외(疎外, Entfremdung)'라고 부른다.

　　이 모든 외적인 요구들이 오로지 인간의 내적 본질로만 제한된다면, 인간의 본성은 이제 계속 자기 자신으로부터 대상을 향하도록 압박한다. 이제 문제는 이러한 소외 속에서 자기 자신을 잃지 않는 것이다. … 인간이 소외 상태에서 자기 자신을 잃지 않고 자신이 외부에 있는 모든 것으로부터 밝은 빛과 따스한 온기를 자신의 내부로 다시 가져와야 한다(Humboldt, 1987: 10−29).

　이렇게 완성된 자기형성으로서 자아와 세계 사이의 상호작용은 지적인 발달(오성)만을 목표로 하지 않고 상상력과 직관의 능력도 계발하는 것을 지향한다.

자기형성 과정을 통해 인간은 내적으로 완전히 통합되고 세계와 일관되게 상호작용한다. 인간은 궁극적으로 자신의 성취를 다시 자연으로 되돌려 보내야 한다. 이러한 회귀를 통해 획득된 다양한 능력들은 이제 인간으로 하여금 동일한 대상을 다양한 형태, 즉 오성의 개념으로, 상상력의 상(像)으로 그리고 감각적 직관의 형태로 바라볼 수 있게 한다(같은 곳, 29-30).

훔볼트가 자기형성 개념을 정립하던 시기는 계몽주의의 지나친 주지주의적·합리주의적 경향에 대한 반발로 등장한 신인문주의 시대였다. 따라서 그의 개념에는 유기체론적인 우주관과 이상주의적인 세계관이 녹아있으며 인간의 내적 소질을 구성하는 지·덕·체의 조화로운 계발을 주장하고 있다. 자기형성 개념은 기계적인 프로그램에 입각한 교육 개념을 비판하면서 인간이 능동적인 존재로서 자신을 둘러싼 환경을 해석하고 재구성하는 것을 강조한다. 따라서 학교교육을 중심으로 접근하는 교육에 대한 협소한 규정을 벗어나 인간이 살아가면서 경험하는 모든 외부의 총체적인 실제를 인간 형성의 소재로 이해하는 데 자기형성 개념이 중요한 실마리를 제공해준다.

2. 학문으로서 교육학

1) 교육학의 학문적 성격

교육학은 교육현상 및 교육문제를 탐구하는 분야이다. 교육현상은 실제 교육이 벌어지는 상황이나 사태를 가리키는 것으로서 학교와 같이 구체적인 장소에서 인간 사이의 사회적·심리적 관계를 교육적으로 접근하기도 하며, 행정적·법적·제도적인 차원에서 기술·설명하기로 한다. 하지만 학교교육 (schooling)이 곧 교육이라는 등식은 협소한 관점이며, 학교 밖에서 벌어지는 교육적 관계 및 상황은 무수히 많다. 이를테면 가정에서의 부모와 자식, 작업장에서의 경력직 직원과 신입사원, 각종 종교 시설에서의 성직자와 평신도, 평생교육기관에서의 강사와 성인, 청소년 시설에서 지도사와 청소년, 사교육기관에서 강사와 수험생 등의 다양한 인간관계에서도 얼마든지 가르침과 배움의 상황이 벌어진다. 이러한 교육적 상황을 학교교육에서의 형식교육과 구분하여 비(非)형식적 교육이라고 부른다. 뿐만 아니라 관점을 더욱 확장하여 학습자 개인의 차원에서의 사색, 독서, 여행, 만남 등을 통해 형성되는 깊은 경험의 폭과 깊이, 충격적 체험, 각성 및 깨달음 등도 교육적 사태라고 할 수 있다. 앞서 교육의 개념에 대한 다양한 이해를 설명하면서 이른바 교육적 관계를 전제로 규정되는 개념 정의 이외에도 자아와 세계 사이의 상호작용으로 규정되는 자기형성(Bildung)으로서 교육은 이러한 맥락을 가리킨다는 점에서 좀 더 넓은 차원에서의 교육에 대한 이해라고 할 수 있다.

한편 교육문제는 교육이라는 사태가 단지 관념적인 현상이 아니라 사실적이고 실천적인 성격을 지니고 있다는 점에서 해결이나 개선을 요하는 문제이다. 이러한 교육문제를 해결하거나 개선하고자 하는 데에는 다양한 접근방식이 있겠지만 문제의 성격을 분석하고 이해하는 복잡한 과정이 요구된다. 요컨대 교육문제는 성격상 복합적이며 중층적이다. 예를 들어 전반적인 학령인구의 감소 상황에서 특히 농어촌 지역의 인구는 급감하여 왔다. 그로 인해 소규모 학교 문제가 교육 정책적으로 해결해야 할 과제로 등장하였다. 일단 소규모 학교 문제를 이해하는 데 학생 수, 교사 수, 학교 규모, 재정 규모 등과 같이 객관적이고 사실적인 통계 정보와 각종 증거에 관한 자료를 조사·분석해야만 한다. 이는 가치중립적인 차원에서, 즉 마치 자연현상을 다루듯이 과학적인 접근을 필요로 한다. 하지만 소규모 학교가 교육적으로 제공하는 독특한 교육적 경험의 과정을 보존할 필요가 있다는 판단을 할 수도 있다. 여기엔 일종의 가치판단을 위한 각종 준거가 놓여 있다. 이를테면 약자에 대한 배려와 같은 사회정치적 이념이나 교육적으로 바람직하다고 생각하는 철학적 가치판단 등이 포함되어 있다. 이처럼 교육문제에 대한 해결이라는 실천적 접근에 동원되는 다양한 이론, 방법, 가치 등은 복잡하고 중층적으로 서로 얽혀 있다. 이러한 점에서 교육철학자인 허스트(P. H. Hirst)는 교육문제를 이해하고 실천적으로 접근하는 데 동원되는 교육이론의 특성을 다음과 같이 진술한 바 있다(한명희·고진호, 2005: 29-30에서 재인용). 첫째, 교육이론은 실천과정에서 수행되어야 할 정당화된 원리이다. 둘째, 교육이론은 그 자체의 독자적인 지식의 형태나 방법론을 가진 학문이 아니며, 그 자체의 특유한 개념구조나 지식의 구조를 논리적 특징으로 가지고 있지 않다. 또한 이론의 타당성을 검증할 특유의 방법을 가지고 있지도 않으며 교육이론이 가진 많은 문제들은 도덕적인 문제들이다. 셋째, 교육이론은 실천사태에서 요청되는 원리들의 조직체이므로, 순수 이론적 지식과는 구별된다. 그러나 순수이론의 내용과 유사한 방식으로 체제를 이루고 있다. 넷째, 교육적 원리들은 전반적으로 과학적·철학적·역사학적인 방법론에 의하여 획득된 지식에 근거하여 정당화된다. 이러한 형태의 지식 외의 내용은 종합을 필요로 하지 않는다.

교육현상과 교육문제에 대한 다양한 접근 방식은 교육학이 종합학문의 성격을 띠게 하였으며 실천적이며 처방적인 역할을 하도록 하였다. 이로써 교육학은 철학적 사유에 기반을 둔 학문적 출발을 멀리하고 사회과학 방면에서 이룩한 학문적·이론적 성과들을 적극 수용하면서 하위 탐구 분야로의 분화를 가속화하였다. 하지만 이러한 학문적 분화 발전은 교육학을 학문적으로 체계화하려는 첫 시도에 이미 내재되어 있었다고 해야 옳다. 다음 절에서 이를 확인할 수 있다.

2) 교육학의 탄생

(1) 헤르바르트 교육학

다른 사회과학의 여러 분야와 마찬가지로 학문으로서 교육학도 철학자들이 인간, 사회, 문화, 정치 제도 등을 사색하던 와중에 19세기 각종 발견 및 발명과 더불어 자연과학적 연구 방법론과 사고방식을 수용하여 인간과 사회를 탐구하려는 학문적 분화과정에서 등장하였다. 이 시기는 현재 대부분의 분과 사회과학이 탄생하는 시기였다.

교육학을 학문 분야로 정립하고자 하는 최초의 시도는 독일 괴팅겐

(Göttingen) 대학교 철학과 교수였던 헤르바르트(J. F. Herbart, 1776~1841)에 의해서였다. 그의 철학은 당시 지배적이었던 칸트 철학의 영향권 아래에 있으면서 이를 실제에 응용하려는 독자성을 보였다. 헤르바르트는 당시 유럽의 많은 지역에서 운영되고 있었던 페스탈로치 학교를 바탕으로 칸트의 실천철학(도덕이론 및 윤리학)과 심리학 지식을 통해 교육의 문제를 학문적으로 구축하고자 하였다. 그 결과로 나온 저서가 바로 『일반교육학(Allgemeine Pädagogik)』(1806)이다. 아마도 이 책의 출간을 '학(學, Wissenschft)'으로서 교육학의 탄생이라고 보면 될 듯하다. 이후 칸트철학의 후예로서 헤르바르트는 1809년 칸트의 후임으로 프로이센 수도에 소재한 쾨니히스베르크 대학에서 교수직을 승계한다. 이 대학에서 헤르바르트는 주로 철학을 강의하면서 동시에 교육학 세미나도 운영하였다. 물론 오늘날의 학과 형식의 제도적인 단위는 아니었지만 공식 강좌를 운영했다는 점에서 교육학적으로 중요한 사건으로 간주할 만하다. 이를 통해 헤르바르트는 학문으로서 교육학의 연구와 교수가 본격적으로 이루어질 수 있는 터전을 마련하였다. 뿐만 아니라 교사훈련과 교수법의 실험을 위한 '실습학교'도 설치·운영하였고 이는 부속학교의 효시가 되었다.

헤르바르트가 입안한 교육학은 교육목적론과 교육방법론의 이원적인 구조를 띠고 있다. 각기 헤르바르트가 인간교육의 문제를 해명하기 위해 최초로 던진 질문에서 구조화된 것이다. 먼저 교육목적론은 '교육을 왜 하는가?' 혹은 '인간에게 교육이 왜 필요한가?'와 같은 질문과 관련이 있다. 교육방법론은 '교육을 어떻게 할 것인가?' 혹은 '가장 좋은 교육적 방안은 무엇인가?'를 다루는 영역이 된다. 이 두 차원에서 제기한 질문에 대한 답을 헤르바르트는 다소 이질적인 학문적 유산에서 가져온다. 먼저 교육목적론은 칸트의 실천철학(도덕철학)에서 가져오고, 교육방법론은 당시 철학자들의 사변적 영역이었던 심리학에서 가져왔다. 이렇게 시작한 헤르바르트 교육학의 두 차원은 이후 교육학의 분화 과정에도 그대로 이어져 오고 있다. 교육목적론은 교육에 대한 궁극적이고 기본적인 질문들과 관련된 것으로서 기초교육학이 여기에 속한다. 이와 반면에 교육방법론은 교육현상을 실제적인 관점에서 바라보고 다양한 문제들을 해결하려는 이유에서 등장한 실천적이고 처방적인 분야를 낳았다. 이렇게 이원적인 구조에서 출발한 교육학은 급속히 분화되어 나갔지만 독일 교육학 전통에서는 본질적이고 공통된 교육적 질문을 다루는 영역인 일반교육학이 남아있다. 다음 두 항목을 통해 이를 살펴보고자 한다.

(2) 교육목적론

자라나는 아이들은 어른들의 관점에서 본다면 길들여지지 않은 야만의 상태에 있다. 칸트도 루소의 생각을 따라 아이들이 자유의 조건에서 살아가야 한다고 주장하긴 하였지만, 그들이 '기분에 따라 행동하는 존재'임을 부정하지는 않았다. '전제군주로서 아이'라는 현실적인 교육의 난관은 헤르바르트에게도 동일한 과제로 간주된다.

> 양자(역주: 부모와 자녀)의 의지 사이에 불화가 일어나지 않도록 하기 위해서 아동의 의지를 장악해야 한다. … 이 맹목적인 난폭함의 싹들, 즉 조야한 욕망들은 아동의 내면에 깃들어 있으며 게다가 나이를 먹을수록 강화된다. 이러한 난폭함의 싹들이 아동의 마음속에 점차로 발달되어 가는 의지와 결합함으로써, 이 의지가 반(反)사회적인 성향을 띠지 않도록 하기 위해서(역주: 교육자는) 그러한 난폭함의 싹들을 지속적으로 억제할 필요가 있으며, 이러한 억제를 아동이 느낄 수 있어야 한다(Herbart, 1806. 김영래 역, 2006: 45).

이렇듯 교육의 목적은 '난폭한 행동을 보이는' 아이들을 순치시키는 것이다. 헤르바르트는 교육의 궁극적인 목적을 견고한 도덕적 품성을 강화하는 것(Charakterstärke der Sittlichkeit)이라고 말한다. 여기서 도덕성 개념인 Sittlichkeit는 독일어 의미로 특정 공동체의 미풍양속(美風良俗)과 같이 후속 세대들에게 전승할 가치가 있는 규범, 예절, 습속 등을 가리킨다. 이는 인간의 내면에 자리 잡은 보편적 도덕 법칙에 해당하는 Moralität(morality) 개념과는 다르다. 일단 우리 교육학에 도덕성이라고 번역되어 사용되고 있긴 하지만 개념적 오해는 없어야 한다. 이러한 의미에서 헤르바르트는 교육의 목적이 자라나는 세대들로 하여금 자신들이 속한 사회의 규범을 습득하고 행동적으로 안정된 인간으로 살아가게 하는 데 있다고 주장한다. 이 개념으로 헤르바르트는 칸트의 실천철학에서 전제된 개인윤리 차원의 양심과 같은 선의지도 포괄하는 의미로 사용하고 있다. 이 개념이 칸트의 실천철학에서 온 것임은 부정할 수 없다. 헤르바르트가 도덕성을 의지와의 관련성 속에 선(善)이 내재하는 것이라고 주장하는 것을 보면 알 수 있다. 도덕의 이념을 습득하고 도덕적 의지를 결정할 수 있는 동기 형성이 가능한 사람이 선한 사람이며, 도덕적 품성의 소유자라는 말이다. 따라서 최고의 도덕적 이상을 추구할 수 있는 인간 형성이 교육의 궁극적인 목표가 된다.

헤르바르트에 따르면 도덕적 품성은 다음의 다섯 가지 기본이념(Musterbegriffe)이 서로 결합되어 실현되는 성질이라고 보면서 실천적 도덕이념으로 파악하였다. 첫째, 내적 자유의 이념(die Idee der inneren Freiheit)이다. 이 개념은 전형적으로 칸트가 규정한 개인윤리의 기본적인 원칙을 그대로 수용한 것이다. 즉 칸트의 실천이성(의지)이 자율적인 자유인 것과 마찬가지로, 도덕적 통찰과 합치되어 선이라고 판단되는 내적 의지에 의해 실천하는 자유의 신념이 충만한 상태를 의미한다. 둘째, 완전성의 이념(die Idee der Vollkommenheit)은 고대 그리스에 기원을 둔 균형과 조화 개념을 수용한 것이다. 하나의 의지가 강인함, 충실성, 조화 등과 같은 조건을 구비하여 활동하고 있는 완전한 상태를 가리킨다. 지금까지 두 기본이념이 개인윤리의 차원에서 제시된 것이라면, 다음의 세 가지 기본이념은 타인과의 관계에서 요구되는 사회윤리의 차원에 속하는 것들이다. 셋째, 호의의 이념(die Idee des Wohlwollens)이다. 하나의 의지가 다른 사람의 의지에 대해서 최선을 다하는 이념, 즉 사람들이 남의 의지를 배려하면서 행동을 하는 것과 관련이 있다. 넷째, 정의의 이념(die Idee des Rechts/Rechtschaft)이다. 이는 두 개 의지의 대립으로 인해 갈등이 생길 때, 이를 피하면서 법칙과 원칙에 입각하여 전력을 다할 것을 요구하는 이념이다. 다섯째, 공정성 혹은 보상의 이념(die Idee der Vergeltung/Billigkeit)이다. 이는 처벌이나 상벌에 관한 교육적 대응을 의미하는 것으로서, 일정한 의지에 따른 행동에 대하여 그에 해당하는 징벌 혹은 보상이 제공되어야 한다는 이념이다. 쉽게 말해서 잘하면 보상을 받고 잘못하면 그에 해당하는 징벌을 감수해야 한다는 것이다. 이러한 생각은 서구 전통의 사회계약론이 교육이념에 실현된 것으로 볼 수 있어서, 공동체적 온정이 강조되는 동양적 전통과는 대비되는 이념으로 볼 수 있다. 결국 다섯 가지 기본이념이 서로 결합하여 실현되는 성격을 지닌 것이 도덕적 품성이며, 이를 육성하는 것이 교육의 목표가 되는 것이다.

(3) 교육방법론

교육학의 학문적 기초에서 다른 한 축은 교육방법론이다. 이는 교육의 실제인 교수와 학습 현상에 대한 구체적인 전략을 마련하는 데 초점을 두고 있다. 헤르바르트가 보기에 교육방법론을 구축하기 위한 지적인 토대는 표상심리학(psychology of ideas, Vorstellungspsychologie)이다. 그는 전통적인 철학적 형이상학에 기반을 두고 있는 능력심리학(psychology of faculties, Vermögenspsychologie) 대신에 표상심리학을 수용한다. 능력심리학은 아리스토텔레스의 '마음의 방'이라는 형이상학적 가정에 기원을 두고 있다. 아리스토텔레스에 따르면, 인간은 유기체 유지 능력, 욕구 추구 능력, 감각적 능력, 신체 동작 능력, 이성적 능력 등 5개의 독립적 능력으로 구분된 방(facultates)을 갖고 있으며, 각 방이 관할하는 능력은 서로 배타적이라는 것이다. 이 생각은 이후 중세 스콜라 철학과 기독교 교육 원리에도 영향을 주었으며 르네상스 시기의 교육사상에도 남아있었다. 비록 형이상학적 가정에서 출발했지만, 현대 각종 지능검사에서 구분하는 인간의 능력 요인들(factors) 개념에도 그 흔적이 있다.

반면에 표상심리학은 로크의 경험주의 인식론에서 출발하는 다분히 근대적인 성격을 지니고 있다. 17~18세기 이후 서양의 철학이 인식론에 관심을 가지면서 인식 대상과 인식 주체 사이의 연관성을 설명하기 위한 시도가 많았다. 과거에 인간이 인식대상(외적 사물)을 배열하는 방식은 사물의 외양에 나타난 유사성에 기초하였다. 철학적으로 이는 존재론 우위 시대의 패러다임이었다. 이제 근대 인식론의 시대가 되면서 폭증하는 지식을 습득하고 그에 기초하여 인식대상에 질서를 부여하는 새로운 방식이 필요하게 되었다. 이제 근대인은 외적 사물 자체에 질서를 부여하기보다 사유 내에 맺힌 대상, 즉 관념(ideas) 혹은 표상(representation)의 조합, 생성, 재구조화 등을 통해 지식을 새롭게 창출하는 데 주력한다. 영국 경험론도 인식주체로부터 독립된 외적 사물에서 출발한 초기의 유물론적 입장에서 탈피하여 인식 내부에 들어온 관념들의 구조와 운동 방식을 분석하는 데 주력하였듯이, 헤르바르트도 교수 및 학습과정을 이해하기 위해서는 인식 주체의 내부에서 벌어지는 표상들의 역동적인 과정을 설명해야 한다고 생각한 것이다. 이러한 표상심리학적 가정은 19세기 말 독일의 일부 물리학자와 신경생리학자들에 의해 시작된 실험심리학(Experimentale Psychologie, Experimental Psychology)의 영향으로 쇠퇴하기 시작하였지만, 그로부터 고안된 개념이나 이론적 가정은 현대 교육심리학과 학습이론 방면에 고스란히 남아 있다.

　표상심리학은 앎의 촉발, 과정, 비약적 발전 등으로 진행되는 역동적인 과정에서의 관념들 간의 결합이 핵심적인 사건이라는 점에서 연상주의(聯想主義, associationism)를 의미한다. 이에 헤르바르트는 새로운 표상이 기존의 표상에 동화하는 현상을 통각(統覺, Apperzeption, apperception)이라고 부르면서 학습에서 가장 중요한 과정으로 설명한다. 이렇게 보면 헤르바르트가 관심을 가진 표상심리학은 마음과 마음의 관계에 의해 새로운 감각이나 느낌이 발생하는 현상을 내관법(Introspektion, introspection)에 기초하여 철학적으로 사유한 결과라고 할 수 있다. 이를테면 표상이 상호작용할 때, 기존의 표상과 유사한 표상이 의식의 문턱을 넘어와 서로 융합하는 경우가 있거나, 혹은 서로 다른 표상이 그 문턱에서 탈락하고 보다 강한 것이 의식 속에 남을 수 있는데 이러한 융합이 바로 통각인 것이다. 헤르바르트는 이러한 통각과정을 통해 학습자의 사고권(思考圈, Denkenkreis)이 형성되고 이를 확대시키는 것이 곧 교수과정이라고 말한다.

　헤르바르트는 교육의 목적을 달성하기 위한 방법으로서 세 가지 과제를 제시한다.

　첫째, 관리 및 통제는 교수의 진행을 방해하는 외적 장애를 제거하는 조치이다. 그러한 조치의 예로서 위협, 감시, 권위, 사랑 등이 있다. 이는 수업이라는 본래의 목적을 달성하기 위한 수단적 방안에 해당한다. 이는 교수 행위에서 불가피한 조치에 속한다.

둘째, 교수이다. 이는 본격적인 수업의 과정을 가리키는데, 사고권 교육으로서 의지의 근원 구성이 된다. 헤르바르트에 따르면 교수에서 가장 중요하게 다루어야 하는 것은 바로 '다면적 흥미(vielseitige Interesse)'를 유발하는 것이다. 헤르바르트는 다면적 흥미를 다음과 같이 몇 가지 영역으로 구분한다. 먼저 경험과 인식으로부터 나타나는 흥미로서, 여기에는 항상 새로운 것을 추구하고자 하는 경험적 흥미, 사물 간의 관계를 논리적으로 규명하며 의문을 제기하고 싶어 하는 사변적 흥미, 그리고 사물의 미추선악(美醜善惡)을 판단하고 평가하려는 심미적 흥미가 있다. 또 다른 유형의 흥미는 참여와 사교로부터 나타나는 흥미이다. 여기에는 타인의 고통과 쾌락을 공감하는 흥미로서 공동체 사회의 전체적 행복에 관심을 가지는 동정적 흥미, 사회와 국가의 행복과 불행에 대한 사회적 흥미, 그리고 현실에서의 행복에 만족하지 않고 인간의 삶과 죽음이나 신의 존재에 관심을 가지는 종교적 흥미가 있다. 총 여섯 가지 영역의 흥미는 각각 교육내용이기도 하다는 점에서 교육과정이론이라고도 할 수 있다. 하지만 이보다 더 중요한 사실은, 헤르바르트가 능력들의 조화로운 발달을 추구하는 인문주의적 가정을 수용하고 있다는 사실과, 흥미에 입각한 교수과정을 통해 올바른 지식교육을 목표로 하고 있다는 점이다. 흥미란 어떤 대상에 가지는 지속적이고 흥분된 마음의 상태라는 뜻을 가진다. 이 말은 외적으로 주어지는 지식에 대한 학습자의 강렬한 수용태도를 의미하는데, 학습자는 단지 지식을 객관화된 실체로, 즉 자기와 아무 상관이 없는 것으로 받아들이지 않고 자신 내부의 자발적인 욕구에 합치됨으로써 앎과 내적 욕구가 결합하는 것이 중요하다. 자주 사용되는 표현으로서 내면화된 앎이라는 것이 이를 가리킨다. 헤르바르트가 학습과정에서 흥미가 중요하다고 말하는 근본적인 이유는 바로, 지식교육과 가치교육이 합치함으로써 궁극적인 교육의 목적인 '도덕적 성격 강화'를 실현하는 데 있다. 오늘날 우리가 흔히 사용하는 지식교육과 인격교육의 통합, 앎과 삶의 결합 혹은 인식과 존재의 합치 등이 바로 헤르바르트의 교수 목적인 것이다. 이에 헤르바르트가 제시하는 중요한 개념이 바로 '교육적 수업(erziehender Unterricht)'이다. 이는 단순히 지식과 정보를 제공하는 과정이 아니라, 인간의 강한 도덕적 품성의 도야를 목적으로 하는 수업을 말한다. 이를 위해 수업은 흥미와 관심에 기초한 수업이 되어야만 한다는 것이다. 흔히 학생의 흥미 고취는 수업을 위한 도구라고 생각하는데, 헤르바르트가 이를 뒤집어 수업은 학습자의 흥미 유발을 목표로 해야 한다고 주장했다는 점은 교육사상사에서 획기적인 발상이라고 할 수 있다. 20세기 교육학자인 노올(H. Nohl)은 이를 두고 '교육에서의 코페르니쿠스적 전환(kopernikanische Wende)'이라고 부른 바 있다.

헤르바르트가 교수에 있어서 마지막 과제로 제시하는 것은 훈련 혹은 훈육이다. 이는 단순히 행동의 통제나 억압을 위한 것이 아니라 수업내용이 직접 심의력(心意力, Gemüt)과 의지에 작용하여 '강한 도덕적 성격'을 지향하는 것이다. 특히 교재라는 매개체가 없는 경우에 아동의 심의력에 영향을 주면서 도덕적 품성을 도야하는 방법으로서 명령, 상벌, 교훈, 모범을 추천한다.

헤르바르트가 현대 교수 및 학습이론에 끼친 가장 중요한 이론은 4단계 교수론이라고 일컬어지는 개념적 설명모델이다. 4단계로 진행되는 과정은 각각 학습자와 교수자의 입장에서 설명이 가능하다. 먼저 전심(專心, Besinnung)은 학습자의 입장에서는 수업에 임하기 위해 생각을 가다듬고 집중하는 단계인데, 이는 다시 두 단계로 나뉜다. 첫 번째 단계는 명료화(Klarheit, clearness)이다. 학습자로서는 오늘 배울 내용이 무엇인지 아는 단계요, 교사에게는 가르칠 주제를 쉬우면서 분명하게 제시하는 단계이다. 즉 교사는 가르치려고 하는 주제를 가능한 한 작은 단위로 세분화하고, 학습자는 각각의 사실이나 세부사항을 다른 것들로부터 분리해 내어 집중적인 관심을 가져야 한다. 대체로 수업상황에서 도입부에 해당된다. 두 번째 단계는 연합(Assoziation, association)이다. 이 단계에서는 이전에 배운 주제와 새로 배울 내용을 결합시킨다. 교사로서는 이미 가르친 주제와 연계되는 새로운 혹은 심화된 내용을 선정하는 것이 관건이고, 학습자는 이 상황에서 사전 경험을 회상하며 새로 배우는 주제를 그와 관련짓는다. 이 두 단계를 거치고 나면 이제 사고의 심화에 해당하는 치사(致思, Vertiefung)로 접어든다. 전심이 명료화와 연합으로 구분된 것처럼 치사는 체계와 방법으로 구분된다. 그러므로 체계(System, system)가 세 번째 단계가 된다. 체계라는 용어는 학습내용이 일종의 질서가 잡힌 구조임을 가리킨다. 따라서 이 단계는 새로 배운 주제를 기존의 지식 체계 내에 위치시키는 단계이다. 학습자에게 이 단계는 가장 중요한 단계에 속한다. 즉 자신의 내부에 들어 있는 표상들이 완전한 통합을 이루도록 하는 것이 학습 성공의 첩경인 것이다. 마지막 네 번째 단계는 방법(Methode, method)이다. 방법이라는 용어는 18~19세기 독일 철학자들의 학문적 용례이기에 우리에겐 익숙하지 않다. 당시 철학자들에게 방법이라는 용어는 구축된 이론을 구체적인 사실에 비추어 증명해가는 연역적 논리에 해당했다. 이 개념은 오늘날 우리가 사용하는 용어로 적용 및 응용에 해당된다. 방법의 단계는 새로 배운 주제를 응용하는 과정이다. 여기서 교사는 아동이 연습의 과정을 경험할 수 있도록 학습의 상황을 설정해야 하고, 학습자는 학습내용을 특정한 상황에 적용해야 한다. 헤르바르트의 4단계 교수론은 이후 현대 학습이론 방면에 핵심적인 개념적 장치가 되었다. 예컨대 블룸(B. S. Bloom)이 교수목표를 설정하면서 지적인 영역으로 위계화한 지식(knowledge), 이해(comprehension), 적용(application), 분석(analysis), 종합(synthesis), 평가(evaluation)도 헤르바르트가 고안한 단계를 다시 재구성하여 배열한 것으로 볼 수 있다.

헤르바르트가 정초한 학으로서 교육학의 기본적인 구조는 향후 현대 교육학의 분화 발전을 예고하는 것이기도 하다. 그가 남긴 교육학적 영향은 양면적이다. 먼저 긍정적인 것으로 첫째, 교육학이 체계성을 가져야 한다는 원칙을 최초로 실천하면서 현대 교육학에 학문적 궁극 과제를 제시하였다는 점이다. 둘째, 지식교육이 인격교육과 분리될 수 없으며 오히려 도덕적 품성 도야 자체가 교육의 목표라고 주장함으로써 현대 교육학의 기술공학적 접근을 비판하는 근거를 제공해주고 있다는 점이다. 셋째, 교수－학습 단계론, 흥미와 심정과 같은 가치개념을 교육에 도입함으로써 교수의 다차원성을 열어주어 교수법 연구에 활기를 주었다는 점이다. 반면에 부정적인 측면으로는 첫째, 그의 이론이 신체적·실용적 지식을 간과하고 주지주의 경향이 강한 교육이론이라는 점이다. 이러한 비판은 헤르바르트의 교육이론이 신인문주의의 이상에 기초해 있지만, 기본적으로 표상심리학적 인식론을 취하고 있기 때문에 등장한 것이다. 둘째, 헤르바르트 교육학은 개인교육에 주력한 나머지 교육이 가지는 국가 및 사회적 의미를 깊이 있게 다루지 않았다. 그 이유는 대체로 헤르바르트가 목표로 하였던 교육학의 학문적 기초를 윤리학과 심리학에 한정함으로써 교육, 특히 학교교육이 가지는 사회적·국가적 성격을 구체적으로 다루지 못한 데에 있다.

3) 교육학의 분화 발전

현대 교육학의 하위 탐구 분야는 급속히 분화·확대되었다. 참고로 한국교육학회 산하에 가입되어 있는 분과학회는 총 25개이다. 시간이 흐름에 따라 분과 수는 아마도 더욱 늘어날 것이다. 또한 한국연구재단에서 분류하고 있는 교육학의 세부 분류 항목의 수는[1] 순수 교과교육학을 제외하면 30여 개이다. 사회학의 세부 분야 수가 19개인 것에 비하면 그 분화 정도가 가히 사회과학 분야에서 최고 수준이라고 할 수 있다.

┃ 표 1.2 ┃ 한국교육학회 산하 분과학회 일람표[2]

분과학회			
한국평생교육학회	한국교육철학학회	한국교육평가학회	한국통합교육학회
한국교육심리학회	한국교육사학회	한국교육공학회	한국교육원리학회
한국교육과정학회	한국비교교육학회	한국초등교육학회	한국교원교육학회
한국교육행정학회	한국유아교육학회	한국교육상담학회	한국영재교육학회
한국교육사회학회	한국도덕교육학회	한국통일교육학회	한국열린교육학회
한국교육방법학회	한국교육재정경제학회	한국인력개발학회	한국교육정치학회
한국인구교육학회			

교육학을 학문적으로 체계화하려는 첫 시도에서 보았듯이 기초 이론적 차원과 응용처방적인 분야로의 분화가 충분히 예상되었으며, 교육현상의 실

---

1 https://hotline.nrf.re.kr/biz/doc/class/view?menu_no=323

2 http://www.ekera.org/bbs/content.php?co_id=division

제가 확대되어 이를 탐구하려는 시도가 증대되었다고 진단할 수 있다. 다시 말해서 인간교육의 양상이 시간적으로 평생교육을 위시하여 확대되었고 공간적으로도 다양한 사회 부문에서 교육과 관련이 없는 데가 없을 정도로 확대되었다고 할 수 있다.

'4차 산업혁명'으로 대표되는 과학 기술의 급격한 발전과 미래 사회에 대한 예측은 학습자의 경험세계의 변화, 교육의 내용 및 방법의 변화, 학교의 기능과 역할에 대한 대안적 관점 등과 같은 과제를 제기하고 있다. 이에 전통적인 교육학이 스스로 답을 해야 하는 처지에 놓여 있다. 지구적 차원에서 진행되는 코로나 감염병 상황에서 행해진 온라인 강의의 확대는 교육의 실제뿐만 아니라 이를 연구하는 교육학에 새로운 도전이 되고 있다. 교육학이 연구하는 새로운 분야가 등장하고 관점에서의 변화도 불가피할 것이며, 심지어 교육학의 학문적 정체성이 급격히 변화할 가능성도 배제할 수 없다.

토론주제

1. 개념을 정의(定義, definition)하는 방식에 대해 알아보자.

2. 교육의 개념을 이해하는 여러 가지 방식을 구체적인 사례를 들어 각각 설명해보자.

3. 헤르바르트가 교육학을 학문적으로 정립할 때 구분한 교육목적론과 교육방법론의 주요 내용을 정리해보자.

참고문헌

윤정일 외(2003), 신 교육의 이해, 학지사.

이홍우(2016), 교육의 개념, 주석 증보판, 문음사.

정범모(1976), 교육과 교육학, 배영사.

조상식(2004), 훔볼트 'Bildung' 개념에 대한 교육학적 이해, 헤겔연구, 16, 223-258.

한명희·고진호(2005), 교육의 철학적 이해, 문음사.

Bridgman, P. W.(1927), The Logic of Modern Physics. New York: The Macmillan Co.

Bruford, W. H.(1975), The German Tradition of Self-Cultivation: 'Bildung' from Humboldt to Thomas Mann. New York & London: Cambridge University Press.

Durkheim, E.(1978), The Evolution of Educational Thought. London: Routledge and Kegan Paul.

Gudjons, H.(1995), Pädagogisches Grundwissen. Bad Heilbrunn: Klinkhardt.

Herbart, J. F.(1806), Allgemeine Pädagogik aus dem Zweck der Erziehung abgeleitet. 김영래 역(2006), 일반교육학, 학지사.

Humboldt, von W.(1987), Schriften zur Anthropologie und Bildungslehre. Hrsg. von A. Flitner. Stuttgart: Klett Cotta.

Peters, R. S.(1966), Ethics and Education. London: George Allen & Unwin Ltd. 이홍우·조영태 역(2003), 윤리학과 교육, 교육과학사.

Scheffler, I.(1960), 'Definitions in Education', The Language of Education, Springfield Illinois: Charles C. Thomas.

https://hotline.nrf.re.kr/biz/doc/class/view?menu_no=323
　　　(학문연구분야분류 검색일, 2021년 4월 1일)

http://www.ekera.org/bbs/content.php?co_id=division
　　　(한국교육학회 분과학회 검색일, 2021년 4월 1일)

PART

2

한국교육의
역사적 전개

한국교육의 역사적 전개

📚 **학습개요**

이 장에서는 크게 네 시기(고대-고려-조선-근·현대)로 나누어 한국교육의 역사에 대해 공부한다. '교육사'는 교육의 역사(history of education)로서, 한마디로 말해 인류가 교육해 온 역사라 할 수 있다. 윌리엄 보이드(William Boyd)가 "올바른 삶을 살 수 있도록 젊은이들을 훈련하고 교육하는 일은 인간의 여러 가지 관심사 중에서 가장 오랜 역사를 가지고 있다(이홍우·박재문·유한구 역, 2008: 29)"고 한 것처럼, 교육사는 인간의 역사만큼 유구하다. 교육사는 또한 교육의 역사에 대한 탐구로서, 한국교육사 연구의 비조(鼻祖)로 평가받는 이만규는 "교육사란 문명사의 일종으로서, 특히 교육에 관한 역사의 기술이다."라고 강조한 바 있다(이만규, 2010: 41).

1. 고대 시기의 교육

교육의 진화 과정을 보면, 원시 사회의 교육(학습)은 삶의 현장에서 자연스럽게 이루어지는 무형식 교육(informal education)[또는 비형식 교육(nonformal education)]이 주를 이루었다. 그러다 인류의 문명이 발전하면서 새로운 형태의 교육, 즉 형식교육(formal education)이 생겨난다. 여기에는 문자의 발명과 문자 기록에 기초한 복잡한 사회제도의 탄생이 주된 역할을 하였다. 이에 따라 등장한 전문적 교육기관이 바로 학교(學校)이다. 우리나라의 학교교육은 고대 국가들이 중앙집권적 체제를 완성해 가는 무렵에 중국의 유교식 학교제도를 도입함으로써 시작되었다. 고구려와 백제는 4세기 후반부터, 신라는 상대적으로 늦은 7세기 후반에 유교식 학교교육을 시작하였다.

1) 고대 삼국 시기의 교육

(1) 고구려

고대 삼국 중 가장 먼저 학교교육을 시작한 것은 고구려이다. 즉, 소수림왕 2년(372)에 고구려는 중국으로부터 불교를 수용하면서 태학(太學)이라는 유교식 대학 제도를 같이 도입하여 한국교육사 최초로 학교교육의 시대를 열었다. 고구려에는 또한 경당(扃堂)이라고 하는 독특한 학교가 존재하였다. 경당은 그 설립 시기나 주체를 분명히 알 수 없지만, 청소년 집회[원시사회의 '남자의 집(정규영, 2011: 42−45)'] 형식의 전통적 교육형태와 중국에서 도입한 유교식 교육형태가 공존하는 교육기관이었다. 경당에 관해서는 중국의 역사서에 관련 기록이 전해지고 있는데, 그중 『구당서』의 기록은 다음과 같다.

> 풍속이 서적을 좋아하여 문지기·말먹이와 같이 가난하고 천한 일에 종사하는 사람들의 집에 이르기까지 네거리마다 큰집을 지어 '경당'이라 부르며, 자제가 결혼하기 전에 밤낮으로 이곳에서 책을 읽고 활쏘기를 익힌다. 그 책으로는 《오경(五經)》과 『사기(史記)』, 『한서(漢書)』, 범엽(范曄)의 『후한서(後漢書)』, 『삼국지(三國志)』, 손성(孫盛)의 『진춘추(晉春秋)』, 『옥편(玉篇)』, 『자통(字統)』, 『자림(字林)』이 있다. 또한 『문선(文選)』이 있어 이를 더욱 중히 여긴다.
>
> −『구당서』 권199 「열전」 149 「동이」

이처럼 경당은 일반 백성들 속에 뿌리를 내리고 있던 민간 교육기관이자 서민 자제들의 교육 장소였다. 그리고 글공부와 함께 무예(활쏘기)를 익히는 문무겸전(文武兼全)의 교육기관이었다.

고구려의 젊은이들이 경당에서 읽은 책들을 살펴보면, 먼저 유학의 경전인 《오경(시·서·역·예·춘추)》이 있고, 그 다음으로는 『사기』와 『한서』, 『후한서』, 『삼국지』, 『진춘추』 등 중국 역대의 역사서들이 있다. 이와 함께 『옥편』과 『자통』, 『자림』 등의 자서(字書)와 남북조 시기(420~589) 양나라의 태자 소통(蕭統, 501~531)이 지은 시문(詩文) 선집인 『문선(文選)』이 있다. 이들 독서 교재는 크게 경서와 역사서, 자서, 문학서로 그 영역을 분류할 수 있는

데, 이것은 훈고사장학(訓詁詞章學) 시대에 유학(儒學)을 공부할 때의 전형적인 교재 체계이다. 7세기 무렵의 경당에서 볼 수 있는 이러한 교재 체계는 적어도 새로운 학풍의 유학(성리학, 주자학)이 도입되는 고려 말까지 기본 형태를 유지하였다.

(2) 백제

백제의 경우, 고구려와 비슷한 시기에 학교교육을 시작하였을 것으로 보인다. 백제의 학교(태학)에 관한 기록은 몇 년 전 중국의 대당서시박물관(大唐西市博物館)에 소장되어 있는 백제 유민 진법자(陳法子)의 묘지명에서 처음 발견되었다(김영관, 2014). 진법자의 묘지명에 있는 "증조 할아버지 춘(春)은 본국의 태학정(太學正)으로, (관등이) 은솔(恩率)이었다(曾祖春, 本邦太學正, 恩率)"는 기록을 통해 백제에 '태학'이 존재하였음을 확인할 수 있었던 것이다. 현재 백제 태학의 설립 시기에 대해서는 고이왕대, 근초고왕대, 무령왕대 등으로 여러 학설이 제기되고 있으나, 박사 고흥과 왕인 등이 활약한 근초고왕대(346~375)가 유력하다(배재훈, 2015).

백제의 교육에서 주목할 부분은 박사 제도이다. 여러 기록에 나타난 백제의 박사 제도는 크게 '오경(五經)' 박사와 '제업(諸業)(또는 전업(專業))' 박사로 나누어진다. 오경 박사는 《오경》, 즉 『시』, 『서』, 『역』, 『예』, 『춘추』의 다섯 경전을 전공한 박사를 말하고, 제업(전업) 박사는 천문과 지리, 의·율학 등 유학 이외의 여러 학술 가운데 하나를 전공한 박사를 가리킨다. 백제의 오경 박사로는 아직기와 왕인 이외에 단양이(段楊爾), 고안무(高安茂), 왕류귀(王柳貴), 왕도량(王道良) 등이 있었고, 성왕 19년(541)에는 중국의 양(梁)나라에서 모시박사(毛詩博士)를 초빙하였다는 기록도 있다. 제업(전업) 박사로는 성왕 32년(554)에 일본에 파견된 의박사(醫博士) 왕유전타(王有悛陀)가 있으며, 그 밖에도 역박사(曆博士)와 채약사(採藥士)를 일본에 파견하였다는 기록이 있다. 이처럼 백제에 유학을 전공하는 오경 박사와 함께 의학과 역학(천문학), 약학 등을 전공하는 전업 박사가 존재했다는 것은 백제의 교육제도가 유학을 주 내용으로 하는 인문교양 교육과 함께 실무 분야의 전문가를 양성하는 전문기술 교육을 주축으로 구성되어 있었음을 보여준다. 한 사회의 교육에서 인문교양 교육과 전문기술 교육이 수레의 두 바퀴처럼 상호 보완적으로 이루어지는 것은 예나 지금이나 매한가지라 할 수 있다.

(3) 신라

삼국통일 이전의 신라를 대표하는 교육제도는 화랑도이다. 화랑도는 신라가 본격적으로 국세 신장을 꾀하던 진흥왕 말년(576)에 '원화(源花)' 제도를 개편하여 만들어졌다(『삼국사기』「신라본기」진흥왕 조). 최치원이 난랑비(鸞郎碑) 서문에서 밝혔듯이, 화랑도는 우리 고유의 풍류도(風流道)를 계승한 것으로, 산천을 유람하며 도의를 익히고 시와 음악으로 성정을 연마하던 청년 조직이었다. 또한 화랑도는 유·불·선 삼교의 이념으로 심신을 수양하고 사회를 교화하는 데 앞장섰고, 김대문이 『화랑세기』에 적은 바와 같이 문·무 양 방면에서 신라 사회의 근간이 될 인재를 양성하고 천거하는 역할을 하였다. 신라 화랑도의 교육이념은 7세기 초에 중국 유학을 마치고 돌아온 원광(圓光, 541-630?)에 의해 세속오계[사군이충(事君以忠), 사친이효(事親以孝), 교우이신(交友以信), 임전무퇴(臨戰無退), 살생유택(殺生有擇)]로 체계화되었다. 6세기 중반이나 7세기 초의 신라의 젊은이들이 하늘에 맹세한 내용을 새긴 임신서기석(壬申誓記石)을 보면, 당시의 젊은이들은 충도(忠道)의 실천을 삶의 중요한 가치로 추구하였고, 시·서·예·춘추 등의 오경을 중요한 독서 교재로 삼았던 것을 알 수 있다.

한편 신라 최초의 유학자로 불리는 강수(强首, ?~692)의 사례를 보면, 그는 어려서 세상 밖의 도인 불교가 아니라 세상 속의 도인 유학을 배우기로 선택하고, 『효경(孝經)』과 『곡례(曲禮)』, 『이아(爾雅)』, 『문선(文選)』을 공부하였다고 한다(『삼국사기』권46 강수전). 이는 훈고사장학 시대 유학 공부의 한 단면을 잘 보여주고 있다. 이후 강수가 관직에 진출하여 중국(당)에서 온 난해한 외교문서를 해독하고, 중국과 고구려, 백제 등에 보내는 국서(國書) 작성을 도맡아 문명(文名)을 떨친 것은 이 시기 훈고사장학을 공부한 인재의 사회적 역할에 대한 본보기라 할만하다.

2) 남북국 시기의 교육

(1) 통일신라

신라는 통일 전쟁을 끝낸 문무왕 16년(676) 이후 국가체제를 정비하면서 정식으로 '국학(國學)'이라는 유교식 대학을 설립하였다. 국학은 고구려의 태학보다 310년 늦게 신문왕 2년(682)에 당의 국자감(國子監)을 본 따 설립되었다. 국학의 설립과 직제의 변천, 교수법, 학생의 입학과 수업연한 등에 대해서는 『삼국사기』의 직관(職官) 조항에 관련 내용이 비교적 자세히 정리되어 있다. 이에 따르면, 국학은 『논어』와 『효경』을 필수 과목으로 삼고 오경(『모시』, 『상서』, 『주역』, 『예기』, 『춘추좌씨전』)을 중심으로 하는 유학(儒學) 교육과정을 채택하였다. 이 밖에 국학에서는 산학(算學) 박사나 조교가 『철경』, 『삼개』 등의 산학서를 가르치기도 하였다.

원성왕 4년(788)에는 국학에 독서삼품출신과(약칭 '독서삼품과')라는 획기적인 인재 선발 제도가 도입되었다. 『삼국사기』에 '전에는 단지 활 쏘는 것으로 인재를 선발하던 것을 이때에 와서 고쳤다.'고 적혀 있는 것처럼(『삼국사기』 권10 「신라본기」 원성왕 조), 독서삼품과는 신라 사회의 인재 선발이 유교적 교양과 학식(훈고사장학적 소양)을 강조하게 되었음을 보여주는 제도이다.

이 시기 한국 고대교육의 발전에 크게 기여한 인물로는 설총(薛聰, 655~?)을 들 수 있다. 흔히 설총은 이두(吏讀)의 창시자로 알려져 있지만, 교육사에서 더욱 주목할 부분은 유학 교재들에 대한 설총의 석독 구결(釋讀口訣)이다. 한자를 빌려 우리말을 표기하는 차자표기법(借字表記法)의 일종인 석독 구결은 한문 텍스트의 행간이나 한자의 내부와 주변에 자토(字吐)나 점토(點吐)의 형태로 우리말 어미나 조사에 해당하는 토(吐)를 기입하고, 점과 선 등의 여러 부호를 활용하여 한문 해석의 방법과 순서를 표시하는 것이었다.

설총의 석독 구결은 고려 말 성리학(性理學)이라는 새로운 유학이 수입되기 전까지 훈고사장학 시대 유학의 주요 교재에 대한 해석의 표준으로 존중되었다. 『삼국사기』에서 "설총은 … 방언(方言)으로 구경(九經)을 읽어 후생을 가르쳤는데, 지금까지도 학자들이 그를 모범으로 삼는다."고 하고, 『삼국

유사』에서도 "방음(方音)으로 중국과 우리나라의 방언과 속어의 물명을 서로 통하여 알게 하였고, 《육경(六經)》과 문학(文學)의 뜻을 풀이하여 지금까지도 우리나라에서 명경(明經)을 업으로 하는 자들이 전수하여 끊이지 않는다."라고 한 것을 보면, 설총의 석독 구결이 한국 고대의 유학교육에서 얼마나 중요한 역할을 하였는지 짐작할 수 있다(박종배, 2018).

한편 통일신라 시기에는 산학(算學)과 천문학(天文學), 의학(醫學), 율학(律學) 등의 전문기술 분야 교육도 활발히 이루어졌다. 이 시기의 전문기술 교육이 국학에서 이루어졌는지 아니면 별도의 기구에서 이루어졌는지는 분명하지 않으나, 산학 등 일부 분야는 국학에서도 교육이 이루어졌다. 그리고 산학, 천문학, 의학, 율학은 모두 정식으로 학관(學官), 즉 박사를 두어 가르친 경우인데, 그 밖에도 여러 실무 부서에서 해당 분야의 전문가들에 의한 체계적인 기술 교육이 이루어졌다. 비형식 교육이라 부를 만한 이러한 형태의 전문기술 교육은 어느 시대, 어느 사회에나 존재하였다.

(2) 발해

698년부터 926년까지 한반도 북부와 만주, 연해주에 걸쳐 존속하며 신라와 남북국을 이루었던 발해는 제3대 문왕(재위 737~793) 이후 당(唐)에 많은 유학생을 파견하는 등 교류를 확대해 나가는 과정에서 중앙의 유학 교육기관으로 주자감(胄子監)을 설립하였다. 이로 볼 때 발해에서도 신라와 비슷한 형태의 유교식 학교교육을 실시하였을 것으로 추정된다. 한 가지 재미있는 것은 이 시기 발해와 신라가 외국인 유학생을 대상으로 실시하였던 당의 빈공과(賓貢科)를 놓고 치열한 경쟁을 벌였다는 사실이다. 최치원(崔致遠, 857~?)의 문집[『고운집』 권1 장(狀)]에는 발해 유학생 오소도(烏昭度)가 신라 유학생을 제치고 빈공과에서 수석을 차지한 것에 대해 신라 측에서 당나라에 항의하는 내용의 편지[신라의 왕이 당나라 강서의 고대부 상에게 보낸 장문(新羅王與唐江西高大夫湘狀)(신라 국왕을 대신하여 최치원이 씀), 예부상서 배찬에게 보낸 장문(與禮部裴尚書瓚狀)]가 존재한다. 얼마 뒤에는 빈공과 수석 출신인 발해 재상 오소도가 그의 아들[오광찬(烏光賛)]이 신라 유학생 최언위(崔彦撝)에 뒤져 빈공과 수석을 차지하지 못하자 이를 재고해 달라는 글을 올렸다가 거절당했다는 기록도 있다 (『고려사』 권92, 열전, 최언위). 당나라 유학 및 빈공과를 두고 발해와 신라가 서로 양보할 수 없는 경쟁 관계에 있었다는 사실이 주목을 끈다.

2. 고려시대의 교육

고려시대는 유교식 학교교육이 한층 체계화된 시기라 할 수 있다. 고려는 불교사회였으나 유학을 정교(政敎)의 이념으로 삼음으로써 유학을 중심으로 인재를 교육하고 선발하였다. 이 과정에서 중앙과 지방에 이전보다 훨씬 체계적인 유교식 학교제도가 수립되었으며, 과거(科擧)라는 인재 선발 제도도 정식으로 시행되었다. 과거제도의 시행은 고려 말의 성리학(性理學) 도입과 함께 고려시대 교육사에서 손꼽을 만한 중요성을 가진 사건이었다.

1) 학교제도의 발달

(1) 국자감

고려는 성종 11년(992)에 국자감(國子監)을 창설하였다. 고려의 국자감은 고구려의 태학과 통일신라의 국학, 발해의 주자감과 같은 유교식 대학으로, 그 제도는 주로 당나라의 국자감을 모범으로 삼았다. 고려의 국자감에는 공자와 그 제자들을 비롯한 유학의 여러 성현을 모신 사당인 문선왕묘[文宣王廟, 줄여서 '문묘(文廟)'라 함]가 창설 초기부터 갖추어져 있었다. 문묘와 학당이 공존하는 묘학(廟學)의 구조를 갖춘 유교식 대학이 정식으로 출범한 것이다.[1]

---

1 옛사람들이 왜 학교에 성현들을 모신 사당인 문묘를 세웠는지에 대해서는 주희(朱熹, 1130~1200)가 "선성(先聖, 옛날의 성인)과 선사(先師, 돌아가신 스승)를 학교에서 제사하는 것은 대개 이로써 도통(道統)이 있음을 밝히고 세상의 공부하는 자들로 하여금 목표로 삼아 도달하고자 해야 하는 바가 있음을 알게 하고자 하는 것(『주희집』 권80 「신주주학대성전기(信州州學大成殿記)」)"이라고 한 말을 잘 음미해 볼 필요가 있다. 문묘에 모셔진 성현들은 바로 그 시대의 학교교육이 추구하는 인간상[사표(師表)]이고, 그 성현들이 전해온 도(道)(학문)는 당시의 교사와 학생들이 가르치고 배우는 내용이었으며, 그러한 공부를 통

창설 초기의 국자감은 국자학·태학·사문학 등 유학부(儒學部)로만 구성되어 있다가 문종(재위 1046~1083) 때 국자감 직제 정비 과정에서 율학·서학·산학으로 구성된 잡학부(雜學部)가 추가되었다. 이렇게 하여 문종 이후의 국자감은 유학부(국자학·태학·사문학)와 잡학부(율학·서학·산학)를 산하에 둔 '경사육학(京師六學)' 체제로 운영되었다. 국자감이 고려 최고의 학부(學府)로서 권위를 확립하고 교육과 선발의 중심으로 자리를 잡아 나가는 데에는 예종(재위 1105~1122)·인종(재위 1122~1146) 연간의 국자감 진흥 노력이 중요한 역할을 하였다. 예컨대 예종 4년(1108)에는 국자감에 '국학칠재(國學七齋)'라고 하는 7개의 전문 과정(course)을 설치하였다. 7재 중 여택재(麗澤齋)는 『주역(周易)』, 대빙재(待聘齋)는 『상서(尙書)』, 경덕재(經德齋)는 『모시(毛詩)』, 구인재(求仁齋)는 『주례(周禮)』, 복응재(服膺齋)는 『대례(戴禮)』(즉, 『예기』), 양정재(養正齋)는 『춘추(春秋)』, 강예재(講藝齋)는 무학(武學)을 전공과목으로 삼았다. 인종 연간에는 입학 조건과 교육과정 등을 규정한 학식(學式)이 제정되어 국자감 교육의 제도적 틀이 갖추어졌다.

의종 24년(1170)에 숭문천무(崇文賤武) 정책에 불만을 품어 오던 정중부 등이 난을 일으켜 무인정권이 수립된 이후 원의 침입으로 무인정권이 막을 내린 원종 11년(1270년)까지의 100년 동안 고려의 학문과 교육은 전체적으로 침체를 벗어나지 못하였다. 국자감 교육이 다시 살아나기 시작한 것은 충렬왕 때의 일로서, 여기에는 안향(安珦, 1243~1306)의 역할이 컸다. 하지만 원 간섭기의 불안한 정국 속에 국자감은 표류를 거듭하였고, 그 명칭도 '성균감(成均監, 1298년)'이라 하였다가 '성균관(成均館, 1308년)'으로 고쳐 부르고, 그 뒤 '국자감(1356년)'이라는 명칭을 되찾았다 다시 '성균관(1362년)'으로 바뀌는 등 파란을 겪었다.

(2) 사학십이도, 향교, 학당, 서당

국자감 이외에도 고려에는 여러 학교들이 생겨나 이전보다 학교제도가

해 그들 또한 성현들처럼 되고자 희망했던 것이다.

크게 발전하였다. 먼저 수도인 개경에는 '십이도(十二徒)'라 불렸던 12개의 유명한 사학(私學)이 존재하였다. 십이도는 문종 9년(1055)에 벼슬에서 물러난 최충(984~1068)이 송악산 아래에 사숙(私塾)(문헌공도, 구재학당)을 열어 후진을 양성한 것이 시초가 되었다. 십이도 중 가장 유명했던 최충의 사숙에서 가르쳤던 교과목은 국자감과 거의 같았다. 즉, 구경(九經)과 삼사(三史)(사기, 한서, 후한서), 그리고 시부(詩賦) 중심의 사장학이 주된 교과목을 이루고 있었다. 여기서 말하는 구경은 『모시』, 『상서』, 『주역』에 삼례서(『예기』, 『주례』, 『의례』)와 춘추삼전(『좌씨전』, 『공양전』, 『곡량전』)을 더한 것으로, 오경의 확대판이라 할 수 있다. 사학으로 출발한 12도는 예종·인종 연간 이후 국가교육체제의 일부로 편입되어 300여 년 동안 존속하다 공양왕 3년(1391) 6월의 교육제도 정비 과정에서 폐지되었다.

통일신라 시기에 주학(州學)·학원(學院) 등의 이름으로 일부 지역에 설립되기 시작하였던 지방 학교는 고려 개국 이후 더욱 발전하게 된다. 고려는 개국 초인 태조 13년(930)에 서경(西京, 평양)에 학교와 학원을 창설한 바 있다. 그리고 성종 6년(987) 8월에는 12목(牧)에 경학박사와 의학박사를 각각 1명씩 파견하기도 하였다. 아울러 성종 8년(989)에는 12목과 모든 주·부의 경학박사와 의학박사들에게 술과 음식을 하사하는 등 지방교육의 진흥을 위하여 여러 노력을 기울였다. 이렇게 보면, 적어도 성종 연간에는 12목을 비롯한 전국의 주요 지역에 학교가 설립되고 교관이 파견되는 등 고려의 지방 관학, 즉 향교(鄕校)가 어느 정도 체계를 갖추기 시작했다고 할 수 있다.

학당은 중등 수준의 중앙 관학으로, 원종 2년(1261) 3월 몽고의 침략으로 임시 수도가 되었던 강화도에 설립한 동·서부의 양 학당이 시초이다. 동·서 학당에는 각각 별감(別監)이 배치되어 교육을 담당하였다. 개경으로 환도한 다음 공민왕 2년(1331) 2월에 개경의 5부(五部), 즉 동·서·남·북·중부에 각각 교수관을 둠으로써 동·서 학당은 5부 학당으로 개편되었다.

서당의 경우, 비록 그 명칭과 수준은 매우 다양하지만, 마을 단위로 설립된 글방이라 할 수 있다. 인종 원년(1123)에 고려에 사신으로 왔던 송나라의 서긍(徐兢)이 지은 『고려도경』에 나오는 경관(經館)과 서사(書社), 그리고 향선생(鄕先生)은 고려시대 서당의 모습을 잘 보여주고 있다.

> 위로는 조정의 관리들이 위의(威儀)가 우아하고 문채(文彩)가 넉넉하며, 아래로는
> 민간 마을에 경관(經館)과 서사(書社)가 두셋씩 늘어서 있다. 그리하여 그 백성들
> 의 자제로 결혼하지 않은 자들이 무리지어 머물면서 스승으로부터 경서를 배우고,
> 좀 장성하여서는 벗을 택해 각각 그 부류에 따라 절간에서 강습하고, 아래로 군졸
> 과 어린아이들에 이르기까지도 향선생(鄕先生)에게 글을 배운다. 아아, 훌륭하기도
> 하구나!　　　　　　　　　　　　　　　－『고려도경』 권40 「동문(同文)」 「유학(儒學)」

2) 전문기술 교육

고대 삼국 및 통일신라 시기와 마찬가지로 고려시대에도 전문기술 교육
이 활발히 이루어졌다. 율학, 서학, 산학은 문종 때 국자감에 편입되어 공양
왕 원년(1389)에 분리되어 나오기 전까지 국자감(성균관) 산하의 잡학부로 운영
되었다. 법률 전문가를 양성하는 율학은 율학박사와 율학조교가 교육을 맡았
고, 서표(書表) 전문가를 양성하는 서학은 서학(書學)·전서(篆書) 박사가, 그리
고 전곡의 출납과 회계, 토지의 측량과 조세의 징수, 녹봉의 지급, 술수(術數)
와 역산(曆算) 등에 고루 쓰였던 산학은 산학박사가 학관이 되어 교육하였다.
이 밖에도 고려시대에는 의학·복학(卜學)·지리학, 역학(譯學) 등이 운영되었
다. 이들 분야의 교육은 국자감이 아니라 해당 관서에서 이루어졌다. 예를
들어 의학의 경우 태의감(太醫監)에 의학 박사와 조교, 주금(呪噤) 박사와 주
금사 등을 두어 교육하는 식이다.

3) 과거제도의 시행

우리나라에서 과거제도는 고려 광종 9년(958)에 후주에서 귀화한 쌍기(雙冀)
의 건의로 처음 시행되었다. '과거(科擧)'는 '과목(科目)으로 선거(選擧)한다'는
뜻으로, 풀어서 얘기하면 '특정 과목에 대한 시험을 통해 인재를 선발하는
제도'라 할 수 있다. 958년에 처음 시행된 과거는 1894년의 갑오개혁에 의해

폐지되었으므로 우리 역사에서 장장 936년이나 존속한 인재 선발 제도이다. 지금도 시험이 인재 선발의 가장 중요한 방식으로 쓰이고 있다는 점에서 보면, 비록 '과거'라는 이름은 사라졌지만, 아직도 우리는 '과거의 시대'에 살고 있다고 할 수 있다.

　고려시대의 과거는 크게 네 종류로 구분된다. 첫째는, 문관을 선발하는 제술업(製述業)과 명경업(明經業)이고, 둘째는 기술관을 선발하는 잡업(雜業)이며, 셋째는 교종과 선종의 승려를 선발하는 승과(僧科)이고, 넷째는 무관을 선발하는 무과(武科)이다. 그 가운데 문관을 선발하는 명경업과 제술업의 시험 과목과 시험 방식을 보면 각각 훈고학(訓詁學)과 사장학(詞章學) 소양을 시험하는 데 초점을 맞추고 있음을 알 수 있다. 먼저 제술업의 시험 과목은 광종 9년의 첫 과거에서 시(詩)·부(賦)·송(頌) 및 시무책(時務策)을 시험한 이후 여러 차례의 변화가 있었다. 새로운 유학이 도입된 이후인 충목왕 즉위년(1344)에는 초장에서 《육경(六經)》의 뜻을 묻는 의(義)와 《사서(四書)》에서 의문점을 논하는 의(疑)를 시험하고, 중장에서는 고부(古賦)를 짓고, 종장에서는 책문(策問)에 답하게 하는 것으로 개정하였다. 명경업의 경우 《오경》을 시험 과목으로 삼았는데, 시험 방식은 첩경(貼經)과 구문(口問) 중심이었다. 첩경은 책의 어떤 페이지의 양 끝을 다 덮고, 중간의 한 줄만 내놓아 그중에서 세 글자 내외를 뽑아 쓴 종이쪽지를 응시자에게 주어 앞뒤의 글을 암송시키는 시험 방식이다. 구문은 삽주(挿籌), 즉 산가지를 끼워 둔 경서의 특정 부분을 정확히 끊어 읽고 그 뜻을 분명히 풀이하는 능력을 시험하는 것이었다.

　이처럼 시험을 통해 인재를 선발하는 과거제도는 그 객관성과 공정성 측면에서 아직까지도 뚜렷한 대체 수단이 없다고 할 만큼 획기적인 제도였다. 교육사 측면에서 볼 때, 과거제도는 국가가 학교를 세우고 인재를 교육하는 데 힘쓰도록 만드는 동력이 되었다. 개인 차원에서는 학문에 매진하게 하는 강력한 유인가(incentive)로 작용하였다. 또한 과거제도는 이른바 '출세의 사다리'로서 사회 이동을 촉진하는 역할을 하였으며, 글공부한 사람을 우대하는 사회 풍토를 조성하기도 하였다. 이와 함께 과거제도는 우리 사회에 시험 위주의 공부와 도구주의·결과주의 교육관이라는 고질병이 뿌리내리는 데 원인을 제공하였으며, 국가가 시험 과목과 평가 기준을 통제함으로써 학문과 사상을 획일화하는 문제점도 낳았다고 할 수 있다.

4) 훈고사장학의 시대에서 성리학의 시대로

고려 말 성리학(性理學)이라는 새로운 유학의 도입은 4세기 후반 이래 천 년 가까이 지속되어 온 한국의 훈고사장학 중심의 학교교육에 일대 변화를 가져오게 된다. 교육의 목적과 내용, 방법 모든 면에 걸쳐 성리학적 방향으로의 전환이 시작된 것이다. 권근이 쓴 이색(李穡, 1328~1396)의 행장(行狀)에서는 이를 "(이때부터) 학자들은 사장(詞章)을 기송(記誦)하던 습속을 버리고 심신(心身)과 성명(性命)의 이치를 궁구하게 되어, 사도(斯道)를 높이고 이단(異端)에 현혹되지 않게 되었다(『양촌집』 권40 「행장」)."고 표현하고 있다.

이전의 훈고 · 사장학적 유학과는 전혀 다른 '철학적' 유학인 성리학은 중국의 송나라 때 주돈이(周敦頤, 1017~1073), 장재(張載, 1020~1077), 소옹(邵雍, 1011~1077), 정호(程顥, 1032~1085), 정이(程頤, 1033~1107), 주희(朱熹, 1130~1200) 등 후대에 '송조 6현'이라 불리는 여섯 학자에 의해 성립되었다. 이 새로운 유학에서는 인간과 자연을 포함한 우주만물의 생성과 변화, 소멸의 원리를 설명하는 우주론(존재론)을 정립하였으며, 이를 기반으로 인간 존재의 본질을 규명하는 심성론(인성론)과 인간다운 인간이 되는 길을 밝히는 수양론(공부론)을 발전시켰다.

새로운 유학인 성리학에는 전통 유학, 즉 훈고사장학과는 다른 교육사상이 담겨 있다(박종배, 2006). 우선 성리학자들은 '학위성인(學爲聖人)', 즉 '성인이 되기 위한 공부(learning to be a sage)'를 교육의 이상으로 제시한다. 예컨대 "사람은 누구나 성인에 이를 수 있고, 군자의 공부는 반드시 성인에 이르고 나서 끝나는 것이다. 성인에 이르지 못했는데도 공부를 그만두는 자는 스스로를 포기한 것이다(『이정전서 · 유서』25)."라고 강조한다. 이것은 이미 선진(先秦) 시기에 공자와 맹자가 강조했던 바이다. 그런데 한나라 이후의 학교교육, 특히 수 · 당대에 과거제도가 시행된 이후 공부를 오직 사회적 성공을 위

한 수단으로만 간주하는 경향이 강했었다. 성리학자들은 그것을 바로잡고자
한 것이다.

다음으로 성리학자들은 내적 자기완성을 추구하는 공부를 교육의 목적
으로 제시한다.

> 공부라고 하는 것은 사람들로 하여금 내면의 완성을 추구하도록 하는 것이다. 내
> 면의 완성을 추구하지 않고 외적 성공만을 좇는 것은 성인이 되기 위한 공부가 아
> 니다. 무엇을 일러 내면의 완성을 추구하지 않고 외적 성공만을 좇는 것이라고 하
> 는가? 문장(文章)을 위주로 하는 공부가 그것이다. 공부라고 하는 것은 사람들로
> 하여금 근본을 추구하도록 하는 것이다. 근본을 추구하지 않고 말단만을 좇는 것
> 은 성인이 되기 위한 공부가 아니다. 무엇을 일러 근본을 추구하지 않고 말단만을
> 좇는다고 하는가? 상략(詳略)을 논하고, 동이(同異)만을 따지는 공부가 그것이다.
> 이 두 가지는 일신에 도움이 되는 것이 없으므로 군자는 이러한 공부를 하지 않는
> 다(『이정전서·유서』25).

이 글에서 비판하고 있는 '문장(文章)을 위주로 하는 공부'와 '상략(詳略)
을 논하고, 동이(同異)만을 따지는 공부'는 바로 한·당 이래의 사장학과 훈고
학이다. 성리학자들은 이를 '외적 성공만을 좇는' 위인지학(爲人之學)이라고
비판하며, '내면의 완성을 추구하는' 위기지학(爲己之學)이 교육의 목적이 되
어야 한다고 주장한다. 현대 교육학의 용어로 말하자면, 학문과 교육의 내재
적 가치(intrinsic value)를 특별히 강조하는 것이다.

또한 성리학에서는 내적 자기완성을 추구하는 공부는 《사서(四書)》를 핵
심 내용으로 삼아야 한다고 주장한다. 성리학자들이 사서를 강조하는 것은
공자에서 증자(曾子), 자사자(子思子), 맹자(孟子)로 전승된 성인의 도(道)가 직
접적으로 가장 잘 표현되어 있는 것이 바로 『논어』와 『대학』, 『중용』, 『맹자』
네 책이기 때문이다. 그들이 새로운 유학을 만들어 낼 때 기초로 삼았던 것도
바로 이 네 책이다. 이 때문에 성리학자들은 이 네 책을 묶어 '사서'라 불렀
고, 주희가 이 《사서》의 장구를 정리하고 표준적 해석을 마련하여 『사서장구
집주(四書章句集注)』를 완성함으로써 《사서》는 성리학 시대를 대표하는 새로운

┃ 표 2.1 ┃ 훈고사장학과 성리학의 비교

	훈고사장학	성리학
시기	한~당(중국) / 삼국~고려(한국)	송~명(중국) / 조선(한국)
학풍	경전의 암송과 시문(詩文) 작성 능력 강조	우주론·심성론·수양론 등 존재와 삶의 문제에 관한 철학 강조
교재	오경(시·서·역·예·춘추)	사서(논어·맹자·대학·중용)+오경

유학교재로 떠오르게 되었다.

우리나라의 교육에 성리학이 도입되었다는 것은 공민왕 16년(1367)에 성
균좨주 임박(林樸)의 건의에 따라 성균관을 개축하고 처음으로 오경재(五經齋)
와 사서재(四書齋)를 설치한 사실을 통해 확인할 수 있다. 이색(李穡, 1328~1396)
과 정몽주(鄭夢周, 1337~1392)는 바로 이 시기에 성균관에 재직하며 《사서》(논
어·맹자·대학·중용)를 핵심 교재로 하는 새로운 유학교육을 크게 진흥시켰다.

3. 조선시대의 교육

조선시대는 유교식 학교교육이 발전하여 토착적 성숙에 접어든 시기라
할 수 있다. 이전까지는 중국의 제도와 사상을 수용·모방하는 데 치중했다면,
조선시대의 교육은 유교식 학교교육의 기본 틀을 유지하는 가운데 여러 면에
서 독자적인 발전의 길을 모색해 나갔다. 우리의 문자인 한글이 창제되어 교
육에 널리 활용된 것 또한 조선시대 교육의 발전에 큰 역할을 하였다.

1) 관학체제의 정비

(1) 성균관

성균관은 중앙에 설립된 최고 학부이자 대학이었다. 성균관의 구조는
크게 문묘와 학당으로 이루어져 있는데, 문묘가 앞에 있고 학당이 뒤에 있는

전묘후학(前廟後學)의 구조를 취하고 있다. 문묘는 정전인 대성전(大成殿)과 동·서의 양 무(廡)로, 학당은 명륜당(明倫堂)과 동·서 양 재(齋)로 구성되어 있다. '성균(成均)'은 『주례』「대사악(大司樂)」에 나오는 용어로, 음악을 조율하는 것과 같이 '어그러짐을 바로 잡고, 지나치고 모자라는 것을 고르게 한다.'는 뜻을 갖고 있다. 중국의 오제(五帝) 시대(약 B.C. 2,700년)에 있었다고 전해지는 가장 오래된 학교의 명칭이 '성균'이었다.

성균관의 정원은 200명으로, 사정에 따라 약간 줄어들기도 하였다. 성균관에는 원칙적으로 소과(생원시, 진사시)에 합격한 생원과 진사가 입학하였다. 생원·진사로 정원을 채우지 못할 경우에는 사학(四學, 한성부의 동·서·남·중학) 생도나 공신 자제 가운데서 일정한 시험을 거쳐 선발한 인원으로 결원을 보충하였다. 유생들이 성균관에서 생활하며 공부할 때 지켜야 할 수칙으로는 「학령(學令)」이 마련되어 있었다. 「학령」의 제3조에서는 "항상 《사서오경》과 여러 역사서와 같은 책들을 읽고, 노장(老莊)에 관한 책이나 불경(佛經), 잡류(雜流), 제자백가의 책과 같은 것들은 끼고 다니지 않아야 한다."라고 '독서'에 대해 규정하였고, 제4조에서는 "매월 제술(製述)하되, 초순에는 의(疑)·의(義) 또는 논(論)을 짓고, 중순에는 부(賦)·표(表) 또는 송(頌)·명(銘)·잠(箴)을 짓고, 종순에는 대책(對策) 또는 기(記)를 짓는다."라고 제술, 즉 평상시의 글짓기 공부에 대해 규정하였다. 「학령」은 성균관은 물론 다른 관학, 즉 사부학당과 향교의 교육에도 준용되었다. 선조 15년(1582)에는 「학령」을 보완하라는 왕명을 받아 율곡 이이(1536~1584)가 「학교모범(學校模範)」이라는 성리학 시대의 학교교육 헌장을 제정하였다.

(2) 사부학당

사부학당(줄여서 '사학'이라 부름)은 한성부의 사부(四部)에 설립된 네 곳의 학당이다. 성균관이 대학에 해당한다면, 사학은 대체로 지방의 향교와 마찬가지로 중등 수준의 학교였다고 할 수 있다. 사학은 고려 말 공민왕 2년(1331)에 시행한 오부 학당 제도를 계승한 것이다.

사학의 정원은 동·서·남·중학 각각 100명씩으로 모두 400명이었다(조선 후기에는 대폭 감축). 성종 1년(1470)의 「경학권려절목(經學勸勵節目)」에 따르면, 사학의 유생들은 '분번야독(分番夜讀)', 즉 번을 나누어 차례대로 야간에 사학에 나와 글을 읽었다. 사학의 교관은 대체로 성균관의 관원들이 겸직하였다. 사학의 유생들은 성균관 유생들을 대상으로 거행하는 알성시(謁聖試), 전강(殿講), 황감제(黃柑製), 도기과(到記科)와 같은 시험에 함께 응시할 수 있었다. 이러한 시험에서 우수한 성적을 거두면 과거시험에서 가산점[급분(給分)]을 받거나 전시(殿試)에 직접 응시하게 하는 등의 혜택이 주어졌다. 또한 사학에는 매년 6월 각 학당에서 20명씩 선발하여 남학(南學)에 모아 경서를 고강(考講)하거나 문장을 제술하게 하여 우수자에게 생원·진사시의 초시를 면제하는 특전을 부여하는 '유월도회(六月都會)' 제도가 있었다. 유월도회 제도는 관찰사의 주관 아래 각 도의 향교에서도 운영되었다.

(3) 향교

향교는 전국의 부·목·군·현에 '일읍일교(一邑一校)'의 원칙에 따라 설립된 지방 관학이다. 향교는 지역에 따라 규모의 차이가 있지만 성균관과 마찬가지로 문묘(대성전과 동·서무)와 학당(명륜당과 동·서재)으로 구성된 묘학(廟學)의 구조를 갖추고 있었다. 향교의 교관으로는 조선 전기에는 중앙에서 파견하는 교수(敎授, 도호부 이상, 종6품)와 훈도(訓導, 군 이하, 종9품)가 있었으나, 조선 후기에는 지역에서 자체적으로 충원하는 것으로 바뀌었다.

『경국대전』의 규정에 따르면, 향교의 정원은 목 이상은 90명, 도호부는 70명, 군은 50명, 현은 30명이었는데, 330곳 안팎인 전국 향교의 총 교생 수는 15,070명에 달했다. 향교는 성균관과 마찬가지로 교생들이 기숙하며 공부하는 학교였다. 하지만 재정이 부족하고 기숙사인 동·서재의 규모 또한 협소하여 서울의 사학과 마찬가지로 번을 나누어 교대로 수학하는 경우가 많았다.

조선 후기 향교의 교육과 관련해서는 향교 내부나 근처에 세워진 '양사재(養士齋)'라는 교육시설을 주목할 필요가 있다. '양사재'는 '선비를 기르는 집'으로, 대체로 숙종(재위 1674~1720) 이후 '양사재를 두는 것이 모든 고을의 통규(通規)'라고 할 정도로 전국에 널리 설립되었다. 주로 수령과 지역민들이 협력하여 설립한 양사재는 도회(都會)나 백일장(白日場) 등을 통해 선발한 지역 유생들을 모아 과거 시험을 준비시키는 거접(居接)의 장소로 많이 활용되었다.

(4) 무학

무학(武學)은 무관 양성을 목적으로 무예와 병서를 강습하는 교육기관이다(박종배, 2014). 조선은 개국 초기부터 '문과 무는 어느 한쪽만 폐할 수 없다.'는 문무병중의 원칙을 표방하였다. 하지만 유학 교육기관이 중앙의 성균관과 사학을 비롯하여 각 고을의 향교까지 체계적으로 갖추어진 반면, 무학 교육기관은 중앙에 훈련원(처음에는 '훈련관')을 두어 무과(武科)를 주관하고 습독관(習讀官)을 선발하여 무경(武經, 육도, 손자, 오자, 삼략 등의 병법서)을 익히게 하는 것 말고 별도로 갖추어진 것이 없었다.

조선시대에 무학이 별도로 설치된 것은 임진왜란 이후의 일이다. 임진왜란(1592년)이 일어난 3년 뒤인 선조 28년(1595) 7월에 "각 도의 대도호부에 훈련원과 같은 무학을 설립하여 병사(兵士)를 양성하고 무업(武業)을 연마하라."는 무학 설치령이 내려졌고, 이후 전국 곳곳에 교육기관으로서의 무학이 창설되었다. 경상도 일선의 읍지(邑誌)에 실린 무학당(武學堂)에 관한 기사에 따르면, 무학당에는 "모든 백성이 15세 이상이면 입속하여 말 달리고 활쏘는 것을 익히며 병서를 읽되, 노비와 학전은 대략 향교와 같게 한다."는 원칙이 적용되었다. 하지만 현재까지 기록으로 확인되는 무학당은 30여 곳 정도로, 조정의 무학 설치령이 전국에 걸쳐 실행된 것으로 보이지는 않는다(박종배, 2016).

(5) 잡학

조선시대에는 여러 전문 분야의 기술관을 양성하는 잡학(雜學) 교육체제가 갖추어졌다. 고대 삼국 시기 이래 면면히 이어져 온 잡학교육의 전통이 조선시대에도 계승되고 있는 것이다. 사실상 어느 시대를 막론하고 인문교양 교육을 받은 인재만으로는 그 사회가 제대로 유지·발전할 수 없다. 비록 신분상의 제한이나 차별은 있었지만, 조선시대에는 이전의 어떤 시기보다 더 다양하고 전문적이며 효율적인 전문기술 교육 체제가 갖추어져 있었다.

『경국대전』의 생도(生徒) 조항을 중심으로 조선의 잡학(雜學)을 정리해 보면, 사역원은 역학(譯學, 한학, 몽학, 여진학, 왜학)을 운영하였고, 전의감과 혜민서는 의학(醫學), 관상감은 음양학(陰陽學, 천문학, 지리학, 명과학), 호조는 산학(算學), 형조는 율학(律學), 도화서는 화학(畵學), 소격서는 도학(道學)을 운영하였다. 잡학은 해당 업무를 담당하는 행정관서에서 직접 그 분야의 전문가를 양성하는 체제로 운영되었던 것이다. 생도로는 중앙에 총 285명, 지방에는 역학, 의학, 율학 생도 6,436명이 배정되었다. 지방에 배정된 생도는 의학과 율학이 각각 3,140명으로 절대 다수를 차지하였고, 역학 생도는 해당 외국어(중국어, 여진어, 일본어)에 대한 수요가 많은 일부 접경 지역에 배정되었다.

2) 사학의 발달

(1) 서원

서원은 지역을 기반으로 하는 사림의 장수강학(藏修講學) 기구로서, 기본적으로 관학(官學)인 향교와 대비되는 사학(私學)이라 할 수 있다. 우리나라 최초의 서원은 중종 38년(1543) 풍기 군수 주세붕(周世鵬, 1495~1554)이 건립한 백운동서원(白雲洞書院)이다. 퇴계 이황(1501~1570)은 풍기 군수로 있던 1549년(명종 4)에 경상도 관찰사에게 글을 올려 백운동서원이 우리나라 최초의 사액서원인 '소수서원(紹修書院)'이 되게 하였다. 서원에는 서원의 운영과 교육에 관한 자체의 규약으로 학규[學規, 또는 원규(院規)]가 만들어졌다. 조선시대의 여러 서원에서 모범으로 삼은 가장 중요한 두 학규는 퇴계 이황의 「이산원규(伊山院規)(1558)」와 율곡 이이의 「은병정사학규(隱屛精舍學規)(1578)」이다.

그런데 17세기 이후 서원은 '남설(濫設)'이 문제가 되면서 장수강학(藏修講學)의 기능을 상실하고 향사(享祀, 제사) 기구로 변질되었다는 비판을 많이 받게 된다. 이러한 가운데 서원 본래의 교육 기능을 되살리기 위한 노력도 이어지는데, 그 일환으로 발달한 것이 강회(講會)이다(박종배, 2009). 강회는 서원에적(籍)을 둔 유생들이 일정한 시기에 함께 모여 특정한 서책에 대해 강론하는 집단적 강학 활동이다. 강회는 평상시에 이루어지는 유생들의 개별 독서 성과를 수렴하여 집단적으로 공유하는 장으로서, 군거강학(群居講學)과 상관이선(相觀而善)을 추구하는 조선시대 서원교육의 이상과 관련되어 있는 중요한 강학 방식이라 할 수 있다. 조선 후기의 서원을 중심으로 발달한 강회는 향교는 물론 다른 교육 장소에서도 널리 행해지는 보편적인 강학 방식이 되었다.

(2) 향촌 서당

조선 후기의 교육사가 이룩한 가장 큰 성과로는 향촌 서당의 발전을 들 수 있다. 특히 18세기는 '서당교육의 보편화'라고 해도 무방할 만큼, 전국 어느 지역이나 서당이 없는 곳이 없을 정도로 향촌 사회 깊숙이 서당이 뿌리내리게 된다. 조선 후기의 서당은 사사로이 설립되어 운영된 사숙(私塾)이며, 향촌 사회에 뿌리를 둔 기층 교육기관이고, 문해교육(literacy education)과 유학 입문교육을 위주로 하는 기초 교육기관이라는 성격을 갖고 있다. 이러한 향촌 서당의 발전은 조선 전기 이래 단계적으로 확대되어 온 교육의 저변이 기층까지 이르게 되었다는 중요한 교육사적 의미를 갖고 있다.

1732년(영조8)에 반포된 조현명(1690~1752)의 「권학절목(勸學節目)」은 향촌 서당을 기반으로 한 조선 후기 지방교육 체제 개편 방안을 담고 있다(한기철·조상식·박종배, 2016: 138-141). 예컨대 각 고을(군·현)에는 교육책임자로 도훈장(都訓長) 1인과 교임(校任) 1인을 두고, 각 면에는 면훈장(面訓長)을 면의 크기에 따라 1인이나 수인을 두도록 하였다. 면 단위 이하의 교육은 면훈장이 주관하되, 현실적으로 면훈장이 면의 모든 학도들을 일일이 교육하기 어려우므로 평상시의 학습은 부형(父兄)이나 숙사(塾師)에게 위임하도록 하였다. 교육장소로는 동리의 경우 서당을 활용하고, 면에서는 서원과 산당(山堂) 등을, 그 위의 고을에서는 기존의 관학인 향교를, 도 단위에서는 낙육재(樂育齋)를 활용하도록 하였다. 이처럼 조현명의 권학절목은 가장 아래 단위인 마을의 서당에서부터 면학, 읍학(향교)을 거쳐 가장 상위인 도 단위의 낙육재[영학(營學)]에 이르는 지방교육 체제의 수립을 지향하고 있었다.

3) 과거제도

조선시대의 과거제도는 크게 문과·무과·잡과로 나누어진다. 문과에는 소과가 있었다. 소과는 다시 생원시와 진사시로 나누어지며, 각각 초시와 복시 2단계로 시험이 치러졌다. 초시는 각 지역별로 치러지고, 복시는 초시 합격자들을 서울에 모아 치러졌다. 『경국대전』에 따르면, 생원시의 시험과목은 오경의(五經義)와 사서의(四書疑) 2편이다. 이들은 《사서오경》에 관한 논술(또는 서술) 시험이라 할 수 있다. 진사시에서는 부(賦) 1편, 고시(古詩)·명(銘)·잠(箴) 가운데 1편을 짓게 하였다. 생원시가 경학(經學)에 대한 소양을 주로 시험하였다면, 진사시에서는 시부(詩賦) 중심의 문학적 능력을 시험하는 데 중점을 두었다고 할 수 있다. 복시 응시자들은 『소학(小學)』과 『가례(家禮)』에 대한 독습 여부를 평가받는 학례강(學禮講)이라는 예비시험을 통과해야만 하였다. 이를 통해 『소학』과 『가례』가, 예전의 『논어』와 『효경』처럼, 필수 기초교재로 강조되고 있음을 알 수 있다.

문과는 초시·회시·전시의 3단계로 구성되어 있다. 초시는 다시 성균관에서 치르는 관시(館試), 서울에서 치르는 한성시(漢城試), 여러 지방에서 치르는 향시(鄕試)로 구분되며, 모두 초장－중장－종장의 3단계로 시험이 치러진다. 『경국대전』에 따르면, 초시는 초장에서 《사서오경》에 대한 의의(疑義) 또는 논(論) 가운데 2편을 짓는 등 제술 시험으로 치러진다. 회시에서는 초시 합격자들을 서울에 모아 시험을 쳐 33명을 선발하였다. 회시에서는 먼저 『경국대전』과 『가례』에 대한 예비시험을 치른 다음 본시험에 나아가게 되며, 초장에서 《사서삼경》에 대한 강경(講經), 즉 구두 문답 시험을 치른다. 마지막 단계의 시험인 전시는 일종의 순위 시험으로서, 회시 합격자 33인을 대상으로 대책(對策) 등의 글을 짓게 하여 갑과 3명, 을과 7명, 병과 23명의 순위를 정하였다.

무관을 선발하는 무과는 소과가 없고 대과만 있다. 무과는 초시와 회시, 전시의 3단계로 치러졌다. 초시는 서울·경기의 경우 훈련원에서 치르고, 나머지는 각 지역별로 치러 총 190명을 선발하였다. 초시에서는 활 쏘기, 기창(騎槍,

말을 타고 달리면서 창 쓰기), 격구(擊毬) 등의 무예 실기 시험이 치러졌다. 회시에서는 유학의 경서와 무경(武經, 여러 병법서) 등에 대한 강경 시험을 치러 28명을 선발하였다. 마지막 단계인 전시는 회시 합격자 28명을 모아 놓고 마상에서 하는 기격구(騎擊毬)와 지상에서 하는 보격구(步擊毬)로 순위를 가리는 시험이었다. 최종 순위는 갑과 3명, 을과 5명, 병과 20명으로 가려졌다.

전문 기술관을 선발하는 잡과에는 역과, 의과, 음양과, 율과 네 종류가 있었다. 전문 기술교육을 실시한 잡학의 경우 이보다 많은 종류가 있었으나, 잡과는 역·의·음양·율학 네 분야에 한정하여 실시되었다. 잡과는 그 분야를 주관하는 실무 부서의 책임 아래 초시와 회시 2단계로 시험이 치러졌다. 문·무과와 달리 전시가 없는 것이 특징이다.

4) 한글의 창제와 활용

훈민정음의 창제(1443년)는 '한국교육사 최대 사건'이라 해도 과언이 아니다. 누구나 쉽게 배워 쓸 수 있는 우리 문자의 등장은 그동안 소수의 엘리트 계층에게 독점되어 있던 지식과 정보를 일반 백성들까지 함께 향유할 수 있는 길을 열었다. 아울러 훈민정음(이하 '한글')의 창제와 활용은 하층민, 여성 등 다수의 민중이 학문과 교육의 당당한 주체로 성장해 나가는 계기를 마련하였다.

실제 한글은 『삼강행실도』와 같은 교화서는 물론 농서(農書)·의서(醫書)와 같은 실용서의 간행에 널리 활용되어 한문을 읽을 수 없었던 일반 백성들도 이들 한글 서적을 통해 필요한 지식과 정보를 얻을 수 있게 해주었다. 그리고 한글은 한자와 외국어 학습에도 일대 혁신을 가져왔다. 『유합(類合)』이나 『훈몽자회(訓蒙字會)』와 같은 한자 학습서에 한글로 한자의 소리와 뜻을 표기해 줌으로써 한자 학습의 신기원을 열 수 있었고, 『노걸대언해』와 『박통사언해』와 같은 외국어 학습서들이 출간되어 보다 쉽고 빠르게 외국어를 배울 수 있게 해 주었다. 한글은 또한 양반 사대부 계층의 시문(詩文) 학습에도 큰 도움을 주었다. 한자의 정확한 성운(聲韻)을 익히는 것은 시문 작성의 필수조건인데, 『동국정운(東國正韻)』이나 『사성통해(四聲通解)』와 같은 운서(韻書)에도 한글이 사용된 것이다.

　　유교식 학교교육의 핵심 교재들을 한글로 번역하여 보급할 수 있게 된 것 또한 조선시대 교육의 발전에 적지 않게 기여하였다. 성리학 시대의 핵심 기초교재인 『소학』은 두 차례에 걸쳐 우리말 번역본이 출간되었다[『번역소학(1518, 중종 13)』, 『소학언해(1587, 선조 20)』]. 《사서삼경》에 대한 우리말 풀이도 이루어졌다. 퇴계 이황은 《사서삼경》 가운데 해석상의 논란이 있는 여러 구절들을 추려 우리말로 그 뜻을 풀이한 『사서석의(四書釋義)』와 『삼경석의(三經釋義)』를 지었다(1609, 광해군 원년 간행). 율곡 이이는 선조 임금의 명을 받아 처음으로 《사서》(논어, 대학, 맹자, 중용)를 우리말로 번역하였다(1749, 영조 25 간행). 퇴계와 율곡을 이어 교정청(校正廳)의 학자들은 드디어 《사서삼경》에 대한 우리말 번역을 완성하였다[《사서언해(四書諺解, 1590)》, 《삼경언해(三經諺解, 1610)》 간행]. 이 관본(官本) 《칠서언해(七書諺解)》는 이후 중앙에서만도 10여 차례 중간되고 지방 간본까지 합하면 헤아리기 어려울 정도의 간행이 이루어져(이영경, 2011) 유학의 학습과 교육에 널리 활용되었다. 1746년(영조 22)에 간행된 『속대전』에서는 과거 시험에서 《사서삼경》에 대한 구결(口訣, 끊어 읽고 토 달기)과 훈석(訓釋, 뜻풀이)의 정확성을 평가할 때 이 《칠서언해》를 기준으로 삼도록 규정하였다. 이제 언해서 없이 교육하고 선발하는 것은 상상하기 어려울 정도로 조선시대의 유교식 학교교육에서 한글은 필수불가결한 요소로 자리 잡아가고 있었다.

4. 근·현대 시기의 교육

　　한국의 근대는 전통적인 유교식 학교교육이 서구식 학교교육으로 전환해 가는 시기이다. 19세기 후반까지 전통교육체제가 상당히 강고하게 유지되고 있었기 때문에 한국의 근대교육은 전통교육체제의 개편과 신교육의 수용이라는 두 가지 큰 흐름이 병존하는 가운데 전개되어 나갈 수밖에 없었다. 그런데 일본 제국주의의 국권 침탈이 본격화되면서 한국교육의 근대화는 더 이상 우리의 힘과 의지대로 추진되지 못하고 1910년의 국권 상실과 함께 왜곡된 식민지적 근대화라는 불행한 방향으로 전개된다. 광복 이후 한국의 현대교육은 미군정 3년과 한국전쟁 및 분단의 고착화, 오랜 기간의 개발독재 등 어려운 여건 속에서도 나름의 양적·질적 발전을 이룩하며 오늘에 이르고 있다.

1) 근대 전환기의 교육

(1) 전통교육체제의 개편과 신식학교 교육의 추진

1864년 고종의 즉위와 함께 흥선대원군이 실권을 장악하면서 한국 전통교육체제는 큰 위기를 맞이한다(박종배, 2020). 조선 중기 이후 지방교육체제의 한 축을 담당해 왔던 서원이 적폐의 온상으로 지목되어 고종 2년(1865)의 만동묘(萬東廟) 철폐, 고종 5년(1868)의 미사액 서원 철폐, 고종 8년(1871)의 사액서원 철폐를 거쳐 47개 서원만 남고 나머지는 모두 철폐되기에 이른 것이다. 그러나 이것이 전통적인 유학(儒學) 교육체제의 붕괴를 의미하지는 않았다. 오히려 대원군에 의해 추진된 대대적인 관학(官學) 진흥 정책은 전통적인 유학 교육체제에 새로운 발전의 전기가 되기도 하였다.

1876년의 강화도조약 체결을 시작으로 한 개항과 국교 확대 이후 조선 정부는 서세동점의 위기 속에서 부국강병의 필요성을 인식해간다. 1882년 고종은 개화 윤음을 통해 유교의 도(道)에 근본을 두면서도 서양의 기(器)를 배우는 동도서기(東道西器)를 부국강병을 위한 유신(維新)의 방향으로 제시하였다. 이에 따라 한편으로는 정교(正敎)를 바로 세우기 위해 전통적 교육체제를 개편해 나가는 가운데, 다른 한편으로는 시세(時勢)에 발맞추어 서기(西器)를 배우기 위한 신식학교 교육을 적극 추진해 나간다. 이에 호응하여 경주부윤 정현석(鄭顯奭, ?-?)은 「향학조례(鄕學條例)」를 제정하여 전통적인 경학과 함께 만국정지, 격치, 산수, 기계연습, 총포 등 새로운 학문을 결합하여 동도서기의 인재를 양성하려 하였다. 그의 이러한 구상은 함경도 덕원부의 교영재(敎英齋)를 통해 실제 현실화하였다. 이 교영재가 바로 근대 전환기의 대표적인 민립 신식학교로 꼽히는 '원산학사'이다. 동도서기의 원칙에 따른 개혁을 통해 전통적 교육체제와 서양 신학문의 공존 가능성을 보여줬다는 점에서, 정현석의 시도는 한국 근대교육의 역사에서 매우 중요한 의미를 가진다.

1882년의 임오군변과 1884년의 갑신정변을 거치면서 조선 정부는 군주 전제 국체(君主專制國體)를 뒷받침하는 교육개혁의 일환으로 교육기관을 이원화(二元化)하는 방안을 마련하였다. 한편으로는 전통적 교육기관들을 정비하고 계열화하여 국가교육체제의 근간으로 삼고, 다른 한편으로는 당면한 시국이 요구하는 시무에 능한 인재를 양성하기 위한 신식학교를 장려하는 것이었다. 이에 따라 조선 정부는 1885년부터 기독교 선교사들의 신식학교 설립을 허가하는 한편, 1886년에는 육영공원(育英公院)이라는 관립 신식 학교를 설립하여 영어와 신학문을 공부한 엘리트 관료 양성에 본격적으로 나서게 된다.

이때 조선 정부가 전통적 교육체제의 개편을 위해 마련한 것이 「신설학교절목(新設學校節目)(1886)」이다. 절목에서는 기존의 성균관·사학과 별도로 경학원(京學院)이라는 새로운 관학을 도성 안에 설립하고, 전국의 감영과 고을에는 영학원(營學院)과 관학원(官學院)을 설립하며, 촌방(村坊)과 여리(閭里), 즉 마을 단위의 교육기관으로는 학숙(學塾)을 설립하도록 하였다. 조현명의 「권학절목(1732)」에서 동리의 서당에서부터 도 단위의 낙육재에 이르는 위계적인 지방 교육체제의 수립을 제시한 것과 비슷한 형태의 국가교육체제를 구축하고자 한 것이다. 그런데 1894년 동학농민운동을 빌미로 불법 진주한 일본군의 지원을 업은 세력의 갑오개혁으로 인해 갑작스럽게 지금까지의 노력이 제대로 열매를 맺지 못하고 물거품이 되고 말았다. 갑오개혁에 의해 전통교육을 배제한 채 신학제(新學制) 수립이 추진되면서 성균관·향교 등 전통적인 유학 교육기관들은 점차 형해화해 가는 운명을 피할 수 없게 되었던 것이다.

(2) 갑오개혁과 광무개혁

1894년 6월 군국기무처(軍國機務處)라는 비상기구가 설치되면서 시작된 갑오개혁은 일제의 간섭에 따른 개혁이라는 한계에도 불구하고 조선사회를 근대화하는 획기적 계기가 되었다는 평가를 받기도 한다. 교육과 관련해서는 이전의 예조 대신에 학무아문(學務衙門)을 설치하여 국내의 교육·학무 등에 관한 행정을 관장하게 하였다. 학무아문의 편제를 〈표 2.2〉로 정리하면 다음과 같다.

┃ 표 2.2 ┃ 학무아문의 편제

부서	담당 업무	직제
총무국	아직 설치되지 않은 여러 국(局)의 여러 가지 사무 관장	참의 1명, 주사 2명 겸 비서관
성균관 및 상교(庠校)·서원 사무국	선성선사의 사묘(祀廟) 및 경적(經籍) 보수(保守) 등의 사무 관장	참의 1명, 주사 2명
전문(專門) 학무국	중학교·대학교·기예학교·외국어학교 및 전문학교 관장	참의 1명, 주사 4명
보통(普通) 학무국	소학교·사범학교 관장	참의 1명, 주사 4명
편집국	국문 철자, 외국문 번역 및 교과서 편집 등의 일	참의 1명, 주사 4명
회계국	학무아문 출납 재정 문서 관장	참의 1명, 주사 2명

이것은 단순한 직제 개편이 아니었다. 이제 법제상으로 기존의 전통교육기관들은 이제 더 이상 '학교'가 아니며, 선성선사의 사묘(祀廟)와 여러 경적(經籍)을 보존하는 기능만을 담당하게 되었다. 새로운 학교체제는 보통 및 전문 학무국에서 관장하는 소학교·사범학교, 중학교·대학교·기예학교·외국어학교 및 전문학교 등을 중심으로 만들어가겠다는 것이 이 학무아문 편제에 담겨 있는 뜻이라 할 수 있다.

교육과 관련한 또 하나의 중대한 개혁 조치는 군국기무처가 새로운 관리 임용 제도로 「전고국조례(銓考局條例)」와 「선거조례(選擧條例)」를 반포한 것이다. 이로써 958년(고려 광종 9)에 처음 실시한 이래 천 년 가까이 존속되어 온 과거(科擧) 제도가 역사 속으로 사라지게 된다. 「전고국조례」에 나타난 새로운 관리 임용 제도는 '시험'이라는 측면에서는 '과거'와 성격을 같이 하지만, 그 시험의 형식과 내용 측면에서는 크게 다른 성격의 것이었다. 책문(策

間)의 내용만 보더라도 "국문, 한문, 글자 쓰기, 산술, 국내 정사, 외국 사정, 국내 정세와 외무 관계를 모두 문제로 낸다."고 한 것처럼, 전통적 교육내용과 큰 차이가 있었다.

갑오개혁 이듬해인 1895년에 조선 정부는 「교육에 관한 조칙」을 반포하여 '허명을 버리고 실용을 숭상하는' 기본 입장에서 덕양(德養)·체양(體養)·지양(智養)을 강조하고, 이를 시작으로 법관양성소, 한성사범학교, 외국어학교, 소학교, 종두의양성소, 무관학교, 종인학교(宗人學校) 등의 신식학교를 연이어 설립함으로써 기존의 개혁 구상을 구체화해 나갔다.

1897년의 대한제국 수립 이후 학부는 전통적인 유학교육에 대해서는 현상유지 정책을 취하는 가운데 본격적으로 신학제의 토대를 마련해 나가는 정책을 추진하였다. 특히 1899년(광무 3)에 고종이 다시 「교육개혁에 관한 조서」를 발표한 이후 심상과(4년)와 고등과(3년)로 구성된 중학교 설립에 관한 「중학교관제(1899. 2. 24)」, 내외의 각종 의술을 가르치는 3년 과정의 의학교 설립에 관한 「의학교관제(1899. 2. 13)」, 상업과와 공업과로 나누어 예과(1년)·본과(3년)를 두는 4년 과정의 상공학교 설립에 관한 「상공학교관제(1899. 5. 17)」, 1895년에 공포된 「외국어학교관제」에 관한 세부사항을 규정한 「외국어학교규칙(1900. 6. 29)」, 광무학교를 설립하여 광학실업(鑛學實業)을 교육하는 것에 관한 「광무학교관제(1900. 8. 11)」, 기존의 상공학교를 농상공학교로 개편하는 것에 관한 「농상공학교관제(1904. 4. 25)」 등 신학제를 구성하는 여러 학교의 설립·운영에 관한 법률이 연이어 제정·공포되었다. 이렇게 하여 갑오개혁 이후 추진되어 온 새로운 학교체제가 10년 만에 어느 정도 그 틀을 갖추어 한국 사회에 안착하기에 이르렀다.

2) 일제강점기의 교육

1905년 일제의 강압에 의해 을사늑약이 체결되고 1906년 통감부가 설치되면서 그동안 이룩해 온 근대적 교육제도 수립의 성과는 많은 부분에서 일제에 의해 부정되거나 왜곡된다. 통감부 설치 이후 일제가 조선에 대한 국권 침탈 의지를 노골화하며 식민 지배를 위한 교육정책을 추진하기 시작한 것이다. 실제 통감부 설치 이후 일제의 영향력하에 제정·공포된 많은 법령들은 1910년 이후 일제강점기 식민 교육의 기초가 되었다. 이 시기에 제정된 대표적 법령은 「보통학교령(1906. 8)」, 「사범학교령(1906. 8)」, 「외국어학교령(1906. 8)」, 「고등학교령(1906. 8)」, 「고등여학교령(1909. 4)」, 「실업학교령(1909. 4)」, 「사립학교령(1909. 9)」, 「학회령(1909. 9)」 등이다.

통감부 설치 이후 국권 침탈을 가속화한 일제는 드디어 1910년 8월의 강제 합방을 통해 한국을 그들의 식민지로 만들었다. 이후 일제의 식민 교육 정책은 철저히 그들의 식민 지배 의도에 따라 전개되어 가는데, 그 정책의 대강은 4차에 걸쳐 공포된 「조선교육령」과 1941년에 공포된 「국민학교령」 등에 잘 나타나 있다.

제1차 조선교육령(1911~1922)은 1911년에 공포되어 1922년에 제2차 조선교육령(1922)이 공포되기까지 일제의 식민지 교육정책의 근간이 되었던 법령이다. 제1차 조선교육령은 초대 조선 총독이었던 데라우치의 식민교육 방침을 바탕으로 '시세(時勢)'와 '민도(民度)'를 내세워 식민지 조선에 일본보다 저급의 학제를 수립하여 조선인에게 차별적 교육을 실시하는 데 초점을 맞추고 있다. 당시 일본의 학제가 소학교 6년, 중학교 5년, 전문학교 4년, 대학 6년을 골간으로 구성되어 있던 것에 반해, 조선의 학제는 보통학교 4년, 고등보통학교 4년, 여자고등보통학교 3년, 실업학교 2년 또는 3년, 전문학교 3년 또는 4년으로 설정되었다. 명칭과 수업연한 모두 격을 낮춰 차별하였을 뿐만 아니라 대학은 아예 두지 않았다.

1919년의 3·1운동을 계기로 일제는 1922년에 기존의 조선교육령을 개정한 제2차 조선교육령(1922~1938)을 공포하였다. 그 명분은 '내선(內鮮) 공통의 정신에 기초하여 동일한 제도하에 시설의 완정을 기한다'는 것이었다. 이에 따라 보통학교과 고등보통학교의 수업연한을 각각 6년과 5년으로 연장하는 등 일본 학제와의 차별을 일부 완화하였다. 그러나 여전히 일본인과 조선인은 '특별한 사정이 있는 경우'를 제외하고는 별도의 교육을 받아야 했다. 대학 교육의 경우, 조선에도 대학 설립이 가능하도록 하여 「경성제국대학예

과규정(1924)」과 「대학규정(1926)」에 따라 일제의 여섯 번째 제국대학으로 경성제국대학(京城帝國大學, 현 서울대학교의 전신)이 설립되었다. 이 경성제국대학은 1945년까지 조선에 존재한 하나뿐인 종합대학이었다. 교수와 학생은 일본인이 절대 다수를 차지하였다.

1930년대 초반부터 이른바 '황국신민화' 정책을 추진해 온 일제는 1937년의 중일전쟁 개시 이후 대륙침략을 위한 전시 총동원 체제 구축의 일환으로 황국신민화 정책을 더욱 강화하였다. 이러한 가운데 차별을 다소 완화하여 조선인의 동의를 이끌어 낼 목적으로 1938년에 제3차 조선교육령(1938~1941)을 공포하였다. 그 요지는 이른바 '내선일체'의 이념을 강화한다는 것으로, 이에 따라 조선과 일본의 초등교육 기관은 '소학교'로, 중등 교육기관은 '중학교'와 '고등여학교'로 그 명칭을 통일하였다. 그러나 사실상 민족 별학(別學) 체제는 기본적으로 유지되었고, 「국민징용령(1939. 10)」과 「조선인씨명에 관한 건(이른바 '창씨개명', 1939. 11)」, 「학도정신대(1941. 3)」, 「국민학교규정(1941. 3)」, 「조선청년특별연성령(1942. 10)」의 공포 등 전시 총동원을 위한 교육 정책은 더욱 강화되었다. 특히 1941년에 '황국의 충량한 신민을 기른다'는 결의를 드높이기 위해 기존의 소학교를 '국민학교'로 개칭한 것은 군국주의적 황국신민화 교육정책의 표본이라 할 수 있다. 아울러 각종 의식과 행사시에 '황국신민 서사'를 낭독하고, 학교 내에서의 조선어의 사용 및 교육이 금지되었으며, 기독교계 학교에까지 신사 참배를 강요하는 등 일제의 식민교육 정책은 극한으로 치닫고 있었다.

일제는 1941년 태평양전쟁 개시 이후 본국과 식민지를 전시 총동원 체제로 재구축하기 위한 일련의 정책을 추진하는 과정에서 1943년에 제4차 조선교육령을 공포하였다. 이 시기 동안 「전시학도체육훈련실시요강(1943. 4. 26)」과 「학도전시동원체제확립요강(1943. 10. 12)」이 공포되고 학병제가 실시되었으며, 「학도근로령(1944. 8. 23)」과 「전시교육령(1945. 5. 22)」 등 전시 총동원을 위한 일련의 교육 정책이 추진되었다. 그리고 1943년 1월에는 총독부 학무국이 1946년부터 학령기 남아의 9할과 여아의 5할 취학을 목표로 하는 의무교육 제도 실시 계획을 발표하였다. 이 계획 또한 조선인에 대한 징병제

실시와 전시 총동원에 필요한 기초교육의 강화라는 목적에 따라 마련되었다.

결국 일제는 1906년 통감부 설치 이후 1945년까지 장장 40년 동안 이 땅에 왜곡된 식민지적 근대교육, 군국주의적 황국신민화 교육의 퇴행적 유산을 산적해 놓은 채 패망하였다. 국내외에서 일제에 맞서 지난한 투쟁을 벌였던 우리 민족은 일제가 남긴 식민교육의 잔재를 청산하고 우리의 힘으로 다시 진정한 근대교육 체제를 수립해야 하는 험난한 과제를 안고 광복을 맞이하였다.

3) 한국 현대교육의 전개

한국의 현대교육은 시기상으로 보면 1945년 8·15 광복 이후부터 지금까지의 교육을 말한다. 여기에서는 현대교육사에 획을 그을 만한 몇 가지 사실(史實)들을 중심으로 한국 현대교육의 전개 과정에 대해 살펴보고자 한다.

(1) 미군정과 한국전쟁

1945년 9월 8일부터 1948년 8월 15일에 이르는 2년 11개월이라는, 짧다면 짧고 길다면 긴 미군정의 교육정책이 이후 대한민국의 교육 이념과 제도, 정책에 끼친 영향은 아무리 강조해도 지나치지 않을 것이다. 3년 가까운 기간 동안 미군정청 학무국·문교부와 조선교육심의회 등이 중심이 되어 마련하고 시행한 정책들은, 홍익인간의 교육이념과 6-3-3-4 학제, 국립 서울대학교 설립 등과 같이, 현재까지 이어지고 있는 것들이 많다(정재걸, 2010: 297-299). 이 미군정 기간 동안 일제강점기의 군국주의적 황국신민화 교육의 잔재 청산을 위해 어떤 노력들이 이루어졌는지, 그리고 미군정의 교육정책이 한국 현대 교육체제 수립에 끼친 영향은 어떠하였는지는 앞으로 곰곰이 따져 볼 필요가 있다.

남북 분단과 한국전쟁이 한국 현대교육에 끼친 영향 또한 결코 간과할 수 없다. 1948년 남북한에 각각 자유민주주의와 사회주의로 그 이념을 달리하는 별도의 정부가 수립되면서 남북한의 교육은 전혀 다른 방향으로 전개되었다. 게다가 1950년 6월부터 3년여에 걸쳐 동족상잔의 비극이 전개됨으로써 타의에 의해 시작된 분단이 민족 내부 모순으로 고착되는 결과를 낳고 말았다. 남북분단은 자유민주주의를 표방하는 남한에서조차 반공을 국시(國是)로 내세우며 자유민주주의상의 기본권을 크게 제약하는 권위주의 독재 정권이 1980년대까지 이어지도록 만든 주요 원인으로 작용하였다. 이에 따라 교육 부분에서는 반공주의와 개발주의가 어떤 교육이념이나 목적보다 우선시될 수밖에 없었고, 「국민교육헌장」 반포(1968), 고등학교(1969)와 대학(1975)에 교련(教鍊)이라는 군사훈련 교과 도입, 도덕(국민윤리)과 국사 교과의 독립(1973) 및 국정교과서 제도의 시행(1977)과 같은 국가주의적 교육 통제가 지속되었다(우용제, 2016: 109 – 110). 이에 따라 남북 분단과 대결의 부정적 영향을 극복하고 진정한 의미의 근대화·현대화를 이룩하는 것은 여전히 한국 현대교육의 중요한 과제의 하나로 남아 있다.

(2) 학교교육의 양적 팽창

먼저 취학률의 급격한 상승 과정을 보면, 일제강점기인 1930년대 말 30%를 넘고, 1942년에는 47.7% 정도였던 초등학교(국민학교) 취학률이 광복 이후 빠른 속도로 높아져 1959년에 96.4%에 이름으로써 사실상의 완전 취학을 실현하였다. 1968년의 중학교 무시험 입학제도 시행 이후에는 중학교 진학률이 급속하게 증가하여 1968년의 56%에서 1979년에는 96%에 도달하였다. 1989년에는 중등학교(중·고등학교) 취학률이 92.1%에 이름으로써 중등교육도 사실상의 완전 취학을 실현하였다. 아울러 고등교육기관 취학률은 1980년의 11.4%에서 1990년 23.6%, 2000년 52.5%로 급격히 높아져 2008년에는 70.6%에 이르게 되었다.

단기간에, 단계적으로 이루어진 취학률의 급격한 상승은 입시 과열과 그로 인한 여러 사회문제의 야기라는 부작용을 낳았다. 지금은 상상도 할 수 없는 일이지만, 우리나라의 초등학생이 무시험으로 중학교에 진학하기 시작한 것은 1968년부터이다. 그 이전에는 이른바 소수의 명문 중학교 진학을 위한 중학교 입시 전쟁이 해마다 반복되고 있었다. '무즙파동(1964)'과 '창칼파동(1968)' 같은 웃지 못할 사건들이 모두 과열 중학교 입시로 인해 빚어졌다

(정재걸, 2010: 350 – 352). 중학교 입시가 폐지된 다음에는 과열 경쟁이 고등학교 입시로 옮아갔고, 이 때문에 고교 평준화 정책이 도입되어 1974학년도에는 서울과 부산에서, 그리고 1975년에는 인천, 대구, 광주 3개 도시로 확대 적용되었다. 평준화 정책으로 고교 입시 경쟁이 어느 정도 냉각되자 이제는 그 불꽃이 대학 입시로 옮겨 붙어 아직까지도 그 불길이 잡히지 않고 있는 실정이다. 좁은 기회의 문을 통과하기 위한 치열한 경쟁은 이미 고려시대의 과거시험에서부터 시작되었다고 볼 수 있지만, 현대의 입시 경쟁은 거의 모든 국민이 직·간접으로 관계되어 있다는 점에서 그 심각성이 훨씬 더하다고 할 수 있다. 과열 입시의 원인과 그 문제점을 분석하고 바람직한 해결책을 모색하는 것은 한국 사회의 묵은 숙제 가운데 하나이다.

(3) 5·31 교육개혁

우리가 1990년대 중반 이후 한국교육의 흐름을 이해하는 데 빼놓을 수 없는 것이 1995년에 단행된 5·31 교육개혁이다. 1995년 5월 31일에 "획일적이고 경직되어 있는 국가교육체제에 교육 수요자의 요구를 반영하여 교육을 다양화하고, 운영에 자율성을 부여하겠다."고 표방하며 발표된 「세계화·정보화·다원화 시대를 주도하는 신교육체제 수립을 위한 교육개혁 방안」이 바로 5·31 교육개혁안이다(우용제, 2016: 111 – 114). 이 5·31 교육개혁안에 따라 1995년부터 대학설립 준칙주의가 적용되어 대학교육의 급속한 팽창을 불러왔고, 1996년에는 일제 잔재 청산 차원에서 '국민학교' 대신 '초등학교'라는 명칭이 사용되기 시작하였다. 1997년에는 현재까지도 그 기본틀이 유지되고 있는 제7차 교육과정이 시행되었으며, 같은 해에는 1949년에 제정된 기존의 「교육법」을 대신하여 「교육기본법」과 「초·중등교육법」, 「고등교육법」, 「평생교육법」 등으로 구성된 새로운 교육법 체제가 만들어졌다. 그리고 1989년 5월에 창립된 전국교직원노동조합이 1999년에 합법화되었고, 2007년에는 교육감 주민 직선제가 시행되어 지금까지 유지되고 있다. 한편 2008년에는 "2012년까지 자사고 100곳, 기숙형 공립고 150곳, 마이스터교 50곳을 개교한다"는 목표로 「고교 다양화 300 프로젝트」가 추진되었는데, 특목고·자사고

중심의 고교 서열화와 조기 사교육 유발 등의 문제를 야기하였다는 비판과 함께 여전히 뜨거운 논쟁의 대상이 되고 있다. 이제는 5·31 교육개혁의 공과(功過)에 대해 차분히 성찰하고 미래교육이 나아갈 길을 진지하게 고민해야 할 때이다.

토론주제

1. 한국교육사의 특징을 제도와 사상, 문화 등의 측면으로 나누어 간추려 보고 그 의의에 대해 논의해보자.

2. 과거제도가 한국의 교육에 끼친 긍정적·부정적 영향에 대해 알아보고 미래의 대안적 선발 제도에 대해 생각해보자.

3. 현재 한국 사회의 교육 문제들 가운데 역사적 탐구를 통해 그 원인과 본질을 더 잘 이해할 수 있는 문제로는 어떤 것들이 있는지 정리해 보자.

참고문헌

김영관(2014), 백제 유민 진법자(陳法子) 묘지명 연구, 백제문화, 50, 공주대학교 백제문
　　화연구소.

박종배(2006), 4서 중심 유학 교육과정의 성립과 그 의의, 박연호 엮음, 논문으로 읽는
　　교육사, 문음사.

박종배(2009), 학규를 통해서 본 조선시대의 서원 강회, 교육사학연구, 제19집 제2호, 교
　　육사학회.

박종배(2010), 학규(學規)에 나타난 조선시대 서원교육의 이념과 실제, 한국학논총, 제33
　　집, 국민대학교 한국학연구소.

박종배(2012), 조선시대 문묘 향사 위차의 특징과 그 교육적 시사-명·청 시기 중국과의
　　비교를 중심으로-, 한국교육사학, 제34권 제3호, 한국교육사학회.

박종배(2013), 교육의 역사적 기초2: 한국교육사, 박철홍 외 12인, 현대 교육학개론, 학
　　지사.

박종배(2014), 조선시대 무학 별설론(武學別設論) 연구, 한국교육사학, 제36권 제4호, 한
　　국교육사학회.

박종배(2016), 읍지(邑誌)에 나타난 조선 후기의 무학, 교육사학연구, 제26집 제2호, 교
　　육사학회.

박종배(2018), 설총의 석독구결(釋讀口訣)과 한국 고대의 유학교육, 한국교육사학, 제40
　　권 제3호, 한국교육사학회.

박종배(2019), 조선 전기의 경서 구결과 그 교육사적 의의, 교육사학연구, 제29집 제1호,
　　교육사학회.

박종배(2020), 근대전환기 한국 전통교육체제의 새로운 모색과 좌절, 한국교육사학, 제42
　　권 제1호, 한국교육사학회.

배재훈(2015), 백제의 태학, 한국고대사탐구, 19, 한국고대사탐구학회.

서울대학교 교육연구소 편(1997), 한국교육사, 교육과학사.

세종대왕 기념사업회 역(1995), 증보문헌비고: 학교고 1·2, 세종대왕기념사업회.

오부윤 역(1995), 高明士, 한국 교육사 연구, 대명출판사.

우용제(2016), 한국 교육의 역사적 이해, 홍은숙 외 5인, 교육학에의 초대(2판), 교육과학사.

윤국일 역주(2000), 역주 경국대전, 여강출판사.

이가원·허경진 역(2006), 일연, 삼국유사, 한길사.

이강래 역(2004), 김부식, 삼국사기, 한길사.

이길상(2004), 한국 교육사학 60년사, 이화여자대학교 한국문화연구원, 교육학 연구 50년,
　　혜안.

이길상(2007), 20세기 한국교육사: 민족, 외세, 그리고 교육, 집문당.

이만규(2010), 다시 읽는 조선교육사, 살림터.

이홍우·박재문·유한구 역(2008), 윌리암 보이드 서양교육사(개정·증보판), 교육과학사.

정규영(2011), 동서양 교육의 역사, 학지사.

정만조(1997), 조선시대 서원 연구, 집문당.

정재걸(2010), 오래된 미래교육, 살림터.

한기철·조상식·박종배(2016), 교육철학 및 교육사, 교육과학사.

3

PART

서양교육의
역사와 철학

PART 3

서양교육의 역사와 철학

학습개요

이 장에서는 서양교육의 역사에 대한 개관과 교육철학의 탐구 방식을 다룬다. 우리의 근·현대 교육이 형식과 내용의 측면에서 서양교육의 영향을 많이 받았으며 지금도 그 영향으로부터 벗어나지 않았다는 점에서 서양교육의 제도와 사상을 이해할 필요가 있다. 아울러 교육철학의 탐구가 서양철학의 개념 및 이론과 생산적인 대화를 하면서 이룩한 성과들을 소개하기로 한다.

1. 서양교육사

서양교육의 역사는 서양에 기원을 둔 교육의 제도와 사상을 역사적 관점에서 포괄적으로 다루는 영역이다. 서양교육사의 주요 연구 분야는 크게 교육제도와 교육사상으로 구분될 수 있다.

1) 고대 그리스와 로마 교육

고대 그리스의 문화적 유산은 이후 서구문화의 기초를 제공하였다. 이와 마찬가지로 고대 그리스 사회에서 창안된 교육사상과 각종 실천들은 서양교육의 역사에서 중요한 위치를 차지하고 있다. 한편 고대 로마 시대는 그리스를 계승하면서 서구 문명의 또 다른 기둥이 되었다. 로마는 문명사적으로 그리스만큼 독창적인 업적을 남기지는 않았지만 그 정신적 유산을 수용하며 이를 유익하게 활용함으로써 그리스 문명의 창조적 계승자의 역할을 다하였다.

(1) 고대 그리스의 교육

그리스는 향후 서양 문명에 결정적인 영향을 끼칠 만한 유산을 만들었다. 그리스 사회와 문화의 특징과 그 영향을 다음과 같이 정리할 수 있다. 첫째, 그리스 문명의 기반은 힘든 생산 활동으로부터 해방된 시민들의 자유로운 생활 토대와 심미적이고 철학적인 사고방식에 있었다. 자유로운 시민들은 예술, 문학, 철학, 정치를 담당할 수 있었던 것이다. 둘째, 자유로운 시민들이 하는 가치 있는 문화적 활동 전반을 가리켜 인문주의(humanism)라고 부르기 시작하였다. 이 개념은 그리스의 자유로운 시민들이 받는 교육적 이상을 가리키는 용어인 파이데이아(paideia)와 관련이 있었다. 이는 지적이고 도덕적이고 심미적인 능력을 골고루 양성하는 총체적 교육을 의미하는 것이었다. 셋째, 고대 그리스는 기독교 전래 이전의 사회였기에 다신교(多神敎)에 기초해 있었다. 이는 그리스인들의 자유로운 사고방식의 결과이면서 그리스 사회와 문화를 특징짓는 세계관적 근원이다.

그리스 문화의 특징은 인문주의이다. 인간의 존재 근거와 자유로운 사유를 존중하는 태도는 교육을 포함하여 그들의 문화 전체를 특징짓는 것이다. 이러한 인문주의 문화의 교육적 표현이 바로 자유교육(自由敎育, liberal education)이다. 그 내용은 자유로운 정치적 참여, 진리를 탐구하는 지적인 태도, 이성적 능력에 기초한 도덕적 행동, 자유분방한 상상력에 기초한 예술적 향유 모두가 가능한 인간을 기르는 교육을 의미한다. 자유교육은 그 출발부터 자유로운 시민들의 생활토대에 기초해 있듯이, 오늘날의 관점에서 본다면 다분히 귀족주의적이다. 자유교육은 기술교육이나 직업교육과는 거리가 멀고 이론중심의 고전교육이나 심미적 취향을 고양시키는 모습을 띨 수밖에 없는 것이다.

자유로운 개인을 양성하는 데 초점을 둔 초기 그리스의 교육은 당시 국가형태였던 폴리스의 내적인 통일성을 유지하는 교육으로 변화하기에 이른다. 모든 교육적 실천은 폴리스의 존재 근거와 유지에 그 목적을 두게 되었다. 따라서 교육의 기본적인 방향은 시민교육에 두었고 도시국가의 공동체에 유용한 인간을 양성하는 데 있었다. 이러한 폴리스 교육의 일반적인 특징에도 불구하고 대표적인 도시국가였던 스파르타와 아테네에서의 교육은 뚜렷한 차이를 보여주었다. 도시국가 스파르타는 국가의 유지를 위한 군국주의적인 교육을 시행함으로써 인류 역사상 국가주의 교육의 전형을 보여주었다. 후진적 문화와 집단주의의 폐쇄성으로 인해 교육은 국가가 요구하는 사항 자체를 교육내용으로 삼았다. 이에 의무적인 군사훈련이 곧 교육의 과정이 되었다. 특히 17세나 18세부터 20세 사이의 연령대 청년들을 에페보스(ephebos)라고 불렀는데, 이는 성인을 뜻하였다. 이 시기에 국가에 대한 충성 서약식과 같은 의식(儀式)을 거치면서 완전한 성인으로 간주되었다. 또 다른 도시국가였던 아테네는 스파르타에 비해 진보적이었고 자유주의적이었다. 아테네는 자유민들의 동등한 정치참여를 보장하고 합의에 기초한 정치적 결정이 관행이 되었다. 그 결과 새롭고 다양한 사상이 싹트고 교육도 활발하게 전개되기에 이르렀다. 이러한 흐름을 주도한 일군의 지식인 그룹을 소피스트(sophist)라고 불렀다. 이 시대를 대표하는 철학자이자 교육사상가였던 소크라테스, 플라톤, 아리스토텔레스 등도 이들과 교류하면서 활동하였다. 지혜로운 사람(賢者)을 뜻하는 소피스트들은 대체로 아테네 바깥 지역에서 다양한 지식을 습득한 일반 교양인들이었다. 아테네에는 많은 소피스트 그룹들에 의해 독특한 자신들만의 교육내용과 목표를 표방하는 교육기관과 학파들이 형성되었다. 소크라테스의 제자인 플라톤이 세운 아카데미아(academia), 아리스토텔레스가 세운 리케이온(lykeion), 이소크라테스(Isocrates)가 세운 수사(rhetorica) 학교 등이 대표적인 학당이었고, 피타고라스(phytagoras) 학파, 스토아(Stoa) 학파, 에피쿠로스(Epicuros) 학파 등 다수의 사상가 추종집단이 있었다. 아테네에서 활동하던 소피스트들은 젊은이에게 실제 생활에 필요한 지식을 가르쳤기에 그들의 교육 방식은 일반 교양교육(enkyclios paideia)의 성격을 띠었다.

(2) 소크라테스

소크라테스(Socrates, 기원전 470~399)가 살았던 아테네는 민주정과 귀족정 사이에서 갈등이 첨예하게 대립하던 상황이었고, 문화와 예술이 융성했지만 도덕적 가치가 혼란을 겪던 시기였다. 특히 당시 지식인이었던 대부분의 소피스트들은 현실적인 권력과 행복에 필요한 지식만을 설파하면서 종교, 도덕, 가치관 등에 있어서 혼란을 더욱 부추기는 역할을 하였다. 이러한 상황에서 소크라테스는 지식과 진리의 절대성과 객관주의적 관점을 주장하면서 독자적인 사상가로서 입장을 고수하고 있었다. 그는 진리의 보편적 기준과 윤리적 기초를 재정립해야 한다고 주장하였다.

소크라테스에 따르면, 우리 인간은 이미 모든 것을 이해할 수 있는 방안과 심지어 내용을 품고 있는 존재이다. 따라서 교사는 내적인 소질이든 아니면 기지(旣知)의 사실이든지 간에 학생 스스로 답을 찾을 수 있도록 그 과정에서 조력자의 역할만 하면 된다는 것이다. 이러한 가정에서 본다면 교육이란 학습자가 지니고 있는 내적인 소질을 교사가 이끌어내는 것이지 학생에게 온갖 교육적 소재를 집어넣는 것이 아니라는 주장이 도출된다. 전자의 교육관을 계발설(啓發說)이라고 부르고, 후자를 주입설 혹은 주형설이라고 한다. 따라서 교사는 학생들과 부단히 대화를 통해 학생 개개인의 내면에 들어 있는 진리를 일깨워주면 되는 것이다. 이때 교사가 활용하는 대화법의 방법이 바로 반어법(反語法, irony)이다. 이는 학생들이 현재 알고 있는 지적인 상태를 흔들어서 혼란에 빠트리기 위해 교사가 논리적으로 반대의 질문을 던지는 것을 말한다. 학생은 교사의 집요한 반어적 질문에 금세 당황하면서 스스로 아직 정확히 모르고 있음을 자각하게 된다. 이제 교사는 학생이 스스로 답을 찾아가도록 이끄는 대화를 이어간다. 이를 흔히 산파법(maieutike) 혹은 산파술이라고 부르는데, 이는 단지 비유적인 이름에 불과하며 실제 그것이 가리키는 바는 교사가 이미 알고 있는 정답을 미리 알려주지 않고 학생 스스로 그 답을 찾도록 안내하는 대화 기법을 의미한다. 오늘날의 교육실천에 비한다면 소크라테스의 대화법은 비(非)체계적이라는 약점을 갖고 있으며 1 대 1 교수법을 학교현장에 적용하기엔 불가능하다고 할 수 있다.

소크라테스에게 도덕적 가치는 인간 스스로 자신을 각성하는 것인데 참된 지식(眞知)을 터득하면 이는 저절로 수반된다. 인간이 참된 앎, 즉 보편적이고 절대적으로 참된 지식을 터득하게 된다면 또 다른 보편적인 진리인 선(善)에 대한 인식에 이미 도달한 셈이라는 말이다. 이렇듯 소크라테스의 도덕과 앎의 문제는 동양적인 용어로 지행합일(知行合一)에 해당된다.

(3) 플라톤

플라톤(Platon, 기원전 428?~347)은 성인이 되어 소크라테스를 만났고 그의 인격과 가르침에 깊은 감명을 받았다. 그가 남긴 대화편 형식의 철학 저서들은 스승 소크라테스의 철학을 기록으로 남긴 것이다. 특히 플라톤은 개인주의적이고 중우(衆愚)정치에 매몰된 타락한 민주주의를 극복하고자 독자적인 국가 이념에 입각한 통치체제를 제안하면서 대작인 『국가(res publica)』를 저술하였다. 이 책 속에는 정치체제뿐만 아니라 교육론, 도덕론, 가치론, 인간관, 사회관 등과 같은 철학 및 교육학의 중요한 주제들이 다루어지고 있다. 플라톤의 귀족적이고 엘리트주의적인 철학은 최고선에 도달하는 방안에 대한 생각에 이미 드러나 있다.

플라톤의 교육사상은 앞서 언급한 주요 저서에 등장하는 주제들 속에 고스란히 녹아 있다. 먼저 『국가』에서 기획한 인간 유형론은 현대 심리학의 개념으로서 성격 유형론을 이미 보여주고 있는 셈이다. 이성, 기개, 욕망이 사회계급을 대표하는 특성으로 보일 수도 있지만 개인의 차원에서 본다면 인간의 내적 속성을 구성하고 있는 성격이론이기도 하다. 플라톤이 구상하고 있는 이상 국가에서의 교육은 다음과 같이 진행된다. 먼저 모든 어린이들은 예비교육을 받는다. 이 단계에서는 음악과 체육이 중점적으로 실시된다. 그다음에 이어지는 교육의 단계에서는 시문학, 기하, 산술, 천문학의 기초를 배운다. 성인의 초기까지 계속되는 이 단계의 교육이 끝나면 국가의 시민(civis)이 되어 생산직에 종사한다. 이제 3단계에서의 교육은 군사훈련에 초점이 맞추어지고 전사계급으로서 국가를 방위한다. 20세부터 30세까지 이어지는 4단계 교육에서는 이론 중심의 교육이 실시된다. 이 단계에서의 교육과정은 세 영역으로 구성되어 있다. 첫째, 언어와 관련된 교육영역으로서 문법과 수사학이 중심이다. 둘째, 수학과 관련이 있는 교육영역으로서 산술, 기하, 천문학, 화성학이 이에 해당된다. 마지막 단계인 철학적 변증법을 이해할 수 있는 자는 통치실습을 거쳐 만 50세가 되면 철인(哲人)으로서 국가를 통치할 만한 인간이 된다.

플라톤에게 세계는 이원적으로 구분된다. 우리의 감각기관을 통해 지각되는 세계는 현상계이다. 그러나 이 세계는 사물의 참된 모습과는 거리가 먼 허상의 세계일 뿐이다. 반면에 현상계 각 사물의 이상적인 본질은 이데아

(Idea)의 세계에 존재한다. 이 구분에 따라 플라톤은 참된 이데아, 특히 선(善)의 이데아에 도달하는 것이 인간 교육의 최대 목표라고 주장한다.

(4) 아리스토텔레스

아리스토텔레스(Aristoteles, 기원전 384~322)는 스승 플라톤으로부터 영향을 크게 받았지만, 이상주의적 플라톤의 철학과 달리 다분히 현실주의적이어서 실제를 중시하는 태도를 가졌다. 그가 남긴 대표적인 저작들로는 『자연학』, 『형이상학』, 『정치학』, 『윤리학』 등이 있다.

아리스토텔레스에 따르면 교육의 최종적인 목적은 행복한 생활을 영위할 수 있는 인간을 기르는 것이다. 여기서 인간은 존재 자체가 이미 행복을 추구하게 되어 있다는 의미에서 목적론적 가정이 전제되어 있다. 이러한 교육에 대한 생각은 그의 저서인 『니코마코스 윤리학』과 『정치학』에서 찾을 수 있다. 특히 『정치학』은 실천적인 주제들을 중심으로 쓰인 책으로서 시민이 국가에서 살아가는 데 필요한 도덕적 탁월성을 제시하고 있다. 따라서 아리스토텔레스에게 교육은 시민들의 행복한 삶을 논한다는 의미에서 곧 정치와 동일한 것이다. 아리스토텔레스에게 최고선은 행복인데, 이를 실현하는 데 이성적 삶이 요구된다. 이성을 훈련시키기 위해서는 지식을 터득해야 한다. 하지만 여기서 지식이란 이론적인 지식이다. 지식을 그 자체로 다룬다는 말의 의미는 생계로부터 자유로운 상태에서 정신적 향유가 가능해야 한다는 것이다. 여기서 유래한 개념이 바로 자유교육(liberal education)이다. 결국 자유교육은 직업을 준비하거나 실용적인 목적을 위해 행해지는 것이 아니라 지식 자체에 목적이 맞추어져 있다.

아리스토텔레스에 따르면 행복을 추구하게끔 살아가는 인간은 이성적인 삶을 통해 최고선에 도달하기 위해서는 비(非)이성적인 것을 이성의 힘으로 절제·통제하는 수밖에 없다. 아리스토텔레스는 이를 덕(德, virtue, arete)이라고 불렀다. 이 중에서 중용(中庸)의 덕을 가장 중시하였다. 아리스토텔레스는 이러한 덕을 실현하기 위한 교육의 방안으로 『정치학』 제8권에 연령별 교육 단계를 제안한다. 남자는 30~50세, 여자는 18~40세에 결혼하여 자식을 낳는다. 6세까지는 가정교육에 의존하지만 국가가 교육을 맡으며 아동교육에 부모와 국가가 책임을 분담한다. 10세까지 초등교육을 실시하는데, 좋은 품성을 발달시키고 신체발육을 원활하게 하기 위해 읽기, 쓰기, 셈하기와 같은 기초교육과 음악과 체조를 배운다. 10세가 되면 이제 중등 수준의 교육에 해당하는 산술, 기하, 천문, 음악과 시, 문법, 수사학, 문학, 지리 등을 배우게 된다. 20세 성인이 되면 본격적으로 분과 학문적 이론수업을 실시하는데, 주요 과목으로서 정치학, 윤리학, 생물학, 철학, 심리학 등이 있다. 아리스토텔레스가 교육의 목적으로 설정한 최고선으로서의 행복에 이르기 위해서 요구되는 도덕적 탁월성은 희랍어 아레테(arete)에 해당되는 덕과 동의어이다. 여기서 도덕적 탁월성은 인간 개인이 자신의 모든 소질과 능력을 최대한 발현시키는 상태를 뜻한다.

한편 플라톤의 윤리학은 스승 소크라테스의 '지행합일'에 기초한 주지주의에 머물러 있었다. 반면에 아리스토텔레스는 소크라테스 전통의 주지주의를 완전히 부정하지는 않지만 주의주의(主意主義), 즉 의지나 욕구를 강조하면서 현실적인 접근을 한다. 아리스토텔레스는 인간이 도덕적인 실천을 하는 데 방해요인이 있음을 인정한다. 예컨대 그렇게 행동하는 것이 옳다고 생각하고 있지만 때론 개인의 이기적인 욕심이 끼어들거나 천부적으로 약한 의지를 지니고 있어서 실천을 가로막는 경우가 많다. 이러한 방해요인을 아크라시아(akrasia)라고 불렀다. 이 단어는 중용이나 절제와 반대되는 뜻으로 무절제와 탐욕을 가리킨다(박재주, 2003: 92). 이러한 현실적인 이유에서 아리스토텔레스는 도덕적 품성 계발을 위해 이성적 능력의 계발뿐만 아니라 습관형성이나 훈련과 같은 방안도 제안한다.

(5) 로마 시대의 교육

고대 로마의 교육은 공화정과 제정 시기로 구분된다. 공화정 시기의 교육은 그리스 문물이 수입되기 이전의 로마 전통의 교육방식이 특징적이었고, 반면에 서로마 제국이 멸망하는 476년까지의 제정 시기는 일종의 그리스 문화와 혼용된 로마 교육이 특징적이었다. 공화정 시기의 교육은 강력한 가부장적 권위에 입각한 가정교육이 교육의 근간이었고 로마 종족 전통의 잔재가 많이 남아 있었다. 아우구스티누스 황제가 지중해를 정복하고 제정을 선포한 후 로마에는 그리스식의 문화와 교육이 융성하기 시작하였다. 이를 통해 자연히 그리스의 교육제도와 교육사상까지도 함께 수입되었던 것이다. 그리스 문화가 로마에 결정적으로 영향을 끼친 대표적인 예가 바로 키케로(Cicero, 기원전 106~43)의 『웅변가론(De Orator)』이다.

키케로는 저술을 통해 교육의 본질과 로마 교육이 앞으로 나아갈 길을 제시한다. 그는 교육의 궁극적인 목표로 웅변가를 설정하였다. 여기서 웅변가는 그리스 시대의 일반보편교육(enkyclios paideia)의 목표에 입각하였기 때문에 일반교양인의 특성을 지니고 있다. 그래서 키케로는 웅변가를 양성하는 데에는 일차적으로 웅변에 관한 이론과 기술을 터득해야 하지만 그에 못지않게 철학교육도 받아야 한다고 주장하였다. 키케로 이외에 로마가 배출한 탁월한 교육사상가는 쿠인틸리아누스(Quintilianus, 기원후 35~95)이다. 그가 저술한 『웅변가의 교육(Institutio Oratoria)』은 키케로가 제시한 교육적 인간상인 웅변가를 계승하였다. 쿠인틸리아누스가 살았던 당시는 이미 수사학과 언어교육이 천박한 형식주의로 퇴락하던 시기였다. 이에 쿠인틸리아누스는 올바른 웅변가 양성을 촉구하였다. 그가 보기에 완전한 웅변가는 인간성을 구비하고 있어야 하며 바람직한 교육은 인격을 갖춘 완숙한 인간을 기르는 것이다. 그러면서도 그가 제시한 교육방법은 상당히 진보적인 것이었다. 교육에 있어서 체벌 대신에 아동의 자발성을 강조한다거나 흥미와 학습동기에 기초한 교육이 강조한 것은 상당히 선구적인 관점이다. 특히 교육 방법이 개인의 가치에 입각한 개성화 원리여야만 한다는 주장은 시대를 앞서 가는 혜안에 가깝다.

2) 중세 기독교 사회의 교육

서구 역사에서 중세 사회가 주는 어둡고 우울한 정조라는 일반적인 선입견을 제공한 계기는 대체로 초기 이탈리아 르네상스 사상가 페트라르카(Petrarca 1303~1374)가 중세를 '암흑기'라고 명명한 데에서 기원한다고 한다

(Böhme · Tenorth, 1990: 58). 이러한 관점에서 본다면 중세 시대의 교육도 정체되었다고 해도 틀리지 않다. 학교는 교회의 부속기관으로 운영되었으며 그 존재 이유도 교회의 문화적 필요에 있었다. 교육의 목적이 신앙이었을 정도로 모든 교육적 노력들은 신학에 종속되어 있었다.

(1) 학교교육의 흔적

중세 사회에서 교육과 학교는 교회 혹은 종교의 영향 아래에 있었다. 교육 및 학교가 세속화되지 않아서 그 전개 · 분화 과정은 정체되어 있었다. 교육제도에 있어서 획기적인 흐름을 발견하기 어려운 중세에 아일랜드 지역의 교육은 특별한 의미를 가진다. 아일랜드는 비(非)기독교인도 교육의 대상으로 삼았으며, 또한 고대 그리스와 로마의 유산과 같은 이교적인 소재를 교육에 활용하였다. 또한 아일랜드는 라틴어 중심의 시대에 자국어와 자국문화에 관심을 가지는 특별한 지역이기도 하였다(Boyde, 1997). 한편 일반인을 위한 학교가 아닌 주교(主教)학교는 신학과 교회운영과 관련한 지식을 주요 교육내용으로 다루었다. 이후에 주교학교는 일반적인 교육기관으로 확대되기에 이른다. 중세 기독교 교육의 목적은 신의 말씀에 순종하는 신앙심을 고취하는 데 있었다. 따라서 초등교육도 기초교육 이외의 모든 교육 소재를 성서로부터 가져왔고 오래된 교수방법인 교리문답을 중심으로 진행되었다. 초등교육 다음의 단계인 중등교육은 일반인들을 위한 교육기관이 아니었다. 중세 시대에 존재했던 문법학교라고 불리는 중등 단계의 학교는 교회 성직자들을 양성하기 위한 과정에서의 중간 단계 교육기관이었을 뿐이다. 문법학교 다음 단계에 설치된 학교로는, 고위 성직자를 양성하기 위해 각 교구의 본산 소재지가 세운 사원학교, 왕족들의 교육을 위해 세워진 궁정학교, 수도사를 양성하기 위해 수도원 부속 기관으로 운영되던 수도원학교 등이 있었다.

중세 시대에 기사교육은 중요한 위치를 지니고 있었다. 왕의 신하로서 기사는 자제들에게 특별한 교육을 실시하였다. 이들을 위한 별도의 학교가 존재했던 것은 아니지만 그들을 교육시키는 관행적인 방식은 대체로 일정한 틀을 갖추고 있었다. 기사 계급 출신의 자녀는 6세까지는 가정에서 각종 미

덕을 습관화하면서 예절교육을 받는다. 7세부터 대체로 13세까지는 영주의 저택이나 궁정에서 궁정 예법이나 종교의식, 교양수업, 무예 등을 익혔다. 14세부터 20세까지는 기사에게 필요한 기예들인, 승마, 수영, 궁술, 검술, 수렵, 장기, 시 짓기를 비롯한 각종 소양들을 배운다. 기사교육에서 다루어진 교육 내용은 신사교육과 같은 근대 이후 세속화된 교양인을 양성하는 문화적 내용에 영향을 끼쳤다.

도시를 중심으로 전개된 상업 및 자본주의적 요소들은 전통적인 종교적 권위보다는 경제력과 같은 새로운 권력을 중요시하였다. 이에 따라 인간관 및 세계관 그리고 가치관에 있어서 급속한 변화를 초래하였다. 도시의 경제, 사회를 이끌어가는 데 필요한 인간 양성을 위해 시민학교들이 생겨나기 시작한 것이다. 시민학교는 기초단계에서는 셈하기, 쓰기, 읽기와 같은 교육을 행하였지만, 각 직업군에서 필요한 기능적인 능력을 기르는 데 주력하였다. 그 대표적인 시민학교 유형이 바로 각 직종 조합에서 설립 운영하는 길드(guild) 학교이다.

(2) 대학의 발생

중세 시기의 대학은 지적 욕구로 충만한 젊은이들이 지식으로 무장한 정평 있는 스승을 중심으로 몰려오면서 자생적으로 나타났다. 대학의 라틴어 어원인 우니베르시타스(universitas)도 스승과 학생의 무리를 조합이나 협회로 격상시켜 명명된 것이다. 이렇게 자생적으로 발생한 거대한 지식인·학자 집단은 도시를 중심으로 한 세속사회로부터 인정과 권위를 받게 되었고, 이후 국가로부터 각종 특권과 제도적 보호 장치를 받게 되었다.

흔히 최초의 대학이라고 간주되는 것으로 1088년 설립된 이탈리아의 법학 중심의 볼로냐(Bologna) 대학과 의학 중심의 살레르노(Salerno) 대학, 프랑스의 신학 중심의 파리(Paris) 대학 등이 대표적이다. 특히 파리 대학은 중세 기독교 신학의 표준으로 간주된 스콜라 철학의 본산이기에 다소 보수적인 학풍을 대표했으며 하급학부에서 정통 7자유학과(septem ars liberalis)를 운영하는 대학이었다. 13세기부터는 대학을 졸업하면 마기스테리움(magisterium)과 박사에 해당하는 독토르(doctor) 학위가 수여되었다. 특히 앞의 학위는 오늘날 학·석사학위로 분화되었다. 한편 행정적인 기능을 갖춘 법인 형식 대학의 출현은 13세기가 되어서야 나타난다. 당시 독일 지배령이었던 프라하 대학이 1338년 설립되었다. 잉글랜드와 스코틀랜드 지역에서 최초의 대학은 12세기 초에 설립된 옥스퍼드(Oxford)였는데, 이곳에서 비로소 단과대학(college)과 대학(university)의 기능적인 구분이 생겼다.

중세대학의 교육은 기본적으로 전통적인 7자유학과를 중심으로 행해졌다. 이러한 인문학 중심의 교양교육을 실시한 후 전문교육이 진행되었던 것이다. 7자유학과는 문법, 수사학, 논리학으로 구성된 3학(Trivium)과 천문, 산술, 기하, 음악으로 구성된 4과(Quadrivium)로 이루어져 있다. 대학이 성립되면서 자유학과는 전문 지식을 습득하기 전에 거쳐야 할 예비교육으로만 간주되었다. 자유학과의 위상이 일정한 교육과정에서만 다루어지는 것으로 하락한 셈이다. 한편 르네상스 시대에 이르러서는 인문주의자들이 자유학과를 인문교과(studia humanitas)라고 칭하며 그리스 교육의 이상을 부활시키고자 하면서, 고대 그리스와 로마의 고전을 교육내용으로 삼음으로써 자유학과의 위상이 다시 올라가게 되었다.

(3) 교육사상가

중세 교육사상가로 선정한 아우구스티누스와 토마스 아퀴나스는 중세를 대표하는 신학자요 철학자이다. 두 사람은 중세 사상을 양분했던 초기와 후기를 대표하는 사상가였다. 중세 초기는 교부(敎父, apology)철학이 중심이었다. 교부철학은 대체로 고대 철학의 성과인 각종 개념이나 학설을 활용하여 기독교의 교리를 정당화하는 데 주력한 철학이었다. 이 시기를 대표하는 신학자가 아우구스티누스였다. 반면에 중세 후기가 되자 종교적 신념(지성)과 철학적 논증(이성)을 조화시킴으로써 기독교를 세련된 수준으로 합리화해야만 하였다. 이때 등장한 철학을 스콜라철학(Scholastic philosophy)이라고 부른다. 철학적 입장은 아리스토텔레스의 철학을 중세적 질서에서 복원하는 것이었으며 그 대표적인 인물은 토마스 아퀴나스였다.

　　아우구스티누스(Augustinus, 354~430)의 대표적인 철학서로서 기독교 사상
사에서 중요한 저서인『신국론(De Civitate Dei)』이 있으며, 교육 및 기독교 교
육에 관한 생각을 엿볼 수 있는 저서인『교사론』,『기독교 교리』,『교리문답
집』도 있다. 아우구스티누스의 철학적 기반은 대표적인 신플라톤주의자였던
플로티누스(Plotinus, 204~270)였다. 아우구스티누스의 교육사상은 신학적 입장
을 정리해 놓은 다양한 저서로부터 도출되거나 혹은 교육에 대한 단편적인 기
술들로부터 재구성될 수 있다. 아우구스티누스에 따르면 교육은 철저히 종교
적 헌신을 목표로 진행되어야만 올바른 방향으로 가는 것이다. 따라서 교육은
단순히 지식이나 각종 정보를 전달하는 것이 아니라 학습자 자신의 내면에 있
는 인식능력, 즉 '지성적인 빛(lux intelletus)'을 통해 진리를 터득하고 신의 의
지와 뜻을 통찰하도록 하는 데 있다. 여기서 교사의 역할이 중요한 것이다.
그는『교사론』에서 주장하길, 교사는 학생이 자신의 잠재능력을 논리적인 과
정을 통해 분명하게 알도록 도와주는 조력자의 역할을 해야 한다.

　　아퀴나스(Thomas Aquinas, 1225~1274)가 남긴 저서는 아리스토텔레스 철
학에 관한 주해서와 많은 철학적 논문이 있으며, 철학사뿐만 아니라 기독교
사상사에서 가장 기념비적인 저서인『신학대전(Summa Theologiae)』을 남겼다.
이 책은 아리스토텔레스 철학을 바탕으로 기독교 교리를 체계화한 것으로 평
가받는다. 그의 철학은 토미즘(Thomism)이라고 불리면서 현대에도 끊임없이
재해석·수용되고 있다. 아퀴나스의 저서들은 대체로 기독교 신학에 관한 것
이어서 그의 교육사상을 이해하기 위해서는 그의 저서 내용 중에서 교육에
관한 것을 간추리거나 전반적인 사상으로부터 교육사상을 재구성해야 한다.
전자의 경우 특히『진리론(De Veritate)』의 제11장인「교사론」에 정리된 교수
와 학문탐구에 대한 생각으로부터 교육사상을 직접적으로 확인할 수 있다.
여기에 학습자가 지식을 터득하는 과정에서 교사의 역할이 기술되어 있다.
아퀴나스는 학습과정에서 교사가 학습자에게 끼치는 영향에 대해 주목하고
있다. 그는 학생의 내면에 들어 있는 인식을 교사의 조력행위, 특히 논리적
과정을 통해 끄집어내는 것이 중요하다고 주장한다.

3) 근대 초기의 교육

근대라는 지칭은 중세 말기의 급변하는 사회경제적·정신적·문화적 변화 양상을 지칭한다. 근대의 시점을 알리는 시기는 15~16세기의 정신적·문화적 사조였던 르네상스와 중세적 기독교 질서를 붕괴시킨 종교개혁에 해당한다.

(1) 르네상스와 인문주의

르네상스(영어로 Renaissance)의 어원은 다시 태어남, 즉 '재생(再生)' 혹은 '부활'을 뜻한다. 단순히 문예부흥을 의미하는 르네상스가 심대한 정신적 자각으로까지 영향을 끼치게 된 것은, 봉건적이고 기독교적인 윤리·관습 및 제도에 대해 의문을 가지면서 억눌린 인간의 본성이나 자유에 대해 고민하게 했다는 데 있다. 문예와 예술 차원에서 시작한 부흥운동은 인간정신 전반의 변화를 초래했기에 르네상스는 새로운 근대정신의 탄생이기도 하다. 따라서 르네상스는 정신사적으로 인문주의(人文主義, humanism)와 동일한 것으로 보아도 무방하다. 이 시대의 인문주의자들은 고대 그리스와 로마의 자유인들이 남긴 고전작품을 연구하면서 그로부터 자유로운 인간정신의 세계를 되살리려고 하였던 것이다.

인문주의자들은 교육의 목표에 가장 부합하는 역사적 사례를 고대 그리스의 자유교육(liberal education)의 전통에서 보았다. 르네상스를 촉발시킨 이탈리아 인문주의의 특징은 개인의 자유와 행복을 추구하는 것에 관심이 많았다. 따라서 인문주의의 내용도 심미적(審美的)인 관심과 일치하였다. 그 대표적인 것으로서 라틴어의 수사학적 작품을 표본으로 그 문체와 작문방식을 모방하는 데 치중하려는 흐름이 등장하였다. 이를 흔히 키케로주의(Ciceroism)라고 부르는데, 고전 작품에 들어 있는 인문적 이상이나 주제보다는 표현기법이나 문장 스타일을 모방함으로써 고전을 작문교육을 위한 수단으로 삼는다. 대표적인 이탈리아 인문주의 교육사상가로 베르게리우스(Vergerius, 1349~1428)와 비토리노(Vittorino da Feltre, 1378~1446)가 있다. 남부 유럽에서 시작한 인문주의의 성격이 귀족적·개인주의적이었던 반면에, 16세기 말 북부 유럽으로 넘어간 인문주의는 사회문제에 관심을 가지면서 사회개혁과 도덕적 실천을 강조하였다. 이 시기 인문주의에서 가장 독보적인 인물이 바로 에라스무스이다.

에라스무스(Desiderius Erasmus von Rotterdam, 1469?~1536)는 기독교와 고대의 전통을 비판적으로 수용·발전시킴으로써 이후 프로테스탄티즘, 학교교육, 대학 등에 큰 영향을 끼쳤다(조상식, 2004a). 그는 분명 북부 유럽 인문주의 운동에서 중심인물이었으며, 당시 종교개혁의 선구자인 루터와 대립하면서 종교적 분쟁의 중심에 있기도 하였다. 에라스무스의 교육사상에 대한 직접적인 내용을 담고 있는 저서도 상당히 있다. 『아동자유의지론』, 『학습방법론』, 『기독교군주교육론』 등이 그것이다. 그는 교육의 목적을 지성을 갖춘 인간성 함양에 두었다. 그에 따르면 신이 인간에게 부여한 최고의 특권인 이성을 인류발전에 기여하기 위해 제대로 활용하게 함으로써 행복을 추구하는 것이 올바른 교육이라고 하였다. 에라스무스는 아동의 도덕성 함양을 위한 실천적 방안을 구체적으로 다룸으로써 교육사적으로 중요한 의미를 갖는 아동예법서를 남겼다. 에라스무스는 고전의 중요성을 그 자체의 학습에 두지 않고 경건한 신앙심을 가지도록 하는 데 있다고 본다. 한편 교육방법에 있어서 에라스무스의 제안은 상당히 혁신적인 내용을 보여주었다. 이를테면 언어적 학습보다 사물을 통한 학습이 우선되어야 한다고 주장하였고, 인간 교육을 위해서는 아동에 대한 깊이 있는 연구가 필요하며, 개별교육의 중요성과 조기교육의 필요성 그리고 놀이와 신체단련도 강조하였다.

(2) 종교개혁과 루터

종교개혁(Reformation)이 표방하는 개인과 신의 직접적인 만남의 가능성과 내면적 신앙생활의 강조는 르네상스가 표방한 인간관이 제시한 중세 기독교의 종교적 실천에 대한 비판과 대안이라고 볼 수 있다. 이처럼 종교개혁은 개인의 체험과 양심 그리고 이성적 판단이 종교생활의 핵심이라는 새로운 방향을 제시하였다. 그 결과 중세 전통 기독교의 권위와 질서는 위기에 처하게 되었다. 종교개혁은 교육 및 학교의 존립에도 특별한 근거를 제공하였으며 향후 그 사회적 역할과 위상이 근본적으로 변화하는 데에 커다란 영향을 끼쳤다.

16세기 종교개혁은 교육사 영역에도 족적을 남겼다. 성서 중심주의적 주장은 보통교육의 진흥과 공교육 및 시민교육의 부흥을 초래하면서 대중교육의 기반이 된 것이다. 즉 평신도 누구라도 하나님과 직접 교감하기 위해서는 스스로 성서를 읽어야 했기 때문에 읽기와 쓰기라는 기초 문자 교육의 중요성이 제기되었고 학교교육의 중요성이 본격적으로 강조되었다. 또한 루터의 종교개혁은 교육 및 학교의 권한과 운영의 책임을 교회로부터 국가로 이관하는 결과도 낳았다. 종교개혁론자들은 국가에 교육의 책임권한을 위임해야 한다고 주장하였다. 이렇듯 근대국가의 성립과 전개과정의 초기에 공교육(公敎育, public education)의 아이디어가 정립된 것이다.

종교개혁의 주역이었던 마틴 루터(Martin Luther, 1433~1546)는 긍정적이고 혁신적인 교육 방안을 제시하였다. 먼저 루터에게 교육의 목적은 그의 소명론에서 출발한다. 즉 그것은 신이 내린 소명을 수행할 수 있는 인간을 양성하는 데 있다. 이를 위해서 재능을 발휘하기 전에 먼저 성품을 도야하는 것이 우선 과제이다. 루터에게 교육적 이상은 당시의 인문주의 교육에서 핵심적인 교육목적인 전인교육에 입각하여 가정, 국가, 교회에 봉사하게 하는 것이다. 아울러 세속적인 필요에 부응하는 국민교육도 중시하였다. 루터가 교육사적으로 남긴 위대한 업적은 바로 의무취학론과 공교육에 대한 아이디어와 그 영향일 것이다(신차균 외, 2006). 특히 루터는 분명한 어조로 국가는 학교를 설립해야 하고 의무적으로 아동을 취학시켜야 한다고 주장하였다. 그는 성서 읽기를 통한 독일어 교육의 필요성을 중시하였다. 성직자들도 자유학과 수업을 실시해야 한다는 것이다. 아울러 루터는 세속교육의 필요성도 강조한다. 이를테면 직업교육의 지침도 제안하였으며 인성교육과 종교교육의 조화도 강조하였다. 교육내용으로 제안한 과목들도 다분히 인문주의적 교양인 양성과 관련이 있다. 음악교육을 중시한다거나 다양한 교과를 통한 정서 및 건강교육을 강조하는 것이 그 대표적인 경우이다. 교육방법도 상당히 진보적인 성격을 지니고 있었다.

종교개혁과 루터의 교육사상이 끼친 교육사적인 영향은 '모든 국민에게 교육을!'이라는 슬로건으로 요약되는 보통교육사상이다. 이는 나중에 공교육제도 혹은 의무교육제도 설립의 기반이 되는 생각이 되었다. 예컨대 17세기에 독일 지역에서 등장한 공교육에 관한 각종 법령들이 그것이다. 1619년 바이마르(Weimar) 교육령, 1642년 고타(Gotha) 교육령, 1649년 뷔르템베르크(Würtemberg) 교육령, 1651년 브라운슈바이크(Braunschweig) 교육령, 1717년 프로이센(Preussen) 학교법 등은 그 영향을 직접 받은 것들이다. 한편 청교도 이주민들이 정착한 미국의 메사추세츠(Messachusetts)에서도 교육에 대한 국가의 책임을 담은 법령이 제정되었다.

(3) 리얼리즘 교육사상

17세기 유럽의 시대사적인 배경에서 등장한 교육사조는 리얼리즘(realism)이다. 리얼리즘은 경험할 수 있는 사물에 기반을 두는 교육사조이다. 이 사조는 인문주의 흐름에서 등장한 특정한 경향인 언어 및 문자교육의 폐단을 지적하면서 등장하였다.

리얼리즘의 교육사조로서의 유형은 다음과 같이 3가지로 구분된다. 첫 번째 리얼리즘의 유형은 가장 초기의 것에 해당하는데 인문주의적(humanistic) 혹은 언어적(verbal) 리얼리즘이라고 불린다. 이탈리아의 비베스(Vives, 1492~1540), 프랑스의 라블레(Rabelais, 1483~1553), 영국의 밀턴(Milton, 1608~1674) 등이 대표적인 사상가이다. 이들 초기 리얼리즘 교육사상가들은 인문주의 교육목적이나 방법에 있어서 리얼리즘의 일반적인 특성을 보이고 있다. 두 번째 리얼리즘의 흐름은 사회적(social) 리얼리즘이라고 부르는 것이다. 프랑스의 몽테뉴(Montaigne, 1533~1592)의 교육사상이 대표적인 경우이다. 사회적 리얼리즘은 인문주의의 고전 교육에 반대한다. 교육의 목표는 사회생활을 잘 영위해 나가는 '신사(紳士)'를 양성하는 데 있다. 신사는 인문적 교양만을 갖춘 인간이 아니라 실생활의 다양한 접촉에 유능한 사회인을 가리킨다. 마지막 흐름은 감각적(sensual) 혹은 과학적(scientific) 리얼리즘이다. 이는 리얼리즘 교육사조의 전형적인 내용을 가진 것으로 간주할 수 있다. 독일 지역의 라트케

(Ratke, 1571~1635), 영국의 베이컨(Bacon, 1561~1626), 보헤미아 지역의 코메니우스(Comenius, 1592~1670) 등이 이 흐름을 대표하는 교육사상가이다. 감각적 리얼리즘은 인간의 감각적 직관에 기초한 사물교육을 강조한다.

감각적 리얼리즘 교육사상을 대표하는 코메니우스(Johann Amos Comenius, 1592~1670)는 보헤미아 지역의 교육개혁가요, 종교지도자이다. 그는 1633년 라틴어 초급자용 교재인 『어학입문지침(vestibulum januae linguarum)』을 출간한다. 이 교재의 밑바탕엔 종교적인 가정이 놓여 있다. 교수법은 신의 구원행위에 참여하는 것을 의미하기에, 올바른 교수법만 따른다면 그 누구도 모든 지식을 전체의 맥락에서 조망할 줄 알게 된다. 이러한 생각은 코메니우스가 기획하려던 범지학(pansophia)의 가정이기도 하다. 또 다른 저서인 『세계도회(orbis sensualium pictus)』는 그림으로 세계(우주)를 묘사한 서양 최초의 그림책으로 알려져 있다. 이 책은 말과 사물 사이의 대응의 원리에 입각하여 라틴어 언어교재의 역할을 한다. 코메니우스 교육사상의 기본적인 윤곽은 『대교수학(didactica magna)』에 잘 나타나 있다(조상식, 2004b). 이 책을 통해 코메니우스 교육사상의 주요 특징을 다음과 같이 정리할 수 있다. 첫째, 이 책 속에는 그의 종교적 우주관을 대표하는 범지학적 가정이 놓여 있다. 책의 부제인 '모든 사람에게 모든 것을 다방면으로(omnes omnia omnino)'가 그것이다. 여기서 omnes는 모든 사람을 뜻하는데 이는 보통교육의 이념을 의미한다. 둘째, 코메니우스의 교수법적 원칙은 고전중심의 교육과 대비되는 사물(res) 교육에 대한 강조이다. 셋째, 코메니우스의 교육사상은 이후에 본격적으로 전개될 자연주의 아동관에 기초한 교육원칙을 미리 보여주었다.

4) 근대 후기의 교육

(1) 계몽주의 교육

서양에서 근대 후기는 계몽주의가 등장하고 그에 대해 신인문주의가 비판하는 시기이다. 계몽주의는 자유를 속박하는 인위적인 제도나 관습에 저항하는 합리주의적 세계관을 표방하는 것이었다. 계몽주의 교육의 목표도 이성의 자유를 속박하는 종교, 정치, 사회 등 온갖 권력구조를 제거하고, 인간 스스로 사고하고 모든 문제를 자신의 이성의 힘으로 따질 수 있게 하는 데 있었다. 계몽주의 교육사조는 실용적인 교과를 활용하는 데 치중하였으며, 이성적인 능력을 배양하는 데 교육목적을 두었다.

계몽주의 교육사상가들이 채택한 교육방법의 원칙은 다음과 같다. 첫째, 교육은 합리적인 자연의 원리에 합당해야만 한다. 자연주의(naturalism) 교육원리라고 하는 이 사상적 흐름은 계몽주의의 합리주의적 색채를 감안한다면 이질적이고 대립되는 요소를 함축하고 있다. 둘째, 실생활에 기초한 교육이다. 계몽주의자들은 교육의 목표를 구체적으로 사회적 분업에 따른 유용한 인간을 양성하는 데 둔다. 계몽주의 교육사상을 실천적으로 활용하여 개혁적인 학교를 운영했던 독일의 박애주의자인 바세도우(J. B. Basedow)와 잘츠만(C. G. Salzman)을 예로 들 수 있다.

(2) 신인문주의

신인문주의(新人文主義, new humanism)는 18세기 이래 계몽주의 사조의 지나친 이성중심주의, 합리주의, 주지주의, 공리주의, 세속주의 경향에 대해 반발하면서 등장한 일종의 낭만주의(romanticism) 흐름이다. 신인문주의는 인간성의 새로운 탐구와 각성을 촉구하면서 인간 본성의 미적·지적 차원의 조화로운 발달을 추구하였다. 16세기 인문주의가 로마가 라틴어로 남긴 그리스의 유산을 재생하는 데 초점을 두었던 반면에, 신인문주의는 그리스를 직접 탐구하였다. 신인문주의자들은 당시 이미 형성된 국민국가의 민족적 관점에서 그리스를 들여다보았다.

계몽주의는 자연과학적 세계관에 입각하여 전체는 부분의 총합이며 부분은 원자론적으로 분석된다는 인식을 하고 있었던 반면, 신인문주의는 만물은 서로 유기적으로 결합되어 있기 때문에 전체적인 조망에서 세계를 이해해야 한다는 관점을 갖고 있었다. 계몽주의는 합리적이고 공리적 목적을 표방하는 데 반해, 신인문주의는 정의적이고 이상주의적인 관점을 표방한다. 계몽주의는 인간의 보편이성을 초점에 두기 때문에 민족적·국가적 경계를 초

월하는 보편주의적 색채를 띠고 있었지만, 신인문주의는 민족적 정서에서 전통과 유산을 중요한 교육소재로 삼았다.

(3) 루소

루소(Jean Jacques Rousseau, 1712~1778)가 독창적인 사상가로서 출세작이 된 계기는 그가 1750년 10월 디종 아카데미 논문 현상 공모에 제출한 「학문예술론」 논문이 당선된 것이다. 논문 주제로 제시된 '과학과 예술의 발전이 습관을 타락시키는가 아니면 쇄신시키는가?'에 대한 루소의 생각은 이후에 나오게 되는 걸작들인 『에밀』, 『사회계약론』, 『인간불평등기원론』 등에 일관된 입장으로 등장한다. 먼저 1775년 출판된 『인간불평등기원론』은 '인간 사이에 있어서 불평등의 기원은 무엇인가, 그리고 그것은 자연법에 의해 정당화되는가'라는 주제를 포함하고 있다. 책의 내용은 1,2부로 구성되어 있다. 제1부에서 인간이 고립 분산되어 자기보존과 연민이라는 본능에만 순응해 생활하고 있는 상태를 '자연 상태'라고 규정하고 있다. 제2부에서는 본격적으로 불평등이 등장하는 원인을 다룬다. 기존의 법과 정치제도는 모두 사유재산제를 보호하도록 만들어진 것이기 때문에 변혁되어야 한다고 주장한다. 1762년 출판된 『사회계약론』은 당시 유럽에서 널리 다루어지고 있었던 사회계약론 주제를 루소 나름대로 논증한 책이다. 루소는 이 책에서 자연 상태하에서 원래 자유롭고 평등하던 인간이 사회 계약을 통하여 사회나 국가와 같은 공동체를 형성한다고 주장한다. 이러한 생각은 곧이어 발생하는 프랑스혁명에 영향을 끼쳤다.

루소의 교육사상은 주로 『에밀』에 구체적으로 나타나 있다. 이 책은 소설 형식을 취한 교육이론서이다. 그는 이 책에서 인간성장의 자연적 단계에 따른 교육이론을 제시하는데 각 단계별 교육적 방안은 다음과 같다.

먼저 제1단계는 2세까지 아동에 대한 교육적 방안이다. 이 시기는 신체 발육기이기에 특히 자연 질서에 따른 양육이 강조된다. 제2단계는 2세에서 12세에 이르는 시기이다. 이 시기의 교육은 '자연에 의한 교육'으로 요약된다. 루소는 감각기관의 훈련이 신체적 발달에 중요한 역할을 한다고 주장한다. 제3단계는 12세에서 15세에 이르는 시기이다. 이 단계에서도 신체적·감각적 발달이 중요하다. 이에 기초하여 이제 지적인 발달도 도모해야 하기 때문에 이성의 힘에 의지하여 적극적으로 학습하는 시기이다. 4단계는 청년기에 해당된다. 이제 청소년들에게 본격적으로 지적인 교육을 실시한다. 이에 루소는 역사, 문학, 철학, 법률 등을 추천한다. 그리고 성선설에 입각한 종교관을 형성시켜야 하는 시기이기도 하다. 여기서 제시되는 교육적으로 이상적인 인간상이 '도덕적 자유인'이다. 이는 인간 본연의 모습을 간직한 채 사회에서 요구하는 도덕적 규범을 자발적으로 실천하는 인간을 가리킨다. 마지막 제5단계는 결혼기이다. 루소가 보여주고 있는 여성관은 현모양처와 같은 여성관에 가깝다. 이러한 생각은 루소가 보기에 당시 시민계급의 가정을 이상적인 모델로 간주한 데 기인한다.

루소의 교육사상은 '자연의 본성을 따르는 교육'으로 요약 가능하다. 루소가 제시하는 교육의 원리는 다음과 같다. 첫째, 자연인을 위한 교육이다. 여기서 자연인이란 자연 상태에서의 인간을 말하는데, 인간의 선한 본성이 그대로 보존되어 있는 상태와 관련이 있다. 루소는 인간교육을 이러한 이상적 상태에서만 다루지는 않았다. 자연인에 대립되는 인간은 사회인이다. 즉 이기적이고 경쟁에 몰두하고 있는 개별 인간들이 살아가는 시민사회는 각종 규범적 강제가 통용된다. 이렇게 본연의 모습을 지닌 자연인과 타율적인 상태에서 살아가는 사회인의 대립을 지양하는 인간상이 바로 '도덕적 자유인'인 것이다. 둘째, 소극적 교육의 원리이다. 소극적 교육(negative education)은 '가급적 아동에 개입하지 않는 교육'을 의미한다. 이 원리는 아동의 자연적 성장과 자발성에 기초한 교육을 강조하는 것이다. 셋째, 루소의 교육관은 아동중심 교육사상에 기초해 있다. 교육은 아동의 발달과 성장을 앞지르지 않아야 한다.

루소의 교육사상은 이후 아동중심, 생활중심, 경험중심교육 흐름의 선구적인 아이디어를 제공했으며, 아동의 개성존중과 자유로운 활동을 보장하는 입장은 개인이 국가에 우선되는 교육관의 이론적 기초가 되었다.

(4) 페스탈로치

페스탈로치(Johann Heinrich Pestalozzi, 1746~1827)의 교육사상은 계몽주의
적 요소도 있지만 신인문주의 성격을 더 강하게 갖고 있다. 그는 루소의 자
연주의와 직관주의에 영향을 받았지만, 종교적 심성의 도야와 모성애에 의한
유아기의 교육을 중시한 신인문주의의 주정적(主情的)인 요소도 보여준다. 페
스탈로치의 인간관을 가장 분명하게 보여주는 것은 인간성의 삼단층론(三斷
層論) 이론에 따르면 인간은 자연의 상태에서 사회적 상태로, 사회적 상태에
서 도덕적·종교적 상태로 층을 이루면서 질적인 도약을 거듭해야 하는 존재
이다. 먼저 자연적 상태는 인간성의 가장 낮은 단계이다. 인간에게 이러한
자연 질서에 놓이는 선(善)의 상태는 과도한 이기심에 사로잡혀 자연을 파괴
하면서 자연에서 일탈·타락하게 되는 단계이다. 그 다음 단계는 사회적 상태
이다. 이 상태에서 인간은 자연적 욕구를 멋대로 충족시키려는 데서 오는 무
질서를 막기 위해 협약으로 법을 만들어 모든 성원에게 준수시킨다. 마지막
단계는 도덕적 상태이다. 이는 독자적 결단에 의한 개인적 행위를 결행하고,
그것에 대해 개인적으로 책임을 지는 상태이다.

페스탈로치의 교육이념은 지·덕·체의 조화이다. 이를 신체에 비유하여
설명하자면, 머리, 가슴, 손을 골고루 도야하여 하나의 인격으로 키워내는 것
이다. 이러한 교육목표를 실현하기 위해 수·형·어(數·形·語)를 교육의 내용
으로 가르쳐야 한다. 즉 논리적 사고력을 익히는 수, 직관력과 공간에 대한
감각을 키워주는 도형, 사고하고 느낀 것을 올바르게 표현하는 언어가 기본
적인 교육내용이다. 교육의 방법은 인식의 과정을 자연스럽게 도입하는 데
있다. 직관적으로 사물을 파악하고, 파악한 사물을 언어로 정확하게 표현하
고, 언어적 표현을 통해서 사고력을 함양하는 것이 구체적인 방안이다.

페스탈로치에게 유아교육은 모성에 의한 가정과 생활권을 중심으로 하
는 교육으로서, 유아에 내재하고 있는 소질과 능력을 조기에 발견하고 조화
적으로 발전시켜 인간교육의 기초를 다지는 데 목표를 둔다. 또한 페스탈로
치는 교육적 실천을 통해 현대 교육학의 주요한 영역을 최초로 개척하기도
하였다. 그것이 바로 사회교육학(Sozialpädagogik)이다. 이에 페스탈로치는 빈

민의 경제적 자립을 도와주어 개인적으로 행복한 삶을 영위하고 사회에 안정적으로 통합하도록 해주는 것을 강조하였다. 이는 사회교육 분야에서 중요한 영역인 민중교육의 이념을 확립한 것으로 볼 수 있다. 페스탈로치의 교육방법은 다음과 같다. 첫째, 노작(勞作, Arbeit)교수의 원리이다 이는 좁은 의미로 작업 및 수공적 활동을 통하여 교육의 개선을 도모하는 것을 가리킨다. 둘째, 직관교수의 원리이다. 그는 아동의 자발적 활동을 중시하고 실물과 경험에 의한 직관교육의 실시를 주장하였다. 셋째, 합자연의 원리이다. 이는 루소의 교육사상을 수용한 것이다. 넷째, 생활공동체의 원리이다. 이는 개성의 존중과 함께 사회생활의 교육적 의의를 강조한다는 말이다.

(5) 프뢰벨

프뢰벨(Friedrich Wilhelm August Fröbel, 1782~1852)은 유아교육사상의 기틀을 잡은 인물이다. 프뢰벨의 교육사상에는 낭만주의 흐름의 흔적이 진하게 스며들어 있다. 프뢰벨의 교육사상은 독자적인 형이상학을 배경으로 하고 있다. 첫째, 통일의 원리이다. 이는 사물 사이에는 하나의 보편적인 법칙이 연결되어 존재하며, 이 연결은 개개의 사물을 규정한다. 둘째, 만유재신론(萬有在神論, Panentheismus)이다. 신은 만물 중에 존재함과 동시에 만물은 신 가운데 존재하고 있다는 입장이다. 셋째, 만물은 생(生)의 법칙에 의해 제각기 본질을 가지고 있으며, 이 본질을 실현해 가는 것이 인간의 사명이라는 것이다. 넷째, 프뢰벨은 페스탈로치의 노작교육을 계승하면서 이를 형이상학적으로 정당화하였다. 노작은 신성(神性, Gottheit)의 표현이기 때문에 인간 생명의 원리이며, 이러한 생명의 발전을 의도하는 것이 곧 교육의 원리라는 것이다(김주환·조상식, 2014: 23－43).

프뢰벨의 교육사상은 루소의 자연주의에 영향을 받았다. 그가 주장하는 발달 순응적 교육은 루소의 '소극적 교육'과 같은 의미이다. 그의 명령적 교육 개념은 어린이를 보호하면서 필요한 경우 적극적이고 능동적인 행동을 할 수 있는 태세를 갖추어야 한다는 교육적 방안이다. 인간의 발달 단계에서 프뢰벨이 특별히 관심을 가진 시기는 유아 및 아동기이다. 인간발달의 각 단계별로 자기를 표현하는 방식이 다른데 이를 주의 깊게 고려하는 것이 유아교육의 핵심이라는 것이다. 먼저 영아기(嬰兒期)에 아기는 외부의 다양성을 받아들이고 자기 속에 집어넣는 시기라는 의미에서 '삼키는 시기'이다. 이 연령기에서 중요한 것은 아이와 타인과의 최초의 상호작용('최초의 미소')이다. 아이들이 지식을 습득하는 데 전제조건은, 어린이가 끊임없이 자기표현을 할 수 있도록 자유로운 신체 활동이 필요하다는 점이다. 마지막으로 소년(녀)기는 인간과 대상을 합일시키는 시기이며, 동시에 사물과 언어(말), 인간이 분리되는 시기이다.

프뢰벨이 유아교육 방면에서 오늘날까지 그 명성을 갖고 있는 것은 유치원 교육의 선구자로서 그것이 독자적인 교육제도로 자리 잡는 데 기틀이 되었다는 점과 지금도 중요한 교육도구를 고안하였다는 데 있다. 그가 고안한 은물(恩物, Spielgabe 혹은 Gabe)은 체계적인 구성 형식을 띠고 있으며 하나의 놀이 기구에 교육과정의 원리인 계열성과 위계성이 적용되어 있는 획기적인 유아용 교구이다. 프뢰벨은 유치원 교육사상의 정립뿐만 아니라 그 제도적 확립을 위한 모든 기초를 마련하였다. 프뢰벨은 1816년 그리스하임에 〈일반독일교육소〉를 창설하고 1826년에 『인간교육』을 출간하였다. 유아교육기관의 설립을 위한 구체적인 윤곽은 1839년 6월 블랑켄부르크에 〈유아교육지도자 강습소〉를 개설하여 남녀 유아교사를 양성하기 시작하면서이다. 그는 이 시설을 '아이들의 정원'이라는 의미에서 '킨더가르텐(Kindergarten)'이라 부르면서 오늘날의 유치원 명칭이 탄생하였다.

(6) 헤르바르트

헤르바르트(Johann Friedrich Herbart, 1776~1841)는 『일반교육학(Allgemeiner Pädagogik, 1806)』을 펴내면서 학(學)으로서 교육학을 정초한 인물이다(제1장 참조). 그의 교육학 체제 확립은 페스탈로치 학교를 방문하여 얻은 감동에서 생긴 열정과 사명감, 칸트 선험철학에 입문한 관념론적 학문 배경 그리고 당시 이룩된 심리학의 개념과 지식들을 활용한 것으로 가능했다.

그가 남긴 교육학적 영향은 양면적이다. 먼저 긍정적인 것으로 첫째, 교육학이 체계성을 가져야 한다는 원칙을 최초로 실천하면서 현대 교육학에 학문적 궁극 과제를 제시하였다는 점이다. 둘째, 지식교육이 인격교육과 분리될 수 없으며 오히려 도덕적 품성도야 자체가 교육의 목표라고 주장함으로써 현대 교육학의 기술공학적 접근을 비판하는 근거를 제공해주고 있다는 점이다. 셋째, 교수-학습 단계론, 흥미와 심정과 같은 가치개념을 교육에 도입함으로써 교수의 다차원성을 열어 주어 교수법 연구에 활기를 주었다는 점이다. 반면에 부정적인 측면으로서, 첫째, 신체적·실용적 지식을 간과하고 주지주의 경향이 강한 교육이론이라는 점이다. 이러한 비판은 헤르바르트의 교육이론이 표상심리학적 인식론을 취하고 있어서이다. 둘째, 헤르바르트 교육학은 개인교육에 주력한 나머지 교육이 가지는 국가 및 사회적 의미를 깊이 있게 다루지 않았다. 그 이유는 대체로 헤르바르트가 목표로 하였던 교육학의 학문적 기초를 윤리학과 심리학에 한정함으로써 교육, 특히 학교교육이 가지는 사회적·국가적 성격을 구체적으로 다루지 못한 데에 있다.

2. 교육철학

1) 교육철학의 성격

교육철학은 교육현상과 교육활동을 철학적으로 탐구하는 학문이다. 철학의 많은 하위 응용분야도 있겠지만 인문사회과학의 각 학문 분야에는 나름대로의 철학적 탐구 분야가 있다. 이를테면 법학에서 법철학, 사회학에서 사회철학, 행정학에서 행정철학 등이 그것이다. 대체로 이러한 탐구 분야는 철학 분야에서 이룩한 이론이나 개념 및 각종 범주들을 동일하게 다루고 있다. 여기서 철학과 각 학문 분야에서의 ○○철학 사이 관계가 문제가 된다. 여기엔 크게 세 가지 유형의 관계가 있을 수 있다. 첫째, 교육철학은 철학으로부터 논리적으로 연역 가능하다는 입장이다. 이는 교육철학의 독자성보다는 철학에의 포섭을 인정하는 방식이다. 둘째, 철학은 교육철학에 내용을 제공하기보다 방법론을 제공한다는 입장이다. 실제로 분석철학이나 현상학이 다른 제반 학문에도 방법론적으로 수용되었듯이 교육철학도 방법론적 수용 관계 이상은 아니라는 주장이다. 셋째, 독자적인 탐구영역으로서 교육철학을 간주하는 입장이다. 이 입장에 따르면 교육문제는 철학으로부터 연역할 수 없는 성격을 가지기 때문에 독자적인 탐구분야이다. 교육의 논리와 철학의 논리가 다르다는 점은 분명하다는 것이다.

교육철학의 본질적 성격은 그 대상으로서 교육활동 및 교육현상의 독자성에 의해 규정될 수 있다. 이러한 점에서 독자적 학문으로서 교육철학의 탐구형식이 드러난다. 우선 교육활동은 인간의 정신 및 영혼과 관련되기 때문에 언제나 가치 지향적이고 규범적인 성격을 지니고 있다. 따라서 사회현상이나 인간의 심리현상을 가치중립적으로 기술하는 사회학이나 심리학과는 다르다. 또한 교육현상의 핵심을 구성하는 교육문제의 복잡성과 중층성으로 인해 교육철학이 철학 이외에 다른 학문의 제반 이론을 종합적으로 참조할 수밖에 없다. 이러한 이유에서 교육철학은 교육활동에 대한 종합적이고 체계적인 이해가 필요하며 철학처럼 순수 사변에 머무를 수 없는 것이다.

그렇다면 교육철학은 교육실천에 어떤 의미가 있을까? 물론 일반적으로 철학이 가지는 학문적 가치라고 할 수 있는 진지하게 사고하고, 의미 자체를 탐구하고, 사태를 분석·종합·평가하는 역할은 교육철학에서도 마찬가지로 의미가 있다. 그러면서 특히 교육철학적인 소양을 갖추었을 때 다양한 교육행위를 하는 데 다음과 같은 유익한 점이 있다. 첫째, 비판적·반성적·합리적인 사고력을 증진시킨다. 철학적 역할로서 비판의 의미는 철학자 칸트(I. Kant)가 말하는 특정한 개념이 가지는 의미를 규정하는 것(define)과 주장이나 입장을 부정한 후 그 근거와 함께 대안을 제시하는 것이다. 교육적 사태에서 이러한 비판적 기능은 여전히 유효하다. 또한 반성적·합리적인 사고능력은 주장을 정당화하거나 아이디어를 산출하는 사고의 고유한 기능이기도 하다. 둘째, 교과목과 교수행위를 철학적 수준에서 이해할 수 있게 한다. 교과목을 구성하는 것은 단순히 기술적인 과제만이 아닌, 지식의 성격과 논리에 대한 깊은 이해를 요구한다. 아울러 교수행위도 단순히 기법만인 아닌 철학적 이해에 기반을 두고 있다. 셋째, 역사적인 인식 및 철학이론 등에 대한 지식을 통하여 교육 사태를 심층적으로 이해할 수 있게 한다. 철학과 역사는 불가분의 관계를 가진다. 이 방면의 지식이나 이론은 현재 교육실제의 역사적 기원과 철학적 관련성을 이해하는 데 도움을 줄 수밖에 없다. 이러한 의미에서 인간과 관련이 있는 교육실제의 의미에 대한 해명 작업을 위해 독일 교육학 전통에서는 해석학을 교육학의 핵심적인 연구방법론으로 삼아왔다(Danner, 1994. 조상식 역, 2005). 넷째, 도덕적·규범적 원리에 대한 이해를 제고한다. 교육활동은 가치내재적인 성격을 가진다. 교육철학자 허스트(P. H. Hirst)가 주장하였듯이, 교육이론이 가진 많은 문제들은 결국 도덕적인 문제들이다(Hirst, 1966. 한명희·고진호, 2005: 29에서 재인용). 이러한 의미에서 철학의 다양한 이론적 지식, 특히 도덕 이론적 지식은 이에 중요한 기여를 할 수 있다.

2) 현대 미국의 교육철학

(1) 진보주의 교육철학

진보주의 교육철학은 19세기 말 미국에서 있었던 신(新)교육운동이나 독일 지역에서의 개혁교육학(Reformpädagogik)과 관련이 있다. 진보주의라는 용어 자체가 가지는 불명확한 의미와 마찬가지로 진보주의 교육철학이란 전통적인 고루한 교육적 관행들을 새롭게 쇄신하려는 19세기 말부터 20세기 초반의 교육적 접근을 통칭하는 사조이다. 이러한 접근은 교사의 권위적인 교육과 낙후된 시설, 주먹구구식 교육과정 운영 등을 비판하면서 대체로 아동 중심 교육을 주장하였다. 이러한 시대적인 흐름을 반영하여 스웨덴의 문필가 케이(Ellen Key)는 1902년 독일에 『아동의 세기(Das Jahrhundert des Kindes)』라는 책을 출간하여 유명해졌다. 이 책은 아동의 권리 보장과 함께 아동 중심의 교육적 접근을 알린 책이다. 물론 진보주의 교육철학의 이념적인 전통은 이미 17세기 코메니우스가 교육에서 아동의 직접 감각과 경험을 강조한 리얼리즘 교육사상과 맥이 닿아 있으며 18세기 루소에서 시작한 자연주의 아동 계발설과 이후의 낭만주의적인 아동 교육사상도 그 연장선에 있다.

이러한 교육철학적 관점과 그에 입각한 교육운동이 활발하였던 시기와 미국에서는 '신대륙 최초의 철학'이었던 프래그머티즘(pragmatism)이 겹친다. 프래그머티즘의 어원인 pragma는 행동을 의미한다. 이는 인식 주체가 대상을 객관적으로 관조하는 유럽 철학의 기본 도식에 반대하면서 문제 해결을 필요로 하는 대상에 대한 인식 주체의 적극적인 개입을 가리킨다. 지금 당장 해결해야 할 문제에 동원 가능한 이론적 처방을 하는 것을 의미한다. 이를 실험주의라고 부른다. 여기서 이론을 활용하는 행위 주제는 반성적인 사고를 적극 활용한다. 이러한 관점을 가진 프래그머티즘은 환경과 유기체의 상호작용을 중시하는 사회진화론과 지식의 도구적 성격을 수용하고 있음을 알 수 있다. 프래그머티즘의 주창자였던 퍼스(Ch. S. Peirce)와 제임스(W. James)를 뒤이어 존 듀이(J. Dewey)는 프래그머티즘의 경험주의 실재론을 받아들여 이를 교육에 적용한다. 그에 따르면 교육은 학습자의 경험의 구조가 통합적으로 연속성을 띠게 되는 것이기에 성장이 곧 교육이 된다. 또한 학교에서 가르치는 교육과정은 아동의 생활 경험을 재조직한 결과라는 것이다. 듀이는 교육의 사회적 기능을 강조한다는 점에서 학교는 사회의 축소판이라고 주장하였다.

진보주의 교육철학은 미군정기 이후 미국교육을 한국에 이식하는 데 결정적인 역할을 하였으며 동시에 현재의 우리가 안고 있는 교육문제의 적지 않은 부분을 초래한 원천이기도 하다.

(2) 본질주의와 항존주의

진보주의 교육흐름이 미국의 교육 현실을 적지 않게 변화시키면서 이에 대한 비판적인 흐름 또한 등장하였다. 1930년대 등장한 그러한 반대 흐름들 중 대표적인 것이 바로 본질주의와 항존주의이다. 진보주의가 아동의 실생활 경험에 기초한 교과 구성을 주창한 것에 대해 이 두 흐름은 공통적으로 전통적인 철학에 기초하여 교과를 다시 한번 강조하는 입장을 가졌다.

본질주의는 가치나 지식이 진리를 전제하고 있다고 가정하면서 이를 전통적인 진리설인 이상주의의 정합설(coherence theory)과 실재론의 대응설(corespondence theory)을 활용하여 정당화하려고 시도하였다. 본질주의는 인류가 남긴 위대한 유산들에서 핵심적이고 본질적인 내용을 선정하여 이를 후세들에게 가르쳐야만 후손들 스스로 미래 삶을 주체적으로 영위할 수 있다고 주장한다. 본질주의가 보기에 진보주의는 아동의 교육에서 지성보다는 감각을 중시하는데 이는 본질적인 인간의 능력 요소가 아니라고 본다. 아울러 가치는 절대적이기 때문에 시대적인 흐름에서 혹은 아동들의 욕구에 따라 결정되는 것이 아니라고 주장한다. 따라서 본질주의는 전통적인 교과중심 교육과정을 중시하는 관점이며 역사적으로 오랜 기간 동안 검증되어 사용되어 온 교과가 인류의 문화유산으로서 후손들의 미래 삶에도 가치 있다고 본다.

한편 항존주의는 현대문명을 비판하면서 이를 극복하기 위한 대안을 고전에서 찾고 있다는 점에서 다소 복고적인 철학적 관점을 갖고 있다. 아퀴나스(Th. Aquinas)의 스콜라 철학, 즉 신아리스토텔레스 철학으로부터 현대적 가치를 도출하려는 입장을 갖고 있는 허친스(R. M. Hutchins)와 아들러(M. J. Adler)가 대표적인 인물이다. 이들에 따르면 진보주의 교육철학이 주장하듯이 시대적인 흐름과 아동의 욕구를 반영하게 된다면 교육 목적의 정립과 안정적인 교육이 불가능해진다. 이에 항존주의는 지식의 절대성, 진리의 불변성, 보편적 도덕률의 존재를 주장하면서 이를 수용하는 인간의 이성 계발을 중시하였다. 이렇듯 절대적인 진리를 담보하고 있는 지식을 습득하여 이성을 도야하는 것이 중요한데, 그에 못지않게 기독교적인 의미에서의 영성(靈性, spirituality)의 훈련도 중시하였다. 이러한 교육철학적 관점을 만족시키는 교육 재료는 바로 서양의 전통에서 내려온 자유교양교육의 유산이다. 직업이나 실생활에 즉각적으로 필요한 교육보다는 보편적인 교양교육이 선호되며 고전 교과를 통한 형식도야가 교육적으로 바람직하다는 것이다. 항존주의 교육철학은 서양 전통의 고전의 부활과 기독교적 가치를 중시하기 때문에 현대 민주주의 질서에 위배된다. 엘리트주의 교육을 암묵적으로 가정한다는 점에서 항존주의는 오늘날 교육적 방향과 목표에 모순되는 측면은 있지만 지나치게 지식의 실용성과 교육의 시장화를 비판하는 데 의미하는 바가 없지는 않다.

3) 교육철학의 연구 동향

교육철학의 연구 동향을 기술하는 데 편의상 19세기 말부터 시작된 흐름들에서 시작하여 최근의 흐름까지 다루기로 하겠다. 여기엔 철학 방면의 이론이나 방법론을 수용하여 교육에 대한 저마다 독특한 관점에서 연구하는 흐름들이 있다.

(1) 분석철학적 교육철학

분석철학(Analytic Philosophy)은 철학 방면에서의 추상적인 이념의 쇠퇴를 배경으로 하면서 언어분석의 방법론에 기초한 철학을 총칭한다. 분석철학은 19세기 말 오스트리아 비엔나를 배경으로 등장한 논리실증주의, 수리 논리학, 논리경험론 등을 배경으로 하면서 철학적 명제의 진실성은 경험과 논리에 의해 실증된다는 생각에서 기존의 언어로 표현된 철학적 명제들을 실증적으로 검증하고자 하였다. 이들은 주로 의미와 논리적 관계에 관심에 가지면서 전통적인 관념 철학의 철학함에 대해 전면적인 반기를 들었다.

분석철학이 교육철학에 영향을 주게 된 첫 계기는 라일(G. Ryle)이 펴낸 『마음의 개념(The concept of mind)』이라는 저서였다. 그는 이 책에서 우리가 일상생활에서 다양한 개념들을 사용하여 말할 줄은 알지만 정작 이러한 개념 자체에 대해서 언급하거나 논리적으로 검토하는 것에는 능숙하지 않다고 주장한다. 따라서 철학의 과제는 일상어 개념 자체를 검토하는 데 있다는 것이다. 이는 전통적인 철학자들이 하듯이 어떤 새로운 지식을 산출하는 것이 아니라 이미 갖고 있는 지식의 논리적 배치를 새로 작성하는 것이다. 이러한 일상어에 대한 비판과 분석은 교육철학에도 그대로 활용되었는데, 이를테면 하디(Ch. Hardie)의 『교육이론의 진리와 오류(Truth and Fallacy in Educational Theory)』가 그것이다.

철학적 방법으로서 분석철학이 세계적으로 유행한 것은 러셀이나 비트겐슈타인과 같은 영국에서의 본격적인 접근과 제2차 세계대전으로 인해 유대계 분석철학자들이 대거 미국으로 망명한 사건이 있겠지만, 영미 교육철학에서 분석철학이 주도적인 철학적 패러다임이 된 것은 학문사적으로 전례 없는 경우에 가깝다. 분석적 교육철학이 성립된 것은 영국 교육철학자들의 공헌이 크다. 이들 중에서 특히 피터스(R. S. Peters)는 교육 개념에 대한 분석과 "교육의 내용과 행위가 일관적이고도 합리적인 방식으로 수행되는 데 토대가 되는 윤리적·사회적 원리를 분석"(한기철·조상식·박종배, 2016: 382)하는 업적을 남겼다. 그가 교육 개념을 정의하면서 내린 규범적 기준, 인지적 기준, 과정적 기준은 교육 개념에 대한 대표적인 시도로서 지금도 여전히 많이 언급되고 있다(제1장 참조).

피터스와 함께 허스트(P. H. Hirst)는 1960년대 이후 분석철학적 전통에서 교육철학을 독자적인 탐구 분야로 구축하는 데 중요한 기여를 하였다. 그는 교육 개념에 대한 정의와 그 윤리적 토대를 연구하는 피터스와 달리 교육의 역사적 전통에서 중요한 유산들을 교육철학의 탐구 대상으로 확고히 규정한 공헌을 하였다. 이를테면 그는 서양의 아주 오래된 정신적 유산인 자유교육의 의미를 지식의 형식들(forms of knowledge)의 중요성으로 설명하였다. 이는 오늘날 교육과정의 구성 원리를 정립하는 데 중요한 아이디어를 제공하였다. 그에 따르면 지식의 형식은 수학, 자연과학, 인간에 관한 이해(human science), 종교, 문학과 예술, 도덕, 철학 등이 있는데, 각 지식의 형식들의 특징은 다음과 같다는 것이다. 첫째, 각 분야에 있어서 핵심개념은 독특하다. 둘째, 각 분야의 개념은 경험을 이해시키기 위한 의미 있는 체계로 연결되어 있다. 셋째, 그 개념들은 제각기 경험에 의해 실험할 수 있는 표현과 진술을 가진다. 넷째, 모든 형태의 지식은 경험을 탐구하고 표현하는 독특한 기술과 방법을 발전시켜왔다. 하지만 모든 지식이 각기 검증 가능하다는 주장은 예술이나 도덕적 지식에는 적용될 수 없어서 지나친 일반화이며, 모든 지식이 명제적일 것을 주장하는 것은 오류라는 비판도 받았다. 그러나 허스트의 지식의 형식들 논의가 가지는 가장 치명적인 약점은 형식적이고 정태적인 지식관으로 인해 지나치게 주지주의적인 교육관행을 정당화한다는 점이다. 이에 허스트는 1990년대 이후 스스로 관점의 변화를 보여주었다. 그는 논문「교육, 지식, 프랙티스들(Education, Knowledge and Practices, 1993)」에서 '사회적 활동(socail practices)'이라는 개념을 통해 이전에 그가 중요시했던 배워야 할 지식에 대한 것이 아닌, 학습자로서 학생이 사회적 삶에 참여하는 활동을 강조하게 된다.

　　분석적 교육철학은 영미 교육철학 방면에서 주로 유행했다는 점에서 전 (全)세계적인 차원에서가 아닌 지극히 지역적인 연구 패러다임이다. 그럼에도 분석적 교육철학이 교육철학의 전문성과 독자성을 강화하는 데 크게 기여한 점은 부정할 수 없다. 하지만 그 한계점은 분명하다. 첫째, 교육은 처음부터 가치를 지향하는 활동이기 때문에 가치중립적 실증주의적 가정을 갖고 있는 분석철학과는 모순적인 관계에 있다. 둘째, 분석철학은 언어의 투명성에 대해 과장된 신뢰를 갖고 있다. 교육이 언어를 매개로 이루어지는 활동임에는 틀림없지만 교육의 목표가 언어를 넘어선 혹은 언어 이면의 차원을 인정하고 이를 숭고하게 간주하는 태도 또한 길러야 한다는 점에서 분석철학의 관점은 다소 평면적이고 소박하다. 셋째, 교육은 언제나 문제를 유발하는 실천적 영역에 속한다는 점에서 분석철학은 교육활동에 어떤 구체적인 대안이나 아이디어를 제공하지 않고 소극적인 언어 분석에만 치중한다.

(2) 비판이론

　　마르크스(K. Marx) 사후에 서구 유럽의 학자들은 마르크스의 이론을 자본주의 사회의 각종 폐단과 부조리 현상을 설명하는 데 적극적으로 활용하였다. 이러한 서구에서의 마르크스 수용을 통칭하여 서구 마르크스주의 혹은 네오마르크스주의라고 한다. 또는 서구 유럽의 대학에 재직하고 있는 학자들이 연구하는 이론이기에 강단(講壇) 마르크스주의라고도 한다.

　　비판이론(Kritische Theorie)도 독일 프랑크푸르트 대학교에 재직 중인 학자들이 사회연구소(Institut für Sozialforschung)에 뿌리를 둔 서구 마르크스주의 학파를 지칭한다.1 호르크하이머(M. Horkheimer)와 아도르노(Th. Adorno)가 연구소를 공동으로 운영하면서 펴낸 일련의 저서들은 자본주의 사회를 비판하는 주된 골격은 유지하되, 유럽 및 독일 전통의 인문학과 철학적 성과들을

1　비판이론과 유사한 용어로서 비판철학이 있는데, 이는 통상적으로 칸트 철학을 가리킨다.

적극 활용함으로써 본격적으로 학술적 성격을 보이기 시작하였다. 이를테면 호르크하이머와 아도르노가 공동으로 저작한 『계몽의 변증법(1944)』은 근대 서구 문명의 원류인 계몽주의가 20세기 중반 유럽의 한복판에서 저지른 학살을 서구 이성의 이율배반으로 설명하고자 하였던 논문집이며, 아도르노의 『부정의 변증법(1966)』은 헤겔의 변증법이 현실 사회주의의 모순에서 보여주듯이 폭력적 화해라는 근본적인 문제점을 안고 있음을 비판한 책이다. 한편 제2차 세계대전 기간에 미국에 정착하여 학자의 삶을 살아간 마르쿠제(H. Marcuse)는 『일차원적 인간(1964)』에서 소비주의 이데올로기에 찌든 미국 노동계층 및 중산계급의 사회적 무력감과 불행을 비판하고 있다. 이처럼 비판이론가들은 전후 시기와 1980년대에 이르기까지 마르크스주의의 교조적 측면을 제거하여 자본주의 사회의 모순과 비인간성을 폭로하면서 철학의 실천성을 강조하였으며 이데올로기 비판을 통해 사회구조와 인간의 사이에 놓인 은폐된 차원을 드러내고자 하였다. 특히 프랑크푸르트 학파의 제3세대 주도적인 학자였던 하버마스(J. Habermas)는 당대의 대표적인 철학을 비롯한 제학문의 성과들을 체계적으로 종합하여 독자적인 사회인식론을 정립하였다. 그는 마르크스주의가 안고 있는 전체주의적 속성을 제거하면서 해석학적 이해를 통해 산업사회의 병폐에 대한 비판적인 분석을 이끌어내었다. 그의 방대한 저작은 철학, 사회학, 경제학, 법학, 예술, 문학, 교육학 등 거의 모든 학문 분야에 영향을 끼쳤다.

비판이론은 시기적으로 1968년대 유럽을 비롯한 전세계적으로 휘몰아쳤던 청년 사회운동의 이념적인 토양이 되었다. 그래서 독일의 경우 비판이론을 수용한 교육학의 연구 관점을 해방적 교육학이라고 일컫는다. 자본주의 사회에서 학교교육이 사회적 불평등을 재생산하고 사회적 모순을 은폐하는 기능을 한다고 비판하였다. '해방적 교육학의 설립자(Assmann, 2015)'로 불리는 몰렌하우어(K. Mollenhauer)는 하버마스의 의사소통행위이론을 통해 학교교육과정에서의 소통관계의 왜곡을 비판하였다. 특히 그는 당시로서는 상당히 논쟁적인 저서인 『교육과 해방(1972)』에서 자본주의 독일 사회에서는 교육정책의 기본적인 방향을 '해방적' 관점에서 혁명적으로 개혁해야 한다는 급진적인 주장을 발표했다.

한편 미국에서는 비판이론을 교육학으로 수용한 연구 경향을 비판적 교육철학(Critical Philosophy of Education)이라고 하는데, 이는 지루(H. Giroux)처럼 독일 프랑크푸르트 학파의 학문적 성과를 활용한 경우도 있지만 이보다는 폭넓게 서구 마르크스주의의 관점에서 교육을 연구하는 흐름에 해당된다. 따라서 브라질의 교육학자 프레이리(P. Freire), 영국의 번스타인(B. Bernstein), 애플(M. Apple), 맥래런(P. McLaren) 등과 같이 '신교육사회학' 방면의 연구자들은 사회학적 안목을 가졌다. 이처럼 비판이론은 교육학을 사회과학으로 패러다임 전환하는 데에 크게 기여했으며 마르크스주의의 인간주의적인 측면을 교육이론 및 실천에 활용하도록 하였다.

비판이론을 비롯한 서구 마르크스주의 이론은 우리 교육학 및 교육계에도 커다란 영향을 끼쳤다. 즉 1980년대에서 1990년대에 이르는 진보적인 교육운동의 이론적 배경이 되었다.

(3) 현상학과 해석학

현상학(Phänomenology)은 독일의 철학자 후설(E. Husserl)에 의해 제시된 철학적 방법론이자 태도이다. 후설은 19세기 말 실증주의적·자연과학적 연구방법론이 인문·사회과학의 연구에도 무비판적으로 활용되는 것을 비판하면서 철학을 비롯한 모든 학문이 연구 대상이나 인식에 있어서 고유성을 회복할 것을 제안하였다. 후설은 연구자가 갖고 있는 기존 이론적 선입견을 벗어 던지고 소박한 '자연적 태도'를 견지하라고 주장한다(Danner, 1994). 이러한 태도에서 연구자는 다시 현상학적 환원을 통해 의식 내부로 들어가 주관의 체험과 본질직관에 도달해야 한다는 것이다. 이러한 절차는 이른바 '현상학적 방법'이라는 이름으로 다른 주변 학문의 연구방법론에도 영향을 끼치면서 전(全)세계적인 운동이 벌어지기도 하였다. 독일 교육학도 20세기 초 교육학의 학문적 고유성을 찾는다는 목적으로 기존의 여타 이론들을 제거하여 아동, 학습자 등과 같이 교육학 고유의 연구 대상을 기술하는 데 전념하는 시도가 있었다. 이를 '기술적 교육학(descriptive Pädagogik)'이라고 부른다. 하지만 정작 현상학으로부터 본격적으로 영향을 받게 되는 계기는 후설의 후기 현상학의 등장이었다. 후설 사후에 발견된 자료에서 초기 관념론적 의식철학의 접근을 탈피하고 신체, 감각, 충동, 삶의 환경 등에 관심을 가지는 '생활세계적 현상학'과 이를 더욱 급진적으로 발전시킨 메를로-퐁티(M. Merleau-Ponty)의 '신체의 현상학'은 아동 및 학습자를 이해하는 데 많은 풍부한 아이디어를 제공하였다(조상식, 2002).

현상학의 방법은 교육에서 학습자의 의식 주관의 체험을 중시하고 그러한 체험의 기반으로서 생활세계를 이해해야 함을 가르친다. 이미 알고 있는 이론적 시각에서 학습자를 이해하지 말고 교육 당사자들의 경험에 기초한 세계 이해를 강조한다. 이러한 관점에 따라 교육학 분야에 만연한 실증주의적·과학주의적 접근을 비판한다. 전통적인 공학적 설계에서 출발하여 명시적인 교육목표를 통해 접근하는 교육과정 이론을 비판하면서 분석적이고 개념적인 앎보다는 심미적이고 직관적인 앎을 강조하는 아이즈너(E. W. Eisner)의 교육과정 이론은 현상학적 인식을 활용한 것이라고 볼 수 있다. 메를로-퐁티의 신체의 현상학을 활용하여 '어린이의 세계'를 이해하고자 하였던 네덜란드의 랑에펠트(M. J. Langeveld), 인지론과 행동주의 학습이론을 비판하고 현상학적 학습이론을 전개시킨 독일의 마이어-드라베(K. Meyer-Drawe) 등도 같은 예시이다(조상식, 2002).

해석학(Hermeneutik)은 어원상 언어 소통에 기반을 둔 의미 이해를 추구하는 철학적 접근이다. 근대에 이르러 슐라이어마흐(F. Schleiermacher), 딜타이(W. Dilthey), 가다머(G. H. Gadamer) 등에 의해 철학적 인식론으로 발전되었다(Danner, 1994). 해석학은 물리적인 형태를 띠는 역사적 자료들의 이해와 그 의미를 탐구하는 철학이다. 여기서 의미 파악의 대상은 글로 기술된 문서뿐만 아니라 각종 문화재, 인간의 행동 및 표정, 환경 등도 포함된다. 해석학은 현실을 이해하는 기초로서 삶에 주목하면서 이해의 주체가 가지고 있는 선입견, 즉 전(前)이해의 역할을 인정한다.

해석학적 교육철학은 온갖 교육현실의 의미와 이해를 필요로 하는 텍스트이며 행동 주체들의 의미가 응집되어 있는 삶의 총체이다. 따라서 학습자 개인이 하는 행동이나 생각들을 학습자의 삶 자체로부터 이해할 것을 요구한다. 교육현실에 대한 이해와 해석이 주된 방법이기 때문에 교육이념, 교육내용, 교육적 실천행위, 교육제도 등과 같은 다양한 해석적 대상이 있을 수 있다. 이처럼 현상학과 해석학은 수리 및 통계로 환원시키는 행동과학적인 방식과 달리 행위 주체의 내적인 차원을 개별적으로 이해할 것을 주장하기 때문에 질적인 연구 접근을 위한 철학적 안목을 제공해주었다.

(4) 포스트모더니즘

철학적으로 포스트모더니즘은 다양한 관점들로 이루어진 철학적 조류이지만, 대체로 서구 근대 계몽주의 전통에 대해 비판적으로 접근한다. 계몽주의는 인간의 보편이성을 신뢰하면서 합리적이고 주지적인 태도를 중시한다. 이러한 이성 중심적인 관점은 인간이 지니고 있는 다양한 속성들을 경시하고 합리적 이성의 획일적·도구적 이해로 인해 문명사적으로 적지 않은 부작용과 폐해를 초래했다는 것이다. 포스트모더니즘 철학은 이성 중심적 관점은 중심－주변이라는 범주로 인해, 유럽/비유럽, 남성/여성, 정상/비정상 등과 같은 이분법적 위계 관계를 형성하였다고 비판한다.

포스트모더니즘 철학의 등장은 현실에 대한 철학적 패러다임의 변화로 볼 수 있다. 이를 다음과 같이 세 가지 측면에서 설명할 수 있다. 첫째, 자연과학 방면에서 제기된 불확정성의 원리나 카오스 이론은 각각 사물의 본질에 대한 정확한 설명이 낙관적이지만은 않으며 미래 예측과 가설의 범위 설정이 과학적 차원에서 불가능해졌다는 관점을 대두시켰다. 이로써 과학만능주의 세계관에서 변화가 있었다. 둘째, 근대적 인간관의 변화인데, 단일의 불변적인 근대적 자아관 대신에 사회적 장면에서 다양하게 변모하는 자아 정체성이 등장하였고 문화적 실천에서도 몰(沒)자아적인 성격이 강해졌다. 셋째, 인식론 및 지식관에서의 변화이다. 인간의 해방과 행복을 약속하는 지식의 힘이 오히려 인간을 사회 시스템의 권력 기제에 봉사하는 도구가 되고 있다는 지적(M. Foucault), 근대 지식을 특징짓는 거대이론이 소멸하고 소규모 사회적 맥락을 설명해주는 작은 이론이 유효하다는 주장(J. F. Lyotard), 전통적으로 언어와 사물 사이의 지시관계에 기초한 인식의 진리성 보장이 무너지고 기호 및 언어의 비지시적 자기복제가 확대되고 있다는 설명(J. Derrida), 그리고 서구 중심적인 비유럽의 문화 해석의 오리엔탈리즘이라는 개념을 비판하려는 시도(E. Said) 등이 그 예이다.

또한 포스트모더니즘은 문화논리로서 후현대주의 사회를 규정하는 개념적 도구로 널리 사용되고 있다. 보들리야르(J. Buadrillard)와 제임슨(F. Jameson)의 후기 산업사회 분석이 대표적인 시도이다. 이들에게 현대 사회는 대중(상업)문화와 고급문화의 경계가 붕괴됨으로써 문화의 보편화 현상이 두드러지고, '일상생활의 심미화(W. Welsch)'로 인해 문자보다 기호의 해독이 중요해졌으며, 주체적 자아의 상실 이후에 깊이 없고 피상적인 문화가 특징적 시대가 되었다는 것이다.

포스트모더니즘이 근대 계몽주의를 비판하고 등장하였다는 점에서 교육학은 포스트모더니즘 철학을 다루는 데 난처한 상황에 빠질 수도 있다. 교육이 사회적 기능으로서 중요한 역할을 한다는 점을 대중적으로 인정받았으며 학문으로서 교육학이 탄생한 시기가 바로 계몽주의 환경이었다는 점은 이미 서로 양립 불가능한 측면을 갖고 있다. 그보다도 계몽주의가 표방하는 성숙, 해방, 이성, 합리성, 주체성, 자기결정성 등의 미덕은 곧 교육의 실천적 목표이기 때문에 계몽주의를 비판하는 것은 교육 및 교육학의 자기 부정을 의미하는 것이기도 하다. 그럼에도 현대 변화된 사회상에서 교육방향에서의 변화를 꾀한다는 점에서 다음과 같은 포스트모더니즘 철학의 주요 관점을 발전적으로 수용하려는 시도가 없지 않다(조화태, 1993). 먼저 포스트모던 철학이 비판하듯이, 이성 이외의 인간 속성에 관심을 갖도록 하였으며 다양한 중심주의적 관점을 극복하여 '타자성의 회복'을 제안하였다. 이러한 의미에서 교육연구와 실천에서 변화가 있었다. 예컨대 거대한 교육이론을 불신하고 교육이론 및 실천의 맥락적 이해를 중시하게 되었으며 인간의 변화 가능성에 대한 결정론적 관점을 비판하였다. 마지막으로 교육과정 및 방법에서도 변화가 도출되었는데, 이를테면 구성주의 관점이 각광을 받게 되었으며 교사 중심의 권위주의적 교육을 비판하고 교육과정을 다차원적으로 설계 및 이해하도록 하였다.

토론주제

1. 고대 그리스 전통의 자유교육(liberal education)이 오늘날 교육의 실제에 주는 시사점과 한계점에 대해 토론해보자.

2. 소크라테스 교수법에 나타난 교육철학의 기능에 대해 알아보자.

3. 16세기 인문주의와 18세기 신인문주의의 공통점과 차이점을 정리해보자.

4. 계몽주의 교육의 이념을 정리하고 포스트모던 교육론의 관점에서 이를 비판해보자.

5. 루소의 교육사상이 오늘날 학부모의 교육적 행동에 끼친 영향에 대해 설명해보자.

6. 비판적 교육철학의 관점에서 현재 대학의 인재상을 비판해보자.

참고문헌

김주환·조상식(2014), 프뢰벨 '놀이' 개념에 대한 쉴러 미학교육론의 영향, 교육사상연구, 제28권 제3호. pp. 23-43.

박재주(2003), 서양의 도덕교육사상, 청계.

조상식(2002), 현상학과 교육학, 원미사.

조상식(2004a), 에라스무스, 교육학의 거장들 I. 정영근 외 역, 한길사.

조상식(2004b), 코메니우스, 교육학의 거장들 I. 정영근 외 역, 한길사.

조화태(1993), 포스트모더니즘의 이해와 한국교육이론의 과제, 한국교육철학학회, 교육철학 제11집, 3-10.

한기철·조상식·박종배(2016), 교육철학 및 교육사, 문음사.

한명희·고진호(2005), 교육의 철학적 이해, 문음사.

Assmann, A.(2015), Klaus Mollenhauer. Vordenker der 68er – Begründer der emanzipatorischen Pädagogik. Paderborn: Ferdinand Schöningh.

Böhme, G., Tenorth, H.-E.(1990), Einführung in die Historische Pädagogik. Darmstadt: Wissenschaftliche Buchgesellschaft.

Danner, H.(1994), Methoden geisteswissenschaftlicher Pädagogik: Einführung in Hermeneutik, Phänomenologie und Dialektik. 조상식 역(2005), 독일교육학의 이해-정신과학적 교육학의 방법론, 문음사.

4

PART

교육과정

교육과정

📚 학습개요

　이 장은 대학의 교육학 전공과 교직과정 수준에서 학습자가 이수해야 할 교육과정학에 대한 기본적인 지식내용을 다루고 있다. 이 장은 모두 6개의 절로 구성되는데, 제1절에서는 교육과정의 개념과 정의를 다루고 있으며 제2절에서는 교육과정의 영역을 목적론, 내용론, 방법론, 교사와 학습자론, 환경론, 운영론의 6가지 차원으로 구분하여 기술하였다. 제3절에서는 교육과정의 전개 수준을 국가수준, 지역수준, 학교수준으로 구분하여 그 특징을 기술하였다. 제4절에서는 교육과정의 인식 수준을 표면적 교육과정과 잠재적 교육과정, 영 교육과정으로 구분하여 기술하였다. 제5절에서는 교육과정의 개발을 체제중심적 교육과정 개발과 백워드 교육과정 개발로 구분하여 그 특징을 기술하였다. 제6절은 교육과정의 유형으로 교과형, 경험형, 인간형, 역량형 교육과정으로 구분하여 제시하고 각 교육과정의 개요, 특징, 교육과정 세부 유형에 대해 기술하였다.

1. 개념과 정의

1) 개념

　교육과정(curriculum)의 어원은 라틴어 쿠레레(currere)에서 기원한다. 쿠레레는 달리는 길(race course)을 의미한다. 달리는 길은 교육과정을 의미하는 일종의 상징이며 은유이다. 교육과정의 은유인 쿠레레에서 최종적인 목표지점은 교육목표로 쿠레레를 달리는 사람은 학습자에 비유될 수 있다. 학습자의 은유인 달리는 사람은 경주라는 과정을 통해서 다양한 학습경험(learning experience)을 하게 된다. 이와 같이 교육과정의 은유인 쿠레레는 목표(도착점), 경험(달리기의 경험), 학습자(주자), 출발지점(학습이나 교육의 출발점)을 구성요소로 포함하는 개념이다.

2) 정의

(1) 내용·교과목(contents·subject matter)

교육과정은 교육내용 혹은 국어, 수학, 영어, 과학 등과 같은 교과로 정의된다. 이러한 경우 교육과정은 교과의 지식특성과 학습자의 역량개발, 지식내용의 계열과 범위를 설정하거나 교과를 편성하는 일과 연관되는 것으로 이해된다.

(2) 계획된 프로그램(planned program)

교육과정은 사전에 교사나 학교가 계획하여 만들어진 프로그램으로 정의된다. 이러한 경우 교육과정은 사전에 의도한 학습효과(learning outcomes)를 창출할 수 있는 일련의 체계로 이해된다. 계획된 프로그램의 교육과정의 예로는 교수－학습 계획(teaching－learning plan)을 들 수 있다.

(3) 의도된 학습결과(ILO's: Intended Learning Outcomes)

교육과정은 의도된 학습결과로 정의된다. 이때의 의도된 학습결과는 교사가 설정한 교육프로그램에서 얻고자 하는 교육 학습의 성과이다. 의도된 학습결과로서의 교육과정은 교육과정을 투입과 산출의 체제로 가정함으로써 체제 분석적 설계방식을 지향한다. 의도된 학습결과는 명시적으로 사전에 계획된 결과에 도달했는지 여부를 판단할 수 있도록 행동목표(behavioral objectives)를 통해 진술된다.

(4) 경험(experience)

교육과정은 학습자가 환경과의 상호작용을 통해서 획득되는 경험으로 정의된다. 교육과정을 경험으로 정의하는 이유는 학생들은 단지 학교에서 교과 이상의 것을 배운다고 보기 때문이다. 이러한 교육과정에 대한 관점은 교육이나 학습의 결과보다는 과정을 중시하며, 교과나 지식이 아닌 학습자의 행위를 통해서 배운다(learning by doing!)라고 하는 원칙을 제시하는 결과를 낳았다.

(5) 문화적 재생산(cultural reproduction)

교육과정은 학교지식을 통해서 자본주의 체제를 유지·합법화하기 위한 수단이다. 이러한 경우 교육과정적 지식은 일종의 문화자본(cultural capital)으로서의 기능을 한다. 문화적 재생산론자들은 문화적 재생산 속에 숨겨져 있는 자본주의적 체제를 옹호하는 이념을 비판하고, 사회적 모순과 계급적 불평등에 대한 의식화를 통해서 사회질서와 체제의 모순에 대한 비판과 저항의 중요성을 강조한다.

(6) 쿠레레(currere)

교육과정을 학습자 개인의 실존적 경험(existential experience)의 맥락에서 정의한다. 쿠레레는 달리는 길의 의미로서 개인의 경험과 관련이 있고, 달리고 있음(runnning)과 같은 현재진행형 상태를 반영한다. 이러한 사실은 쿠레레가 개인의 현재적 경험을 반영하고 있음을 의미한다. 이를 구체적으로 기술하면, 쿠레레는 현재의 관점에서 과거를 성찰하고 미래를 기획하는 실존경험의 특징을 내재한다. 현재의 경험에서 의미를 찾고, 과거를 성찰하며 미래의 가능한 방향을 창출해내는 것을 목적으로 한다.

2. 교육과정의 구조 영역

교육과정은 쿠레레(currere)의 의미인 달리는 길(race course)에 비유된다는 사실을 제시한 바 있다. 이 경우 달리는 길은 교육과정의 은유라고 할 수 있다. 은유로서 달리는 길은 여러 가지 구성요소를 갖추고 있는데, 이러한 요소들이 바로 교육과정의 구조적 영역을 형성한다고 할 수 있다. 먼저 달리는 길에는 출발지점(starting point)과 도달지점(terminal point)이 있다. 출발지점은 교육과정(학습)의 시작점이며 도달지점은 최종적으로 도달하고자 하는 목표지점에 해당한다고 할 수 있다.

이러한 점에서 쿠레레로서의 달리는 길은 일종의 체계를 갖추고 있는 길

(road)이며, 쿠레레의 의미도 게임의 룰(rule)을 전제로 하는 경주를 의미한다. 교육과정은 이러한 점에서 단순한 달리기가 아니라, 일종의 정해진 방식이 있는 경기로서의 달리기라고 할 수 있다. 교육과정 은유인 쿠레레에서 달리는 사람은 학습자(learner), 학습을 지도하는 사람은 교사(teacher), 달리기를 통해 획득하는 경험이나 지식은 교육의 과정의 내용을 상징한다고 볼 수 있다.

1) 목표 영역

일반적으로 교육목표 혹은 목적의 영역은 교육과정에서 최종적으로 도달하는 지점을 의미한다. 교육목표의 분류방식에는 외재적 목표와 내재적 목표가 있다. 외재적 목표(extrinsic goals)는 수단적 목표라고도 하는데, 이 경우는 교육의 목표를 사회경제적 지위나 직업을 획득하는 경우에 해당한다. 외재적 목표는 교육내용이나 지식의 본질적 측면보다는 사회적 지위의 획득을 위한 수단으로 사용한다는 점에서 비판을 받을 가능성이 있다. 반면에 내재적 목표(intrinsic goals)는 교육내용이나 지식 자체의 의미와 가치를 체득하는 데 초점을 둔다. 다시 말해서 내재적 목표는 교육을 통한 지적안목을 확장하는 데 초점을 둔다. 교육목표의 적용차원에서 분류하는 방식으로는 행동주의적 목표, 표현적 목표, 생성적 목표의 세 가지가 있다.

(1) 행동주의적 목표(behavioral objectives)

교육목표를 관찰 가능한 행동으로 표현하는 목표 기술방식이다. 이 방식은 교육 성과나 효과를 객관적으로 확인하는 것을 강조한다.

• 메이거(R.M. Mager)의 행동적 목표 진술방식

<u>수학의 사칙연산 문제 10개를 제시할 경우</u> 학생은 <u>5분 이내</u> <u>8개 이상의 정답을</u>
          상황에 대한 진술   조건   도달점
맞힐 수 있다.

이와 같이 행동적 목표 진술에서는 상황에 대한 진술과 조건, 도달점과 같은 구체적인 조건이 기술되어야 한다.

• **타일러(R.W. Tyler)의 행동적 목표 진술방식**

<u>식물의 광합성의 작용의 원리를 삼림 생태계의 순환원리에 적용할 수 있다.</u>
　　　　　내용　　　　　　　　　　　　　　　　　행동

행동적 목표에는 내용과 행동의 두 가지 요소들이 목표 진술에 포함되어야 한다. 이러한 점에서 타일러의 행동목표 진술방식을 내용과 행동의 두 가지 구성요소(내용＋행동)로 이루어지는 이원적 목표 진술체계라고 한다.

(2) 표현적 목표(expressive objectives)

학교 교육과정을 운영하는 경우 교육목표를 사전에 계획하여 설정하는 것이 부적절한 교과이나 교과내용이 있다. 예를 들면, 음악이나 미술교과와 같이 감상이나 표현을 강조하는 과목, 예체능이나 실습과 같이 행위 중심 교과의 목표들은 목표를 사전에 객관화하여 제시하는 것이 불가능하거나 바람직하지 않을 수 있다. 표현적 목표는 학생 개개인의 체험에 따른 자율적 표현을 보장하기 위해서 설정된다. 표현적 목표는 교육과정이 종료된 후 학습자 자신이 갖게 된 의미 있는 개별적 경험을 자유롭게 진술함으로써 학습자 개개인이 교육의 과정을 통해 도달한 체험(개인적 경험)의 특질을 교육목표에 반영하려는 의도를 지닌다.

(3) 생성적 목표(evolving objectives)

생성적 목표는 교육의 목표가 고정되어 있지 않고 과정을 통해서 끊임없이 진화해나가는 특징을 보인다. 생성적 목표가 사전에 교육목표로 설정된다고 하더라도, 이 목표가 교육과정을 통해서 재구성의 과정을 거침으로 새로운 목표로 제시될 수 있다. 생성적 목표는 이러한 점에서 과정 지향적 목표라고 할 수 있다. 생성적 목표의 대표적인 경우는 존 듀이(J. Dewey)의 예견적 목적(ends-in-view)을 통해서 구체화될 수 있다. 그는 교육 목적의 기준을 다음과 같이 세 가지 차원에서 제시한 바 있다. 첫째, 목적은 현재 조건의 자연적 사물에서 나와야 한다. 목적은 이미 진행 중인 어떤 것에서 나와야 하며, 현재의 사태와 자원과 관점에서 근거해야 한다. 둘째, 목적은 항상 융통성이 부여되어야 하며, 행위의 과정과 분리되어서는 안된다. 셋째, 목적은 우리의 활동을 이끄는 것으로 의미를 지닌다. 목적은 과녁 그 자체가 아니라 과녁을 겨냥하는 것과 같다.

2) 내용 영역

교육과정의 내용 분류는 지식(knowledge)과 경험(experience)으로 구분된다. 지식은 교과지식을 의미하며, 교육과정을 교과지식으로 보는 과점은 오래된 역사를 지니고 있다. 서양 중세의 7자유과(seven liberal arts)와 동양의 사서오경(四書五經)과 같은 학문들이 교과의 원류라고 할 수 있다. 서양 중세의 7자유과는 자유민을 위한 교육내용으로 문법, 수사, 변증의 삼학(trivium)과 산술, 기하, 천문, 음악, 사과(quadrivium)로 구성된다. 서양 중세의 7자유과는 오늘날에 행해지는 교양교육의 기원이라고 할 수 있다.

현대 교육과정에서는 단순한 지식보다 경험이 강조되는 경향이 있다. 이러한 경향성은 행위를 통해서 배운다(learning by doing!)라는 말로써 알 수 있는 바와 같이 신체적 경험이 학습의 바탕이 된다는 사실에 근거하는 것이다. 이와 같이 경험을 강조하는 교육과정은 듀이의 교육적 경험론이 가장 대표적이라고 할 수 있다. 듀이는 환경과 상호작용하는 존재로서 학습자를 상정하고 있으며, 교육은 경험의 재구성(reconstruction of experience)을 통해서 이루어질 수 있다고 주장했다. 경험을 강조하는 교육과정적 관점에서 교육적 활동은 학교에서 배우는 지식의 습득차원보다는 생활을 기반으로 하여 획득되는 경험을 강조하는 경향이 있으며, 이러한 점에서 교사를 중심으로 하는 지식교육보다는 학습자 중심의 경험 교육을 지향한다.

3) 교수방법론

교육과정에서 교수(teaching)는 중요한 연관성을 지니는 개념이다. 교수는 교육과정을 실천현장에서 주도하고 이를 구현하는 역할을 수행하기 때문이다. 교수에는 두 가지 관점이 있는데 첫 번째는 교수에 대한 기술공학적 관점이 있다. 이 관점은 수업을 체제화하여 구안할 수 있고, 이러한 체제를 통해서 정선된 교육과정을 계획적으로 학습자에게 전달할 수 있다고 본다. 이러한 관점에서는 다양한 교수모형(models of teaching)이 존재하며, 교과내용에 따라 이러한 교수모형을 적절하게 사용함으로써 교수의 효율성(effectiveness of teaching)을 높일 수 있다고 본다.

교수에 대한 예술적 관점은 교수행위를 예술적 행위에 비유하며, 고도의 우아함과 미적기능이 내재되어 있다고 본다. 교수행위는 예술가의 직관과 감성이 내재되어야 하기 때문에 교사는 교수행위를 미적 차원에서 인지하고 평가할 수 있는 감식안적 능력을 지녀야 한다. 이 관점에서는 교수행위에는 특유의 톤(tone of teaching)이 존재하고, 이러한 점에서 교수행위를 이론에 의하여 진행되는 일련의 절차라고 하기보다는 실천적으로 이루어지는 행위의 예술(art of action)로서 이해하고자 한다. 즉 예술적 관점에서 교수에 대한 이론적 접근보다는 교사의 실천적 기술로서의 교육행위(pedagogy)를 강조하고, 현장에서 적용되는 기예(tact)에 초점을 맞추고자 한다. 이때의 기예는 교사가 현장에서 현장상황에 적합하게 적용하여 교육적 의미를 나타내는 교육적 실천기술을 의미한다.

4) 교사와 학생론

교사와 학생론에서는 교사와 학생 상호관계의 문제를 다룬다. 일반적으로 교육과정의 의미를 교육내용을 중심으로 이루어지는 교사와 학생 간의 작용으로 정의한다. 그러나 이러한 교사와 학생의 작용에는 여러 차원이 있다. 먼저 전달(transmission)의 차원이 있다. 전달은 교사가 학생에게 지식이나 경험을 전한다는 의미를 지닌다. 전달은 교사 주도적인 혹은 교사 중심적인 교육과정 운영체계에서 발견된다. 이러한 전달의 체계에서는 교사가 전달하는 지식이나 경험이 객관적이며, 보편 타당하다는 전제를 지니고 있다. 두 번째로 상호작용(interaction)의 차원이 있다. 상호작용은 교사와 학생의 밀접한 관계작용에 초점을 맞춘다. 지식이나 경험의 창출은 교사와 학생 상호작용을 통해서 구성될 수 있다는 관점을 지닌다. 교사와 학생의 상호작용이 이루어지는 대표적 사례로 교사와 학생의 협동수업 혹은 탐구수업, 토론수업 등을 예로 들 수 있다. 세 번째로 교호작용(transaction)의 차원이 있다. 교호작용은 교사와 학생의 상관작용을 통해서 다양한 방식으로 상호 간 질적 변용을 추구하는 데 목적이 있다. 교사와 학생의 상관작용을 통해 새로운 관점에서 교육내용의 질적 변화가 일어나는 것이 교호작용에서 발생하는 변형(transformation)이며, 이러한 변형을 통해 교사와 학습자는 질적인 도약을 수반하는 변화를 경험할 수 있다.

5) 환경론

환경론은 학교공간이나 교실공간과 같은 교육공간의 문제와 연관된다. 교육공간이 교육과정 운영에 미치는 영향은 실제로 매우 크다. 전통적 교실공간에서 볼 수 있는 바와 같은 개별적으로 분할된 공간은 학교교육과정의 구획과 분리를 상징한다. 학교공간과 단절된 외부세계는 학교만이 유일하게 학습이 일어날 수 있는 유일한 장소라는 환경적 효과를 내재한다. 일반적으로 분할적 공간은 통제와 감시의 상징이라고 할 수 있으며, 학교나 교실이 교사중심의 교육공간임을 상징한다. 이러한 학교나 교실 공간은 주입식 교육을 타당화할 수 있는 여건을 조성하기도 하여, 교사와 학생, 학생과 학생 간의 접속과 소통을 절단·방해하는 역할을 하기도 한다. 이러한 의미의 학교나 교실 공간은 권력적 공간을 상징하고 학습자로서의 아동은 미성숙한 존재이기 때문에, 체벌과 훈육으로 다스릴 수 있는 존재로 여겨지기도 한다.

이러한 점에서 최근에 교육과정의 핵심적 환경으로서 학교와 교실공간을 학습자인 아동의 눈높이에 맞게 설계하고자 하는 활동이 전개되고 있다. 이러한 학교공간의 설계에 대한 제안은 물리적 환경을 새롭게 조성하는 것뿐만 아니라, 앞에서 언급한 학습자의 심리적 환경 측면을 고려한 결과라고 할 수 있다. 학교나 교실 건물 공간의 채광, 크기, 내부 인테리어 구성 등에서 심리적 안정성을 위한 설계, 건물 외 공간의 생태 자연화, 학습자의 교육적 편리성·심리적 안정성을 고려한 이동선 고려 등등이 포함된다. 그리고 교육과정 운영을 탄력적으로 수행할 수 있는 다양한 방식의 교실공간이나 구조의 완비, 학습자 개인적(사적) 공간이나 팀별이나 동아리 활동 공간의 제공을 전제로 한 설계가 최근 학교환경을 중시하는 교육학자자들에 의해서 주장되고 있다.

6) 운영론

교육과정 운영론은 교육과정 운영효과를 극대화하기 위한 체제설계와 관련된다. 최근 단위 학교 수준에서 운영하는 교육과정(학교수준 교육과정)에 대한 자율성과 권한이 강조되고 있고, 이러한 과정을 통해서 과거에 비해 상당한 정도 현장 교육과정 운영이 개선되고 있다. 대부분의 현장학교들은 학교교육과정 문서를 자체적으로 제작하여 교육과정 운영을 하고 있으며, 이러한 교육과정 운영 체계는 현장학교의 교육적 창의성과 자율성을 확대하는 데 도움을 주고 있다. 이러한 단위학교 교육과정 운영의 자율성 증대는 현장 교사들이 단순히 가르치는 사람(teacher)으로서만이 아니라, 교육과정 창안자(curriculum maker)로서의 역할을 수행하게끔 하는 계기를 제공하게 되었다.

현장 교육과정 운영론의 핵심은 교육과정 운영체제(system)와 직접적으로 연관이 있다. 학교에 따라 부분적으로 교과 및 학습운영 체계 및 조직, 이수 시기, 단위배정이 가능하게 되어, 학교의 특성에 따른 교육과정이 운영 가능하게 되었다. 그리고 교과교실제와 수준별 학급운영과 같이 새로운 탄력적 학습조직을 구성할 수 있는 여건을 조성하고 있다는 점에서 전반적으로 현장 학교상황에 따라 탄력적으로 교육과정 운영 조건을 조성할 수 있는 계기를 만들게 되었다.

3. 교육과정의 전개

교육과정의 전개수준은 교육과정이 제도적인 측면에서 적용되는 차원을 의미한다. 교육과정의 전개수준은 일반적으로 국가수준의 교육과정, 시도교육청과 같은 지역수준의 교육과정, 학교 수준의 교육과정의 세 가지 차원으로 제시될 수 있다.

1) 국가수준 교육과정

국가수준 교육과정은 국가차원에서 개발된 교육과정을 의미한다. 국가수준의 교육과정은 특정한 국가의 공교육을 전제로 하고, 이러한 점에서 특정 국가가 지향하는 교육목표와 공통적으로 적용되는 공통교육과정(common curriculum)을 근간으로 하여 구성되는 것이 일반적이다. 우리나라의 경우 국가수준 교육과정은 교육부 장관이 교육법에 의거 교육과정으로 고시하고 있다. 따라서 국가수준의 교육과정은 관련 문건이나 자료로 제안되는데 최근에는 한국교육과정 평가원(KICE)의 국가 교육과정 정보센터(NCIC) 홈페이지 (ncic.go.kr)를 이용하면 관련 문건이나 자료를 찾아볼 수 있다.[1]

국가수준 교육과정의 대표적인 예는 2015 개정 교육과정을 들 수 있다. 이 교육과정은 가장 최근에 국가수준에서 제안된 교육과정이라고 할 수 있기 때문이다. 국가수준의 교육과정은 총론과 각론(개별교과)으로 구분된다. 2015 개정 교육과정 총론의 핵심은 창의·융합형 인간이다. 이러한 창의·융합형 인간상의 구체적인 특성으로 2015 국가교육과정 위원회는 자주적인 사람, 창의적인 사람, 교양 있는 사람, 더불어 사는 사람을 제시하였고, 이에 대응하는 핵심역량을 다음과 같은 6가지로 제시하였다.

---

[1] http:www ncic.go.kr(검색 2021. 03. 11.).

(1) 자기관리 역량은 자아정체성과 자신감을 가지고, 자신의 삶과 진로에 필요한 기초적 지식과 능력 및 자질을 기르고 자기 주도적으로 살아갈 수 있는 능력이다.

(2) 지식정보처리 역량은 문제를 합리적으로 해결하기 위하여 다양한 영역의 지식과 정보를 처리하고 융합할 수 있는 능력이다.

(3) 창의적 융합 사고역량은 폭넓은 기초지식을 바탕으로 다양한 전문 분야의 지식·기술·경험을 융합적으로 활용하여 새로운 것을 창출하는 능력이다.

(4) 심미적 감성역량은 문화적 소양과 감성을 바탕으로 세상을 바라보는 안목과 인간을 이해하는 태도를 갖추고, 삶의 질과 행복을 창출하고 향유하는 능력이다.

┃ 그림 4.1 ┃ 2015 교육과정에 제시된 핵심역량2

---

2 교육과정 개정위원회(2015), 2015 개정교육과정의 지향점과 편성 운영지침은 무엇인가?, 2015 국가 교육과정 전문가 포럼(1차)자료집.

(5) 의사소통 역량은 다양한 삶의 상황에서 자신의 생각과 감정을 효과적으로 표현하고 타인과 소통하며 갈등을 조정하는 능력이다.

(6) 공동체적 역량은 지역·국가·세계 공동체의 구성원에게 요구되는 가치와 태도를 실천하고 공동체의 문제해결에 적극적으로 참여하는 능력이다.

2) 지역수준 교육과정

지역수준 교육과정은 광역 교육청과 시군단위 교육청 수준의 교육과정으로 구분된다. 서울교육청의 예를 들면, 서울시 관내 학교들이 교육과정을 통해서 추구해야 하는 인간상과 학교별 교육 목표가 제시된 교육과정이 존재한다. 서울교육청 관내에는 지역 교육지원청(중부 교육지원청과 같은 지역단위 교육청 등)이 있고, 지방의 경우 서울의 교육지원청과 같은 시군단위 교육 지원청이 조직되어 있다. 교육지원청은 부분적이기는 하지만 자체적인 지역수준 교육과정을 운영하고 있다.

3) 학교수준 교육과정

학교교육과정은 단위학교에서 운영되는 교육과정을 말하며, 학교 교육과정은 학교별로 교육과정운영사항─학교교육과정의 편성과 운영계획, 교과별 교수학습 지도계획 및 평가계획, 재량활동·특별활동 교육과정 편성 운영, 학교교육과정의 평가 항목을 문서로 제시하고 있다.

4. 교육과정의 인식수준

1) 표면적 교육과정과 잠재적 교육과정

교육과정의 목적은 궁극적으로 학교교육현장에서 실천적 구현을 목적으로 한다는 점이다. 교육적 실천현장에서 교육 참여자(특히 학생)들이 인식하는 수준에 따라 학교교육과정은 표면적 교육과정(manifest curriculum), 잠재적 교육과정(hidden curriculum)으로 구분되기도 한다. 표면적 교육과정은 학교에서 궁극적으로 추구하는 명시적인 교육과정을 의미하는 것으로서 계획된 교육과정(planned curriculum), 의도된 교육과정(intended curriculum) 등으로 표현하기도 한다. 표면적 교육과정의 예로는 학교에서 공식적으로 표명하고 있는 목표, 실현하고자 하는 교육적 계획 혹은 교과서와 교재의 내용들에서 발견된다.

잠재적 교육과정은 학교나 학교의 성원들이 추구하는 가치관이나 학교 내 잠재되어 있는 문화(culture)나 규범(norms)과 같이 눈에 보이지 않아 관찰은 어렵지만, 학교의 현장에서 운영되고 있는 교육과정에 실질적인 영향을 미친다. 이러한 점에서 학교는 표면적 교육과정과 잠재적 교육과정의 역동성(dynamics)이 존재하는 교육과정의 실천적 장이라고 할 수 있으며, 교사는 표면적 교육과정 이면에 존재하는 잠재적 교육과정을 고려한 교육적 행위를 수행하는 교육 실천가로서의 역할이 필요하다.

학교의 잠재적 교육과정은 특히 수업과 같은 교육과정의 실천적 상황에서 다양한 방식으로 고려되어야 할 필요가 있다. 그리고 교육의 실천 상황에서는 잠재적 교육과정을 고려한 교사의 실천 기술로서의 교육적 페다고지(pedagogy)가 발휘될 필요성이 있다. 교사는 학생을 지도하는 과정에서 모든 학생을 동등하고 공정하게 대해야 하고, 공정성에 대한 준거를 명백히 제시하는 것이 필요하다. 다양한 준거를 이용하여 상과 벌을 활용하여 학생들이 학력(learning power) 이외에도 다양한 능력을 평가받을 수 있는 기회를 제공해야 하며, 학업능력, 외모, 지능이나 부모의 사회경제적 지위 등에 의해서 차별받지 않도록 해야 한다. 학생들이 평가과정에서 공정한 경쟁을 할 수 있도록 하는 일도 중요하지만, 학생들이 상호 협력하여 의미 있는 결과를 양산해낼 수 있도록 학급분위기를 조성해나가는 일이 필요하다. 잠재적 교육과정의 차원에서 보면, 교사들은 지식을 전달하는 교사의 역할과 동시에 학급 생활을 지도하며, 조직과 학급구성원의 성장을 도모하고 촉진하는 학급경영자로서의 역할이 필요하다고 할 수 있다.

2) 사회비판적 관점에서의 잠재적 교육과정

사회비판적 입장을 띠는 신마르크스 계열 교육학자들인 애플(M. Apple), 번스타인(B. Bernstein), 지루(H. Giroux), 프레이리(P. Freire) 등은 학교에서 실천되는 교육과정이 공식적으로 지향하고 있는 것과는 달리 과정과 결과면에서 불평등(inequality)을 조장하는 기제로 작용하고 있음에 주목하게 되었다. 사회비판적 입장을 띠고 있는 교육학자들의 교육과정에 대한 비판적 논지의 핵심은 학교교육 자체가 자본주의 사회를 합법화하는 역할을 함으로써 사회적 모순(social contradiction)을 정당화하고 있다는 점이다. 마르크스주의에서 자본의 역할과 같이 학교교육과정의 핵심인 지식은 일종의 문화적 자본으로서 기능하며, 사회주의 지배체제를 공고히 하는 역할을 함으로써, 자본주의 체제를 문화적으로 재생산(cultural reproduction)하는 데 기여하고 있다는 것이 이들 학자들의 공통된 주장이다.

이러한 자본주의 체제의 재생산은 학교교육과정이 사회적 이동성(social mobiltiy)을 강화하는 통로로서의 역할을 하지 못하고 있음을 의미한다. 사회적 이동성이 약화된 사회는 계층이 고착화되며, 사회적 통합이 불가능한 특성을 지니게 된다. 이러한 사회는 부와 권력이 특정한 지배계층에만 제공되며, 사회적 계층 간 단절과 고립이 발생하는 불평등한 사회이다. 사회적 부와 권력을 가진 집단은 경우에 따라서 사회지배 계층으로 군림하게 된다. 국가는 이러한 경우 지배계급을 정당화하는 기제로서 작용하며, 학교 교육과정은 이러한 과정에서 체제를 합법화하는 이념과 문화적 정당화의 수단과 도구로 전락하게 된다.

3) 영 교육과정

학교교육과정은 특정한 가치판단에 의해서 선택적으로 반영된다. 예를 들자면 국·영·수와 같은 교과목은 오랫동안 교과로서의 가치를 인정받은 교과내용이다. 이러한 교과목은 교과내용면에서는 차이를 내포하지만, 지식을 강조하는 주지교과라는 공통점을 지닌다. 이 학교 교과목에서 주지교과와는 달리 미술, 음악, 체육과 같은 예체능 교과목은 주지교과보다는 교과로서의 중요성과 가치를 인정받지 못하고 있는 편이다. 예체능 교과목은 인간의 정서나 감정을 다루는 교과목으로 정의 교과목의 범주에 속하는 과목들이다. 따라서 교과의 가치적 측면에 있어서 주지교과는 정의 교과목보다도 상대적으로 중요한 교과로서 인정되어 가르쳐져 온 반면 음악, 미술, 체육과 같은 교과목은 학교 교육과정에서 상대적으로 소외되고 극단적인 경우에는 배제되는 경우가 있다.

영 교육과정(null curriculum)은 학교교육과정에서 소외되거나 배제되어 온 교과목이다. 이러한 교과목으로는 앞에서 언급한 예체능 교과 이외에도 종교교육, 이념교육, 성교육, 다문화교육 등이 해당된다. 영 교육과정은 단지 교육내용뿐만이 아니라 교수방법적 측면에서도 논의되어야 할 필요가 있다. 이러한 점에서 첫 번째로 지적할 수 있는 것은, 만일 교과내용의 성격에 맞지 않은 교수방법을 교육실천 현장에 적용하는 경우 해당 교과목이 제대로 가르쳐지지 않은 결과가 발생하게 된다는 점이다. 이는 특정한 교과에 맞는 적합한 교수방법 적용의 중요성을 의미한다. 예·체능 교과와 같은 정의 교과에서 적용해야 할 교수방법과 국·영·수와 같은 주지 교과에서 주로 적용해야 할 교수방법은 명백한 차이가 있음을 교사는 감안할 필요가 있다.

영 교육과정에 대한 적용문제에서 두 번째로 언급할 수 있는 것은 특정 교과 혹은 교과내용이라고 하더라도 세부 교과내용에 따라서 다양한 교수방법의 적용이 필요하다는 점이다. 예를 들자면 국·영·수와 같은 주지교과의 특성을 지니는 교과목이라고 하더라도, 부분적으로는 음·미·체와 같은 주정교과를 지도하는 방식을 적용해야 하는 경우가 있다. 예를 들자면, 국어에서 시나 문학작품을 지도하는 방식은 부분적으로 예술교과의 내용을 가르치는 방식과 동일한 접근이 필요하다. 그러나 이러한 사실보다 더 중요한 것은 모든 교과와 교과내용에 그에 적합한 특정한 교수방식이 정해져 있는 것이 아니라는 점이다. 영 교육과정의 실천적 측면에서 볼 때 특정 교과에 적용하기 위한 교수방법이 이성과 감성에 기초하는 통합적 방식으로 모색될 필요가 있다.3

따라서 모든 교과 교수방법의 실천에서 논리적·이성적 접근과 함께 학습자의 정서나 감정에 호소하는 예술적 접근이 동시에 필요하다. 학교교육과정의 실천적 차원에서는 주지교과와 비주지교과를 이분법적으로 구분하는 것이 불가능하고, 교수방법의 통합적 적용 차원에서는 이러한 구분이 바람직하지 않을 수도 있다. 앞에서도 언급한 바와 같이 국·영·수와 같은 주지교과라고 하더라도 해당 교과내용을 논리와 이성적인 방법으로만 가르치는 것은 아니다. 경우에 따라 신체 활동적 차원 혹은 예술적 차원을 통해서 보다 심화된 통합적 차원에서 가르치는 것이 바람직한 경우가 있음이 사실이기 때문이다.

5. 교육과정의 개발

1) 체제 중심적 개발

이 개발모형은 타일러(R.W. Tyler)의 교육과정 모형에 기초하고 있다. 이 모형은 교육목표, 학습경험의 선정, 학습경험의 조직, 학습결과의 평가의 영역으로 이루어진다. 이에 대한 구체적인 내용은 아래와 같다.

(1) 교육목표의 선정: 학교는 어떠한 교육목표를 달성하기 위해서 노력해야 하는가?

---

3 고진호(2017), 교육과정학의 이론과 실천, 문음사, 126.

(2) 학습경험의 선정: 교육목적을 달성하기 위해 어떠한 교육적 경험이 제공되어야 하는가?

(3) 학습경험의 조직: 교육경험은 어떻게 효과적으로 조직될 수 있는가?

(4) 학습결과의 평가: 교육목표가 달성되었는지의 여부를 어떻게 평가할 수 있는가?

이 개발모형의 창안자인 타일러는 효과적인 모형개발을 위해서 교육목표의 선정과 학습경험의 선정과 조직, 평가의 원리에 있어서 다음과 같은 원리들을 제시하였다.

(1) 교육목표의 선정

교육목표의 선정은 학습자에 대한 연구, 현대사회에 대한 연구, 교과전문가의 제안에 기초해서 실시된다. 학습자에 대한 연구는 학습자의 요구와 흥미를 반영하는 일이며, 현대사회에 대한 연구는 현대사회의 시민으로서 역학에 필요한 내용과, 교과전문가의 제안은 교과의 특성을 목표에 반영하는 일과 연관이 있음을 밝히고 있다.

(2) 학습경험 선정과 조직의 원리

① 학습경험의 원리

- **만족의 원리**: 학습경험은 학습자가 만족할 수 있는 것이어야 한다.
- **가능성의 원리**: 학습경험은 학습자들이 수행해낼 수 있는 것이어야 한다.
- **동 목표 다 경험의 원리**: 목표에 도달할 수 있는 학습경험은 다양하게 구성되어야 한다.
- **동 경험 다목표의 원리**: 동일한 학습경험이라고 하더라도 다양한 학습결과를 창출할 수 있도록 해야 한다.

② 조직의 원리

- **계속성의 원리**: 교육과정의 주요한 요소가 반복적으로 제시되어야 한다. 예를 들어 특정교과에서 주요한 핵심개념은 학년을 통해 반복적으로 제시될 수 있어야 한다.
- **계열성의 원리**: 교육과정의 주요한 요소가 심화·반복되어야 한다. 특정개념이나 원리들이 학년이 올라감에 따라 심화된 학습내용으로 제시되어야 한다. 예를 들자면, 과학교과의 핵심적 개념인 에너지를 다룰 경우 저학년에서는 자연광을 통한 태양열 실험 등을 통해서 에너지의 개념을 제시할 수 있지만, 고학년의 경우는 해당 학년의 인지수준에 맞추어 고차원적 에너지 실험을 통해 이 개념을 제시해야 한다.
- **통합성의 원리**: 학습된 교육내용이 일상생활에서 사용되는 생활경험 등과 내용적으로 통합되어야 한다. 통합은 이러한 점에서 교과와 생활 간의 통합을 의미한다.

(3) 평가의 원리

평가는 교육과정에 참여하고 있는 학생이 목표에 도달했는지를 판별하는 활동이다. 평가는 교육과정이 진행되기 전 이루어지는 진단평가(diagnosis evaluation), 중간과정에서 이루어지는 형성평가(formative evaluation)와 최종 단계에서 이루어지는 총괄평가(summative evaluation)가 있다. 평가를 시행하는 방식에는 시험이나 관찰에 의한 평가 이외에도 학생작품에 대한 평가, 구두시험에 의한 평가가 있으며, 이러한 방법들의 혼용을 통해서 학생들이 교육 목표에 도달했는지를 위한 증거를 수집하기 위한 방법을 도입 적용할 수 있다.

2) 백워드 개발(Backwards Design) 모형

이 개발 모형은 위긴스(G. Wiggins)와 맥타이(J. McTighe)가 제안한 교육과정 개발 모형이다. 이들은 교사에게 단순한 수업전문가로서가 아니라 교육과정 설계자와 전문 평가자의 역할을 강조하고 있고, 이러한 특성을 교육과정 개발모형에 반영하고자 하였다. 특히 이들은 교육과정이 지향해야 할 점이 평가에 있다고 보고, 최종적인 수업성과로서 평가를 목적으로 하는 교육과정 설계모형을 제안한 바 있다. 이러한 모형을 위해서 이해의 의미를 재정의 하고 이에 기초하여 백워드 설계 과정을 제시하고 있다.

(1) 기본전제

백워드 설계의 기본전제는 '1단계: 바라는 결과 확인하기, 2단계: 수용가능한 증거 결정하기, 3단계: 학습경험과 수업 계획하기'가 있다. 먼저 '바라는 결과 확인하기'의 1단계는 교육과정을 통해서 학생들이 무엇을 알아야 하고 이해해야 하는지를 보기 위한 것이다. 이 단계에서는 목표를 고려하고, 설정된 내용기준을 결정하며, 교육과정의 기대를 검토하게 된다. 다음 2단계는 '수용 가능한 증거결정하기'로, 만약 학생들이 성취를 이루었다면 교사들은 그 사실을 어떻게 알 수 있는지를 묻는 단계이다. 학생들의 성취수준을 증거화하는 단계로 볼 수 있다. 3단계인 '학습경험과 수업 계획하기'에서는 입증된 결과와 적절한 이해에 대한 증거에 기초하여 학습내용과 수업절차를 만들어내는 단계라고 할 수 있다.[4]

(2) 이해의 중요성

백워드 개발에서는 이해(understanding)를 중요하게 취급한다. 교육과정 개발과정에서 필요한 이해를 백워드 개발에서는 영속적 이해(enduring under-standing)라는 용어를 사용하고 있다. 백워드 개발에서는 이해의 차원을 설명(텍스트나 아이이어를 설명하는 능력), 해석(의미 있는 증명과 설득과 관련된 능력), 적용(지식을 새로운 상황이나 다양한 맥락에서 효과적으로 사용하는 능력), 관점(비판적이고 통찰력 있는 견해를 갖추는 것), 공감(타인의 감정과 세계관을 수용할 수 있는 능력), 자기지식(학생들이 자신의 무지를 아는 단계 혹은 자신의 사고와 행위를 성찰하는 능력

---

4 강현석 외 역(2008), 거꾸로 생각하는 교육과정 개발-교과에 대한 진정한 이해를 목적으로, 학지사. 37-39.

의 발현)으로 위계화하고 이를 토대로 평가방법을 제시하고 있다.5 평가 모형에서는 이해를 막연하게 규정하기보다는 위에서 제시된 바와 같이 단계적·구체적으로 제시함으로 학습자들이 교육과정의 내용을 올바로 학습했는지 평가하는 것을 일차적 목적으로 한다.

(3) 절차화6

① 제1단계: 단원목적과 질문개발

단원목적을 설정하고자 할 때 설계자는 위에 제시된 6가지 이해 중 몇 가지를 선택해, 학습목적과 내용에 적용시켜 학습자들의 이해를 증진시킬 수 있도록 이끌어야 한다.

② 제2단계: 평가계획

앞에서 선정된 목표에 근거하여 필요한 평가방법과 기준에 대하여 진술하는 가정을 의미한다. 〈표 4.1〉은 6가지 이해의 종류와 평가방법과 이해의 내용이다.

┃ 표 4.1 ┃ 이해의 종류와 평가방법

이해의 종류	평가방법	비고
설명	• 대화 혹은 반복적인 상호작용 • 중핵적 수행과제 • 오개념의 활용 • 이해의 정교성을 수직선상에서 평가 • 중요한 이론과 관련된 본질적 질문에 초점 • 큰 그림을 잘 유추하는 통제력 • 학생들의 질문	사실에 대한 지식과 근거를 묻는 것과 연관된다.

---

5 강현석 외 역(2008), 거꾸로 생각하는 교육과정 개발-교사 연구를 위한 워크북, 학지사, 31.

6 김영천(2009), 교육과정 I, 아카데미 프레스, 513.

이해의 종류	평가방법	비고
해석	• 좋은 글을 여러 각도에서 해석하는 능력 • 글의 저변에 깔린 이야기의 이해	의미 있는 증명과 설득과 관련된 능력을 의미한다.
적용	• 실제적 목적, 상황에의 적용 그리고 청중을 고려한 적용 • 루브릭 사용 • 피드백에 대한 자기 수정능력 • 이해 후 수행여부 확인	상황이나 맥락에 직시를 효과적으로 사용하는 능력을 의미한다.
관점	• 가치롭고 중요한 것에 대한 질문 • 대답의 충실도와 완곡한 표현의 정도를 평가에 반영 • 비판적 관점 • 저자의 의도에 대한 이해	비판적이고 통찰력 있는 견해를 갖추고 있음을 의미한다.
공감	• 타인의 심정을 이해할 수 있는 능력 • 다양한 세계관과 감정을 이해하는 능력 • 변증법적 대화를 통해서, 특정한 세상의 아이러니나 연민을 직접 가르쳐 봄	타인의 감정과 세계관을 수용할 수 있는 능력을 의미한다.
자기지식	• 과거와 현재의 작품을 자신의 주체적 차원에서 평가하기 • 소크라테스가 말한 것처럼, "자신이 무엇을 모르는지를 아는 지혜가 있는가?"에 대한 평가	자신의 무지를 아는 단계 혹은 자신의 사고와 행위를 성찰하는 단계이다.

③ 제3단계: 학습경험과 수업 전개

백워드 설계의 학습과 수업을 연결하는 핵심적인 단계가 학습경험과 수업의 전개를 연계하는 부분이다. 이 부분은 아래와 같이 WHERE로 표기된다.

- Where(단원의 방향과 목적의 설정이유): 이 부분은 학습자들에게 단원이 나아가는 방향과 단원이 설정된 이유를 인식시키는 단계이다. 이 단계에서는 학습자를 위한 목표를 분명히 하는 것이 중요하다. 교사로서 교육과정의 개발자는 단원의 목적을 분명히 제시해야 한다.
- Hook(학습자의 주의와 흥미유지): 이 부분은 도입에 해당하는 부분으로서 학습자들이 단원의 내용에 대해 관심과 흥미를 갖도록 유도하기

위한 부분이다. 따라서 이 부분에서는 학생의 흥미가 유지될 수 있
도록 아이디어, 도전과제, 참여방식을 설정하는 일이 중요하다. 이
단계를 위해서 학습자들이 주의와 흥미를 유지할 수 있는 단원을 개
발하는 것이 필요하다.

- Explore(탐구와 경험): 학습자들이 수업에 필요한 경험을 획득하고 그
  에 필요한 도구사용 및 지식활용과 연관된 부분이다. 이 단계에서는
  학습자가 자신의 아이디어와 본질적인 질문을 탐구하고, 이러한 질
  문에 대한 탐구 시 활용할 수 있는 절차적 방식을 제시하는 것이 필
  요하다.

- Reflection(반성하기, 다시 생각하기, 개정하기): 학습자들이 주요 아이디
  어를 재고하고, 과정 속에서 반성하고, 그들의 활동을 교정하기 위한
  기회를 제공하기 위한 단계이다. 이 단계는 주제와 학습에 대한 깊
  이 있는 이해를 위해 반성과 피드백을 지속적으로 제공·유지해야
  한다. 이 단계에서 학생들은 학습과 관련된 자신들의 본질적 질문을
  제기할 수 있고, 그 질문에 따른 결과를 근거로 자신의 수행을 평가
  하고 판단할 수 있어야 한다.

- Exhibit(작품과 향상도 평가): 학습자들에게 자기평가의 기회를 만들어
  주는 단계이다. 이 단계에서 학습자들은 자신이 이해한 정도를 드러
  낼 수 있는 최종 수행의 증거와 과제를 전시하고 평가한다. 교사들
  은 이 단계에서 학생들의 이해도에 근거하여 학생의 성취정도를 평
  가 한다.

6. 교육과정의 설계

1) 교과형 교육과정(subject matter centered curriculum)

(1) 개요

교과형 교육과정은 교과 자체를 강조하는 교육과정을 의미한다. 이 교육과정은 인류의 지적유산을 효율적으로 학생들에게 전수하는 데 효과적인 교육과정 유형이라고 할 수 있다. 전통적 교육과정은 기본적으로 쓰고 읽고, 셈하기와 같은 기초교육(basic education)의 특징을 지니고 있다. 이와 같이 기초교육이 강조되는 이유는 전통적 문화유산을 이해하는 중요한 수단이 인류 공동체가 만들어낸 문자와 언어라고 보기 때문이다.

(2) 목적의 제시

교과형 교육과정에서는 문화유산의 전달에 목적을 두고 있다. 교과형 교육과정 목적의 제시방식은 홍익인간, 행복한 삶, 도덕적 인간의 형성과 같은 포괄적 형식의 목적 형태로 제시되는 경우가 있다. 그러나 수업목표의 경우는 특정한 교과 지식이나 지식 습득에 필요한 기능을 획득하기 위해 행동적 용어로 표기된 목표들이 제시되는 경우도 있다. 행동적 용어는 특정한 "역사적 내용을 열거하다", "화학적 기호로 표기하다", "시나 소설의 내용을 암송하다"와 같이 특정지식 내용을 획득으로 관찰 가능한 용어로 표기하는 것을 의미한다.

(3) 교육과정 유형
① 분과형 교육과정

국어, 수학, 사회, 자연과 같이 교과를 완전히 독립시켜 교육과정을 조직화하는 방식의 교육과정 구성을 의미한다. 이 구성 방식에서는 개별 교과를 강조함으로써 지식 간의 분리와 구별이 강조된다.

② 상관형 교육과정

교과 간의 독자성 및 특성은 유지하되, 상호 관련된 교과를 연계하여 교육과정을 구성하는 방식을 의미한다. 정치·경제를 함께 연계하여 사회과로 제시하거나, 물리와 화학 과학으로 제시하는 방식이 여기에 속한다.

③ 광역형 교육과정

교과 간의 과도한 영역화를 방지하기 위해서 교과의 체계는 유지하되 보다 넓은 범위 내에서 교과 간의 연계를 갖도록 구성하는 방식을 의미한다. 예를 들자면, 정치·경제·지리·역사를 통합하여 통합사회로 혹은 물리·화학·지구과학·생물을 연계하여 통합과학으로 제시하는 방식이 여기에 속한다.

2) 경험형 교육과정(experience centered curriculum)

(1) 개요

경험형 교육과정은 학습자의 생활경험에 초점을 맞추는 교육과정이다. 따라서 경험 교육과정은 생활 속 행위를 통해 습득하는 경험을 강조하는 경향이 있다. 경험형 교육과정의 지향점은 진보주의자들의 "행위를 통해서 배운다!(learning by doing!)"라는 표어에 잘 나타나 있다. 경험형 교육과정은 수업에서 문제해결(problem solving)을 강조하고, 교사와 학생들의 협력적 수업인 프로젝트 수업(project instruction)을 강조한다.

(2) 목적의 제시

경험형 교육과정은 목적이 사전에 제시되기보다는 교육과정의 진행과정 속에서 제시되는 교육목표의 설정방식을 강조한다. 따라서 이러한 목표는 생성적 목적(evolving purposes)이라고 한다. 생성적 목적은 교육과정 속에서 변화가 가능한 과정 지향적인 특징을 지니고 있다. 이러한 목적을 조망적 목적(ends-in-view)이라고도 하며, 학습자들의 수준에 따라 흥미와 관심이 변화하고 이로써 목적을 새롭게 창출해나가는 과정으로서의 특징을 의미한다.

(3) 교육과정 설계

① 생활적응형 설계

교육과정을 학생의 현재 생활에 필요한 내용을 중심으로 설계하는 방식이다. 수공예나 목공을 중심으로 한 노작 수업, 사회과에서의 시민 권리보호를 위한 프로젝트 수업, 생물과에서의 전염병과 위생관리를 중심으로 한 주제중심 수업 등등이 있다.

② 현성형 설계

교육과정을 사전에 미리 구안하는 형태가 아니라, 교육현장에서 교사와 학생이 전체적인 상황이나 교육조건을 파악하여 상호협력하에 교육과정을 설계하는 방식이다. 현성형 교육과정 설계의 가장 대표적인 방식은 교사와 학생이 현장적용을 위해 구안하는 프로젝트형 수업 진행을 위한 교육과정 설계이다.

3) 인간형 교육과정(humanistic curriculum)

(1) 개요

인간형 교육과정은 인문학적 탐구를 강조한다. 이러한 점에서 특히 문학·역사·철학과 같은 인문학 교과를 강조하는 경향이 있다. 사회적 측면에서는 자본주의 사회에서 발생하는 인간소외와 비인간화의 문제를 비판·극복하는 관점을 교육과정에 적극적으로 반영하고자 하는 입장을 취하고 있다. 심리적으로는 인간의 최대한의 자기실현(self-actualization)을 강조한다.

(2) 목적과 내용

인간형 교육과정의 기본전제는 모든 학습자를 개성적 존재로 대하고자 하며, 그 잠재력이 무궁하다고 본다. 교과는 앞에서도 언급한 바와 같이 인문과학 중심의 교과로 진행되며, 학습자 개개인의 잠재력을 이끌어 낼 수 있는 심리학적 관점과 방법론을 강조한다. 학습자들의 사회적 의식을 강조하며, 인간소외나 비인간화에 대해서 비판적 입장을 취할 수 있도록 사회비판 중심의 교과를 구성한다.

(3) 교육과정 설계

인간형 교육과정은 학습자의 관심과 흥미를 강조하고 성장을 중요시한 다는 점에서 경험형 교육과정 등과도 일치하는 측면이 있다. 그러나 인간형 교육과정에서 강조하는 흥미와 관심은 일상적 의미의 흥미와 관심과는 차이 를 보인다. 인간형 교육과정에서의 관심은 인간의 내적인 요구에서 나오는 것이며, 단순한 감각적 흥미보다는 지적인 관심과 관련된 흥미와 연계된다는 점을 인식하는 것이 중요하다.

4) 역량형 교육과정(competence based curriculum)

(1) 개요

역량형 교육과정에서 역량(competence)은 지식이나 기능을 학습자가 직 면하고 있는 상황적 맥락에 따라 수행해나갈 수 있는 능력으로 정의한다. 이 러한 점에서 역량은 학습자가 특정한 실제적·구체적 상황 맥락에서 마주하 고 있는 문제를 해결하는 능력을 의미한다.

(2) 특징

역량형 교육과정에서 역량은 교과역량과 일반역량으로 구분된다. 우리 나라 2015 교육과정 총론에 등장하는 일반역량은 창의적 사고역량, 지식정보 처리 역량, 공동체 역량, 의사전달 역량, 심미적 감성 역량, 자기관리 역량과 교과별로 정의되는 교과역량으로 구분된다. 역량형 교육과정에서는 학생이 특정지식을 알고 있는 것보다 상황적인 맥락에서 구체적으로 활용하는 데 초 점을 맞춘다. 역량형 교육과정의 가장 큰 강조점은 책무성이다. 따라서 역량 형 교육과정에서는 학습자의 학업능력을 체계적으로 진단하여 학습자의 학 습 성취의 질에 대한 체계적 관리가 강조된다.

(3) 교육과정 설계의 초점

역량형 교육과정은 학습자의 학업성취 기준을 분명히 하는 데 관심을 두고 있다. 교육과정에서 도달해야 하는 성취기준은 학생이 달성해야 하는 능력으로서 목적과 지향점이 명료하고 구체적으로 진술되어야 한다. 특히 역량형 교육과정에서 성취기준을 명료하고 구체적으로 진술하기 위해 수행(performance)이 강조된다. 역량형 교육과정에는 학습자가 특정한 교육과정을 이수한 결과 나타난 수행이 학습자가 아는 것과 할 수 있는 것을 보여줄 수 있는 객관적 증거로서의 의미를 지니고 있기 때문이다.

토론주제

1. 교육과정을 정의하는 방식에는 어떠한 것이 있으며, 왜 이와 같이 다양한 정의가 존재하는지를 토론해보자.

2. 교육과정의 전개수준이 국가, 지역, 학교 등 다양하게 존재하는 이유를 탐색하고 교육과정이 학교교육실천 현장에 미치는 영향력에 대해서 토론해보자.

3. 표면적 교육과정(manifest curriculum)과 잠재적 교육과정(hidden curriculum)의 역동적 관계가 학교교육과정의 실천에 미치는 영향력에 대해 토론해보자.

4. 영 교육과정(null curriculum) 존재하는 이유와 근거를 교육과정 실천(수업)의 관점에서 알아보자.

5. 교육과정(curriculum)과 수업(instruction)의 상호 연관성에 대해서 토론해보자.

6. 백워드 교육과정 개발(Backwards Desing Curriculum Development)과 타일러(R. W Tyler)의 합리적 교육과정 개발을 비교해보자.

7. 교육과정 유형에는 어떠한 종류가 있으며, 이러한 교육과정 유형의 특징을 상호 비교해보자.

참고문헌

강현석 외 역(2008), 거꾸로 생각하는 교육과정 개발-교과에 대한 진정한 이해를 목적으로, 학지사.

고진호(2017), 교육과정학의 이론과 실천, 문음사.

교육과정 개정위원회(2015), 2015 개정교육과정의 지향점과 편성 운영지침은 무엇인가?, 2015 국가 교육과정 전문가 포럼(1차)자료집.

김영천(2009), 교육과정 I, 아카데미 프레스.

김종서(1976), 潛在的 敎育課程, 교육과학사.

홍후조(2011), 알기쉬운 교육과정, 학지사.

Tighe J. Mc & Wiggins G.(2004), Understanding by Design; Professional Design workbook, Association for Supervision and Curriculum(ASCD)

교육학개론

INTRODUCTION TO EDUCATION

PART

교육사회학

교육사회학

학습개요

이 장에서는 교육사회학적 관점 이해와 응용을 위해, 다음 3개의 과제를 탐구한다. * 왜 교육사회학 학습이 필요한가? * 교육사회학의 주요 이론들과 그 관점들의 핵심적 차이는 무엇인가? * 급속한 사회변화와 학생집단의 변화를 어떻게 볼 것인가?

우선 '교육사회학의 관점은 교육계열 다른 교과들과 비교하여, 어떤 특성이 있는가?'를 살펴보고, 급변하는 사회환경에서의 교육사회학의 필요성을 탐색함으로서, 교육사회학 학습의 의미와 전망을 찾아본다. 그 바탕 위에서 교육사회학의 핵심적 이론인 기능이론, 갈등이론, 신교육사회학을 그 사회관의 핵심적 차이를 중심으로 비교·분석해 봄으로써, 각 이론의 논리를 이해하고 교육현상에 적용할 수 있는 능력을 함양한다. 덧붙여 사회변화에 따른 학생집단의 변화를 탐색해 봄으로써, 교육사회학적 관점으로 학생집단에 대한 이해와 인식변화를 모색해 본다.

1. 교육사회학의 관점과 필요성

1) 교육과 사회의 관계

(1) 학생과 교사의 상호작용은 성장한 사회적 배경의 영향을 받음

학생들은 가정과 또래집단, 지역사회라는 사회환경의 영향을 받으며 성장하였고, 좀 더 경험이 많을 뿐 교사도 마찬가지로 그러하다. 그들 간의 상호작용은, 양자가 겪은 사회환경의 영향을 받을 것이다. 빈민촌 출신이며 학창 시절 소위 '문제아'였던 교사가 집이 가난하고 좌절감을 느끼는 학생들과 더 잘 소통할 개연성은 크다고 할 수 있다. 성장의 사회적 경험에서 동질성을 찾을 수 있기 때문이다.

(2) 교육내용과 방식은 당시 사회문화의 반영물

교육되는 지식은 사회적 산물로, 사회의 지향 가치와 세계관이 반영되어 있다. 예컨대 조선시대의 '열녀, 현모양처' 개념은 남성의 보완재로서의 여성의 존재의미를 나타내는 개념들이라 할 수 있는데, 당시 가부장 위주 사회의 가치와 세계관이 반영되어 있다. 교육방식도 마찬가지로, 당시의 사회적 상황이 반영된다. 군대생활에 비교될 정도로 엄격했던 20세기 후반 한국학교의 통제위주 생활지도는, 당시 저임금 기반 노동의 양적 투입에 의한 고속 경제성장을 위한 순응적이고 헌신적인 노동력 육성의 필요와 권력의 의도가 반영되어 이루어졌던 것이다.

(3) 교육체제의 기본 성격과 내용은 사회체제에 의해 규정됨

사회 관리자 입장에서 보면 교육은 '현 사회체제를 유지·발전시킬 후세대 육성'을 하는 것이고, 개인 입장에선 '사회체제 속 생물학적 생존과 사회생활 능력을 육성'하는 것이다. 따라서 교육은 기본적으로 당시 사회체제에 의해 그 성격이 규정된다. 산업혁명 이후 근대사회의 경우를 예로 들면, 그 사회체제는 주된 생산이 공장을 통해 이루어졌고, 사회체제의 유지·발전을 위해서는 많은 노동자들이 필요했다. 공장 근무를 위해서는 도구조작 능력 및 소위 근대적 생활습관(시간 엄수, 규칙 준수, 명령 순종, 작업에 헌신 등) 육성이 필요했고, 보통교육, 나아가 무상 의무교육까지 이뤄지게 된 것은, 바로 그런 노동자 육성을 위해 필요했기 때문이다. 학교를 다닌 아동들의 생산성이 훨씬 더 높다는 주장이 공장주를 움직여 의무교육을 앞당기기도 했다는 점도 그것의 반증이라고 할 수 있다.

(4) 교육이 사회변화에 영향을 끼칠 수도 있음

역으로 교육이 사회체제에 끼치는 영향은 어떠할까? 기본적으로는 교육은 사회체제의 요구대로 사회체제를 유지·발전시키는 역할을 한다. 하지만 그런 역할을 넘어서서 사회체제 변화를 야기할 수도 있다. 예를 들자면, 이승만 정권하에서 당시 체제 운영자들이 결코 원하지 않았던, (민주주의 교육을 받은) 학생집단이 앞장서서 봉기한 1960년 4·19혁명이 일어나 소위 '세상을 바꾸는' 결과를 초래했던 것이다. 일제 시대 1929년 광주학생운동이나, 학생들과 청년층이 적극 참여하였던 1987년 6월 민주화운동 등도 마찬가지일 것이다. 교육을 받은 사람이나 학생집단이 사회적 상황에 따라 사회체제에 대한 저항과 개혁운동을 통해 사회를 변화시킬 수도 있다는 것이다.

2) 교육사회학의 정의

학생·교사의 상호작용, 교육내용과 방식, 교육체제의 성격과 내용 등 제반 교육행위나 교육현상을 사회적 산물이라 볼 때, 그에 대한 사회학적 접근이 필요할 것이다. 교육사회학의 정의에 관해서는, 여기서는 '교육에 대한 사회학적 연구'라는 일반적이고 포괄적인 입장에서 출발한다. 그리고 탐구영역을 좀 더 구체화한다면, 관련한 다음과 같은 교육사회학에 대한 정의들을 참고할 수 있다. 프리차드와 벅스턴(K. Prichard & T.H. Buxton, 1973)은 "교육체제와 교육의 과정에서 발생하는 집단관계(김종두, 2013: 17에서 재인용)"를 탐구하는 학문이라 하였고, 이해성은 "학교교육과 다른 사회체제 간의 구조적 관계를 탐구하면서 전체 사회 안에서 학교교육이 발휘하는 기능을 성찰하는 학문(이해성, 2013: 20)"이라 정의했다. 또 김영화는 "교육과 사회의 관계와 교육체제의 사회적 성격을 탐구하는 학문(김영화, 2020: 18)"이라고 정의하였다. 여기서는 탐구영역 설정에 있어서 상대적으로 간결하면서도 포괄적 성격인 김영화의 정의에 기반하여 정리하고자 한다. 즉 교육사회학은 "교육에 대한 사회학적 연구로서, 교육과 사회의 관계와 교육체제의 사회적 성격을 탐구하는 학문"이라고 정의한다. 좀 더 풀어 쓴다면, 교육사회학은 사회체제의 성격과 변화가 교육에 끼치는 영향, 역으로 교육이 사회체제에 끼치는 영향, 그리고 교육체제 전반의 각종 교육현상에 대해 사회학적 관점과 방법으로 탐구하는 학문이라고 할 수 있다.

3) 교육사회학의 관점과 특성

(1) 실용적이기보다는 이론적 성격

교육심리학, 교육공학, 교육과정, 교육평가, 교과 교육학, 생활지도 등 교육학의 여러 계열 교과들은 주로 개인의 성취와 성장을 위한 효과적인 실천 방안들을 탐구하는 데 초점을 두기에 상대적으로 실용적 성격을 띠고 있다. 그에 비해, 교육사회학은 교육과 사회와의 관계, 교육의 방향, 교육내용과 방법, 교사의 역할, 학생집단의 변화 등에 대한 사회적 맥락과 의미를 분석하고 성찰하는 데 주안점을 두기에, 상대적으로 이론적인 성격을 띠고 있다.

(2) 개인보다는 집단 위주

교육학의 여러 계열 교과들이 대체로 학생들 개인의 성취와 성장, 개인 간의 상호작용 등을 주로 다루는 데 비해, 교육사회학은 주로 제 학생집단, 교사집단, 학교사회, 바깥사회와의 관계 등 집단 문제를 다룬다. 교육사회학은 개인적 학업성취의 차이보다는 학생집단이나 사회계층별 성적 격차에 더 관심을 갖는다. 또 개인을 평가하는 데 있어서도, 개인의 특성과 장점보다는 그의 사회적 역할과 공헌도를 중시한다.

(3) 사회변화와 학교 밖 교육도 탐구대상

교육계열 다른 교과들은 교육현상 중 학교교육을 주로 다루고, 학생들의 성취와 성장을 위한 효과적인 교육실천 방안을 탐구하는 데 주안점을 둔다. 반면에 교육사회학은 사회문제로서의 교육을 다루기에, 상대적으로 사회변화와 교육, 학교 밖 교육 등에 관심을 두고 탐구대상으로 삼는다.

학교 밖 청소년 문제를 예로 들면, 2020년 52,262명의 초중고생이 중도 탈락했고, 2019년 기준으로 그 누적 숫자는 389,173명에 이른다고 한다.[1] 교육 사각지대에 존재하는 이러한 많은 청소년 문제는 사회안전망상의 위험 요

---

[1] 허민숙, 학교밖청소년 지원사업 현황과 개선과제(국회입법조사처, 2020. 06. 22.).

인으로서 사회문제이다. 또 추세상 나타나는 학교교육에 만족하지 못하는 의도적 탈학교 학생들의 점차적인 증대는, 사회변화와 관계된 학교교육의 문제점 성찰의 기회이기도 하다. 온라인 커뮤니티 '세상이 학교인 자퇴생들(자퇴, 홈스쿨링, 검정고시)' 모임의 회원 수가 2021년 4월 30일 현재 21,173명에 이르고 있음은 시사적이다. 교육사회학은 이러한 중도탈락이나 탈학교 현상 분석을 토대로, 중도탈락이나 탈학교의 원인이 되는 양극화 해소나 제도교육에서의 문제점 개선 등 대책마련을 사회에 촉구하는 역할을 할 수 있다.

4) 교육사회학의 필요성과 과제

3~4명만 듣고 나머지 학생들은 대부분 졸거나 딴짓을 하고 있는 고등학교 3학년 특정 과목 교실, 결손 가정이 많은 지역 학교 교실에서의 폭력으로 서열화된 학급질서, 학벌 연고주의 불공정한 고용…. 이런 교육문제들을 어떻게 해결해야 할까? 교사 개인의 능력과 노력문제로 생각하고 껴안고 노력한다고 될 문제인가? 정치, 경제, 사회, 문화의 사회적 문제들이 얽힌 이러한 교육현상은 사회 전체의 문제이고, 사회 전체가 풀어야 한다. 교육사회학이 필요한 이유이다. 교육사회학은 이러한 교육문제들의 사회적 맥락을 밝힘으로써, 사회적 해결책을 모색하고 제시한다. 그 결과로 교사, 학생, 학부모, 시민, 교육당국 등 교육 관계자들이 문제의식과 대안을 공유하고, 모두가 1/n의 책임과 역할을 공유하는 연대의식을 가질 때, 그 해결의 전망이 보일 것이다. 여기서는 갈수록 급속해지는 사회와 교육의 변화에 대처하기 위해서 더욱 필요해진 교육사회학의 과제 몇 가지를 제안하고자 한다.

(1) 교육의 자율성을 위한 관점과 이론 제공

기존의 교육학은 대체로 학교교육과 교사의 교육 실천에 집중하여, '교육과정 계획, 교육방법 개발, 행정조직 정비, 학생지도 계획, 학교시설, 교육공학 등 교육실천을 위한 새롭고 능률적인 방법을 찾아내는 데 매달려 있다(김신일 2018: 499)'고 한다. 그리하여 학교현장에서 주어진 내용을 얼마나 효율적으로 전수하는가 하는 기능적 역할에 집중하게 마련이다. 반면 교육사회학은 현행 교육이 바람직한 사회를 만들어가게 하는 교육인가에 대해 판단하고자 한다. 교육사회학은 '현 교육'이 민주적이고 공정한 합의 절차를 거쳐, 사회전체의 발전을 약속하고 있는지를 질문한다. 혹은 그 이면에 숨은 의도를 의심해 보고, 권력이나 사회 세력, 혹은 계층 등과 연계되어 발생하는 사회적 맥락을 분석하기도 한다. 그럼으로써, 교사들이 오로지 주어진 지침에 따른 기능적 역할만을 담당하는 소위 '침묵의 문화'에서 벗어나서, 교육의 주체로서 판단하고 행동할 수 있게 하는 이론적 기반을 제공할 수 있다. 즉 교사들(나아가 교사뿐만 아니라 학생·학부모까지 포함한 교육주체들)의 주체적 선택과 행동을 위한 기반이 되는, 문제의식과 시야와 논리를 제공하는 것이 교육사회학의 역할이라고 할 수 있다.

교사들이 교육에서 주체로 우뚝 서게 되면, 그리고 학생·학부모·시민사회와 연대할 때, 사회체제에 대해 수동적·종속적 존재로 자리매김했던 교육이 그 상황에서 벗어나 자율성을 가질 수 있다. 교사들은(혹은 타 교육 주체들과 함께) 학생들의 미래를 위해 교육 입장에서 사회의 변화를 요구할 수 있게 된다. 예컨대 만약 미국처럼 학교에서의 총기난사 사건이 일어난다면, 총기규제 관련 강력한 대책을 세우도록 집단행동을 할 수도 있을 것이다. 입시경쟁교육 완화를 위해, 기업채용에 있어서의 학력 철폐, 블라인드 채용 등의 제도변화를 요구할 수도 있을 것이다.

교육사회학은 계속적인 관찰과 연구, 세계적 차원의 자료 수집과 이론 탐구 등을 통해, 교육주체들의 이러한 자율적인 활동에 대한 길잡이·도우미 역할을 할 수 있을 것이다.

(2) 민주시민교육 관련 탐구

우리사회에서 교육의 사회적 역할 중 가장 핵심적 부분은 인간존엄성을 실현하고 자유·평등의 가치를 구현하는 민주사회를 유지·발전시키기 위한 민주시민으로의 사회화임에는 이견이 없을 것이다.[2] 따라서 민주시민교육은

---

2   그러나 냉전과 분단 체제하에서 경제성장 제일주의에 매몰되면서, 경제성장과 국민통합을 위한 보완적

교육사회학의 가장 중요한 의제 중의 하나임은 분명하다. 특히 세계 4대 강국에 포위된 지정학적 조건과 자원 빈곤·작은 영토·적은 인구의 통상국가인 우리나라는, 무엇보다 창의적이고 헌신적인 인재 육성과 공동체적 단결을 통해서 미래를 보장해야만 하는 나라다. 그러한 인력 육성의 온상이 되는 민주시민교육은 긍지 높은 우리나라 존재를 유지·발전시키는 데 절대적인 필요조건이라 할 수 있을 것이다.

(3) 온라인 사회에 대한 탐구

우리나라는 인구는 적고, 국토도 좁다. 하지만, 온라인 사회는 우리에게 펼쳐진 무궁무진한 세계이다. 마치 우주에 제2의 지구와 같은 새로운 세계를 건설하려 하듯이, 온라인에 제2의 또 다른 세상을 만들 수도 있다. 마침 우리 청소년·청년세대의 온라인 능력과 참여는 세계적 수준이다. 세계적인 온라인 스타들도 나타나고 있다. '보람' 어린이가 출연하는, 우리말로 하는 '보람튜브' 유튜브 채널은 구독자 3천만이 넘고, '보람이랑 또치랑 뽀로로 짜장면 먹고 숨바꼭질 놀이도 해요'라는 제목의 영상은 조회 수가 2억이 넘어간다. 방탄소년단의 성공에도 '다양한 디지털 플랫폼을 통해 팬들과 직접 소통한 것이 이전 그룹들과 가장 큰 차이'이며 큰 힘이 되었다고 한다.[3]

온라인 사회와 관련, 2010년경 10만여 명의 중고생들이 가입해 활동했던 온라인 단체였던 '10대 독립공화국 아이두'의 사례를 소개한다. '아이두'는 또래상담, 사진 갤러리, 설문조사, 개인 블로그, 교환일기, 친구 사귀기, 링, 인터넷 방송 등의 서비스를 제공하였다. 또 학원 숙제부터 두발 자율화, 선거권 연령 낮추기까지 청소년과 관련된 다양한 토론과 움직임이 이루어졌다.[4] 이 온라인 사회는, 청소년들이 같이 호흡하고 고민을 토로하고 희망을 이야기하는 방과 후의 제2의 삶의 공간 역할을 할 수 있었다. 이러한 전례를

과제들(예컨대 산업구조에 따른 인적 자원 육성, 교육기회 확대, 교육격차, 입시제도 등)에 비해 상대적으로 소극적으로 다루어져 왔다.

3 미국 인터넷 전문매체 버라이어티(한국경제신문 2020. 10. 14.).

4 위키백과(아이두).

이어받아 청소년들이 삶을 서로 나누는 공간인 지역별 청소년 온라인 생활공동체를 만들 수 있도록 지원하는 것은 어떨까? 그것을 통해 다양한 청소년 온라인 사회 건설을 위한 많은 데이터 축적도 가능할 것이다. 또 한·중·일 청소년 인터넷 플랫폼을 만든다면 현재에는 어느 정도 우리나라가 주도할 부분이 많지 않을까? 그 경험의 바탕 위에, 우리 청소년들이 주관하여 '세계 청소년 인터넷 공화국' 같은 세계 청소년 교류의 장을 만들 수도 있지 않을까 상상해 본다.

청소년 온라인 사회활동의 무궁무진한 가능성을 고려한다면, 아직 미지의 영역이 많은 온라인 세계에 대한 탐구, 그리고 플랫폼을 비롯한 온라인 집단과 사회에 대한 탐구가 교육사회학뿐만 아니라 다양한 학문 분야들에서 어떤 형태로든지 적극화될 필요가 있다.

(4) 전통적 '우리' 공동체에 대한 모색과 교육에의 적용

서양 사람들은 '나(I)'를 세상의 중심으로 생각하고 세계(타자들, 사물들)에 대해 '나'를 실현하고자 한다. 그러나 우리나라 사람들은 '나'를 '우리(나의 확대, 나의 복수)'라는 집단 속의 일부로서의 '나'로 인식한다. 서양 사람들에게 주변 대상들과 관계의 주체로서의 '나'가 정체성과 자존감의 주요 요인이라면, 상대적으로 우리는 다른 대상(객체) 속에서 혼자 우뚝 선 '나(주체)'가 아니라, '가장', '엄마', '맏딸', '이장', 모임의 '총무' 등 '우리' 속의 위상이나 역할이 자기 정체성과 자존감의 주요 요인이 된다. 즉 우리 공동체 속의 위상과 역할을 통해 개인의 의미를 찾는 것이다. 따라서 '우리' 공동체는 한국인의 사고와 행동에 결정적 영향력을 가질 수 있다.

'우리' 공동체 구성원들의 유대는 강하고 짙은 인간관계에 바탕을 두고 있다. 물론 경제성장 드라이브 속에서 이익공동체화한 '지연', '학연' 등 '우리' 공동체의 부작용도 있었지만, 조선시대 의병, 일제 강점기 독립운동, 4·19혁명, 광주민주화운동, 소위 'IMF사태' 극복에 이르기까지 '우리' 공동체가 가지는 긍정적 측면이 더 강하다고 볼 수 있다. 2016년에는 민주주의를 위해 촛불집회를 할 때, 수만 명 촛불 시민들이 '우리' 공동체 의식을 느끼며, 모르는 사람끼리도 서로를 위하는 마음으로 각별히 챙기는 경험을 해 보았다고 한다.

오늘날 가정과 학교공동체·지역공동체가 약화되거나 붕괴되고, 그 여파는 청소년들의 일탈, 자폐, 자해, 학교폭력, 은둔형 외톨이 등의 모습으로도 나타나고 있다. 급속한 사회변화와 세대차로 교사의 리더십이 붕괴된 교실에서 학급집단을 학생 중심의 '우리' 공동체로 재건하는 노력을 해보는 것은 어떨까? 학생들이 가장 많은 시간을 보내는 기초 공동체 학급집단을 '우리' 공동체로 만드는 것은 큰 의미가 있다. 자존감, 우정 등과 같은 학생들의 행복은 무엇보다 학급 등 기초단위 공동체에서 학생들이 서로 친하고 신뢰하며 행복한 관계가 이뤄지는 데서 나타날 수 있기 때문이다. 또 '우리' 공동체라는 끈끈한 유대의 학급공동체 형성은 학교폭력 같은 문제에 대한 보다 근본적 대책이 될 수도 있고, 주체됨과 상호존중을 몸으로 체득하는 민주시민교육의 실질적 장이 될 수 있기 때문이다.

2. 교육사회학의 주요 이론과 관점 비교

교육사회학에서 보수적 입장과 진보적 입장을 대표하는 기능이론과 갈등이론의 주요 이론들을 살펴본 후, 그 핵심 관점과 논리들을 비교·분석해 봄으로써, 양 이론에 대한 명쾌한 이해를 추구한다. 그리고 양 이론을 비판하고, 학교교육 내부현상에 초점을 두는 신교육사회학의 관점과 주요 이론들을 소개한다.

1) 기능이론의 전개

(1) 교육사회학의 출발: 뒤르켐(Émile Durkheim)
마르크스가 산업혁명 이후 사회의 문제점을 경제적 문제(양극화, 계급 갈등)에서 찾았다면, 뒤르켐(Émile Durkheim)은 도덕적 문제에서 찾았다. 즉 지나친 개인주의와 경쟁으로 인한 무규범 상태가 인간 소외와 사회 혼란을 초래하였다는 것이다. 그는 해결책으로 교육의 역할을 제시한다. 즉, 교육은 사회의 중심가치와 신념 등을 내면화하고 도덕적 시민으로 형성시켜, 사회가 해체되지 않고 지속·통합되게 한다는 것이다. 개인주의와 인간 존엄성의 심화·확대를 추구해 온 서구 사상사에서, 사회적 연대와 통합 문제의 해결방안은 항상적 과제였는데, 뒤르켐은 그 해결책으로 '교육'의 '역할(기능)'을 주창하였던 것이다. 그리하여 교육의 사회적 역할(기능)이 주목되면서 교육사회학에서의 기능이론의 토대가 마련되었고, 그는 교육사회학의 아버지로 불리게 된다.

그는 아동들을 사회적 존재로 살 수 있게끔 길러야 하는데, 교육이 바로 이 기능을 수행한다고 하여, 교육을 사회화와 동일시하였다. 그는 사회화를 '보편적 사회화'와 '특수사회화' 두 가지로 제시한다. 우선 '보편적 사회화'는 한 사회가 사회적 유대 관계를 맺고 구성원들이 동질성을 갖고 존속하기 위해서, 필요한 구성원으로서의 필수적인 사고와 행동 양식을 함양하는 것이다. 즉 '전체로서의 사회'가 요구하는 신체적·지적·도덕적 특성의 함양이라고 할 수 있다. '특수사회화'는 개인이 속하게 되는 특수한 환경이 요구하는 신체적·지적·도덕적 특성의 함양을 의미한다. 뒤르켐은 한 사회가 유지되기 위하여 다양한 직업집단이 필요하며 산업화가 진행됨에 따라 분업화가 가속되고, 분업화된 각 사회집단은 그에 적합한 신체적·지적·도덕적 특성이 필요하다고 보았다. 나아가 그는 특수사회화 관련하여, 교육이 사회 선발의 기능도 가지고 있음을 시사하기도 했다. 즉 "학교는 학생들을 기능집단으로 분류하여, 이들이 자신의 능력에 가장 알맞은 분야의 직업을 가지게끔 권장한다"는 말에서 그것을 추론할 수 있다.

(2) 기능주의 교육사회학의 체계화: 파슨스(Talcott Parsons)

20세기 전반 대표적 사회학자 중 한 사람인 파슨스는 뒤르켐에 이어 교육사회학에서의 기능이론을 체계화한다. 그는 교육의 기능을 크게 사회화와 선발, 두 가지로 정리한다.

① 사회화

학교는 자유, 경쟁, 효율 같은 자본주의적 가치들을 수용하고, 이에 따른 차별적 분배체제에 자발적으로 적응하려는 태도를 함양함으로써, 자본주의 사회가 안정적으로 통합되고 유지될 수 있도록 한다. 구체적으로 학교는 다음과 같은 성격과 과정을 통해 그 역할을 수행한다.

가. 학교는 개방성(기회균등), 공정경쟁(시험), 업적주의(학업성적), 전문가 중심(지적 수월성)을 통해, 정통성과 공정성을 담보하고 있다.

나. 역할사회화를 중시한다. 역할사회화란 아동들이 장차 성인이 되어 담당하게 될 역할 수행에 반드시 필요한 정신적 자세와 자질을 기르는 것을 의미한다.

다. 학교의 동료집단은 성인의 평등한 지위관계 모델을 제공하여 성인이 되어 할 역할에 대해 준비시킴으로써, 장차 성인 사회체제에서 적응할 수 있게 한다.

라. 학교는 공동사회(가족 등)와 이익사회(회사 등)의 중간적 성격으로, 이익사회적 행위양식을 습득하도록 사회화한다. 학교단계가 올라갈수록 이익사회적 행위 양식이 더 강화된다.

② 선발

▶ 상급학교로의 선발과 직업적 지위의 할당

가. 학교에서의 선발기준: 성적을 중시하고 성적을 기준으로 삼아 선발해 나간다.

나. 중등학교의 선발: 중등학교의 계열분류와 대학입시제도는 사회적 선발을 위한 장치이다.

다. 학교는 교육경력과 교육유형, 학업성적에 따라 다양한 직업획득 기회를 부여한다.

라. 교육을 통한 선발은 공정하다.

(3) 기능이론의 전개와 의의

파슨스 이후의 구조기능주의 하위이론을 소개하면, 드리븐(R. Dreeben)은 학교는 자본주의 규범과 덕목(독립성, 성취성, 특정성, 보편성)을 육성함으로써, 자본주의 사회 발전을 도모한다고 하였다. 또 클라크(B. Clark)와 커(C. Kerr)의 기술기능이론은 학교는 산업사회가 요구하는 기능과 능력 교육의 역할을 함으로써 산업사회 유지와 발전에 기여하고, 고도산업사회에서는 높은 기술 수준의 고학력의 확대가 필요하다고 주장했다. 슐츠(T. Schultz)의 인간자본론은 높은 교육수준(학력수준)은 높은 생산성을 보장함으로써, 개인의 소득 향상 및 사회 발전에 크게 기여한다고 주장하였다.

기능이론에 의하면, 학교교육은 합의된 가치와 규범으로 자라나는 세대를 사회화하는 기능을 함으로써 사회의 질서유지와 통합에 기여한다. 또 학교교육은 기회균등과 능력주의를 바탕으로 공정한 사회를 구현하면서, 자본주의 정신과 규범 등을 통해, 개인적 성공과 경제성장을 이루는 데 크게 이바지함을 강조한다. 그리하여 기능이론은, 냉전시대 공산주의와의 대결에서뿐만 아니라 개인적으로도 생존경쟁에서 승리하는 길을 제시함으로써, 학교 팽창을 가속화하는 역할을 하였다. 한편으로는 기존체제(자본주의)의 우월성을 강조하고 그 안정적 유지에 경도됨으로써, 개혁보다는 기존질서에 안주하는 보수적인 입장으로 비판받기도 하였다.

2) 주요 갈등이론

2차 세계대전 후 서구사회에서는 기능이론이 주도적으로 학교교육 팽창을 이끌어 나갔다. 교육은 기회균등과 능력주의에 따른 배치와 분배를 통해 공정성과 높은 생산성을 약속함으로써, 자본주의 사회의 정통성을 뒷받침하였다. 그러나 1960년대 이후 사회의 불평등 문제가 부각되고, 학교교육 성공자와 낙오자의 지나친 격차 문제도 심화되자, 심각한 불평등 문제와 그와 관련한 교육 문제를 분석하려는 갈등이론이 대두하게 된다.

이들 갈등이론들은 학교교육을 통한 계층 재생산 즉 불평등 재생산을 주장함으로써, (기능론 입장에서) 학교교육이 표방하는 기회균등과 능력주의의 허구를 지적하고, 학교교육체제를 지배계층을 위한 불평등 정당화기제라고 설명하였다. 그리고 출신 사회경제적 계층과 학업성취 및 획득한 사회적 지위의 상관관계 연구 등을 통해, 교육을 통한 계층 재생산과 불평등 심화 등의 문제를 강력히 제기함으로써, 결과적으로 빈곤계층에 대한 기회 보장적 교육평등 정책, 교육결과의 평등 정책 등 교육복지 정책들을 이끌어 내는 데 이바지하였다.

갈등이론에는 학교교육을 통해 불평등한 자본주의체제를 재생산한다는 재생산 이론이 있다. 나아가 그러한 계급 재생산 기능에 저항하고, 평등한 사회를 지향하는 학교교육를 실천하기 위한 교사·학생·시민사회의 저항 방안을 모색하는 이론도 많이 거론된다. 애플의 비판적 교육과정 이론, 윌리스의 저항 이론, 프레이리의 의식화이론 등이 여기에 포함될 수 있다. 또 갈등이론의 범주에는 강대국과 약소국 간의 교육문화적 종속관계를 분석한 마틴 카노이의 문화제국주의 이론, 계층 간의 지위 확보를 향한 갈등을 다룬 콜린스의 지위경쟁 이론, 인간소외와 불평등 재생산기제인 학교를 부정하는 일리치와 라이머의 탈학교론 등도 있다. 여기서는 경제재생산 이론과 문화재생산 이론을 소개한다.

(1) 경제재생산 이론

'자본주의 미국에서의 학교교육(Schooling in capitalist America)'에서 보울스와 긴티스(S. Bowles & H. Gintis)는 미국 학교제도가 교육 그 자체나 국민 전체를 위해서가 아니라, 자본가 계급의 이익을 위하여 자본가 계급에 의해 발전되었다고 주장한다. 미국의 학교제도는 자본주의 경제체제를 유지하기 위하여 고용주의 구미에 맞는 기술인력을 공급하고, 자본주의체제에 적합한 사회규범을 주입시키는 핵심적 장치라는 것이다. 그들은 다음 세 측면에서 학교교육이 자본가 계급 위주 경제질서 재생산을 도모한다는 것을 논증한다.

① 상응이론(corresponding theory)
학교는 경제구조의 사회관계와 일치된 학교의 사회관계를 통해 불평등한 관계를 재생산한다.

> 가. 학생에게 교육과정 통제권이 없고, 노동자에게 직무 통제권이 없음
> (결정과정에서 소외).
>
> 나. 성적·졸업장이 목적인 것은, 임금획득이 목적임에 상응(그 자체가 목
> 적이 아니라 수단화).
>
> 다. 교육이 차별과 경쟁을 통해 분화되어 있는 것은 노동 분업화에 상응
> (분화로 인한 소외현상).
>
> 라. 다양한 수준의 교육구조는 다양한 수준의 직업구조에 상응(차별화된
> 처우).

위와 같이 자본주의 경제구조와 학교교육은 상응관계에 있기 때문에, 자본주의 경제에서의 불평등을 감수하는 노동자 계급을 재생산한다는 것이다.

② 잠재적 교육과정의 영향

학교는 다음과 같이 '잠재적 교육과정'을 통해 학생들을 부지불식간에 '자본주의 체제의 영속화와 재생산'에 봉사하도록 한다는 것이다.

> 가. 교사 권위에 대한 존중: 상위 직책에 대한 존중.
>
> 나. 교사에 대한 순종적 태도: 상위 계급에 대한 순종.
>
> 다. 학교 규칙과 질서의 준수: 생산성을 높이기 위한 훈련과 규율에 익
> 숙하게 됨.

③ 학교급별 차별 교육

학교급별 학생들의 계급에 기초한 성격적 특징들을 강화하여, 출신 계급의 영속화가 이뤄지도록 한다는 것이다. 즉 초등교육의 목적은 하급 노동자들의 훈련에 초점이 있다. 시간을 잘 지키고, 작업방식에 순응하도록 가르친다. 반면에 중등교육은 기능직과 초급 사무직의 훈련을 위한 기술교육에

초점을 둔다. 또 고등교육은 중견기술자와 관리직의 훈련에 목적이 있으므로, 독립적인 사고력, 현명한 선택하기 능력, 내면적 기준에 따라 행동하기 등을 가르친다고 하였다.

(2) 문화재생산 이론

부르디외(Pierre Bourdieu)는 학교는 현재의 계급구조를 반영하는 '문화재생산'을 통해, 지배계급이 현재의 권력과 특권을 무리 없이 정당화하고 유지·강화할 수 있도록 한다고 본다. 부르디외는, '문화는 결코 보편적인 것이 아니며, 중립적인 것도 아니다. 어느 특정계급의 문화가 보편적인 것으로, 사회 구성원 모두가 공유하는 상징체계로 등장하는 것은 자의적 조작의 결과이다. 학교는 상징적 폭력으로 그러한 조작을 함으로써 지배계급의 문화를 보편적인 정통성을 띤 문화로 받아들이게 하여, (지배계급 위주의) 불평등한 문화를 재생산한다'고 주장한다. 쉽게 예를 들어 본다면, 봉건적 가부장사회에서 물리적 폭력(매질)으로 여성에게 남편에 대한 절대 복종과 열녀가 되기를 가르치는 것보다, 상징적 폭력(학교교육)으로 가르친다면 좀 더 세련된 방법이라고 할 수 있을 것이다. 학교교육 자체가 지배계급에 봉사하는 상징적 폭력기제인 것이다. 그는 상징적 폭력으로서의 학교교육은 다음과 같은 4가지 교육기제를 통해, 정통성과 정당성을 인정받는다고 한다. 그리하여 지배계급 이익에 봉사하는 부당한 문화를 강제 주입하면서도, 보편성 있고 공정한 교육체제라고 인식하게끔 하여, 지배계급 위주의 사회체제에 순응하는 후세대를 육성하고, 계급지배를 재생산한다고 한다.[5]

   가. 교육적 행위(action): 보편적 가치로 믿게 하면서도 실제로는 지배계급의 문화를 강제하는 '문화적 자의성'을 가짐.
   나. 교육적 권위(authority): 교육기관의 자율성을 중시하는 교육적 권위를 통해 교육적 실천의 객관성을 인정받음으로써, 지배문화를 참으

---

5 이건만(1996), 마르크스주의 교육학.

로 강요함.

다. 교육적 일(work): 교육적 일을 통해 문화적 습성을 형성함으로써, 지배문화를 보편문화로 영속적으로 수용할 수 있게 함.

라. 교육체제(system): 전문가로서의 교사집단, 동질적인 교육, 동질적인 교육내용과 표준화된 평가 등 일정하게 정해진 규칙에 따라 운영됨으로써, 계급문화 성격을 보이지 않게 하면서 지배문화를 당연하게 받아들이게 함.

부르디외는 이러한 상징적 폭력으로서의 학교와 함께 덧붙여 그가 개념화한 문화자본과 아비투스를 통해서도 문화재생산이 이뤄진다고 한다. 그가 말한 문화재생산의 경로는 다음과 같다.

① 상징적 폭력을 통한 재생산(학교에서 지배계급의 가치와 취향을 모든 계급의 학생들에게 주입하여 이를 통해 학생들의 의식을 지배하고 통제하는 것)
② 문화자본을 통한 재생산(졸업장, 학위, 자격증, 예술품 등)
③ 아비투스를 통한 재생산(사회 계층적 배경에서 형성되는 생활유형의 차이로 표출되는 인격적 특성으로 문화적 습성·취향 등을 의미함)

3) 기능이론과 갈등이론의 관점 비교

(1) 관점의 출발점

뒤르켐, 파슨스 등 기능론자들이 사회를 보는 핵심 키워드는 '기능'이고, 갈등론 이론의 원조 격인 마르크스의 핵심 키워드는 '계급(베버 등은 계층)[6]'이다. 전자는 사회는 기능들로 분화되어 있고, 그 기능들이 상호연계·통합되어 (인간 유기체처럼) 전체사회가 작동된다고 한다. 사회 운영자 입장에 있는 사람들에게 기능들의 관리를 통해 사회를 운영할 수 있도록 하는 시야를 제공한

---

6 근래에는 일반적으로 '계층'이란 용어를 많이 사용하기에, 관행상 '계층'으로도 혼용함.

다. 반면 후자는 사회는 각 계급들로 분화되어 있고, 각 계급들의 연합체로, 지배적 계급이 이익을 독점하기 위해 다른 계급들을 억압하여 통제하고 있다고 본다. 피지배 계급의 처지에 서는 사람들에게, 보다 평등한 사회에 대한 비전과 사회변화를 추구할 수 있게 하는 시야를 제공한다.

그리하여 기능론의 입장은 각 기능들의 역할 제고와 조화로운 통합을 통해 현 사회체제 유지를 우선적으로 지향하기에 보수적 성향을 띠게 된다. 반면 갈등론의 입장은 지배적 계급의 억압 철폐를 통한 더 평등하고 공정한 사회로의 변화를 지향하기에 진보적 성향을 띤다고 할 수 있다.

(2) 관점의 예시와 비교

아래는 우리나라 2020년 4/4분기 가계 소득 5분위 별 월 평균 소득표이다. 여기서 예를 들어 상위 20%(5분위) 중 고소득에 속하는 기업 CEO나 연예인의 한 달 소득이 3억이고, 하위 20%(1분위)에 속하는 아파트 경비원의 소득이 월 150만 원이라고 가정해 본다. 그리고, '이러한 사회적 역할(기능)별 분배구조가 과연 합당한가?' 질문해 본다. 관점을 보다 적나라하게 드러내기 위해 양 극단의 예를 들었음을 고려하면서, 두 관점의 입장에서 답해 보자.

▮ 표 5.1 ▮ 가계소득 5분위 별 월 평균 소득

분위	월 평균 소득(단위: 천 원)	해당 직업
5분위(81~100%)	10,026	대기업 CEO, 유명 연예인…
4분위(61~80%)	6,231	
3분위(41~60%)	4,628	
2분위(21~40%)	3,275	
1분위(1~20%)	1,640	아파트 경비원…

소득 5분위 별 월 평균 소득 가계동향조사 결과(2020년 4/4분기) 내용에서 편집하고, 해당 직업은 필자가 첨가함(통계청 사회통계국 가계수지동향과, 보도자료 2021. 02. 18.).

갑: "능력과 역할에 따른 분배다. 대기업 CEO는 헌신적 노력과 뛰어난 능력으로 그 자리에 올랐고, 수백억 달러의 수출을 통해 수만 명의

일자리를 보장하는 역할을 하기에 한 달 3억 소득은 합당하다. 그리고 연예인은 광고를 단기간에 찍지만, 그로 인해 수천억의 매출 증가가 이뤄질 수도 있으니, 광고 한 편에 10억을 주는 것은 납득할만하다."

을: "명백히 잘못된 분배다. 아파트 경비원은 2명이서 교대로 24시간씩 365일을 근무하는데, 아무리 역할 차이가 있다 하더라도, CEO나 연예인의 1/200의 월급은 불공정하다. 이것은 지배적 계급이 자기들에게 일방적으로 유리한 분배구조를 힘으로 강제한 것이다."

여기서 기능이론과 갈등이론을 대응해 본다면 갑은 기능이론, 을은 갈등이론의 입장을 취하고 있다. 기능이론은 사회는 각각의 기능들의 통합으로 구성되어 있는데, 현재의 분배가 각각의 기능(역할) 가치에 따른 합당한 분배이고, 구성원들이 동의한 '합의'된 분배체제로 본다. 반면 갈등이론은, 사회는 계급들의 연합으로 구성되어 있는데, 현재의 분배체제는 힘센 계급이 자기들에게 유리한 분배구조를 약한 계급에게 강요하여 이뤄진, '억압'의 산물로 본다.

이상에서 두 이론이 사회를 보는 근본적 관점 차이를 볼 수 있다. 기능이론은 사회는 인간 유기체의 각 기관들처럼, 각각의 기능들이 상호보완적으로 연계·통합되어 유지·발전하고 있다고 본다. 현 사회(산업혁명 이후 등장한 자본주의 사회)에 대해서는 기회균등과 능력주의라는 근대적 가치에 기반하여 개인 자유를 극대화하는 시장 경제와 경쟁을 통해, 물질적 부를 효과적으로 생산하는 체제로 정당성을 부여한다. 반면 갈등이론은 사회는 부를 놓고 갈등하는 계급들로 구성되어 있다고 보는데, 현 사회는 기회균등과 능력주의, 자유경쟁이라는 탈을 쓰고 강자인 자본가 계급이 약자인 노동자 계급을 억압·착취하여 부를 독점하는 체제로서, 투쟁을 통해 극복되어야 할 체제로 본다. 이상을 표로 정리해 본다.

기능론	갈등론
(7) 학교교육을 통해 불평등·사회악 문제 등 사회문제를 해결할 수 있다.	(7) 학교는 피지배계층의 아동을 탈락시키고, 지배층 아동을 상승시키는 효과적 기구로, 능력주의 이데올로기로 그것을 정당화한다.

② 선발 및 배치 기능에 대한 관점

기능론	갈등론
(1) 학교는 능력에 맞는 인력개발 및 훈련을 통해, 능력에 따른 사회진출이라는 능력주의 규범을 현실화한다.	(1) 능력에 따른 사회진출은 허구적이며, 능력주의 교육관은 자본주의적 질서를 정당화(계급 재생산론)한다.
(2) 가정환경을 고려하여, 능력에 따라 분류할 필요가 있다. 적성에 맞는 학습기회를 제공하는 것이 능력개발에 효과적이기 때문이다.	(2) 학교가 일류교, 이류교, 또는 우열반 같은 편성을 통해 계급적 선발과 분배과정을 정당화시킨다.
(3) 학습능력에 맞는 학습방법, 반 편성이 고려되어야 한다.	(3) 학교교육의 선발과정과 선발기능에서, 학생과 교사 간의 상호작용에 계급적 요인이 내재한다.
(4) 적성검사·지능검사·상담 등의 활동으로 최대한 공정하게 적성·학습능력에 맞는 교과과정을 제공한다.	(4) 사무적 편의를 위한 아동선별, 관료주의적 상담실 운영 등을 비판한다.
(5) 아동의 능력과 교과과정, 반 편성, 교과배치 간의 연계성이 고려되어야 한다는 입장이다.	(5) 잠재적 교육과정에도 많은 관심을 기울이며, 그 속에 내재된 계급성을 발견한다.

4) 신교육사회학의 관점과 주요 이론

1970년대에 접어들어, 영국에서는 그동안 기능론과 갈등론의 거시적 관점 연구들의 '투입(input)→산출(output) 모형'의 연구방식에 대한 비판이 일어났다. 구체적 예를 들면, 기능이론은 '학업 성적 차이→사회적 지위의 차이', 갈등이론은 '가정의 사회경제적 차이→일류대학 진학률의 차이' 등으로 상관관계의 가설을 세우고, 투입과 산출 지점의 통계조사를 통해 그것을 검증했다. 여기서 중간과정인 학교 내 교육과정을 무시하고, 블랙박스(blackbox)로 두었다는 것이다[(투입(input)→교육과정→산출(output)].

그리하여 중간과정 즉 학교 내부의 문제로 시선을 돌려, 학교 내 교육과정을 중시하는 이들의 연구를 신교육사회학이라고 불렀다. 이는 기능론적 교육론과 갈등론적 교육론을 일컫는 거시적인 구교육사회학과 대비된 개념이다(김해성 : 171). 즉 사회체제와 교육 관계의 큰 그림을 정의하는 것이 아니라, 미시적 접근으로 구체적 학교현장의 작동을 분석함으로써 학교교육의 역할을 규명하고자 하는 것이다. 그리고 방법론적 측면에서도 사람 숫자 등 통계 자료를 활용하는 실증주의적 접근에 비해, 구체적 현장에서의 개개인 인간의 주체적 행위와 상호작용을 중시하는 해석적 접근법을 적극 수용하기도 했다는 점에서 차이가 있다. 미국에서도 그런 노력이 '교육과정 사회학'으로 지칭되었는데, 같은 범주의 학문적 움직임으로 평가된다.

(1) 신교육사회학의 출발: 영(M. D. Young)의 지식사회학적 시각

영은 1970년 영국에서 "지식과 통제: 교육사회학의 새로운 방향"이란 책을 편집해, 신교육사회학 발달의 계기를 만들었다. 종래의 교육사회학은 학교 내부 현상을 등한시했으나, 이제는 학교에서 가르치고 있는 지식의 사회성에 눈을 돌려야 함을 주장하였다. 지식사회학적 시각에 입각하여 학교 내에서 진행되는 교육과정을 연구하고 해석할 것을 주장하였다. 그는 지식은 사회적 조건의 구속을 받지 않는 절대적인, 따라서 고정적이고 불변적인 어떤 것으로 보는 전통적인 지식관에 이의를 제기하고, 학교가 선택하여 가르치는 선택적 지식교육의 과정이 학교 밖의 권력구조와 어떻게 관련되어 있는가를 밝히려고 하였다. 그리하여 권력자들이 지식 영역들 간의 관계, 습득한 지식내용이나 양에 따른 사람들의 위계 등을 결정한다고 주장하였다. 그는 연구를 통해, 1970년대 영국 교육체제는 엄격한 지식의 계층화에 기초한 학문적 교육과정에 의해 지배되고 있었고, 그 학문 중심적 교육내용에서 높은 성취를 나타내는 학생은 대체로 상층계급 학생들이므로 교육과정이 사회계층의 유지와 깊이 관련되어 있다고 논하였다.

(2) 번스타인(Basil Bernstein)의 어법 연구: 언어사회화와 불평등 재생산

번스타인은 사회계급과 어법에 관한 연구에서, 계층별 언어사회화와 교육과정상의 어법으로 인해 불평등이 세대로 전달되고 유지된다고 주장하였다. 그는 각 계층의 각기 다른 어법이 불평등 전달의 중요한 매개물임을 논증하였다. 노동계층 가족에서는 제한된 어법을, 중간계층은 정교한 어법을 구사하도록 훈련받는다. 그런데 학교에서는 정교한 어법을 정통적인 것으로 요구하기에, 제한된 어법에 익숙한 노동계층 학생들은 상대적으로 빈약한 학업성취를 보일 수밖에 없다. 그리하여 위계적 계층구조가 학교를 거치며 그대로 재생산된다고 한다. 번스타인의 제한된 어법과 정교한 어법은 다음과 같은 차이가 있다.

▌표 5.4 ▌ 제한적 어법과 정교한 어법 비교

대중어(제한된 어법)	공식어(정교한 어법)
하류계층의 사용언어	중상류계층의 사용언어
문법 미흡(단·복수, 시제, 동사 등)	문법에 적합하고 논리적
문장 짧고 수식어 적음	문장 길고, 수식어 많음
비어, 속어를 많이 사용	전치사, 관계사를 많이 사용
추상적·개념적 사고 익숙	추상적·개념적 사고 제한적
문장 외에 얼굴 표정, 행동, 목소리 크기 등으로 감정 표현	이성적 논리로 감정 억제하거나, 감정도 객관화하여 표현

이것을 구체적 상황에서 적용해 본다. 학생이 거실에서 시끄러운 소리를 냈다고 가정했을 때, 어법의 차이가 심한 경우를 예로 들어 본다.

대중어: 야! 입 닥쳐!(눈을 부라리며)
공식어: ○○야! 지금 누나가 공부하고 있는데, 방해되지 않을까? 네 생각은 어때?

위에서 보이듯이, 제한적 어법은 상대방을 고려하지 않고 부모의 입장을 감정 섞어 강요하고 있다. 일방적이고 감각·감정 우위의 문화를 반영하고 있어서, 아동의 주체성이 무시되고, 주체적이고 논리적인 사고가 힘들다. 그리고 국지적 현상에 더 얽매여 있어 그 상황이나 배경에 대한 맥락적 사고도 힘들다. 반면 정교한 어법은 아동의 주체성을 존중하고 주체적 상황 판단의 기회를 주고 있다. 또 그가 처한 환경으로 시야를 넓힐 수 있고, 맥락적 사고를 할 수 있고 그가 받아들여야 하는 사회적 질서에 대한 주체적 인식도 가능하게 한다.

학교교육은 중상류계층의 가치관을 지향하며, 중류계층의 구어인 '공식어'의 구어 양식이 나타내는 주체적이고 논리적인 사고와 활동을 요구한다. 학교에서 가르치는 교과와 학교에서의 교사와 학생의 관계에서는 감각이나 감정보다 상황과의 맥락이나 합리성 등 논리적 측면들이 강조되는 것이다. 제한된 어법의 노동계층 아동은 상대적으로 주체적·논리적 사고력의 부족함으로 인해, 이러한 학교 수업 상황이나 교사와의 관계에서 추상적 언어에 대한 이해나 맥락적 사고가 힘들다. 또 교과내용에서 추상적 의미나 논리적 맥락 파악도 힘들어하게 된다. 결론적으로 학교에서는 정교한 어법이 정통 어법이기에, 학교에서 중상류 계층 학생들은 잘 적응하여 상대적으로 우수한 성적을 얻기에 용이하며, 하류계층 학생들은 뒤지거나 낙오하게 되고, 결과적으로 기존의 계층구조가 재생산되는 것이다.

(3) 애플(M. Apple)의 비판적 교육과정 이론

애플이 1979년에 쓴 「이데올로기와 교육과정(Ideology and Curriculum)(한국어판 「교육과 이데올로기」)」은 교육학계에서 지난 100년 동안 교육학에 지대한 영향을 미친 세계적인 책 20권에 선정되었을 뿐만 아니라, 우리나라에서도 1980년대 이후 진보적 교육 영역에서 꼭 찾아보는 책 가운데 하나이다. 애플은 오랫동안 교육과정의 정치적 성격 분석에 헌신하였으며, 위스콘신대학 대학원에서 교육과정개발론과 초등학교 교육과정 수업을 담당하면서 '기존의 교육과정을 비판적인 통찰력으로 해체하고, 새로운 지식을 개발'하려는 운동을 펼치고 있다(한국교육에 관심 많아, 연구실 문에 우리말로 삐뚤삐뚤하게 자기 이름까지 써두었다고 한다).[8]

그의 핵심적 문제의식은 '교육과정 속에 내재된 지배적 이데올로기가 무엇이며, 그것이 학교 교육을 통하여 어떻게 재생산되고 있는가? 또 거기에 저항할 수는 없는가?'이다. 그 답으로, 애플은 교육과정의 다음의 세 측면을 통해 지배층 위주의 문화적 헤게모니가 관철되어 학생들에게 전수됨으로써, 학생들은 지배층에의 순종을 배우고, 불평등한 자본주의 사회 재생산이 이뤄진다고 한다.

① 공식적 교육과정의 이데올로기성

공식적 교육과정은 자본가 등 지배계층에게 유리한 자본주의 이데올로기의 정당성을 내포하고 그것을 전수하고 있다는 것이다.

> 가. 교육과정은 근본적으로 보수적인 입장을 견지하고 있으며, 지속적으로 '법, 규칙, 권위, 합의'는 강조하고 '갈등'은 나쁜 것으로 피해야 하는 것으로 보게 함으로써, 억압과 갈등의 현실을 보지 못하게 한다. 또 학습 능력보다는 권위와 제도에 복종하는 훈련을 유치원에서부터 최우선 가치로 습득하게 한다.
> 나. 학교 제도가 시장 위주의 시스템에 의해 통제된다. 교육이 취직을 위한 도구로 전락했고, 시험과 취직을 위한 '공부'만 강요하면서 손목을 묶어두고 시스템에 순응하는 사람으로 키운다.
> 다. 사회의 발전이 과학과 산업에 의존한다고 믿게 함으로써 과학, 산업 등의 가치중립적 용어를 통해 지배권력의 자의적 작용을 은폐할 수 있다.
> 라. 자유경쟁을 통해, 개인이 자신의 능력을 최대한 실현할 수 있다고 가르친다. 그리하여 우열로 빈부 차를 합리화한다.
> 마. 훌륭한 삶은 개인으로서 상품과 서비스를 생산하고 소비하는 것이라고 가르친다. 이는 자본을 절대적인 것으로 믿게 하고 그것에 봉

---

8 https://m.blog.naver.com/keat0m01/140055310797.

사하게 하는 것이다.

② 잠재적 교육과정을 통한 순응 교육

애플은 잠재적 교육과정을 통한 순응 교육으로 다음의 예를 든다.

'교사는 좋은 학생이란 조용하고 협조적인 사람이라는 것을 아이들에게 분명히 가르치고 있었다. 어느 날 아침, 한 아이가 두 개의 큰 인형을 가져와서 그녀의 자리에 앉혀놓았다. 첫 시간에 교사는 그 두 인형을 가리키면서 "앤과 앤디야말로 매우 훌륭한 협조자들이야! 그들은 아침 내내 아무 말도 하지 않았어!"라고 말했다.'

③ 교사집단의 관점의 편향

교사집단은 중간층이지만 노동과 자본 사이에 걸쳐있는 소중간층이고, 또 학생들을 사회적으로 상승 이동시키고자 하는 의지를 갖고 있기에, 아래 보다는 '위'를 지향하는 경향이 있다. 그리하여 학생을 대함에 있어서도 중상류층 문화를 지향하고, 중상류층 학생들을 우대할 개연성이 높다.

이러한 교육과정의 세 측면을 통해, 학교교육은 현 자본주의의 지배체제를 정당화하고, 그것에 기꺼이 따르게 하는 지배계급의 문화 헤게모니를 관철시킨다. 그리하여 하류계급이 그들이 차지하게 될 불리한 지위들을 기꺼이 받아들이도록 한다. 그런데 그는 이렇게 지배 계급의 헤게모니를 관철시키는 역할을 하는 학교는, 또한 이 헤게모니에 저항할 기회도 제공한다고 주장한다. 교육은 자본 헤게모니의 기계적 수용과정일 수도, 비판적 인식과정일 수도 있다는 것이다. 애플은 각성한 교사들이 기존 교육과정을 비판하고, 학생들·시민들과 함께 교육과정을 재구성하여, 학교에서 노동계급 헤게모니 교육을 할 수 있다는 것이다. 그는 '학부모나 교사들의 집단적인 활동계획 수립, 교육과정과 수업모형 개발, 정치교육과 다른 단체와의 연대, 교육내용 차원에서 노동자들의 투쟁과 전망을 담아내어 투쟁적으로 나가야 한다는 실천지향적인 대안을 제시하고 있다'고 한다(김천기 : 317). 그러한 예는 우리나라에서도 찾아 볼 수 있는데, 2016년 우리나라의 역사교과서 국정화 반대 운동이 바로 그것이다. 지배권력이 그들의 역사관을 전일적으로 전수하기 위해 역사교과서 국정화를 추진하는 데 대해 역사인식의 다양성·상대성을 주장하며, 교사·학생·시민들이 단결하여 반대운동을 폈고, 결국 국정화를 막아낸 것이다.

(4) 상징적 상호작용론(George H. Mead, H. Blumer, E. Goffman)
① 상징적 상호작용론의 관점

미시적 현장 연구에서, 해석적 접근법을 대표하는 이론 중 하나인 상징적 상호작용론을 빼놓을 수는 없다. 상징적 상호작용론은 거시적 관점이 간과한 개인의 능동적인 사고과정과 행위의 선택, 그리고 타자와의 의사소통 과정에 주목하는 '개개인의 주체적 선택과 행동'에 초점을 두는 이론이다.

인간의 행위는 '상징을 매개로 하는 상호작용'이라 주장한 조지 미드는, 인간은 주체적 존재로 개개인 모두 자기가 부여한 의미에 따라 행동하는 존재라고 보았다. 이때 중요한 것은 객관적인 사회적 조건이 아니라, 개인이 그것을 어떻게 주관적으로 인지하고 평가하느냐 즉, 개인의 상황정의(의미부여)이다. 그것에 따라 현실 행동과 생활이 결정된다. 따라서 인간행동과 상호작용을 이해하기 위해서는, 주체적인 '나(I)'와 타인의 눈이나 사회적 인식으로 인한 '나(me)'의 상호작용을 내포하는 과정인, '자아'와 그 자아가 세계에 대해 부여하는 '의미'를 파악해야 한다. 여기서 의미부여와 개인들의 반응은 모두 제각각일 수도 있으므로, 함부로 예단하지 말고 최대한 그 구체적 현장 상황 및 사람들의 관계 등 제반 사항들의 맥락을 고려하여 '해석'해야 한다.

② 상징적 상호작용론과 교육에의 접근(자기충족예언, 낙인이론)

학교현장의 교사-학생 상호작용에서 교사의 인식이나 기대, 즉 교사가 부여하는 의미에 따라 학생들의 행동이 변할 수 있다. 여기서 상징적 상호작용론은 교사-학생 간에 이루어지는 교사의 기대효과나 낙인 등의 현상을 설명하는 유용한 도구이다(강재태 외, 2010: 69).

가. 자기충족예언(self-fulfillment prophecy, 자성예언, 피그말리온 효과)

로젠탈(Rosenthal)과 제이콥슨(Jacobson)은 실험을 통해, 교사들에게 '성적이 크게 올라갈 것'이라는 기대를 심어 준 집단의 평균이 같은 수준의 타 집단보다 성적이 크게 올라간 것을 증명하였다. 교사의 기대 내지 예언이 학생들에게 영향을 끼친 것이다. 그 실현과정은 첫째, 교사는 자신의 경험·교육관에 따라, 학생에 대해 차별적인 기대를 가지고, 둘째, 이 기대 차는 의식적·무의식적으로 학생들에게 전달되었으며 또 학급 내 상호작용 및 수업실천·평가방식에 반영되었고, 셋째, 학업성취 격차를 초래한 것으로 정리하였다.

나. 낙인이론(labeling theory)

일탈이라는 것은 행위자의 내적 특성이 아니라, 주위로부터의 낙인에 의해 만들어진다는 이론이다. 교사가 어떤 학생을 '바보'라고 낙인 찍으면, 갈수록 의기소침해지고, 진짜 바보 행세를 하게 된다는 것이다. 하아그리브스 등은 교사들의 낙인 과정이 다음의 3단계 과정으로 이루어지고 있다고 밝혔다.

① 추측 단계: 첫인상 형성
② 정교화 단계: 확인 단계(가설 검증 단계), 첫인상이 맞음을 확인함
③ 고착화 단계: 비교적 분명한 개념을 갖게 되는 단계

상기 단계들을 거치며 학생 자신도 스스로 바보인가를 의심하며, 자신에게서 바보의 증거를 찾고, 결국 바보 행동을 하게 된다고 한다.

3. 사회변화와 청소년집단의 변화 탐색

1) 세대갈등의 이면

"틀딱충, 꼰대, 짜증나~, 내비 둬~". 기성세대를 향한 청소년집단의 부정적 표현이다. 역으로 청소년들에겐 "초딩, 중2병, 급식충" 등의 혐오어가 되돌아간다. 심지어 "학교폭력, 은둔형 외톨이, 자해, 아동 성착취…"를 예로 들며, 이기적이고 무기력하고 잔인하기까지 한, '싸가지 없는' 세대라고 한탄하는 기성세대들도 있다. 과연 청소년세대는 그렇게 절망적인가? 혹시 기성세대가 색안경을 끼고 보는 것은 아닌가?

세대갈등의 이면에는, 시대의 변화와 함께 청소년의 삶이나 사회적 위상이 무척 달라졌음에도 불구하고 기성세대가 그들의 변화를 인지하지 못하고, 본인들 기존 경험의 잣대로 청소년을 일방적으로 재단하고 강요함으로써 일어나는 갈등의 측면도 분명 있을 것이다. 여기서는 그러한 점에 천착하여, 청소년집단의 변화에 대해 탐색해 보고자 한다. 특히 2000년대 이후 급격한 사회변화에 따른 청소년의 존재 양식과 사회적 위상의 변화를 살펴보고, 그에 부응하는 청소년집단에 대한 새로운 인식과 대응의 필요성을 제기하고자 한다.

2) 청소년의 삶과 사회적 위상 변화[9]

2000년대 이후 세계화·정보화가 진척되면서, 또 평균 국민소득이 2만 불을 넘어가면서, 상대적으로 과거경험에 덜 얽매인 청소년집단은 보다 빠르고 유연하게 시대적 변화를 수용하고 적응하게 된다. 그로 인해, 청소년집단의 사고와 생활의 변화가 빠르게 나타나고 사회적 위상에서도 적지 않은 변화가 있게 된다.

---

[9] 김융희(2005), 현대한국의 경제성장에 따른 청소년상의 변화에 관한 연구(동국대학교 박사학위 논문) 일부 수정.

(1) 소비 주체로서의 사회적 위상

소위 'IMF 사태'라는 기업 위기 및 경제 위기 상황에서, 기업들은 살아남기 위해 새로운 소비시장 창출을 추구하게 되었고, 앞다투어 청소년들을 새로운 시장 개척의 타깃으로 삼기도 했다. 당시 청소년들은 소비시장에 본격적으로 참여한다.

10대 청소년들은 새로운 성장 동력이었던 IT산업과 사양산업이었던 섬유·신발산업 등의 선도적 소비자 집단으로, 산업 부흥의 주요 동력이 되었다. 예컨대, 국민소득 1만 불 이상의 시대를 살아온 그들은, 금욕과 절약에 익숙한 기성세대에 비해 훨씬 빠른 속도로 2000년대 당시 휴대폰을 소비하며[10] 모바일 문화를 선도하여, 휴대폰 업체들을 세계적 기업으로 키우는 데 큰 역할을 하였다. 또 10대들은 신발 소비의 고급화를 선도하여 몰락해가던 신발산업을 살려내기도 하였다. 특히 10대 여고생들은 마케팅 전문가들이 '일단 10대 여학생들의 눈길만 끌면 절반 이상 성공'이라고 할 정도로, '소비문화의 지존'이라고 불리며 유행의 흐름을 선도하고 사회전체로 확산시키는 역할을 해왔다고 한다.[11] 경제성장이 소비에 달려있는 소비사회에서 청소년 집단은 기업에게 무시할 수 없는 존재가 되고, 국가 경제 운영에서도 적지 않은 변수가 된 것이다.

(2) 생산자로서의 사회적 역할

청소년들은 소위 '알바'라 불리는 청소년 아르바이트를 통해서 생산자로서의 사회적 역할도 맡게 되었다. 2000년대 상당수 통계는 중학생의 최소 30% 이상, 고교생의 최소 40% 이상이 알바를 경험했음을 보여주고 있다.[12]

---

[10] 한국소비자보호원은 10일 "전국의 중·고·대학생 500명을 대상으로 휴대폰 이용에 관한 설문조사를 실시한 결과, 단말기 교체주기가 평균 1년 4개월에 불과했다"고 밝혔다. 교체 이유로는 '고장이나 분실'이 전체의 47.6%로 가장 많았으나 '신형을 구입하기 위해서'라는 응답도 31.6%로 집계됐다(연합뉴스, 중앙일보. 2004. 08. 11.).

[11] 뉴스메이커. 1998. 12. 17.

[12] 전국 중고생 2,278명 대상 설문조사에서는 중학생 34.4%, 고교생 40.5%가 아르바이트를 해보거나 하고 있다고 한다(사회연구사. 한국청소년의 삶과 의식구조. 2003:157). 참여연대의 중고생 1,106명 대

청소년 알바는 신자유주의 양극화 시대에, 영세소매 자본의 인건비 절약을 통한 생존전략과 기업의 소비촉진 전략과도 맞아 떨어졌다. 더욱이 그들의 알바는 의도했든 하지 않았든 간에, 대학생 알바·비정규직과 나아가 정규직의 임금을 낮추는 자본의 의도에도 부합하는 것이었다. 그들은 알바를 함으로써, 사회의 일 주체가 되는 데 있어서 가장 큰 의미를 띠는 '일 생산주체'로서, 경제구조와 임금구조에도 영향을 끼치는 집단이 된 것이다. 그리고 돈을 벎으로써, 교사나 부모·기성세대에 대한 발언권이 강해질 수 있는 물적 근거를 갖게 된 것이다. 이러한 청소년의 생산자 역할은 온라인에서 그 영역을 확대하고 있는데, 자영업이라고도 할 수 있는 유튜버 활동이 대표적이다 (예: 2020년 기준 고3 학생이 운영하는 구독자 30만여 명의 '유정' 채널, 중학생이 운영하는 구독자 100만여 명의 '마이린 TV').

(3) 대중문화 공간에서의 주체적 역할

대중음악에서 청소년들이 선호하는 아이돌 음악이 주류가 되었으며, 음반시장도 10대 청소년들이 주도하고 있다.[13] 대중문화 공간에서의 그들의 주체적 역량은 가수 순위 결정 등 연예인들의 부침에 결정적 영향력을 가질 정도이고, 그들의 연예계에 대한 뜨거운 관심은 TV 프로그램뿐만 아니라 각종 온라인 포털의 검색어 순위 및 (클릭 수에 의해 광고수입이 규정되는) 기사 배치들까지 좌지우지하고 있다. 멀티미디어 환경에서 성장한 그들은 영상·음악·댄스 등에 있어서 감수성과 의욕 등의 측면에서 사실상 기성세대보다 앞서 있다. 대중문화 공간에서의 그들의 영향력은 능력과 의욕으로 뒷받침되어 있다고 하겠다. 10대 연예인들이 맹활약하며, 주변 학교 수준에서도 팬들을 몰고 다니는 댄스 동아리들이 활동하고 있고, 초중고마다 영화나 유튜브 영상을 찍는 학생들이 상당수 있는 것이다.

상 2003년 설문조사에서도 45.3%의 청소년이 아르바이트의 경험이 있다고 대답했다.

13 가온 차트가 2018년 1월 1일부터 12월 31일까지 집계한 음반 판매량 상위 50개 목록을 살펴보면 49개가 아이돌 음반이다(https://blog.naver.com/nickykim156423/221492523025에서 인용).

(4) 온라인 공간에서의 학습과 사회적 역량 축적

마틴 루터의 종교개혁이 한 인간(신자)이 하나님과 직접 접촉할 수 있게 했다면, 인터넷은 한 청소년이 온 세계와 직접 부닥칠 수 있게 해 주었다. 학교에 갇혀 있던 청소년들에게 온라인 세계는 새로운 제2의 삶의 공간이었으며, 그들은 빠른 속도로 변화하는 이 새로운 세상에서 어른들보다 훨씬 유연하고 빠른 적응능력을 보이며, 새로운 생각과 행동의 나래를 맘껏 펼쳤다.

동호회 등 각종 커뮤니티에 참여할 뿐만 아니라, 직접 운영하는 청소년들도 많았는데, 중고생의 최소 20% 이상이 운영자로서 커뮤니티 운영경험을 가지고 있을 정도이다.[14] 2000년대 이후 미니홈피나 블로그 등이 일반화되면서 고교생의 경우 본인 사이트를 운영해 본 사람이 대략 70% 이상에 이를 정도로[15] 온라인상의 능력집단으로 대두하게 된다.

그리하여 그들은 온갖 발랄한 언어와 상징으로 인터넷 문화를 끌어가고 있다. 온갖 외계어와 이모티콘·축약어 등을 만들고 확산하여, 언어생산과 유통을 담당하는 문화권력자로서의 모습까지 보여주고 있다. 이러한 온라인상의 힘은 20대와 함께, 벙개(번개)와 플래시몹의 오프라인 진출문화를 만들기도 하고, 얼짱·몸짱 문화 신드롬을 불러일으켜 세계 최고의 성형수술 국가라는 말까지 나오게끔 하기도 한다.

청소년들의 사회적 진출 관련으로는 2008년 촛불시위에서 드러난 온라인상의 활약상을 들 수 있다. 청소년들은 10대 커뮤니티인 '쭉빵얼짱 카페(http://cafe.daum.net/ok211, 회원 수 7만여 명)' 등 각종 온라인 커뮤니티에서 함께 모여 촛불집회에 대대적으로 참여하였다. 특히 10대 구성원들이 주축을 이룬 온라인 '미친소닷넷' 구성원들이 5월 2일 이후 초기 촛불집회를 주도적으로 진행했다는 사실과, 촛불집회 분위기를 크게 뒷받침해 준 130만여 명의

---

14 김순흥 외(2003), 한국청소년의 삶과 의식구조. p. 191. 사회연구사.
15 2008년 6월 기준 싸이월드의 미니홈피 숫자가 1,800만에 이르고, 블로그의 경우 네이버 블로그가 700만, 다음 블로그 350만에 이르는데, 대다수가 10대와 20대가 운영하는 것이다(http://cafe.daum.net/yalta91/N1Ea/760). 그리고 고2, 3 학생들의 전반적 의견이, 고2 때까지 70% 이상이 미니홈피를 운영한다고 한다.

정권을 반대하는 청원을 주도한 것도 고등학교 2학년인 '안단테'였다는 사실은, 그들의 온라인에 기반한 사회적 잠재 역량을 웅변으로 보여주었다고 할 수 있다. 2016년 11월 촛불집회의 경우에도 주로 온라인상의 네트워킹을 통해, 종로에 전국 중고생 4천여 명이 모여 집단적 목소리를 냈으며, 각지에서의 촛불집회 운영과 참여 경험을 모아『세상을 바꾼 청소년』이란 책을 출간하기도 했다.

이상에서 한국의 청소년집단은 2000년대 이후 본격적인 소비세대이며, 이미 무시할 수 없는 소비집단으로 등장했고, 대중문화 공간에서 어른들보다 더 영향력을 발휘하면서, '알바' 등을 통해 돈도 벌고, 인터넷을 통해 수많은 정보를 실시간 공유하고, 동호회나 블로그 등 자기들의 공간을 만들고, 새로운 언어와 문화로 온라인 세계의 분위기를 선도해 나가고 있으며, 집단참여를 통해 정치적 이슈에도 주장을 펼치고 있음을 살펴보았다.

3) 기성세대의 대응

기성세대는 본인들이 살았던 시대의 경험에 바탕한 삶의 방식을 자식들에게 강요해왔다. 그들은 자식들을 상위권 대학 진학을 위해 '오로지 공부만 해야 하는 존재'로 취급하여, 모든 개인적 욕구나 사회적 권리를 대학 진학 때까지 유예하도록 하고 사회와 단절시켰다. 그들은 새벽부터 자녀들을 학교에 보내고, 방과 후에는 사교육 공간이나 책상에 붙잡아 두어, 입시공부만 하게 하는 것이 부모의 가장 중요한 임무라고 생각하기까지 했다.

현재의 청소년들은 주요한 소비주체이며, 부모세대의 우려에도 불구하고, 이미 사회참여 능력을 갖고 사회와 접촉하며 사회적 역할을 하고 있다. 온라인을 통해 온 세계와 접촉하며 돌아다닐 수 있는 청소년을 오직 책상 앞에만 묶어 두려는 기성세대의 노력에 대해, 청소년들은 변화된 시대 상황에 뒤떨어진 것으로 생각하며, 답답함과 억압감을 느낄 수 있다. 그들은 청소년 입장에 대한 이해가 없는, 기성세대의 소위 '꼰대질'에 마음을 닫고 어른들을 피해 그들이 편하게 함께 호흡할 수 있는, 그들만의 공간을 찾게 된다. 결과적으로 다음과 같은 공간으로 내몰리기도 했다. 상업적 자본이 제공하는 욕구 대리만족 공간인 연예·스포츠 방송, 온라인상 선정·폭력 문화의 공간인 야동 및 일부 게임 공간과, 유흥가와 일탈문화 공간, 심지어 극단적인 좌절과 소외로 인한 자기 폐칩과 자해의 공간으로 가는 경우도 빈발하고 있다. 이 상황에서 기성세대는 어떻게 대응해야 할까? 우선적으로 필요한 것은 청소년 세대의 변화에 대한 이해일 것이다. 아래는 기성세대와 청소년세대 입장에서의 사회의 변화와 청소년 삶의 변화에 대한 비교 표이다.

▌표 5.5 ▌키워드로 본 세대 비교[16]

분야	기성세대(청소년기)	미래세대(청소년기)
사회의 변화	국민소득 200불(1960년대)	국민소득 2만 불(2010년대)
	노동의 양적 투입으로 경제성장	소비와 창의력으로 경제성장
	금욕과 성실 중시	욕구 실현과 창의성 중시
	아날로그	디지털
	위계사회	수평사회
	농촌 출신(60년대 초 도시화율 15% 정도)	도시 출신(현재 농업인구 7% 이내)
	집단주의(획일성)	개인주의(다양성)
청소년 삶의 변화	성공 추구(생존과 출세를 위한 공부)	행복 추구(문화욕구와 자기실현 통한)
	학교 교육이 거의 유일한 지식원	매스컴·인터넷을 통한 세상과 만남
	사고의 경직성(전통적 지식 확보량 중요)	사고의 유연성(변화에 대응한 속도전)
	금욕과 순응이 중요(생활자세)	욕구실현과 소통이 중요(생활자세)
	생산자로서의 정체성(상대적)	소비자로서의 정체성(상대적)
	주지주의적 교과서 지식 축적이 중요	주체적 지식탐구와 사회관계 능력 중요
	상대적으로 위계적·폐쇄적 인간관계	수평적이고 개방적인 인간관계
	금욕적이며 헌신적으로 노동(공부)만 하는 생산자로서의 청소년상 지향	창의성과 협업 능력을 가지며, 욕구와 자아를 실현하는 생산자·소비자로서의 청소년상 지향

---

16 서울시 청소년 지원 정책 및 행·재정 지원체제 개편 방안(서울시의회 연구용역 보고서 2016, 심성보·김융희·이영수 등) p. 46, 필자가 일부 수정.

　　이러한 시대에 따른 청소년 변화와 차이에 대한 이해의 바탕 위에서, 기
성세대는 현재 사회 속에 좀 더 깊이 들어와 있는 청소년집단의 삶, 좀 더
높아진 사회적 위상과 역할을 이해하고 인정하여야 한다. 그리하여 그들의
참여 권리 인정과 그에 따른 제도적 공간을 마련함으로써 소통을 시작할 수
있다. 우선 학교와 교육청에서는 학생자치활동 활성화, 학생 관련 교육정책
에 대한 참여 보장 등 교육의 일 주체로서의 학생 존재 인정을 확실히 하는
제도적 개선이 필요할 것이다. 또 사회적으로는 선거권 등 정치적 권리 확대
나 경제활동의 권리 확대, 지역사회 참여공간 확대를 위한 전향적 논의가 시
작되어야 할 것이다.17 그들의 사회적 권리 인정과 참여 보장이야말로, 그들
에 대한 기성세대와의 소통과 사회적 통합의 필요조건이다. 또 교육적 입장
에서도 권리 인정과 참여 보장은 주체적 의식과 책임감, 그리고 공동체적 삶
의 태도를 체득하게 함으로써 그들을 미래사의 책임주체로 육성하는 지름길
이라고 할 수 있다.

17　아래는 사회적으로 청소년의 권리 인정과 참여 확대를 위한 참고 자료이다.
- 오스트리아에서는 노인 인구의 사회적 의사가 정치적으로 과잉 대표됨을 견제하고 세대 간 균형을
맞추기 위해서, 나아가 젊은 세대의 사회적 동력화를 높이기 위해서 의회에서 압도적 다수의 찬성으
로, 2007년부터 16세 청소년들에게 선거권을 부여하였다. 현재 16세 투표권의 나라는 브라질, 아르
헨티나, 쿠바, 니카라과, 에콰도르 등, 17세 선거권은 북한, 인도네시아, 이란, 수단이다. 또 코스타리
카에서는 12~17세 청소년들이 대통령부터 지방의원까지 투표할 수 있도록 하고 있다(단 결과는 언
론에 공표하되, 당락에는 영향을 미치지 않는다).
- 2014년 청소년 경제활동 참가율 국제비교(단위 %)를 보면, 호주 66.6%, 캐나다 64.2%, 덴마크
61.5%이고 OECD 평균 참여율이 46.7%인데 한국은 28.6%로 최하 수준의 참여율을 기록하고 있다.
- 필리핀에서는 15~17세 전체 청소년의 직접 선거로 지역사회 청소년의회(Sangguniang Kabataan)
를 구성한다. 선거는 필리핀 지방선거 때 바랑가이(자치구 규모) 마다, 15~17세 청소년들을 후보자
로 세우고 그 나이의 청소년들이 투표하여 청소년의회 의장 및 6명의 의원을 선발한다. 이렇게 선발
된 청소년 의원들이 전체 예산의 10%를 운용하고, 청소년 관련 사안과 입법에 의견을 제시하면 바랑
가이 의장(어른)은 이를 반영해야 한다. (심성보 외(2016), 서울시 청소년 지원 정책 및 행·재정 지
원체제 개편 방안, 서울시의회 연구용역 보고서에서 내용 발췌)

토론주제

1. 교육사회학은 우리에게 왜 필요한지, 또 교육자로서의 나의 사회적 존재의미는 무엇인지에 대해 함께 의견을 나누어보자.

2. 특정 교육현상(학교폭력, 자율형 사립고, 사교육 문제 등을 팀별로 선정하여)을 기능이론과 갈등이론의 양 측면에서 비교·분석해보자.

3. 한국 청소년집단은 기성세대와 비교하여 어떤 장단점이 있을지, 그리고 미래 세계사를 이끌 주역이 될 수 있을지에 대해 근거를 들어 토론해보자.

참고문헌

강순원 편역, 앨버트 헨리 할지 외(2011), 우리시대를 위한 교육사회학 다시 읽기, 한울아
　　카데미.

강재태 외(2010), 교육사회학, 교육과학사.

김병성(1992), 교육사회학 관련 이론, 양서원.

김신일(2018), 교육사회학, 교육과학사.

김신일·박부권(2005), 학습사회의 교육학, 학지사.

김영화(2020), 교육사회학, 교육과학사.

김융희(2005), 현대 한국의 경제성장에 따른 청소년상의 변화에 관한 연구, 동국대학교
　　박사학위 논문.

김융희(2010), 2008년 한국의 촛불시위와 청소년의 시민성, 제2회 세계청소년학대회 자료집.

김종두(2013), 교육사회학, 교육과학사.

김천기(2013), 교육의 사회학적 이해, 학지사.

박부권 외 역(2001), 마이클 애플 저, 학교지식의 정치학, 우리교육.

심성보 외(2016), 서울시 청소년 지원 정책 및 행·재정 지원체제 개편 방안, 서울시의회
　　연구용역 보고서.

오욱환(1999), 사회변동과 교육과의 관계에 대한 이론의 구성(The Journal of Korean
　　Education, Vol. 26, No. 2, pp. 75-113).

이건만(1996), 마르크스주의 교육사회학, 교육과학사.

이종각(2005), 교육사회학총론, 동문사.

이해성(2012), 교육사회학 이론 입문, 문음사.

한국청소년개발원 편역(1998), 세계청소년장관회의 자료〈청소년정책과 프로그램에 관한
　　리스본선언〉.

한국청소년개발원(2003), 청소년의 시민권 증진방안 연구.

언론기사: 한겨레신문, 중앙일보, 연합뉴스, 뉴스메이커.

교육학개론

INTRODUCTION TO EDUCATION

6

PART

교육심리학

교육심리학

PART 6

📚 **학습개요**

일반적으로 심리학은 인간의 행동과 심리를 연구하는 학문으로 정의된다. 이 정의를 활용하면, 교육심리학은 교육현장(맥락)에서 발생하는 심리적 과정과 요인들을 연구하는 학문으로 정의될 수 있다. 심리적 과정이란 우리가 특정 상황에서 무엇을 느끼고 지각하며 생각하고 행동하는가를 의미한다. 수업의 과정에서도 교사와 학생들은 상호작용하면서 무언가를 느끼고 사고하고 이를 행동으로 나타낸다. 교사와 학생 간의 상호작용은 미시적 교육환경이라고도 볼 수 있는데, 이러한 상호작용은 학습자의 추후 발달의 토대가 될 수 있는 동시에, 학습자의 심리적 특성에 대한 이해를 기반으로 이루어질 필요가 있다. 교사는 이러한 이해를 토대로 매 순간 학생의 발달을 최적화하는 의사결정을 내릴 수 있고, 효과적인 학습을 도모하는 환경을 설계할 수 있기 때문이다. 또한 학습자에 대한 이해는 학생에게 다가가 전문적인 도움을 제공하고 동기를 높이며 개별 학생에게 헌신하는 태도의 기초가 된다. 이 장에서는 학습자가 어떻게 발달하고 학습하는지를 살펴볼 것인데 학습과 발달의 신경학적 토대인 뇌에 대한 이야기부터 시작한다.

1. 인간발달과 교육

1) 발달의 기초와 가소성

교육하고 교육받는 존재로서의 인간은 다른 종과 비교하여 어떤 이점들을 가지는가? 인간은 다른 동물에 비해 유아 상태로 있는 기간이 길며 이 기간 동안 집중적인 양육을 받아야 하는 존재이다. 이러한 점은 동물에 비해 환경에 따라 변화할 수 있는 가능성을 더 많이 허용한다. 동물은 오랜 기간 동안 적소를 형성해왔던 주어진 환경 안에서 주로 살아가기 때문에 선천적 능력(본능)만으로도 충분히 잘 적응하고 살아갈 수 있지만, 인간은 자신들이 만들어낸 문화를 이용하여 환경을 변경하고 새로운 적소를 구성할 수 있다. 인간은 새로운 변화에 적응하기 위해 계속적으로 학습해야 하는 존재이다.

어떤 문화 내에서 어떤 경험을 하는가에 따라 매우 다양한 발달 경로를 밟아 갈 수 있기 때문에 양육과 교육은 특히 인간에게 매우 중요한 발달의 영향 요인이라고 할 수 있다.

발달은 수정의 순간부터 죽음에 이르기까지 인간 유기체에 발생하는 모든 변화를 의미한다. 연령이 증가하면서 소박한 구조는 좀 더 복잡해지고, 기능은 좀 더 효율적이 되고 다양해진다. 발달은 긍정적 변화와 부정적 변화를 모두 포괄하는데, 신체적 노화와 기능 저하가 발생하는 생의 후기에 비해 생애 초기에는 주로 긍정적인 변화가 발생한다. 발달은 성숙 및 학습 개념과 구별되는데, 성숙이 옹알이, 걷기, 2차 성징의 출현 등 유전적 청사진에 의해 자연스럽게 나타나는 생물학적 변화라면, 학습은 환경의 영향하에 후천적 경험을 통해 발생하는 변화라고 할 수 있다. 발달은 생물학적 변화(성숙)와 경험에 의한 변화(학습)를 모두 포괄하는 보다 광범위한 변화 과정이다. 학습과 발달 개념을 교차적으로 사용하는 경우가 있는데 발달은 학습보다 큰 개념이며, 보다 점진적으로 진행된다. 예컨대 모국어 습득은 생물학적 성숙과 경험이 모두 필요한 발달이지만 외국어 습득은 경험에 의한 학습이다.

인간의 발달이나 변화 가능성을 이해하기 위해서 인간 뇌의 특성에 대해 이해할 필요가 있다. 인간 뇌와 신경체계는 인간의 인지 작용, 사고 및 학습, 행동을 가능하게 하는 물질적 기반이다. 뇌는 특유의 가소성으로 인해 인간이 어떤 환경에서도 적응할 수 있게 해준다. 가소성은 특정한 세포들의 연결로 인해 감각과 운동의 결합이 이루어질 때 발생한다(Greenfield, 2015). 외부 자극이나 경험에 의해 세포와 세포 간의 연접부인 시냅스가 강화되고 해당 뇌 영역에 변화가 발생하면, 이는 다시 원래 상태로 되돌아가지 않고 새로운 경험을 하게 되기까지는 그대로 유지된다. 우리의 경험은 말 그대로 뇌에 흔적을 남기게 되는 것이다. 생후 3년간 시냅스 생성은 최고조에 달하고, 이후부터는 필요 없는 시냅스는 정리되고 필요한 시냅스는 해당 부위의 활동을 통해 더욱 강화되면서 뇌 작용이 보다 효율적이 된다. 생의 초기에 시냅스 형성이 최고조에 도달한다는 사실 또한 가소성을 보여주는 것인데,

인간은 어떤 환경에서 어떤 경험을 하며 성장할지 모르기 때문에 생후 몇 년 간 최대한의 시냅스를 형성하여 새로운 자극에 준비할 수 있도록 하고, 불필 요한 시냅스는 정리하여 좀 더 효율적으로 기능할 수 있게 하는 것이다.

뇌의 가소성에는 크게 적응가소성과 회복가소성이 있다. 적응가소성은 새로운 경험에 따라 뇌의 구조와 기능이 변화되는 성질을 의미한다. 오랫동안 인간 뇌에 대해 불변성의 관점이 강하였고, 특히 뇌의 변화는 3세 이전에 완 성되므로 뇌 발달을 위해서는 어릴 때 많은 자극을 제공해야 한다는 주장이 우세하였다. 그러나 지금은 다양한 뇌 관련 연구들이 아동뿐 아니라 성인들의 경우에도 오랜 기간의 지적 활동을 통해 뇌 구조가 변화된다는 것을 보여주고 있다. 예컨대, 런던 유니버시티 대학교의 엘리너 매과이어(Eleanor Maguire) 연 구진은 런던 택시기사의 뇌를 촬영하여 이들의 해마 부위가 다른 사람들에 비해 더 두껍다는 것을 보여주었는데(Maguire et al., 2000), 이는 작업기억을 관장하는 해마 부위가 반복적인 택시 운행과 기억 활동을 통해 더 강화되었 음을 보여주는 것이다. 마치 운동에 의해 근육이 강화되는 것처럼 반복적인 인지활동은 뇌 특정 부위의 시냅스 연결을 더욱 강화하여 해당 기능을 더 효 율적으로 만든다고 할 수 있다.

회복가소성은 사고나 질병으로 인해 뇌의 특정 부위에 손상을 입었을 때 다른 부위가 그 기능을 대신하거나 계속적인 자극 입력을 통해 자체적으 로 회복하는 특성을 말한다. 특히 어린 시기에는 뇌의 놀라운 회복력을 보여 주는데, 예컨대 좌측 뇌에 병변이 있는 아동의 경우 언어기능이 발달하는 데 장애가 발생할 수 있지만 꾸준한 재활훈련을 통해 뇌의 다른 부위에서 언어 기능을 담당할 수 있다. 출생 직후 뇌졸중으로 인해 왼쪽 뇌가 심하게 손상 된 아동이 오른쪽 팔다리를 제대로 움직일 수 없었지만 생후 2년이 지나면서 뇌의 손상된 조직을 우회하는 신경 회로가 만들어지면서 원래 기능을 회복한 사례(Greenfield, 2015)에서도 알 수 있듯이, 인간 뇌는 적응을 위해 끊임없이 변화한다.

그러나 뇌의 가소성이 모든 연령에서 동일한 정도로 나타나는 것은 아 니며 특정 기능에서는 결정적 시기(critical period)가 존재한다. 결정적 시기란 특정 자극이 뇌 발달에 중요한 영향을 미치는 제한된 생물학적 시기를 말하며, 이 시기를 놓치면 관련 자극에 노출된다고 하더라도 기능을 회복할 수 없거나 회복하기가 어렵다. 예컨대, 모국어 발달은 생후 5년에서 사춘기까지 아동이 자신이 속한 문화의 언어자극에 노출되어야 이루어질 수 있다(Shaffer & Kipp, 2014). 이 시기를 놓치면 그 이후 언어 자극에 노출된다고 하더라도 언어의 습득이 어려울 수 있다. 어릴 때 언어적 자극이 박탈당한 채 성장한 소녀 지니(Genie)의 사례(Curtiss, 1988)가 이를 잘 보여준다. 지니는 아버지의 학대로 사람들과의 상호작용의 기회를 갖지 못한 채 성장하다가 사춘기가 지나서야 구어를 배우기 시작했는데, 단어의 의미를 배우고 의사소통하는 데는 문제가 없었지만 언어의 통사론적 규칙을 사용하여 문장을 만들어내지는 못했다. 이러한 결과는 모국어의 다양한 기능을 습득하기 위해서는 일찍 모국어에 노출되어야 함을 보여준다. 그러나 언어 이외의 대부분의 기능들에 대해서는 결정적 시기보다는 완화된 표현인 민감기라는 용어가 더 적합하다. 결정적 시기는 되돌릴 수 없음을 의미하지만, 민감기는 특정한 자극이나 경험에 특히 민감한 시기가 있다는 개념으로, 이 시기를 지나도 회복이 불가능한 것은 아니라는 점을 강조한다.

한때 특정 기능을 단독으로 담당하는 뇌 중추가 존재한다는 편재화(localization) 관점이 지배적이었지만, 현재는 특정 기능이 나타나기 위해서는 뇌의 여러 부위가 동시에 작용하고 서로 소통해야 한다는 상호작용적 관점이 우세하다(Greenfield, 2015). 신경학자 리사 펠드먼 배럿(Lisa Feldman Barret, 2017)은 마음을 구성하는 핵심 체계들이 복잡한 방식으로 상호작용하며 이 과정에서 원래 없던 새로운 속성이 생겨날 수도 있음을 강조한다. 이러한 관점은 뇌의 가소성이나 변할 수 있는 성질을 더욱 부각시킨다. 뇌는 진화와 유전만의 산물이 아니며 평생에 걸쳐 접하는 자극과 경험에 의해 재배선되므로 살아가면서 어떤 경험을 하는가는 뇌(마음)의 형성에 매우 중요하다고 할 수 있다.

2) 인지발달

학교에서 교사는 학생의 발달 수준과 특성에 대해 이해하고 있어야 한다. 발달은 신체, 인지, 정서, 사회성 등 다양한 영역에서 이루어지는데, 이들 영역은 독립적으로 발달하기보다 서로 영향을 주고받으며 발달한다. 인간은 신체적, 인지적 및 정서·사회적 존재이며, 이들 요소 각각은 다른 발달 영역에서의 변화와 밀접한 관련을 가지면서 통합적인 자아를 형성하는 데 기여하게 된다 (Shaffer & Kipp, 2014). 이 장에서는 특히 인지발달에 초점을 둘 것인데, 학생의 인지발달에 대한 이해는 교육과정을 구성하고 수업을 조직하는 데 있어 매우 중요하기 때문이다. 그럼에도 인지발달이 정서나 사회성과 같은 다른 측면의 발달과 독립적으로 이루어지지 않는다는 점을 유념해야 한다. 인지(cognition)는 인간이 지식을 습득하고 사용하는 데 관여하는 정신과정을 의미한다. 정서, 행동과는 다른 개념으로 정신행위 일반을 총칭하는 개념이라고 할 수 있다. 총칭으로서 인지에는 주의, 지각, 기억, 개념형성, 문제해결, 사고 등의 개념이 포함된다. 이러한 정신행위가 연령에 따라 변화하는 것을 인지발달이라고 한다. 이 절에서는 인지발달 이론의 대표적인 학자인 피아제와 비고츠키의 이론에 대해 소개한다(성격이나 사회성 발달 관련해서는 이 책의 제10장 참고).

(1) 피아제의 인지발달 이론

장 피아제(Jean Piaget)(Ginsburg & Opper, 1988)의 주요 관심은 발생론적 인식론(genetic epistemology)이다. 발생론적 인식론은 인간의 앎(인식)이 어떻게 발생하여 시간에 따라 어떻게 변화하는지를 연구하는 학문이다. 피아제는 인식의 발생과정을 설명하면서 인지와 지능 개념을 교차적으로 사용하고 있는데, 그의 이론에서 지능 개념은 매우 포괄적이다. 그에 의하면 지능은 유기체가 주변 환경에 적응하도록 도와주는 기본적인 정신기능

▶ 피아제(1896-1980)

이라고 볼 수 있다. 모든 지적 활동은 주변 환경과의 조화로운 관계를 생성하는 것을 주요 목표로 갖는데, 이때 아동은 주변 환경과 상호작용하면서 세계를 능동적으로 탐색해간다. 피아제는 인지발달의 기제를 설명하기 위해 도식, 적응, 동화, 조절, 평형화와 같은 개념들을 사용하였다.

① 인지발달의 기제

도식(스키마)은 유기체가 갖는 정신구조(또는 인지구조)의 가장 기본적인 단위를 말한다. 세상을 이해하기 위한 기본적인 구조 틀(framework)이라고 볼 수 있으며, 정신도식과 행동도식으로 구분된다. 행동도식이란 반복적으로 나타나는 행동의 패턴이며 어린 시기에는 정신도식보다 행동도식을 더 많이 사용한다. 영아가 물건을 잡거나 입에 들어오는 물체를 무조건 빠는 것은 각각 '잡기', '빨기' 도식을 사용하여 세상을 이해하고자 하는 시도이다. 최초의 도식은 반사(본능적 행위)이지만, 선천적인 반사는 곧 경험을 통해 더욱 세련된 도식으로 발달해간다. 환경과의 상호작용을 통해 아동이 자신의 인지구조(도식)를 구성해간다고 본 점에서 피아제는 상호작용적 구성주의자라고 할 수 있다.

적응이란 인간의 정신구조를 환경의 요구에 맞추어가는 과정을 말한다. 아동이 새로운 자극을 만나거나 새로운 경험을 하게 될 때 안정적인 인지구조(도식)의 평형 상태가 깨지면서 불평형을 경험하는데, 이때 아동은 동화(assimilation)나 조절(accommodation)의 과정을 통해 평형 상태를 회복해야 한다. 여기서 동화란 새로 들어오는 정보가 자신의 도식에 맞지 않을 때 이를 도식에 맞게 해석하는 과정이다. 조절은 새로운 정보와 도식 간의 괴리가 너무 클 때 자신의 도식을 경험에 맞게 재구성하는 과정이다. 영아는 처음에 잡기 도식을 이용하여 손에 들어오는 것은 무엇이든지 꽉 잡는다. 이때 딱딱한 우유병이 아닌 종이팩에 든 우유를 주었을 때 이 또한 꽉 잡게 된다. 새로운 경험을 자신의 도식에 맞게 해석하는 것이다(동화). 그러나 안의 내용물이 넘친다는 사실을 경험하면 조금씩 손의 잡는 모양이나 힘을 조절하게 된다(조절).

인간은 언어를 사용하기 시작하면서 주변 환경의 많은 것에 명칭을 부여하고 이러한 명칭으로 사물을 나타내게 된다. 처음 낱말은 주로 사물을 지칭하기 위해 사용되지만 경험이 증가하면서 일반 의미를 담고 있는 개념이 된다. 개념은 소박한 개념에서 점차 복잡한 개념구조로 발전하는데 이러한 과정에서 동화와 조절이 작용한다. '아빠'라는 명칭을 사용하여 아빠를 지칭하던 아동은 아빠와 유사한 성질들을 갖는 대상(예컨대, 이웃집 남자 어른)에도 아빠라는 명칭을 일반화하여 사용한다. 이러한 현상을 동화라고 한다면, 이제 아빠라는 낱말을 자기와 함께 사는 남자 어른에만 사용할 수 있음을 알게 되면서 인지구조에서 조절이 이루어진다. 이처럼 아동의 발달은 동화와 조절의 과정을 통해 자신의 앎과 이해를 구성하고 정교화해가는 과정이라고 할수 있다. 평형화란 인지구조에 불평형(인지갈등)이 발생했을 때 이러한 불평형을 동화나 조절을 통해 다시 평형상태로 바꾸는 과정을 말한다. 연령이 증가하면서 더 많은 경험을 하게 되고 더 많은 자극을 접하게 됨으로써 불평형의 가능성은 더 증가하고, 평형화를 통해 불평형을 해소하는 과정에서 상위 단계로의 진보와 발달이 이루어진다고 볼 수 있다.

② 인지발달 단계

피아제는 평형화의 과정을 거쳐 이루어지는 발달을 크게 네 가지 단계로 구분하였다. 단계는 아동 사고의 질적인 차이를 반영하는데, 피아제는 각 단계에서 보여주는 사고양식이 그 자체로 적응을 위한 고유한 가치를 갖는다고 보았다. 즉, 아동의 사고는 성인의 사고에 비해 열등한 것이 아니라 질적으로 다르다고 봄으로써 아동 사고의 고유한 가치를 강조하였다. 인지발달 단계는 각각 감각운동기(sensory-motor stage), 전조작기(pre-operational stage), 구체적 조작기(concrete operational stage), 그리고 형식적 조작기(formal operational stage)로 구분된다.

감각운동기는 0~2세까지의 연령단계를 말하며, 이 단계에서는 세상을 이해하기 위해 주로 감각작용과 운동기능을 사용한다. 감각운동기에서 영아는 모방, 문제해결, 대상영속성 개념을 보여주는데, 이러한 정신행위는 선천적인 반사가 경험을 통해 더욱 정교화된 것들이다. 대상영속성 개념은 물체가 눈앞에서 사라져도 그 물체가 계속해서 존재한다는 개념이다. 휴대폰을 가방 안에 두어도 우리는 그 휴대폰이 여전히 존재한다는 사실을 알고 있다. 피아제는 이러한 대상영속성 개념이 생후 8개월을 전후로 습득된다고 보았다. 그 이전의 영아들은 주로 감각작용과 운동기능을 통해 세상을 이해하기 때문에 실제 감각되지 않는 것들은 존재하지 않는다고 생각한다. 예컨대, 영아에게 놀잇감을 주고 놀게 하다가 이불로 놀잇감을 덮었을 때, 대상영속성 개념을 습득한 영아는 이불을 들어 올려서 놀잇감을 찾으려고 하지만 대상영속성 개념이 없는 영아는 이내 관심을 잃고 다른 대상으로 주의를 돌릴 것이다. 물체가 보이지 않아도 어딘가에 있음을 아는 것은 물리적 세계에 대한 지식이며, 이러한 지식은 주변 환경과의 상호작용을 통해 더욱 정교화된다.

전조작기는 2~7세 연령 시기를 말하며, 본격적으로 언어와 상징을 사용하는 시기이다. 2세 정도가 되면 아동은 언어를 사용하기 시작하면서 환경 속에 있는 대상을 개념의 형태로 머릿속에 표상하게 된다. 언어는 대표적인 상징체계로 대상을 직접 보거나 접하지 않고도 생각을 표상할 수 있게 해준다. 이 시기에 아동이 즐겨서 하는 놀이는 가장놀이(pretend play)이다. 가장놀이는 다양한 상황에서 특정 역할을 수행하는 놀이이며, 실제 대상이 아닌 대용물을 실제 대상의 상징으로 사용하게 된다. 언어나 가장놀이와 같은 상징의 사용은 세상에 대한 보다 세분화된 표상을 가능하게 하며 정신도식의 발달을 촉진시킨다. 그러나 전조작기의 아동 사고는 아직 논리적이지 않으며, 이 시기에는 직관적으로 두드러진 특성에 초점을 두는 직관적 사고가 지배적이다.

구체적 조작기는 7~11세 연령 시기를 말한다. 구체적 조작기에 도달하면 이제 아동은 직관적 사고에서 논리적 사고로 전환하게 된다. 이때 조작이란 사물과 대상의 관계를 보이는 그대로가 아니라 논리에 의해 생각하는 정신행위를 말한다. 이 시기에 나타나는 주요 특성으로 보존개념이 있다. 보존개념이란 물체의 외양이 바뀌어도 본질은 바뀌지 않는다는 개념으로, 수, 질량, 양, 무게 등 다양한 영역에서 순차적으로 나타난다. 예컨대, 양의 보존개념의 경우, 넓고 짧은 유리잔에 있는 물을 좁고 긴 유리잔에 부으면 물의 외

양은 바뀌어도 물의 실제적인 양은 바뀌지 않는다고 생각하는 것이다. 단지 모양이 다른 잔에 동일한 양의 물을 부은 것이므로 논리적으로 물의 양은 달라지지 않아야 한다.

마지막으로, 피아제가 11세 이후에 시작된다고 보았던 형식적 조작기에서는 조작을 추상적 대상과 관련하여 수행할 수 있다. 구체적 조작기에는 아직 아동의 사고가 '지금, 그리고 여기'라고 하는 현재적 맥락에 매여 있지만, 형식적 조작기에서는 개념과 명제를 바탕으로 정신활동을 할 수 있게 된다. 형식적 조작기의 아동은 연역적 사고, 귀납적 사고와 같은 다양한 추론을 할 수 있고, 사고가 더 이상 현재에 매여 있지 않기 때문에 가설적이거나 가상적인 것에 대해 생각할 수 있다. 그러므로 구체적 조작기에 있는 아동에 비해 가능한 미래를 상상하고 계획하며 현실과 모순되는 개념에 대해서도 사고할 수 있는 특성을 갖는다.

피아제의 이론은 아동 사고의 발달을 단계적으로 구분함으로써 각 단계에 필요한, 혹은 적절한 교육내용이나 교육방법을 결정하는 데 도움을 줄 수 있다. 학생이 가장 잘 배울 수 있는 환경은 다양한 대상을 가지고 실험하거나 탐색할 수 있는 환경이며, 이러한 경험을 통해 아동은 세상에 대한 이해와 지식을 구성해간다. 피아제의 발달이론은 인간의 지적 발달에 대한 체계적이고 통합적인 이해를 가능하게 하였고, 현재 강조되고 있는 학습자 중심 교육에 영향을 미쳤다. 세상을 탐색하고자 하는 아동의 선천적인 호기심과 능동성을 강조함으로써 발달의 주역으로서의 아동 역할을 강조한 점은 당시로서는 혁신적이었다고 볼 수 있다. 그러나 피아제는 맥락이나 지식 영역과 무관하게 단계 간 전이는 보편적으로 이루어지며 모든 문화권의 아동들이 동일한 발달경로를 밟아간다고 봄으로써 발달에 대한 사회문화적 영향을 간과했다는 비판을 받았다.

(2) 비고츠키의 인지발달 이론

러시아의 심리학자 레프 비고츠키(Lev Vygotsky, 1978, 1986)는 아동 발달이 당대 심리학자들이 생각하는 것보다 훨씬 더 많이 사회문화적 영향을 받는

다는 점을 강조하였다. 비고츠키의 이론은 문화역
사적 이론(cultural-historical theory)이라 불리는데,
문화역사적 이론은 특정한 역사적 시기에 인간의
집단적인 문화적 활동에 의해 생성되고 사용되는
문화적 도구(언어, 기호, 테크놀로지 등)가 아동 발달
의 특별한 경로와 내용을 결정한다고 보는 관점
이다. 비고츠키 이전의 아동 발달심리학은 아동
발달의 과정에서 자연적 발달과 문화적 발달이
너무나 복잡하게 얽혀 있어서, 흔히 자연적 발달

▶ 비고츠키(1896~1934)

로 간주되었던 특성들이 특정 문화에 의해 조성된다는 점을 간과해왔다. 아
동이 발달하면서 보이는 많은 특성은 사실 태어나자마자 문화의 세례를 받으
며 변화하는 것들이다. 예컨대, 지능검사에서 특정 집단의 우수한 수행은 유
전적이거나 생물학적인 요인에 의한 것이 아니라, 특정한 문화적 환경 내의
특정한 문화적 도구 사용에 의해 가능해진 것이라는 점을 강조한다. 즉, 오
늘날의 아동발달은 사용된 문화적 도구가 다른 역사적 시기의 아동발달과 그
경로와 내용에서 동일할 수 없다는 것이 문화역사적 이론의 핵심이다. 비고
츠키가 특히 중요하게 생각했던 문화적 도구는 언어이다. 인간은 태어나는
순간부터 입말을 통해 자신이 속한 문화의 보다 성숙한 구성원들과 상호작용
하면서 세상에 대한 의미를 공유하고 내면화해간다. 그러므로 비고츠키 이론
에서 문화와 언어, 사회적 상호작용은 아동발달의 핵심 요소라고 할 수 있다.

① 고등정신기능의 사회적 발생

비고츠키는 정신기능을 자연적 기능과 문화적 기능으로 구분하였고 각각
의 기능이 발달하는 것을 자연적 발달 노선과 문화적 발달 노선으로 칭하였
다. 자연적 기능은 인간이 선천적으로 가지고 태어나는 반사(본능)나, 성숙을
통해 발달하는 기능을 비롯하여 학습된 반응(습관)을 포함한다. 문화적 기능은
아동이 주변 사람들과 상호작용하면서 습득하는 그들 문화의 지식과 기능으
로 구성된다. 비고츠키는 인간의 정신기능이 문화적 도구의 매개 작용에 의해

자연적 기능에서 문화적 기능으로 전환된다고 보았고, 특히 언어 사용은 아동의 발달을 그 이전과는 전적으로 다른 단계로 도약시킨다고 보았다. 언어를 사용하기 전에도 아동은 사고를 할 수 있고 또 사고와 분리된 언어행위(예: 옹알이)도 있지만, 언어를 사용하기 시작하면서 인간의 지적 수행은 언어 사용과 불가분의 관계를 갖는다고 주장하였다. 언어와 사고가 독립적인 발달 경로를 밟아가는 것이 아니라 서로 합금되어 함께 발달하는 것이다.

모든 심리기능에는 자연적으로 성숙하는 기능과 문화적으로 습득되는 것들이 있다. 예컨대, 기억의 경우 지각한 대상이나 경험한 것을 즉각적으로 떠올리거나 기계적으로 기억하는 것은 자연적 기억이지만, 기억을 오래 유지하기 위해 범주화나 특정한 전략을 사용한다면 이는 문화적 기억이라고 할 수 있다. 문화적 기능은 처음에는 사람과 사람 간에 발생한다. 기억술을 이용하여 기억하는 아동은 처음에 그 기억술을 누군가로부터 전달받았을 것이다. 아동은 양육자와의 상호작용을 통해 함께 문제를 해결하고 대화를 나누며 그들 문화의 규범을 받아들이고, 가치 있다고 여겨지는 기능(예컨대, 기억하기)을 숙달시킨다. 이러한 문화적 기능의 발달은 아동의 내부에서 시작하지 않으며 늘 누군가와 함께 하는 활동으로부터 시작된다. 이렇게 사회적 상호작용 중에 발생한 문화적 기능은 아동 내부로 내면화되어 아동의 내적 기능이 된다.

이를 좀 더 자세히 살펴보자. 문화적 발달 과정에서 처음에 아동은 어른과 함께 특정한 문화적 행위를 수행한다. 예컨대, 조각퍼즐(jigsaw puzzle) 맞추기 게임에서 아동은 처음에 어른과 함께 과제를 수행한다. 어른은 과제의 규칙을 알려주거나 행위를 지시하고 안내함으로써 과제 수행을 주도한다. 수행이 반복되면서 아동은 좀 더 능숙해지고 더 이상의 도움 없이도 혼자 문제를 해결할 수 있게 된다. 이때 자신의 수행을 보조하기 위해 '혼잣말'을 사용하는데 이 혼잣말은 언어가 사회적·의사소통적 기능에서 지적이고 내적인 기능으로 전환하는 과도기적 단계에서 발생한다. 혼잣말은 아동이 과제 수행에 보다 능숙해질수록 더 이상 입 밖으로 발화되지 않고, 머릿속에서 말로 하는 생각의 형태로 전환된다. 이처럼 언어는 처음에는 사람과 사람 간의 의사소통 기능을 수행하다가 혼잣말로 전환되고, 이것은 다시 내적 말(내면에서 발화되는 말)로 변하게 된다. 내적 말이 더 발달하면 이는 순수한 사고가 된다. 비고츠키의 이론에서 인간의 모든 고등정신기능은 이처럼 사회적으로 발생하여 내면화 과정을 통해 내적 말의 형태로 전환하게 된다.

② 근접발달영역과 비계설정

비고츠키 이론에서 중요한 개념 중의 하나는 근접발달영역이다. 근접발달영역(zone of proximal development)이란 아동이 혼자서는 할 수 없지만 누군가의 도움을 받아서 과제를 수행할 수 있는 발달의 영역을 일컫는다. 즉, 근접발달영역은 학습자가 독립적으로 수행할 수 있는 실제적 발달 수준과 보다 능숙한 사람의 도움을 받아 수행할 수 있는 잠재적 발달 수준 간의 차이 지역을 말한다(〈그림 6.1〉 참조). 예컨대, 피아제가 사용한 인지과제에서 동일한 점수를 받은 아동들은 현재 같은 발달 수준에 있다고 볼 수 있다. 그런데 혼자서는 해결할 수 없었던 문제를 누군가의 도움을 통해 해결하는 과정에서, 한 아동은 도움을 받아도 문제를 해결할 수 없었지만 다른 아동은 약간의 힌트만으로도 문제를 해결할 수 있었다면 두 아동의 근접발달영역은 다르다고 할 수 있다.

이때 아동의 근접발달영역에서 제공되는 외부의 도움이나 보조를 비계설정(scaffolding)이라고 한다. 비계설정은 다양한 형태를 취할 수 있다. 교사가

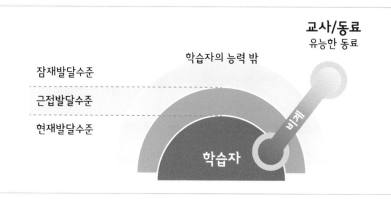

▮ 그림 6.1 ▮ 근접발달영역

수업내용을 설명할 때 아동의 수준에 맞는 언어나 개념으로 재진술하거나, 아동의 사고를 촉진하는 질문을 사용하거나, 아동이 모방할 수 있도록 모델링이나 시범을 보여주는 등 아동의 수행을 보조하기 위해 제공되는 외부 도움은 모두 비계설정에 해당된다. 비계설정 시 초반에는 외부에서 도움이 제공되지만 아동이 인지수행에서 보다 능숙해질수록 도움은 자기도움(예컨대, 혼잣말)의 형태로 바뀐다. 교사는 새로운 교수학습 활동에 민감한 아동의 발달지대(근접발달영역)를 잘 파악하여 적절한 비계를 설정하는 역할을 담당할 수 있다.

비고츠키 이론은 현대 교육에 많은 시사점을 주고 있다. 비고츠키는 인간의 능력이 고정된 것이 아니라 문화나 과제의 특성이라는 점을 분명히 하고 있다. 학생이 특정한 인지 수행을 나타내지 않는다면 그것은 생물학적인 능력의 한계 때문이 아니라 적절한 문화적 도구의 혜택을 얻지 못했기 때문이다. 마찬가지로, 특정한 사회적 집단 간에 수행 차이가 발생한다면 그것은 그 집단의 유전적 특성 때문이 아니라 사회역사적 조건 때문이다. 현재의 능력을 새로운 학습을 할 수 있는 준비도나 절대적인 기준으로 보지 않고 문화의 특성으로 보았다는 점은 학습자가 능력을 수행으로 끌어올리기 위해 문화적 도구에 대한 접근성을 가져야 함을 시사한다.

특히 특수교육의 맥락에서 비고츠키는 사회문화가 인간의 전형적인 유전적·생물학적 특성에 부합하여 형성되므로, 생물학적 청사진이 다른 비전형적 아동(예컨대, 장애아동)의 경우에 문화적 도구에의 접근성이 낮고 결과적으로 문화적 혜택을 얻지 못한다는 점을 지적한다. 이러한 지적은 당시로서는 혁신적인 것으로 비록 비고츠키가 문화적 도구의 상대적 가치를 강조하지는 않았지만, 오늘날 다양한 신체적·신경학적 특성을 가진 아동의 발달을 도모하기 위해 다양한 문화적 도구를 제공해야 한다는 관점의 토대를 마련하였다고 볼 수 있다. 전형적 발달에 맞추어진 문화적 도구들은 모든 학생들을 위해 다양화될 필요가 있다. 그리고 이러한 문화적 도구는 교사가 안내하는 활동 속에서 공유되고 숙달될 수 있다. 비고츠키의 도구 개념은 인간의 고등정신 발달을 위한 학습 환경을 설계하는 데 있어서도 함의하는 바가 크다. 비록 비고츠키는 동물심리와 인간심리를 구분하는 기호활동(언어)에 중점을 두긴 하였지만 현재는 도구 개념을 확장하여 신체, 타자, 테크놀로지와 연계하여 해석하는 접근들이 증가하고 있다(Clark, 2008).

2. 학습

우리가 무언가를 배웠다고 할 때 그것은 무엇을 의미하는 것일까? 몰랐던 것을 새롭게 알게 되었을 때 배웠다고 할 수 있을까? 한자어를 풀이해보면 학습이란 배울 학(學)과 익힐 습(習)으로 구성되어 있다. '배우고 익힌다'는 뜻이므로, 새로운 것(정보, 외부 자극 등)을 받아들여서 나중에 사용할 수 있도록 몸에 익힌다는 뜻으로 풀이할 수 있다. 영어로 learning의 동사형인 learn은 사전을 찾아보면 '지식을 습득하는 것', '정신을 도야하는 것', '공부하고 연구하는 것', '읽고 생각하는 것' 등의 다양한 의미를 포함하고 있다. 종합하면, 학습이란 '지식과 기술을 배우고 익히는 과정'으로 이해될 수 있다. 예컨대, 예비교사는 나중에 학교에서 학생들을 가르치고 지도할 때 사용할 수 있도록 다양한 교육학적 지식과 기술을 수업과 일상 경험을 통해서 배우고 익힐 수 있다. 그렇다면 이러한 학습은 어떻게 이루어지는 것일까?

1) 행동주의 학습이론

행동주의 이론(behaviorism)은 20세기 초 미국에서 태동하여 반세기를 구가한 심리학 이론이다. 심리학에서 행동주의는 20세기 초 독일에서 내성주의 심리학이 인기를 끌고 있을 때, 인간 심리 연구의 객관적 방법에 대한 요청과 더불어 대두되었다. 내성주의 심리학은 인간 심리를 감각과 지각이라는 기본적인 요소들로 구분하여 분석함으로써 인간 심리의 총체를 설명할 수 있다고 주장한 학파로, 관찰이나 측정보다는 개인이 자신의 주관적 경험을 보고하는 방법을 주로 사용한다. 행동주의 심리학은 이러한 주관주의적 경향을 극복하고자 대두되었고, 인간 심리를 내성(자기 관찰)이나 주관적인 느낌이 아니라 관찰이나 측정을 통해 분석해야 한다고 보는 이론이다. 철저히 객관적인 방법을 선호한 행동주의 심리학자들은 그 이전의 심리학자들과는 달리 우리가 관찰할 수 없는 인간 내면(정신활동)을 탐구의 대상에서 제외하고, 관찰할 수 있는 행동만을 연구의 주제로 삼았다. 행동주의 이론에는 크게 고전적 조건화와 조작적 조건화 원리가 있다.

(1) 고전적 조건화 원리

고전적 조건화는 인간이나 유기체가 생래적으로 가지고 태어나는 반사가 새로운 자극과 연합되어 학습된 반응을 이끌어낸다는 원리이다. 예컨대, 8개월 영아는 엄마가 안아주기도 전에 엄마를 보면 벌써 미소를 짓게 되는데 이러한 미소는 조건화된 반응이라고 할 수 있다. 엄마의 얼굴이라는 중립자극이 신체 접촉, 음식, 편안함이라는 무조건 자극과 함께 제공되면, 이들 자극은 연합된다. 그러므로 영아는 엄마의 얼굴을 볼 때 편안함과 신체 접촉이라는 무조건 자극을 떠올리며 미소를 짓게 되는데 이때 미소는 학습된 반응이라고 할 수 있다. 이러한 원리는 러시아의 생리학자 이반 파블로프(Ivan Pavlov, 1927)에 의해 처음 제안되었는데, 파블로프는 두 개의 자극이 연합하여 이전에는 할 수 없었던 새로운 반응을 이끌어내는 현상을 실험을 통해 보여주었다(〈그림 6.2〉 참조). 배가 고픈 개가 음식을 보고 타액을 분비하는 것은

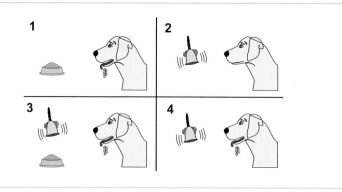

❙ 그림 6.2 ❙ 파블로프의 개 실험

음식이라는 무조건 자극에 대한 무조건 반응이다. 파블로프는 개에게 음식을 줄 때마다 종소리를 들려주었는데, 나중에 개는 음식이 제공되지 않고 종소리만 들려줄 때도 타액 분비 반응을 보였다. 이는 종소리라는 중립자극이 음식이라는 무조건 자극과 연합되어 타액 분비라는 새로운 반응을 이끌어낸 고전적 조건화의 한 사례이다. 우리는 주변에서 고전적 조건화의 사례들을 많이 접할 수 있다. 학교에서 매우 불쾌한 경험(예컨대, 선생님께 혼나거나 친구들한테 괴롭힘을 당하는 것)을 한 아동은 나중에 학교에 가기 싫어하는데 이는 학교라는 중립자극이 불쾌한 경험(일종의 무조건 자극)과 연합하여 학교에 대한 두려움을 야기한 결과라고 볼 수 있다.

(2) 조작적 조건화 원리

고전적 조건화 원리가 조건 자극(혹은 중립자극)과 무조건 자극의 연합을 생성하는 원리라면, 조작적 조건화 원리는 행동 이후에 주어지는 결과에 따라 행동의 지속 여부와 강도가 달라진다는 원리이다. 조작적 조건화 원리는 에드워드 손다이크(Edward Thorndike)의 고양이 실험(Thorndike, 1898)을 통해 처음 소개되었고, 이후 B. F. 스키너(B. F. Skinner)에 의해 정교화되었다. 손다이크는 고양이를 〈그림 6.3〉과 같은 문제상자(puzzle box)에 가둔 다음 고

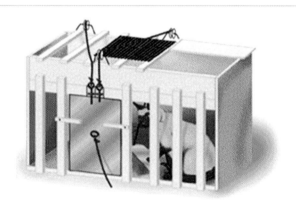

| 그림 6.3 | 손다이크의 문제상자

양이의 행동을 관찰하였다. 처음에 고양이는 상자 밖에 놓아둔 먹이를 얻기 위해 다양한 행동들을 하다가 우연히 발판을 눌렀고, 발판과 연결되어 있는 문고리가 풀리면서 문이 열리고 고양이는 문제상자를 탈출할 수 있었다. 고양이를 다시 문제상자에 가두자, 아까처럼 고양이는 여러 가지 행동들을 하다가 다시 발판을 누르는 행위를 하였다. 이러한 절차를 여러 번 반복하자 고양이는 문제상자에 갇히자마자 탈출하기 위해 발판을 밟는 행동을 하였다. 이때 문제상자에 갇히는 것은 자극(stimulus) 상황이고, 이 상황에서 고양이가 시행착오를 거쳐 발판을 누르는 행위는 반응(response)이며, 이러한 반응 이후에 주어지는 자유(문제상자에서 벗어나는 것)와 먹이는 보상(reward)이라고 할 수 있다. 고양이의 새로운 행동(발판 누르기)은 행동 이후에 주어진 좋은 결과에 의해 학습된 것이며, 조건화가 되면 고양이는 보상을 얻기 위해 발판을 누르는 행동을 의도적으로 하게 된다. 이러한 학습을 시행착오 학습이라고 한다. 고양이는 음식을 얻기 위해 여러 가지 행동을 하였고 이 중 착오가 있는 행동은 기각되고 좋은 결과를 가져온 행동만 남게 된 것이다.

스키너는 이러한 원리를 쥐를 대상으로 수행한 실험을 통해 더욱 정교화하였다. 스키너는 지렛대를 누르면 먹이통에서 먹이가 떨어지도록 설계된 스키너 상자에 쥐를 가두고 쥐의 행동을 관찰하였다(Skinner, 1938). 쥐는 상자에서 여러 가지 행동을 하다가 우연히 지렛대를 누르는 행동을 하고 먹이를 제공받았다. 절차가 반복될수록 쥐가 지렛대를 밟기까지의 시간은 더 빨라졌다. 이때 먹이는 쥐의 행동 이후에 주어지는 것으로 쥐가 지렛대를 누르는 행위를 강화하는 역할을 한다. 이처럼, 스키너는 어떤 행동을 하고 난 후에 주어진 것으로서 행동의 발생 빈도나 강도를 증가시키는 것을 강화인(강화물)이라고 칭하고 이러한 원리를 강화 원리라고 하였다. 강화 원리는 우리 삶에서 매우 빈번하게 발생한다. 열심히 공부한 후에 좋은 성적을 받았다면 성적은 나중에 열심히 노력하는 행동을 더 하게 만드는 강화인이다. 아동의 바르고 착한 행동을 칭찬함으로써 그 행동의 발생 빈도를 높이고자 할 때 칭찬은 일종의 강화인으로 작용한다. 스키너는 우리 삶의 다양한 경험 속에서 제공되는 강화에 의해 특정한 행동이나 습관, 성격 등이 만들어진다고 주장하였다.

2) 사회인지학습이론

행동주의 학자들은 인간의 다양한 속성들, 즉 성격, 태도, 가치, 습관 등이 모두 강화 역사의 산물이라고 말한다. 그렇다면 인간의 행동은 외부 강화에 의해 형성되고 인간 주체는 이 과정에서 아무런 역할을 하지 않는 것인가? 아동에 대한 일관적인 훈육과 강화만으로 아동의 행동을 우리가 원하는 방향으로 이끌어갈 수 있을까? 모든 행동에 이러한 원리가 작용한다면 사실 아동의 습관이나 태도, 심지어 미래 직업까지도 양육자의 희망에 따라 결정할 수 있을 것이다. 그러나 이러한 관점은 인간의 행동이 자극이나 강화 자체가 아니라 이러한 자극에 대한 해석의 결과로 발생한다고 보는 관점에 의해 비판된다. 또한 앞서 제시되었던 고양이나 쥐 실험에서와 같이 우리가 반복적인 시행착오와 외부적 강화를 통해 학습하는 것이라면, 인간 학습은 매우 비효율적인 과정이 될 것이다. 조건화가 이루어지기 위해서는 수많은 시행과 반복이 필요하기 때문이다. 우리가 불의 위험성을 알기 위해 집에 직접 불이 나는 것을 경험해보아야 하는 것은 아니다. 누군가 불로 인해 피해를 입은 상황을 목격하는 것만으로도 충분히 불의 위험성을 알 수 있다. 이처럼 우리는 직접적인 시행착오나 강화 없이도 한 번의 관찰을 통해 매우 손쉽게 새로운 행동을 습득할 수 있는데, 이러한 현상을 앨버트 반두라(Albert Bandura)는 관찰학습이라고 칭하였다. 관찰학습은 후에 사회인지학습이론(social cognitive theory of learning, Bandura, 1986)으로 확대되었다.

사회인지학습이론은 다른 사람의 행동을 관찰함으로써 발생하는 행동의 변화에 초점을 둔다. 행동주의 이론에서 학습은 관찰가능한 행동의 변화이지만, 사회인지학습이론에서는 학습을 다른 사람의 행동을 관찰하고 이를 모방할 수 있도록 하는 내적 과정의 변화로 본다. 아동이 부모의 행동을 모방하는 경우에서부터 다양한 매체나 교수활동을 통해 타인을 모방하는 경우까지 모방할 수 있는 행동의 범위는 광범위하다. 이러한 과정에서 학습은 즉각적인 행동 변화로 나타날 수도 있지만, 추후 행동으로 나타나기까지 잠재되어 있을 수도 있다. 예컨대, 반두라가 수행한 아동의 공격성 실험에서는 서로 다른 모델을 관찰하는 세 집단의 아동들을 비교하였다. 공격적인 행동 이후에 강화(예컨대, 칭찬)를 받는 모델을 본 집단, 공격적인 행동을 한 후에 처벌을 받는 모델을 본 집단, 그리고 보상도, 처벌도 받지 않는 중립적 모델을 본 집단 중에서 강화를 받은 모델을 본 집단의 아동들의 공격적 행동의 빈도가 가장 높은 반면, 처벌을 받은 모델을 본 집단의 아동들의 공격적 행동의 빈도가 가장 낮았다. 중립적 모델을 본 아동들의 공격적 행동의 빈도는 중간 정도였다. 그러나 실험에 참가한 모든 아동에게 영상 속 모델과 똑같은 행동을 하면 상을 주겠다고 했을 때 모든 아동이 공격적 행동을 하였다. 이는 처음에 아무런 보상이 주어지지 않았던 조건에서도 사실 공격성의 학습이 이루어졌다는 것을 의미한다. 이미 공격성은 학습되었지만 보상이 주어지지 않아서 행동으로 드러나지 않고 잠재되어 있다가 나중에 보상을 주는 상황에서 공격적 행위로 나타난 것이다.

사회인지학습이론은 아동이 TV나 디지털 매체를 통해 공격성을 학습할 수 있는 가능성을 제기한다. 관찰을 통해 학습된 공격성이 기억 속에 저장되었다가 필요할 때 혹은 적절할 때 행동으로 재현될 수 있다. 사회인지학습이론에서는 이러한 행동을 재현할 때 작용하는 기대를 강조한다. 강화 자체가 행동의 원인이 아니라 나중에 강화가 있을 것이라는 기대가 행동을 일으키는 원인이 되는 것이다. 열심히 공부하면 좋은 학점이 있을 것이라는 기대, 바람직한 행동을 하면 칭찬이 주어질 것이라는 기대가 행동을 하게 만든다. 이러한 기대는 자기조절(self-regulation)에도 영향을 미친다. 자기조절이란 목표를 세우고 목표를 달성하기 위한 계획을 수립하며 이러한 계획을 실행할 때 관여되는 동기, 인지 및 행동 전략들을 조절하는 과정이다. 반두라는 좋은 결과가 있을 것이라는 기대가 이러한 결과를 가져오기 위한 학습자의 행동을 조절하는 데 영향을 미친다는 점을 강조함으로써, 외부 자극 자체가 아닌 자극에 대한 행위자의 해석이 중요하다는 것을 보여주고 있다.

3) 정보처리이론 및 신경망 모형

사회인지학습이론은 기대와 같은 인지적 요소의 역할을 강조하였지만, 실제 우리 머릿속에서 이러한 기대가 어떻게 형성되는지에 대한 과정에 대해서는 알려주지 않는다. 우리는 관찰을 통해 많은 것을 학습하지만 과거의 사건이나 다른 지역 사람들의 경험들은 관찰을 통해 학습하기가 불가능하다. 역사적 사건이나 타 지역 사람들의 경험은 직접 관찰이 아닌 상징(언어, 기록물)을 통해서 학습할 수 있다. 동물들도 관찰을 통해 학습하지만 선천적으로 타고난 능력의 범위 안에서만 모방이 가능하다. 또한 언어가 없기에 관찰한 내용을 다른 개체에 전달하거나 다음 세대에 전승할 수가 없다. 인간의 모방능력은 이보다 훨씬 더 확장적이고 창의적이다. 특정한 정보나 내용을 언어적으로 학습하여 이를 머릿속에서 저장해두었다가 나중에 전혀 새로운 방식으로 사용할 수 있는 능력은 오직 인간만이 가능하다. 인간은 과거의 경험을 상기할 수 있을 뿐만 아니라 미래를 상상하고 계획을 수립하며 당장 눈앞에 존재하지 않는 대상들에 대해서도 생각할 수 있다. 새로운 방식으로 모방하거나 전혀 새로운 것을 상상하려면 개념이 필요하다. 개념은 실제 대상이나 맥락, 경험에 구속되지 않은 정신행위를 가능하게 하며 다른 사람과 소통할 수 있게 해준다.

정보처리이론은 인간이 정보를 습득하고 조직하고 사용할 때 관여하는 정신구조와 과정을 연구하는 학문이다. 정보처리이론은 컴퓨터과학에서 사용되는 개념을 사용하여 인간 정보처리 과정을 설명하고자 한다. 컴퓨터의 정보처리 과정은 외부 정보가 컴퓨터로 입력되고 중앙처리단위(CPU)에 의해 처리되며 하드디스크에 저장되었다가 나중에 산출되는 과정으로 구성된다. 이러한 모형은 인간의 정보처리 과정에도 적용되었는데 초기 모형인 앳킨슨과 쉬프린(Atkinson & Shiffrin, 1968)의 다중저장모형은 컴퓨터의 구조 및 기능과 매우 흡사하다(〈그림 6.4〉 참조).

다중저장모형은 정보를 저장하는 저장소, 이들 저장소 간의 정보처리 과정, 그리고 정보처리 과정을 관장하는 상위의 메타인지로 구성된다. 정보저장

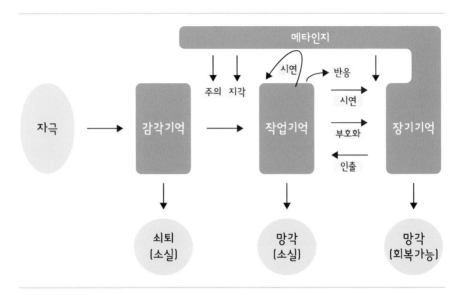

┃ 그림 6.4 ┃ 다중저장모형

소는 감각기억, 작업기억, 장기기억으로 구성되는데, 감각기억은 외부에서 들어온 정보를 수초 동안 보유하는 곳으로 비교적 많은 양의 정보를 저장할 수 있다. 감각기억상의 정보는 주의 집중과 지각 과정을 통해 작업기억으로 전달되며, 처리되지 않은 정보는 소실된다. 우리는 감각기억상의 모든 정보에 주의를 기울일 수 없으므로 그중 일부에만 주의를 기울이게 되는데 이러한 주의 집중을 통해 작업기억으로 넘어갈 정보가 결정된다. 지각은 원자료에 의미를 부여하는 과정으로, 학습자의 사전지식이나 기대의 영향을 받는다. 동일한 자극이라도 학습자가 무엇을 기대하는가에 따라 해석이 달라진다.

작업기억의 수명은 약 30초 정도로 매우 짧으며, 용량 또한 제한적이다. 작업기억은 한 번에 약 7개의 정보만을 처리할 수 있는데 정보를 어떻게 처리하는가에 따라 가용공간은 늘어날 수 있다. 보통 정보를 처리할 때 유사한 것들끼리 묶어서 처리하게 되는데 이를 청킹(chunking)이라고 한다. 성인은 아동에 비해 청킹 전략을 더 효율적으로 사용함으로써 추가적인 정보를 처리할 수 있는 가용공간을 더 많이 갖게 된다. 그러므로 작업기억의 용량으로 간주되는 마법의 숫자 '7'은 순수한 기억 항목의 수를 의미하는 것이 아니라,

이러한 항목을 묶었을 때 가능한 묶음(혹은 청크)의 수를 의미한다. 작업기억 상에 정보를 오래 붙들어 매두려면 계속해서 시연을 해야 하며 그렇지 않으면 정보는 소실된다.

작업기억상의 정보는 오랫동안 시연하거나 부호화하면 더 큰 저장소인 장기기억으로 전달된다. 장기기억의 용량은 무제한이며 수명도 거의 영구적이라고 할 수 있다. 한 번 장기기억으로 넘어간 정보는 소실되지 않고 장기기억상의 어디인가에 존재한다. 장기기억상의 정보를 작업기억으로 빼내는 것을 인출이라 하며, 이 과정에서 정보가 인출되지 않을 때 망각되었다고 말한다.

이들 모든 정보처리 과정을 관장하는 기능이 메타인지이다. 메타인지는 우리가 주의를 잘 기울이고 있는지, 오래 기억해야 할 정보를 소박한 전략(예컨대, 암송하기)을 이용하여 처리하고 있지는 않은지, 주어진 과제를 수행하기 위해 효과적인 전략을 사용하고 있는지 등을 점검하고 통제하는 기능이라고 할 수 있다. 효율적인 정보 처리자는 메타인지 능력이 우수하다. 이들은 주의의 중요성을 인식하고 자신의 이해가 정확한지를 점검하며 작업기억의 한계를 인식하고 이를 보완할 수 있는 적절한 전략을 사용하는 데 능숙하다.

다중저장모형은 정보처리이론의 초기 모형으로 활용되었지만, 현재는 정보를 저장하는 저장소가 따로 존재하기보다는 이들 정보가 신경 연결망의 활성화에 의해 표상된다고 보는 관점이 우세하다. 신경망 모형(neural network model)에서는 인지작용이 뉴런 단위들 간의 상호 연결망에서 이루어진다고 주장한다. 이들에게 인지작용이란 정보가 저장소를 순차적으로 이동하는 과정이 아니라, 뇌 전체에 분산되어 있는 뉴런 단위들 간의 연결 강도가 변화하는 과정을 의미한다. 신경망 모형의 한 유형인 병렬분산처리(parallel distributed processing: PDP) 모형(Rumelhart, McClellend, & PDP Research Group, 1987)은 정보의 동시적인 병렬처리를 강조한다. 이러한 병렬처리 과정에서는 인지과정의 전체 흐름을 관장하는 기능(메타인지)이 따로 필요하지 않다. 모든 과정은 의식하 수준에 있는 하위 과정들의 동시적 작용에 의해 이루어지기 때문이다.

최근의 인지과학은 인지과정을 보다 확장적으로 바라본다. 정보처리이론이나 신경망 모형은 여전히 인간의 뇌를 기반으로 인지과정을 설명하지만, 최근 부각되고 있는 분산인지(distributed cognition), 확장인지(extended cognition), 상황인지(situated cognition) 등의 개념은 개인의 뇌를 벗어나 인간과 인간, 그리고 환경 내 인공물 간에 분산된 인지시스템을 강조한다(윤초희, 2017; Clark, 2008). 인공지능(AI) 분야가 발전하면서 이제 정보처리는 개인의 뇌 안에서 독립적으로 이루어지는 개인적 과정이 아니라, 인간, 기계, 기술 및 사물 간의 네트워크상에서 이루어지는 시스템적 과정으로 보는 관점이 대안으로 제시되고 있다. 정보처리이론과 신경망 모형, 그리고 다양한 인지적 모형들은 눈으로 확인할 수 없는 개인 내부 과정과 개인 외부에 분산된 인지과정을 보다 과학적으로 탐구할 수 있는 방법을 제공했다는 점에서 의의가 있다. 특히 정보처리이론은 학생의 학습을 돕는 다양한 전략(예컨대, 반복하기, 심상 활용, 정보를 유의미하게 만들기, 메타인지 발달시키기 등)을 개발하는 데 이론적 기초를 제공했다는 점에서 의의가 있다. 인지학습 이론은 학습에 어려움을 갖는 학습자들을 위해 이들의 교사, 학부모 및 학생 당사자들을 대상으로 컨설팅을 제공할 때 많이 활용되는 이론이기도 하다. 교사는 학생의 학습에 대한 신념과 기대를 변화시키고, 효과적인 학습전략을 가르치며, 자신의 정신과정을 의식하게 함으로써(메타인지 역량 강화) 학생들이 학습과정에서 주체가 되어 인지, 동기 및 행동을 조절할 수 있도록 도울 수 있다(이명숙, 김민성, 최지영, 윤초희, 2018). 이처럼 다양한 학습이론은 학교 내외의 학습활동에서 교육적 개입을 위한 이론적 기초를 제공하고 있다.

3. 학습자의 심리적 특성과 개인차

피아제와 같은 단계론자들은 연령에 따른 차이에 주목하기 때문에 단계 내의 개인차에는 상대적으로 덜 관심을 갖는다. 그러나 인간은 발달의 속도에서 차이를 보일 수 있으며, 동일한 연령대에 있다 하더라도 다양한 심리적 특성에서 개인차가 나타난다. 이러한 개인차는 개인 간 차이와 개인 내 차이로 구분된다. 특정한 속성이 사람마다 다를 때 이는 개인 간 차이이며, 한 개인이 특정 영역에서는 우수하지만 다른 영역에서는 상대적으로 낮은 수준에 있다면 이는 개인 내 차이이다. 전반적인 IQ는 낮지만 특정 기능 영역에서 탁월한 능력을 보여주는 서번트(idiot-savant) 증후군이나, 사회성은 부족하지만 지적 능력은 우수한 자폐아의 경우, 개인 내 차이를 보여주는 대표적인 사례이다. 교사는 이러한 개인차를 이해하고 이를 반영하여 교실수업을 조직할 필요가 있다. 이 절에서는 학습과 관련하여 인간 심리에서 나타나는 개인차를 지능과 창의성, 그리고 학습동기를 중심으로 살펴본다.

1) 지적 특성

(1) 지능

지능의 개념은 학자들에 따라 다양하게 정의되어 왔지만, 통상적으로 학습하는 능력, 추상적으로 사고할 수 있는 능력, 환경에 적응하는 능력 등으로 정의된다. 인간 지능에 대한 과학적 연구는 1905년 프랑스에서 알프레드 비네(Alfred Binet)와 시어도어 시몽(Theodore Simon)이 최초의 지능검사(Binet & Simon, 1916)를 개발하면서 본격적으로 시작되었다. 그 이전까지는 지능이 철학적이거나 사변적인 방식으로 연구되었다면, 지능검사의 개발은 과학적 연구로의 전환점을 마련했다고 볼 수 있다. 지능연구의 성격은 1980년대를 기점으로 그 이전과 이후가 확연하게 구분되는데, 초기의 접근을 심리측정식(psychometric) 접근이라고 부른다. 심리측정학자들은 지능검사를 개발하고 지능의 구성 요소들을 추출하며, 지능이 무엇을 예측해주는지를 탐색하는 데 관심을 갖는다.

지능이 단일한 능력인지 혹은 다양한 능력으로 구성된 다원적인 복합체인지에 대해서는 학자들마다 의견이 분분하다. 초기의 심리측정학자이자 지능의 영역성에 대한 관심을 불러일으킨 사람은 찰스 스피어맨(Charles Spearman, 1927)이다. 스피어맨은 지능을 크게 두 가지 요소로 구분하였는데, 하나는 특수한 과제에서의 수행으로 측정되는 특수지능(s)이며, 다른 하나는 이들 과제나 검사가 공통으로 측정한다고 추정되는 일반지능(g)이다. 스피어맨은 특수지능보다 일반지능을 더 중요하게 보았는데, 일반지능이 높은 사람들이 대부분의 과제 영역에서 수행이 우수하다고 보았다.

또 다른 구분은 유동성 지능과 결정성 지능 간의 구분이다(Cattell, 1971). 유동성 지능은 주로 뇌 신경체계의 발달과 관련이 있으며, 새로운 환경에 적응할 수 있는 능력을 말한다. 유동성 지능은 지각속도, 시각적 패턴인지, 기억력과 같은 능력으로 생후 꾸준히 발달하다가 성인 전기에 도달하면 뇌 발달의 쇠퇴와 더불어 점진적으로 쇠퇴한다. 반면, 결정성 지능은 경험과 학교교육의 영향을 받는 지능이며, 경험이 많아질수록 증가하는 일반지식, 언어능력, 문제해결력 등이 이에 포함된다. 오늘날에는 유동성 지능이 문화에 의해서도 얼마든지 변화 가능하다는 점이 밝혀지고 있다. 미국의 심리학자 제임스 플린(James Flynn)은 과거 100년 동안 미국 성인들의 지능지수(IQ)가 꾸준히 상승했다는 것을 밝혔는데, 이러한 상승은 특히 유동성 지능에서 두드러졌다(Nisbett, 2009). 그의 연구에 의하면 어휘력, 수리력, 일반지식 등 결정성 지능에서의 증가율은 100년 동안 완만하거나 변함이 없었지만 유동성 지능은 가장 가파르게 향상하였다. 아마도 학교교육의 기회 증대, 컴퓨터나 게임과 같은 문화적 도구의 보급, 시각적 자극에의 노출 증가와 같은 요인이 유동성 지능의 향상에 영향을 미쳤음을 추론해볼 수 있다.

1970~1980년대 포스트모더니즘이 유행하면서 지능연구에도 새로운 접근방식이 시도되었다. 대표적인 학자는 하워드 가드너(Howard Gardner, 1983, 2007)로, 그는 기존의 분석적 사고, 언어 능력 중심의 지능 개념을 해체하고, 지능이 단일한 능력이 아니라 비교적 독립적인 8개의 능력으로 구성되었다고 보는 다중지능(multiple intelligences) 이론을 제안하였다. 가드너는 지능을 특정한 문화적 맥락에서 가치 있다고 여겨지는 문제를 해결하거나 산물을 만들어내는 능력으로 규정함으로써 지능에 대한 문화상대주의적인 관점을 보여준다. 이들 8개 지능은 각각 언어, 수논리, 공간, 음악, 신체, 개인내면, 대인관계, 자연친화의 영역에서 우수한 수행을 보이는 사람들을 특성화한다(〈그림 6.5〉 참조). 가드너는 한 영역에서 우수하다고 해서 다른 영역에서도 우수한 것은 아님을 강

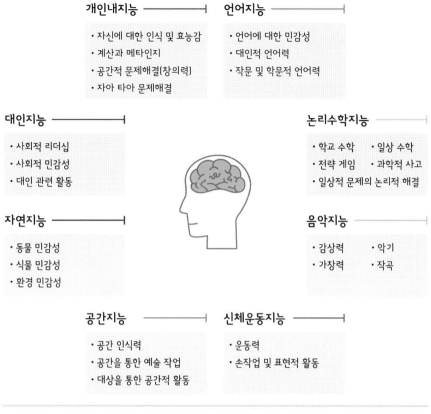

개인내지능
• 자신에 대한 인식 및 효능감
• 계산과 메타인지
• 공간적 문제해결(창의력)
• 자아 타아 문제해결

언어지능
• 언어에 대한 민감성
• 대인적 언어력
• 작문 및 학문적 언어력

대인지능
• 사회적 리더십
• 사회적 민감성
• 대인 관련 활동

논리수학지능
• 학교 수학   • 일상 수학
• 전략 게임   • 과학적 사고
• 일상적 문제의 논리적 해결

자연지능
• 동물 민감성
• 식물 민감성
• 환경 민감성

음악지능
• 감상력   • 악기
• 가창력   • 작곡

공간지능
• 공간 인식력
• 공간을 통한 예술 작업
• 대상을 통한 공간적 활동

신체운동지능
• 운동력
• 손작업 및 표현적 활동

┃ 그림 6.5 ┃ 가드너 다중지능이론

출처: 한국적성교육진흥원.

조하며 지능에 대한 영역 특수적 관점을 보여준다. 즉, 각각의 지능은 서로 독립적인 원리에 따라 작동하면서 상호작용한다고 볼 수 있다.

동시대 학자인 로버트 스턴버그(Robert Sternberg)는 삼원지능 이론(Sternberg, 1985)을 제안하였는데, 그에 의하면 지능은 분석 지능, 경험 지능, 실천 지능의 세 가지 능력으로 구성된다. 분석 지능은 전통적인 지능의 정의와 유사하며, 기본적인 정보처리능력이 우수한 학생들에게 나타난다. 경험 지능은 새로운 문제를 효과적으로 해결할 수 있는 능력을 의미하며 창의성과 관련이 있다. 실천 지능은 새로운 환경에 적응하거나 환경을 자신의 요구에 맞게 변경시키는 능력이다. 스턴버그는 가드너와 마찬가지로, 지능을 단일한 능력으로 간주하지 않으며, 현실세계에 적응하거나 문제를 해결할 수 있는 능력을 지적으로 우수한 사람의 특성으로 보았고, 이러한 기능은 환경에 따라 달라질 수 있음을 강조하였다.

초기의 심리측정학자들과 이후 지능학자(가드너, 스턴버그 등) 간의 가장 큰 차이는 지능이 온전히 개인적인 속성이라고 볼 수 있는지 여부와 일반지능 g에 대한 관점에서 나타난다. 심리측정식 접근자들은 지능이 개인(발달)의 속성이며, 하나의 기준(예컨대, IQ 검사)에 의해 지능을 평가할 수 있고, 이러한 기준은 모든 문화권에 동일하게 적용할 수 있다고 보았다. 반면, 가드너와 스턴버그와 같은 학자들은 지적 능력의 판단이 이러한 능력이 요구되는 맥락에 의해 이루어져야 하며, 이에 따라 범문화적인 동일한 기준으로 지적 능력을 평가할 수 없다는 점을 강조한다. 서구 사회에서 강조되는 논리적 사고나 추상적 사고, 언어 능력은 학교라고 하는 특정한 맥락에서 적응하는 데 유용하지만, 비서구사회의 문화적 활동 내에서는 관계 형성하기, 공감하기, 협력과 같은 능력이 생존과 적응에 더 유리하다고 보는 것이다.

또한 이들 두 접근은 지능의 영역성과 관련하여 다른 견해를 갖는다. 많은 심리측정식 접근자들은 모든 지적 수행에 내재하는 일반적인 정신에너지(g)의 존재를 인정하고, 이러한 일반능력이 지적 수행을 결정한다고 보며, 일반지능은 경험보다는 유전의 영향을 받는다고 주장한다. 반면, 가드너와 같은 최근의 지능학자들은 지능은 경험에 의해 향상 가능하며 이러한 지적 능력은 영역에 따라 달라질 수 있다고 보았다.

지능의 개념이나 특성에 있어서는 서로 의견을 달리 하지만, 이 두 가지 접근 모두 지능 분야의 발전에 기여하였다. 심리측정식 접근자들이 지능을 측정하는 검사를 개발하고, 지능의 구조와 구성 요소를 밝히며, 지능과 많은 후기 성취 간의 관계를 보여줌으로써 지능의 일부 특성을 규명하는 데 기여했다면, 후기 지능학자들은 지능이란 생물학적 개념이 아니라 사회적 구성물이라는 관념을 제안하고, 특정한 능력이 문화마다 서로 다른 가치와 의미를 갖는다는 점을 강조함으로써 지능 개념의 다원화에 기여했다고 볼 수 있다.

(2) 창의성

일반적으로 지능이 특정한 문제 상황에서 하나의 방향이나 해결책을 향해 수렴하는 사고와 관련이 있다면, 창의성은 새롭고 적절한 산물이나 아이디어를 산출하는 능력을 의미한다(Sternberg & Lubart, 1996). 새롭다는 것은 이전에 누구도 생각하지 못한 독창적인 생각을 해냈다는 의미이며, 적절하다는 것은 문제해결 상황에 적합하고 유용하게 사용될 수 있다는 의미이다. 최근의 사회문화적 변화는 지능보다 창의성을 더 많이 요구하고 있는데 현대사회의 문제들은 습득된 지식과 훈련된 기술만으로는 해결하기가 너무나 복잡하고, 그 해결을 위해서는 다양한 접근이 요구되기 때문이다.

창의성은 확산적 사고(divergent thinking)와 구분될 필요가 있다. 확산적 사고는 유창하고 유연하며 독창적인 아이디어를 산출하는 능력을 말하는데, 확산적 사고와 창의성의 차이는 아이디어의 적합성에서 찾을 수 있다. 즉, 새로운 아이디어이지만 그것이 문제상황에 적합한가의 여부로 창의성을 판단한다. 아동이 손가락에 물감을 묻혀 종이에 무작위로 문지르면서 새로운 이미지를 만들어냈다고 해서 그것을 창의성으로 볼 수는 없다는 것이다. 교사는 학생들이 좀 더 창의적인 사고를 할 수 있도록 수업활동을 조직해야 하는데, 이때 교사는 창의성이 무엇인지를 이해하고 교사 스스로가 창의적일 필요가 있다. 즉, 교사는 학생들의 창의성을 증진하기 위해 창의성의 특성에 대한 이해뿐만 아니라 어떻게 하면 창의성을 길러낼 수 있을지에 대한 방법적인 지식도 가지고 있어야 한다.

창의성을 연구하기 위해 여러 가지 접근 방식을 사용할 수 있는데 이를 크게 심리측정식 접근, 요소 접근, 그리고 시스템 접근으로 구분해볼 수 있다. 심리측정식 접근은 주로 검사개발과 측정을 통해 창의성을 이해하고자하는 접근이며 E. P. 토런스(Ellis Paul Torrance, 1988)가 대표적인 학자이다. 창의성 또한 측정할 수 있다는 전제하에 다양한 검사들이 개발되었는데, 이들 검사는 지능검사와 달리 하나의 답이 아닌 여러 개의 답이 나올 수 있는 문제들로 구성된다. 예컨대, 창의적 사고검사인 TTCT(Torrance Tests of Creative Thinking) 언어형 검사에서는 하나의 대상(예를 들어, 원숭이 인형)을 제시하고 이 대상을 다르게 사용할 수 있는 방법을 있는 대로 제시하도록 요구한다. 지능검사가 문제에 대한 하나의 수렴적인 답을 요구한다면, 창의성 검사는 다양한 답을 요구함으로써 학생들의 유창하고 유연하며 독창적인 사고를 평가하게 된다.

요소 접근에서는 창의적 수행이나 창의적 산출물을 내기 위해서 하나의 요소만이 아니라 다양한 요소가 한꺼번에 작용해야 한다는 점을 강조한다. 예컨대, 스턴버그는 창의성의 투자이론(Sternberg & Lubart, 1996)에서 일상적으로 중요해 보이지 않는 아이디어를 의미 있는 아이디어로 전환시키는 능력이 중요하다고 보았는데, 이때 창의성의 투자 요소로 지식, 특정한 사고양식, 성격, 동기 등이 포함된다. 특정 영역의 지식이 확산적 사고를 통해 새롭고 다양한 방식으로 조합될 수 있는데, 이러한 능력이 수행으로 나타나려면 경험에 대한 개방성이나 창의적 태도가 필요하고, 이러한 수행은 지적 호기심 충족이나 자기만족, 성취감과 같은 내부 보상에 의해 동기화될 수 있다고 보는 것이다. 투자이론에서는 이들 요소가 모두 상호작용하여 창의성이라고 하는 산물(혹은 수행)로 귀결되어 나타날 수 있다고 본다.

마지막으로, 시스템 접근은 미국의 심리학자 미하이 칙센트미하이(Mihaly Chiksentmihaly, 2014)가 제안한 이론으로, 창의성이 나타나기 위해서는 개인의 독창성뿐만 아니라 개인이 특정한 산물을 만들어낼 수 있는 영역(지식, 상징체계, 문화)과 이러한 산물을 평가하고 수용해줄 수 있는 현장(전문가, 조직, 사회제도)이 하나의 시스템을 이루어 상호작용해야 한다고 보는 관점이다. 예컨대, 프로이트는 개인적으로도 천재였지만 의학과 심리학이라는 영역이 존재하지 않았다면 자신의 창의성을 발휘할 수 없었을 것이고, 또한 그가 수립한 정신분석학이라는 이론이 현장의 전문가들에 의해 수용되어 영역에 포함되지 않았다면 다음 세대로 전승되어 보존되지 않았을 것이다. 프로이트의 창의적 아이디어(정신분석학)는 프로이트라는 개인, 의학과 심리학이라는 영역, 그리고 프로이트의 아이디어를 평가하는 동료전문가와 대중이라는 현장이 존재했기 때문에 세상에 나타날 수 있었다고 보는 것이다.

이처럼 창의성은 다양한 접근 방식에 의해 연구되고 있으며 창의성의 증진방법 또한 이들 다양한 접근 방식에 따라 달라질 수 있다. 심리측정식 접근과 같이 개인을 강조하는 접근에서는 개인의 창의성을 개발하는 데 초점을 둘 것이며, 시스템 접근과 같이 환경을 중시하는 접근에서는 창의성을 강조하는 사회풍토와 제도, 창의성을 발휘할 수 있는 영역의 개발 등을 강조할 것이다. 이들 다양한 접근은 창의성 검사를 개발하고 창의성의 구조와 영향 요인들을 밝히며 창의성을 증진하기 위한 방법들을 모색함으로써 창의성 연구와 실천에 기여해왔다.

2) 학습동기

개인차는 지능이나 창의성과 같은 지적 특성뿐만 아니라 학습동기에서도 나타난다. 왜 어떤 학생은 과제가 제시될 때 남보다 더 빨리 과제를 시작하고, 힘들어도 도중에 포기하지 않으며, 지속적인 흥미를 가지고 과제에 몰입하는 것일까? 이는 이들이 가지고 있는 동기수준이 다르기 때문이다. 동기란 활동을 시작하게 하고 유지시키는 힘이다. 학교에서 교사는 학생들이 학습을 시작하고 유지하게 하는 동기적 힘이 어디서 오는지를 이해해야 학생들을 보다 성공적인 학습으로 이끌 수 있다. 일반적으로, 행동을 하게 하는 힘이 내부에 있으면 내재적 동기, 외부에 있으면 외재적 동기라 한다. 이 항목에서는 내재적 동기와 관련이 있는 욕구와 신념, 목표를 살펴본다.

(1) 욕구와 동기

행동주의 이론에서 동기의 원천은 분명하다. 특정한 반응 이후에 주어지는 결과가 행동의 발생 여부나 강도를 결정한다. 그러므로 행동주의 이론에서 동기의 원천은 개인 외부의 환경에 존재하는 강화이다. 이에 반하여, 인간의 생래적 욕구가 특정한 행동을 하도록 동기화한다는 관점은 인간의 자율성을 기초로 한다. 대표적인 이론은 에이브러햄 매슬로우(Abraham Maslow)의 욕구위계론이다(Maslow, 1970). 매슬로우는 인간으로 하여금 자기를 실현하도록 이끄는 욕구가 생래적이라고 보았는데, 이러한 욕구는 위계적으로 구성

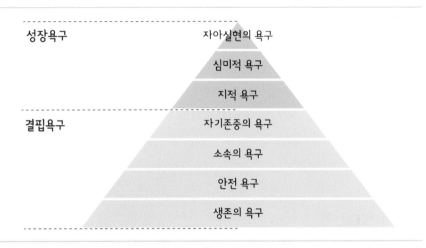

| 그림 6.6 | 매슬로우 욕구의 위계

되고 순차적으로 충족된다고 보았다. 〈그림 6.6〉은 욕구의 위계를 나타낸다.

욕구는 크게 하위욕구와 상위욕구로 구분된다. 하위욕구는 결핍을 충족하도록 동기화되는데 이에는 생존의 욕구, 안전의 욕구, 소속의 욕구, 존중의 욕구가 포함된다. 가장 기본적인 욕구인 생존의 욕구는 생존을 위해 음식을 섭취하거나 수면을 취하는 행동을 통해 결핍을 채우고자 하는 욕구이다. 안전의 욕구는 환경 내의 물리적·심리적 위협으로부터 벗어나기 위해 동기화되며, 위험을 추구하기보다는 안전을 우선으로 하는 인간 심리를 반영한다. 소속의 욕구는 누군가와 관계를 맺고 집단에 소속되며 사랑받고자 하는 욕구이다. 존중의 욕구는 자신의 인간적 자질, 가치, 존엄에 대해 인정받고자 하는 욕구이다. 이들 네 가지 욕구는 진화적 잔재로서 적응적 가치를 가지며, 결핍을 채우고자 하는 욕구이다.

상위욕구에는 지적 욕구, 심미적 욕구, 자아실현의 욕구가 포함되며, 결핍을 채우면 더 이상 동기화되지 않는 하위욕구와 달리 결코 충족되지 않는다는 특성을 갖는다. 알면 알수록 더 알고 싶은 지적 호기심, 끊임없이 추구하는 미에 대한 갈망, 그리고 자아(능력, 역량, 소질 등)를 완전히 실현하고자 하는 욕구는 결핍을 채우고자 하는 것이 아니라 계속해서 성장하고자 하는 욕구이다. 현재는 위의 세 욕구를 자아실현의 욕구로 모두 합쳐서 제시하기도 한다. 매슬로우는 상위의 욕구가 충족되기 위해서는 하위욕구가 우선적으로 충족되어야 하고, 누구나가 이러한 욕구의 위계를 가지고 있으며, 실제 행동에서의 차이는 욕구에서의 개인차를 반영한다고 보았다. 욕구 충족의 위계 원리에 따라 학교에서는 상위욕구의 충족뿐 아니라 그 전제 조건인 하위욕구가 제대로 충족되고 있는지를 세심하게 살펴야 한다. 결식아동이나 안전의 위협을 느끼는 학생, 따돌림을 당하거나 친밀한 관계를 형성하지 못하는 학생, 교실에서 인정받거나 존중받지 못하는 학생은 학습을 통해 자기를 실현하고 향상하고자 하는 상위욕구로 덜 동기화될 것이기 때문이다. 매슬로우의 이론은 인간이 이성적인 존재인 동시에 신체적이고 감정적이며 사회적인 존재라는 점을 상기시키며, 이들 욕구가 우리의 행동에 영향을 미친다는 것을 일깨워준다.

(2) 신념과 동기

학습동기와 관련된 또 다른 개념으로 신념을 생각해볼 수 있다. 신념 (belief)이란 실제 그런 것(reality)이 아니라 그렇다고 믿는 것이다. 동기와 관련하여 개인이 갖는 신념은 그 사람의 미래 행동에 영향을 미치게 된다. 신념이 행동에 영향을 미친다는 것을 보여주는 대표적 이론으로 버나드 와이너 (Bernard Weiner)의 귀인이론(attribution theory, Weiner, 1974)이 있다. 귀인이론은 학습자가 성공을 하거나 실패를 했을 때 그 원인을 어디에 두는가에 따라 후속 행동이 달라진다고 보는 이론이다. 우리는 성공이나 실패를 했을 때, 그 원인을 능력이나 노력, 혹은 운이나 과제난이도에 두는 경향이 있다. 이들 네 가지 원인을 원인의 소재, 안정성(변화가능성), 그리고 통제가능성의 측면으로 구분해볼 수 있다(〈표 6.1〉 참조). 원인의 소재는 원인이 개인 내부에 존재하는가 혹은 외부에 존재하는가로 판단된다. 안정성은 원인이 안정적으로 유지되는가 혹은 변화하는가로 판단된다. 통제가능성은 원인을 개인이 통제할 수 있는지 여부로 결정된다.

예컨대, 노력은 개인 내부에 존재하고 변화가능하며 학습자가 통제할 수 있는 원인이다. 능력의 경우 다소 복잡한데, 개인 내부에 존재하지만 능

┃ 표 6.1 ┃ 귀인의 세 가지 측면과 원인

	원인소재	안정성	통제가능성
능력	내부	안정/불안정	가능/불가능
노력	내부	불안정	가능
운	외부	불안정	불가능
과제난이도	외부	안정	불가능

력의 본질을 어떻게 보는지에 따라 안정적이거나 변화 가능한 요인으로 볼 수 있다. 즉, 능력을 향상 가능하다고 보는 학습자에게 능력은 변화가능하고 통제할 수 있는 요소이지만, 갖고 태어난다고 보는 학습자에게는 안정적이고 통제 불가능한 요소가 된다. 와이너는 성공이나 실패를 가변적이고 통제 가능한 내부 요소에 귀인하는 것을 건강한 귀인으로 보았다. 성공이나 실패 시 노력에 귀인하게 되면 다음번에도 성공하기 위해 노력하지만, 운이나 과제난이도에 귀인하게 되면 외부적이고 통제 불가능한 특성 때문에 노력하지 않는다고 보는 것이다. 귀인이론은 인간 자율성에 대한 신념에 기초하며, 외부 자극이나 사건에 대해 우리가 어떤 해석을 하는가가 우리의 행동을 결정한다는 점을 부각시킨다.

(3) 목표와 동기

우리는 어떤 활동을 할 때 그 활동이 이루고자 하는 바를 먼저 생각한다. 활동의 전체 방향을 결정하는 것이 목표인데, 이러한 목표와 동기의 관계를 연구하는 이론이 목표이론(Dweck, 1986)이다. 캐럴 드웩(Carole Dweck)은 학습목표를 크게 두 가지로 구분하였는데, 하나는 수행(performance)에 초점을 두는 수행목표이고 다른 하나는 숙달(mastery)에 초점을 두는 숙달목표이다. 만약 교육학 수업을 통해 교육학에 대한 이해를 향상시키고 교육문제에 대한 비판적 역량을 발달시키는 것을 목적으로 한다면 이것은 숙달목표라고 할 수 있다. 반면, 교육학 수업에서 상위 10%에 드는 것을 목표로 한다면 이것은 수행목표이다.

수행목표와 숙달목표를 갖는 학습자는 지능신념, 과제개입 유형, 과제선택 등에서 다른 행동 특성을 보여준다. 숙달목표를 갖는 학습자는 지능을 증가할 수 있는 속성으로 간주한다. 즉, 자신의 현재 역량(지능)이 과제나 학습 활동을 통해 향상할 수 있다고 본다. 이러한 신념은 학습자가 과제를 수행할 때 자신의 수행이 남들에게 어떻게 보이는가보다는 과제 자체에 몰입하게 한다. 과제를 선택할 때도 성공이나 실패가 확실한 과제보다는 자신의 현재 능력 수준보다 약간 어려운 도전적인 과제를 선택하게 되는데, 이는 이러한 과제를 통해서 능력을 향상시킬 수 있다고 믿기 때문이다. 반면, 수행목표를 갖는 학습자는 지능을 고정된 것으로 보며, 겉으로 드러나는 수행은 자신의 능력을 나타낸다고 믿는다. 과제 수행 시에도 남들에게 보이는 수행에 초점을 두기 때문에 과제 자체보다는 자아에 몰입하게 된다. 이들에게는 수행이 능력을 의미하므로, 과제를 선택할 때도 성공이 확실한 과제를 선택하게 된다. 혹은 실패했을 때 실패의 원인을 능력(무능)으로 귀인할 수 없도록 매우 어려운 과제를 선택하기도 한다("이 과제는 매우 어려워서 실패했어").

숙달목표를 갖는 학습자는 학습을 자신의 역량을 향상시키는 데 도움이 되는 과정으로 간주하는 반면, 수행목표를 갖는 학습자는 학습을 자신의 능력을 보여주는 기회로 삼는다. 숙달목표는 높은 자기효능감, 적절하고 효과적인 전략 선택, 높은 학업성취도 등의 학업변인과 관련이 있는 것으로 보고되고 있다(예컨대, Diseth, 2011). 숙달목표의 이점은 만약 실패를 하더라도 실패를 학습의 한 과정으로 보기 때문에 과제를 포기하기보다는 전략을 바꿈으로써 상황을 개선하려고 노력한다는 점이다. 수행목표를 갖는 학습자는 수행의 실패를 능력의 부재로 인식하기 때문에, 실패를 피하기 위해 아예 수행 자체를 회피하는 경향을 보이게 된다.

목표이론 또한 신념 이론과 마찬가지로 인간의 인지작용을 강조하는 이론이며, 우리의 행동을 이끄는 것은 활동 자체가 아니라 이 활동이 무엇을 목표로 하는가에 대한 우리의 인식이라는 점을 분명히 보여준다.

토론주제

1. 인간 뇌의 가소성이 갖는 의미와, 교육활동에서 뇌에 대한 이해가 왜 중요한지에 대해 토론해보자.

2. 피아제와 비고츠키의 인지발달 이론에서 강조하는 아동발달의 측면들에 대해 고찰하고, 각각의 발달이론에 기초한 교육은 어떤 모습일지에 대해 생각해보자.

3. 지능에 대한 심리측정식 접근과 최근의 통합적 접근은 지능과 관련하여 각기 어떤 '질문'을 제기하고 지능의 어떤 '측면'에 초점을 두는지 고찰하고, 각각 지능 연구와 실천에 어떤 기여를 했는지 생각해보자.

4. 인간의 욕구, 신념, 그리고 목표는 학습동기와 어떤 관련성을 가지며, 각각의 이론적 입장에서 학습동기를 강화하기 위해 어떤 전략들을 사용할 수 있는지에 대해 생각해보자.

참고문헌

이명숙·김민성·최지영·윤초희(2018), 학습컨설팅: 이론과 설계, 박영스토리.

윤초희(2017), 학습에 대한 '상황' 관점 고찰: 이론적 접근, 쟁점과 과제, 교육심리연구, *31*(4), 795-818.

Atkinson, R. C., & Shiffrin, R. M. (1968). Human memory: A proposed system and its control processes. In K. W. Spence & J. T. Spence (Eds.), *The psychology of learning and motivation: Advances in research and theory* (pp. 89-195). New York: Academic Press.

Bandura, A. (1986). *Social foundations of thought and action: A social cognitive theory*. Englewood Cliffs, NJ: Prentice-Hall.

Barrett, L. F. (2017). *How emotions are made*. Mariner Books. 최호영 역(2017), 감정은 어떻게 만들어지는가?, 생각연구소.

Binet, A., & Simon, T. (1916). *The development of intelligence in children: The Binet-Simon Scale*. Publications of the Training School at Vineland New Jersey Department of Research No. 11. E. S. Kite (Trans.). Baltimore: Williams & Wilkins.

Cattell, R. B. (1971). *Abilities: Their structure, growth, and action*. Boston: Houghton Mifflin.

Chiksentmihaly, M. (2014). *The systems model of creativity: The collected works of Mihaly Csikszentmihalyi*. Springer.

Clark, A. (2008). *Supersizing the mind: Embodiment, action, and cognitive extension*. Oxford University Press. 윤초희·정현천 역(2018), 수퍼사이징 더 마인드, 교육과학사.

Curtiss, S. (1988). Abnormal language acquisition and the modularity of language. In F. J. Newmeyer (Ed.), *Linguistics: The Cambridge survey, Vol. 2. Linguistic theory: Extensions and implications* (p. 96-116). Cambridge University Press.

Diseth, A. (2011). Self-efficacy, goal orientations and learning strategies as mediators between preceding and subsequent academic achievement. *Learning and Individual Differences, 21*(2), 191-195.

Dweck, C. S. (1986). Motivational processes affecting learning. *American Psychologist, 41*(10), 1040-1048.

Gardner, H. (1983). *Frames of mind: The theory of multiple intelligences*.

New York: Basic Books.

Gardner, H. (2007). *Multiple intelligences: New horizons*. New York: Basic Books. 문용린·유경재 역(2007), 하워드 가드너 다중 지능, 웅진지식하우스.

Greenfield, S. (2015). *Mind change: How digital technologies are leaving their mark on our brains*. Random House, LLC. 이한음 역(2015), 마인드체인지: 디지털 기술은 우리의 뇌에 어떤 흔적을 남기는가?, 북라이프.

Ginsburg, H. P., & Opper, S. (1988). *Piaget's theory of intellectual development*. Pearson Education Inc. 김정민 역(2006), 피아제의 인지발달이론, 학지사.

Maguire, E. A., Gadian, D. G., Johnsrude, I. S., Good, C. D., Ashburner, J., Frackowiak, R., & Frith, C. D. (2000). Related structural change in the hippocampi of taxi drivers. *PNAS, 97*(8), 4398–4403. (Retrieved from https://doi.org/10.1073/pnas.070039597)

Maslow, A. H. (1970). *Motivation and personality*. New York: Harper & Row.

Nisbett, R. E. (2009). *Intelligence and how to get it*. W. W. Norton and Company.

Pavlov, I. P. (1927). *Conditioned reflexes: An investigation of the physiological activity of the cerebral cortex*. Oxford Univ. Press.

Rumelhart, D. E., McClellend, J., & PDP Research Group, 1987). *Parallel distributed processing, volume 1: Explorations in the microstructure of cognition: Foundations*. A Bradford Book.

Shaffer, D. R., & Kipp, K. (2014). *Developmental psychology: Childhood and adolescence* (9th edition). Wadsworth. 송길연·장유경·이지연·정윤경 역(2014), 발달심리학, 박영스토리/센게이지러닝.

Spearman, C. (1927). *The abilities of man*. New York: Macmillan.

Skinner, B. F. (1938). *The behavior of organism: An experimental analysis*. Oxford, England: Appleton-Century.

Sternberg, R. J. (1985). *Beyond IQ: A triarchic theory of human intelligence*. Cambridge University Press.

Sternberg, R., & Lubart, T. I. (1996). Investing in creativity. *American Psychologist, 51*, 677–688.

Thorndike, E. L. (1898). Animal intelligence: An experimental study of the associative processes in animals. *The Psychological Review: Monograph Supplements, 2*(4). I–109. (Retrieved from https://doi.org/10.1037/h0092987)

Torrance, E. P. (1988). The nature of creativity as manifest in its testing. R.

J. Sternberg (Ed.), *The nature of creativity: Contemporary psychological perspectives* (pp. 43–75). Cambridge University Press.

Vygotsky, L. S. (1978). *Mind in society: The development of higher psychological processes*. Harvard University Press. 정회욱 역(2009), 마인드 인 소사이어티: 비고츠키의 인간 고등심리 과정의 형성과 교육, 학이시습.

Vygotsky, L. S. (1986). *Thought and language*. MIT Press. 윤초희 역(2011), 사고와 언어, 교육과학사.

Weiner, B. (1974). *Achievement and attribution theory*. Morristown, NJ: General Learning Press.

PART

7

교육행정학

교육행정학은 교육목적을 성공적으로 달성하기 위해 가용되는 모든 교육행위에 관한, 동시에 모든 교육행위를 위한 학문이다. 이 장에서는 교육행정의 제반 정의와 상충적 교육목적의 균형점을 확인한다. 더불어 전통 교육행정이론과 대안 교육행정이론의 과학철학 토대와 핵심 주장을 비교 검토하면서 교육행정학 이론발달의 미래적 지향점을 탐색한다.

1. 들어가는 말

인문·사회과학에 속하는 여타 학문들은 이론적 기제의 과학철학 기반과 연구방법론 및 발전 방향에 대한 풍부한 담론과 비판적 토론을 거치면서 개별 학문의 독자성과 연구의 정체성을 확립해가고 있다. 다학문·간학문적 성격을 가지는 교육행정학도 이러한 추세에 상응하여 이론 성장과 학문 발달에 대한 활발한 논쟁을 수행하고 있다. 특히, 1970년대 이후 서구의 교육행정학계는 그리피스(Griffiths)—그린필드(Greenfield)—윌로워(Willower)의 논쟁을 기점으로 다양한 과학철학적 관점과 이론적 토대에 입각하여 교육행정학 고유의 학문 체계 정립을 위한 노력을 기울이고 있다(Evers and Lakomski, 1991; Greenfield and Ribbins, 1993; Willower and Forsyth, 1999).

그동안 국내 학계에서도 교육행정학의 학문적 성격과 이론발달의 방향성을 구명하려는 체계적인 노력이 있어 왔다(박선형, 2012; 변기용, 2018; 신현석, 2009). 그러나 치열하게 이론적 논쟁을 진행하였던 서구의 교육행정학계와 비교하여 볼 때 논의의 '내적 열기와 양적 지속성'은 상대적으로 미약하였다. 이러한 현상은 한국교육행정학의 이론 발달과 학문 성립이 약 반세기에 걸친 비교적 짧은 세월 속에서 이루어졌으며, 실증주의에 입각한 양적 접근1이 학

---

1 실증주의 자체는 행동주의, 논리실증주의, 경험주의라는 세 가지 철학적 관점으로 구성되어 있으며, 관찰

계의 주류 연구방향으로 정착함으로써 다원론적 시각에서의 학문발전에 대한 분석적 논의와 비판적 담론이 풍부하게 전개되지 못한 측면이 강하다. 본 장은 교육행정학의 주요 경쟁적 이론체계(전통적 행동과학적 접근, 주관주의, 비판주의, 자연주의 정합론)의 핵심 내용을 살펴보면서 각 이론 기제의 과학철학 토대를 검토하고 기여점을 심층 분석하는 데 초점을 둔다. 이러한 목적을 달성하기 위해서 먼저 교육행정의 정의와 제도적·정책적 맥락에서 추구하는 교육의 목적을 살펴본다.

2. 교육행정의 정의와 교육의 상충적 목적

교육행위 자체는 공식적 차원에서 사회제도 차원(법, 예산, 정책 등)과 통치구조 시각(중앙교육행정조직, 지방교육행정조직, 단위학교행정조직) 및 조직경영(지도성, 교육과정 장학, 학급경영) 등의 행정의 제반 측면과 밀접한 관련을 가지고 있다. 또한, 조직이 직면하는 다양한 가치문제(효율성, 효과성, 형평성, 공익 등)와 조직 구성원이 개별적으로 수용하고 있는 사회문화적 관점과도 불가분의 관계를 가진다. 따라서 연구자가 공교육 제도 실행을 통하여 사회변화와 인간발달을 포괄적으로 지향하는 교육적 행위를 보다 포괄적이고 체계적으로 연구하기 위해서는 사회제도의 합법적 성격과 조직차원의 행정관리 패턴을 실증적으로 확인할 필요가 있다. 또한, 교육문제의 사회문화적 발생 맥락에 대한 심층적 이해와 조직구성원의 다양한 가치적 관점을 종합적으로 탐색하는 자세가 전제되어야 한다. 결국 교육행위는 사실과 가치의 필수 불가분의 관계에서 발생하기 때문이다.

문헌상에서 교육행정은 '교육의 목적을 효과적으로 달성하기 위하여 교육법규나 정책을 입안·집행하고, 교수·학습에 필요한 제반조건을 정비·확

을 통해 획득되는 경험적 증거를 이론 정당화와 과학연구의 출발점으로 간주한다. 세 가지 관점은 핵심 주장과 강조점에 있어서 미세한 차이점을 가지지만 문헌상에서는 통상 상호 교환적 용어로 활용되는 측면이 강하다. 실증주의는 경험적 증거를 강조한다는 측면에서 양적 연구를 전적으로 표방한다.

립하며 교육조직구성원의 협동적 행위를 능률적으로 조성하는 수단적 봉사활동의 과정'으로 정의된다(남정걸, 2006: 30–31). 이는 교육행정에 대한 기존의 다양한 관점(예: 국가공권설, 조건정비설, 협동행위론)[2]이 종합적으로 반영된 견해로서 교육행정학 전공자가 우선적으로 학습해야 할 가장 중요한 기본 개념으로 간주된다. 그런데 교육행정의 정의에 있어서 '교육의 목적'은 과연 무엇을 지칭하며, 이를 교육현장에서 실현하기 위한 교육행정의 가용수단과 지향점은 무엇이 되어야 하는가의 문제는 여전히 쟁점으로 남는다.

논자에 따라 다양한 관점과 상이한 의견이 존재할 수 있지만 교육의 목적은 크게 두 가지로 구분될 수 있다. 도구주의 시각과 발달주의 시각이 그것이다(Foster, 1988: 69). 전자에 따르면 교육의 목적은 개인적 측면에서는 사회적 지위향상과 입신양명을, 국가적 수준에서는 지식의 사회화와 문화전통의 내면화를 통하여 경제발전에 필요한 인적자원 양성을 지향한다. 반면에 후자는 교육의 목적을 개인적 측면에서는 단순 지식교육이 아닌 전인교육 실현을, 국가적 수준에서는 공동체 구축에 필요한 비판정신과 시민정신을 갖춘 민주사회 구성원 육성에 초점을 둔다. 즉, 두 가지 교육목적 중 도구주의는 '지식의 경제성(효율성 함양, 생산성 제고, 직업역량 강화 등)'을, 발달주의는 '지식의 공공성(배려와 관용, 시민정신, 공동체 의식 등)'이라는 상충적인 지향점을 강조한다.

국가의 교육제도 혁신과 교육개혁을 달성하기 위한 행정적 노력은 이러한 두 가지 별개의 교육목적을 교육현장에서 어떻게 균형적이면서 조화롭게 달성할 것인가에 초점을 두어야 한다. 교육체제는 일종의 공공재(public goods)로서 자본주의의 필연적 부산물(예: 사회적 불평등, 부의 편재, 사회계층 양극화 등)을 효과적으로 제어해야 할 사회적 의무도 적극적으로 수행하여야 하기 때문이다. 국가 공권력(제도, 법 등)과 교육 거버넌스의 중층구조(중앙교육행정·지방

---

2 국가공권설은 '교육에 관한 행정'을 지칭한다. 이 관점은 교육행정은 국가의 통치권과 법에 따라서 공권력의 일환으로 이루어진다고 본다. 이에 반해 조건정비설은 '교육을 위한 행정'을 의미한다. 즉, 교육행정을 일반 행정과는 독립된 시각에서 교육 목표의 성공적 실현에 필요한 모든 제반 조건을 정비하는 봉사활동으로 규정한다. 협동행위설은 조직구성원의 협동적 사회활동을 통해 교육이 이루어진다고 주장한다.

교육행정·단위학교행정 등) 속에서 교육활동의 성공적 수행을 적극적으로 '관리·조성·지도'하는 교육행정 역시 공공성 함양과 사회적 책무성 달성이라는 당위적인 교육적 의무로부터 자유로울 수 없다.

그러나 기존 교육행정활동의 내용적 초점과 이론발달의 전개는 교육현상에 대한 사실적 지식의 광범위한 축적에 몰두하면서 교육현장 속에서 관련 지식의 생산적 활용만을 강조하는 관리경영·과학기법 개발에 매진하는 성향이 강하였다(예: Hoy and Miskel, 2012). 그 결과 교육행정분야의 연구풍토는 교육목적 달성과 교육활동 수행의 기본 전제인 본질적 가치(정의, 공익, 형평성, 자유, 평등 등)의 추구보다는 합리적 관리기술을 강조하는 수단적 가치(효율성, 효과성, 합리성 등)의 달성을 최우선시하고 있으며, 학문적 토대 역시 이를 위한 계량적 실증주의에 안주하고 있다는 비판이 제기되고 있다. 이는 교육의 두 가지 목적 중 도구주의 관점(지식의 경제성 강조)의 독점적 실현에만 상대적으로 충실한 결과에 기인한다고 볼 수 있다. 앞에서 살펴 본 바와 같이 교육의 개념 자체는 개인역량 개발과 더불어 공동체적 시민사회 구축을 동시적으로 지향한다. 따라서 교육활동의 궁극적 성공을 책임지는 교육행정은 교육체제의 사회성 강화와 공공성 향상을 위한 제도적 노력과 관련 정책 실행에 최우선적인 관심을 기울일 필요가 있다.

3. 전통적 교육행정이론: 이론화운동과 논리실증주의 및 체제이론

1) 전통적 교육행정이론: 이론화운동과 논리실증주의

(1) 이론화운동과 논리실증주의

〈그림 7.1〉과 같이 현재 서구의 교육행정학 이론발달은 경험적 증거를 중요시하는 전통적 실증주의 연구 이외에도 현상학·해석학 등의 독일 관념론에 영향을 받은 주관주의(subjectivism), 하버마스(Habermas) 사회철학에 근

거하는 비판주의, 역사적 상황성을 강조하는 포스트모더니즘(postmodernism), 실증주의를 넘어서는 새로운 과학을 주장하는 자연주의(naturalism) 등의 다양한 관점들에 입각하여 이루어지고 있다.3

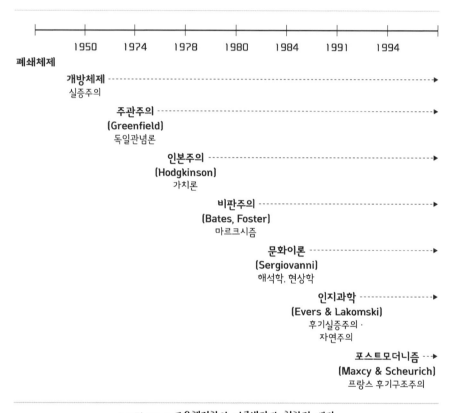

▎그림 7.1 ▎교육행정학의 이론발달과 철학적 배경

출처: Evers and Lakomski(2000: 6)를 수정·보완.

여러 경쟁적 관점 중 전통적 교육행정학 이론은 일반 행정학의 주류이론인 미국의 관리과학 전통과 밀접한 관련을 가지면서 학문적 이론체계를 수립해왔다. 그러나 1930년대 초 유럽에서 미국으로 유입된 사회과학자들이 심

---

3 교육행정학 분야에서의 포스트모더니즘 관련 사항은 박선형(2002) 참조.

리학, 정치학, 경영학, 정치학뿐만 아니라 다양한 관점에서 정치·사회현상에 대한 체계적인 분석방법을 제공함에 따라 교육행정학 내에서도 기존 이론에 대한 체계적인 반성이 나타나게 되었다. 특히, 이 시기에는 고전적 조직이론인 과학적 관리론, 인간관계론, 관료제 등과는 구분되는 엄정한 과학적 접근이 소개되는데 학계에서는 이를 '신운동(the New Movement)' 또는 '이론화운동(the Theory Movement)'으로 명명하고 있다. 이론화운동은 행동과학적 접근이 교육행정 학문공동체의 주류 이론체계로 정착되게 하는 본격적인 출발점을 제공하였다.

이론화운동 발생의 직접적인 계기가 된 역사적 사건은 1957년 시카고(Chicago) 대학의 미중서부 행정센터(the Midwest Administration Center)에서 개최된 '교육행정이론' 세미나이다. 동 모임에는 기능주의 사회학의 거두인 파슨스(Parsons)를 비롯하여 교육행정학 1세대 학자로서 교육행정학의 행동과학 접근을 확립한 헴필(Hemphill), 그리피스(Griffiths), 겟젤스(Getzels), 캠벨(Campbell), 핼핀(Halpin) 등이 참석하였다.

이론화운동이 표방한 핵심 주장은 크게 '가설연역적 연구, 보편개념으로서의 행정, 교육체제에 대한 행동과학적 접근'으로 요약될 수 있다(Culbertson, 1983: 15). 당시 시대정신이었던 논리실증주의[4]는 이론화운동의 주요 논점을 형성하는 데 지대한 영향을 미쳤다. 조직심리학자인 허버트 사이먼(Herbert Simon)은 1945년 교육행정학의 고전인 『행정행태론(Administrative behavior)』을 출간하여 교육행정학의 이론화운동의 논리실증주의 토대를 확립하는 데 결정적인 영향력을 행사하였다.[5]

---

4 논리실증주의는 당대의 유명 철학자였던 M. Schlick, R. Carnap, O. Neurath, H. Feigl, H. Reichenbach 등이 결성한 비엔나 서클이 1920년대와 1930년대 초에 발달시킨 철학 사상이다. 논리실증주의의 가장 핵심적 내용은 '의미의 검증이론(the verification theory of meaning)'이다. 이 이론이 뜻하는 바는 수학이나 논리학처럼 분석적이거나 관찰과 같은 감각경험에 의하여 경험적으로 검증될 때에 한해서만 의미가 있다는 것이다. 따라서 경험적 근거에 의하여 검증할 수 없는 형이상학, 윤리적 문제나 미적 관점 등은 학문의 대상이 될 수 없다고 주장하였다. 따라서 논리실증주의 기반의 전통적 교육행정학 이론은 학문 관심과 연구 대상에서 경험적 검증이 불가능한 가치는 철저하게 배제하고 오로지 사실 문제 구명에만 전념하게 되었다.

5 사이먼은 이 서서로 인하여 1978년 노벨경제학상을 수여받았다. 그는 1980년대 이후 의사결정과 인지

사이먼은 행정의 핵심은 의사결정 과정(decision-making processes)에 있다고 보았다. 그는 인간은 한정된 사고 능력 즉, 제한된 합리성(bounded rationality)으로 인하여 무결점의 완벽한 의사결정을 성취하기가 어렵다는 사실을 간파하였다. 따라서 사이먼은 제한된 합리성 내에서의 '만족스러운' 의사결정을 성취하는 것이 행정조직의 효과적인 설계를 위해 필수적이라고 생각하였다.

그는 주어진 상황에서 만족스러운 의사결정에 도달하기 위해서는 의사결정 과정의 사실적 측면과 가치적 측면을 엄밀하게 구분하여 오로지 사실적인 부분만을 다루어야 한다고 주장하였다. 즉, 가치적 주장은 경험적 근거에 기초하여 옳고 그름을 판단할 수 없기에 가치 영역은 행정 이론의 연구대상에서 전적으로 제외되어야 한다는 것이다(Simon, 1976: 45-46). 그는 의사결정 영역에서 가치를 배제해야 하는 근거를 당시의 시대정신이었던 논리실증주의에서 찾았으며, 행정과학은 논리실증주의를 학문발전을 위한 '출발점(a starting point)'으로 설정하여야 한다고 주장하였다.

행정학에서 가치 영역을 배제함으로써 행정이론의 과학성을 제고하려 하였던 사이먼의 학문적 시도는 교육조직의 효과성과 효율성의 향상에 관심을 기울이던 서구(특히 미국) 교육행정학 1세대 학자들에게 강력한 영향력을 행사하였다. 대표적인 교육행정학자는 사이먼과 동시대를 살았던 다니엘 그리피스(Daniel Griffiths)를 들 수 있다.6

▶ 다니엘 그리피스(1917~1999)
출처: Lutz(2000)

과학의 연계성 구명에 관심을 기울이면서 인공지능 연구에 매진하여 초기 인공지능 연구의 선구자로 자리매김하였다. 인간의 제한된 합리성과 의사결정의 심리적 토대를 강조한 사이먼의 초창기 학문적 업적은 1990년대 이후 행동경제학이 출현하게 되는 계기로 작용하기도 하였다.

6 그리피스는 운명을 달리했던 2000년까지 미국의 교육행정이론을 대표하는 빅 보스(Big Boss)로서의 학문적 위상을 차지하였다. 이론화운동이 발생한 지 거의 30년이 지난 시점의 회고 논문에서 그리피스는 자신의 학부 전공이 과학과 수학이었으며, 이론화운동이 발생했던 당시의 논리실증주의는 거부할 수 없는 강력한 시대적 이데올로기였음을 밝힌 바 있다(Griffiths, 1983: 203; 1985: 49).

그리피스(1957: 365–366)는 이론화운동을 주도했던 당시에 작성한 논문에서 이론은 경험적 수단들에 의하여 전적으로 정당화되기 때문에 사실적인 내용들만을 다루어야 한다고 주장함으로써 사이먼의 논리실증주의 관점을 적극적으로 지지하였다. 그는 이론을 행정가들이 따라야 할 윤리적 기준으로 생각하는 것은 커다란 오류이며, 과학이 사회의 윤리적 개념들을 다루려고 한다면 과학은 그 정체성을 상실할 것이라고 보았다.

또한 그리피스(1964: 98)는 비엔나 서클의 논리실증주의자들, 특히 허버트 페이글(Herbert Feigl)이 제시한 이론에 대한 정의를 전적으로 수용하였다. 페이글에 따르면 이론은 수학적이면서 논리적인 방법에 의하여 보다 큰 일련의 경험적 법칙들이 도출될 수 있는 전제들의 집합으로 간주되며, 연구방법은 이미 실증된 법칙들이라고 볼 수 있는 이론에서 연역적으로 도출한 법칙을 가설로 삼아 이를 다시 경험적·귀납적으로 검증하려는 가설연역적 접근방법(Hypothetico deductive approaches)을 사용한다고 본다.[7]

이론을 가설연역 체제로 정의하면서 일반 행정과 행동과학적 접근을 주창하여 이론화운동을 주도한 학자들은 논리실증주의에 근거하여 교육실무자들의 지식기반을 향상시키기 위한 과학적인 절차를 제공하였다고 믿었다. 특히 기존의 일화적 증거나 행정가의 '통속적 지혜'에 의존하던 교육행정학 연구를 가설연역적 방법을 채택함으로써 상황적 맥락과 시간적 한계에 구애되지 않는 과학적인 연구를 가능하게 하여 학교조직, 교육지도성, 조직설계 등에 있어서 보다 일반화된 주장들을 산출할 것을 기대하였다.

---

7 교육행정분야에서 가장 많이 언급되는 가설연역적 접근은 지도성 연구에 대한 전통적인 행동과학적 접근에서 발견된다. 지도성에 대한 가설연역적 접근에 따르면 가설적 이론(예: 민주적 지도성과 직무만족과의 관계)은 검증 가능한 경험적 결과(예: 설문지 분석을 통한 실증적 자료)의 과정에 의하여 정당화된다. 가설은 가설이 함축하는 관찰적 증거(예: 민주적 지도성과 직무 만족 간의 높은 상관관계)가 발견될 때 확증되거나 가설 반대적 관찰증거가 발견될 때 불확증된다. 따라서 이론은 가설 반대적 증거에 의하여 불확증(disconfirmation)되기 보다는 가설 함축적 증거에 의하여 보다 많이 확증(confirmation)될 때에 그 이론은 다른 이론보다 더 정당화된다고 본다.

(2) 체제이론

조직의 개념은 '공동의 목표를 달성하기 위하여 2명 이상의 사람이 과업을 분담하여 협동하는 사회체제'로 정의된다. 이러한 조직에 대한 정의는 조직 개념 자체가 '체제이론'과 밀접한 관련이 있음을 시사한다. 체제이론은 고전적 조직이론(과학적 관리론, 인간관계론, 관료제 등)이 외부 환경과의 밀접한 상호작용 속에서 발전하는 조직의 동태적 성격을 충실하게 파악하지 못하는 한계점에 직면해 전체주의 관점(holism)에서 조직을 이해하려는 시도로서 1960년대부터 본격적으로 발전한 시각이다.[8]

체제이론의 기본적 개념은 〈그림 7.2〉에 제시되어 있는 바와 같이 투입, 과정, 산출, 환류, 환경, 경계로 구성되어 있다. 체제와 환경 사이에는 경계가 존재하며 산출과 과정 및 투입 간에는 환류가 발생한다. 또한, 체제는 밀접하게 상호 연결된 요소들의 총체적 관계로서 상위체제와 하위체제를 가진다.

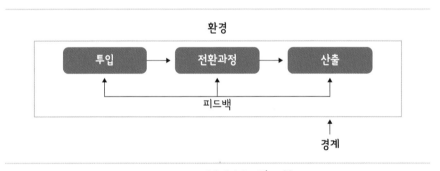

┃ 그림 7.2 ┃ 개방체제의 기본 모형

체제는 외부 환경과의 밀접한 상호작용 속에서 지속발전 가능성을 확보하기 때문에 근본적으로 개방체제의 성격을 가진다. 그러나 문헌상에서의 개념분류 차원에서 개방체제의 대칭 개념으로 폐쇄체제라는 용어를 사용하기

---

8 체제 개념은 오스트리아 생물학자인 버틀란피(Bertalanffy)가 생명체(living system)를 개방체제로 파악한 것을 계기로 하여 일반 체제이론으로 발전하게 되었다. 체제이론은 거시적 현상을 미시적 부분들로 분절해서 설명하는 환원주의(reductionism)에 반대하면서 각각의 부분은 인접한 부분들과의 밀접한 연계 관계 속에서 전체적으로 연결되어 있다는 전체론(holism)을 주창한다.

도 한다. 폐쇄체제는 외부 환경과의 자유로운 상호작용 관계가 없다는 측면에서 전통적 조직이론인 과학적 관리론, 인간관계론, 관료제 등이 이 개념 범주에 속한다고 본다. 이 시각들은 환경의 영향을 고려하지 않은 채 조직을 명확하게 규정된 목표를 달성하기 위한 설계된 도구로만 간주하였다는 비판을 받는다. 그러나 실제로 완전한 개방체제나 독점적인 폐쇄체제는 현실 여건에서 존재하지 않는다. 어느 체제나 개방성과 폐쇄성의 연속선상에 위치하고 있을 개연성이 크기 때문이다. 따라서 하나의 체제가 다른 체제에 비해서 더 개방적이라든가 또는 더 폐쇄적이라는 '정도(degree)' 수준에서 접근하는 방식이 보다 타당할 수 있다.

한편, 체제이론은 환경 변화에 지속적으로 적응하면서 전체의 생존을 적극적으로 도모한다는 차원에서 사회의 통합과 안정 및 균형을 통하여 사회질서를 유지·존속·강화하는 기능주의 시각과 밀접한 연관성을 가진다. 이러한 맥락에서 교육조직은 사회질서와 사회통합을 위한 일종의 대행 기관으로서 정치체제, 문화체제 등과 같이 사회의 하위체제로 간주된다. 따라서 교육조직인 학교가 사회규범과 가치의 사회화 체제, 적절한 지위를 할당하는 선발체제, 사회참여를 독려하는 유인 보상체제로 정의되는 것은 결코 우연이 아닌 것이다.

전통적 교육행정학 이론의 대표 학자인 호이와 미스켈(Hoy & Miskel, 2012)은 개방체제로서의 학교조직을 〈그림 7.3〉과 같이 도식화하였다. 학교는 외부로부터 전달된 투입 요인으로서 인적·물적·재정적 자원을 활용하고, 학교조직의 정치문화 차원과 구조적 특성 및 개인 동기부여 수준의 내적 제약성 속에서 교수·학습활동을 진행하면서 교육수요자(학생)의 산출 요인(학업성취도, 만족도 등)을 달성한다. 산출 요인이 설정된 기대 수준에 부응하지 못하는 경우에는 이를 교정하기 위한 장치로서의 환류가 투입 차원(예: 개별 학생의 학업성취도 부족의 경우 교과목 재수강)과 과정 차원(예: 보수교육 제공)에 적용된다. 체제이론은 전체주의 시각에서 환경적 요인과 더불어 투입, 과정, 산출, 환류 등에 관한 종합적인 실증 분석을 가능하게 한다는 차원에서 행동과학적 접근의 대표 이론으로 간주되고 있다.

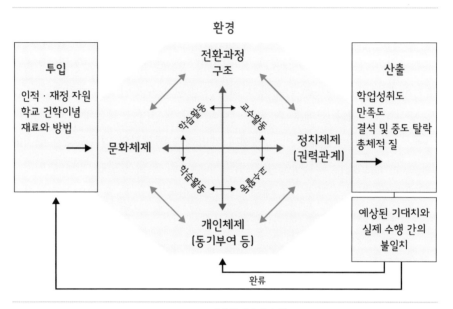

환경

전환과정
구조

투입

인적 · 재정 자원
학교 건학이념
재료와 방법

문화체제

학습활동
교수활동
학습활동
학교수준

정치체제
[권력관계]

산출

학업성취도
만족도
결석 및 중도 탈락
총체적 질

개인체제
[동기부여 등]

예상된 기대치와
실제 수행 간의
불일치

환류

┃ 그림 7.3 ┃ 개방체제로서의 학교

4. 대안적 교육행정이론

1) 주관주의적 교육행정이론

1970년대에 들어서면서 논리실증주의에 근거한 전통적 교육행정학의 이론적 지배성은 대안적 견해들에 의하여 도전받게 된다. 대안적 시각을 제시한 최초의 선구자적 역할을 한 사람으로는

▶ 토마스 그린필드(1930~1992)

캐나다 학자인 토마스 그린필드(Thomas Greenfield)를 들 수 있다.

그는 1974년에 영국 브리스톨(Bristol)에서 개최된 국제상호방문 프로그램의 모임에서 발표한 기념비적 논문9에서 독일 관념론에 기초를 둔 주관주의를 전개하여 전통적 교육행정이론, 특히 이론화 운동의 핵심주장에 도전하였다. 그 당시 논문이 야기한 폭풍10 같은 학문적 논란을 그는 다음과 같이 회고한 바 있다.

> 학술대회가 시작한 지 2~3일 지나서 브리스톨에 도착하였을 당시, 청중들은 이미 논문에 대하여 인지하고 있었다. 그 다음 날 논문을 읽기보다는 말하기 위해서 일어났을 때 믿을 수 없을 정도의 긴장을 느꼈다. 논문의 내용에 대하여 몇 마디를 말하기 시작한 순간 공중에 물결치는 손의 숲이 있었다. 청중들은 내가 말한 것에 도전하기를 원했다. 그것에 관하여 질문하거나 그것을 지지하기를 원하였다. 일반적으로 학술대회장에는 격정이 있었다(Macpherson, 1984: 2)

그린필드는 행동과학적 접근에 대하여 두 가지의 비판적 논증을 출발점으로 하여 그의 이론을 전개하였다. 우선 그는 실증적 검증에 관한 가설연역적 모델에 의하여 정당화되는 연구나 이론의 객관성을 부정하였다. 둘째, 사회과학과 자연과학의 명료한 경계선을 부정함과 동시에 전자는 후자로 통계적 숫자나 자료로 환원될 수 없는 주관적인 성격을 가진다고 주장하였다.

그는 가설연역적 접근에 근거한 이론은 마치 자연세계에 관한 물리학적 설명체계로서의 뉴턴의 법칙과 같은 것으로서 행정가가 행정세계를 어떻게 구성해야 할지에 대한 추론을 지시한다고 본다. 따라서 행정가 스스로 이러한 추론을 확인하기 위한 강력한 가설들을 고안하게 되며, 이러한 가설들은 가설 지지적인 실증적 자료들로 채워지게 된다는 것이다. 그러나 그는 가설

9　현상학이라는 용어를 초창기 논문에서 사용하였으나 그린필드는 후에 이를 수정하여 주관주의적 전통을 따르고 있다. 1975년 논문 이후 그린필드는 1992년 12월 죽음을 맞이하는 순간까지 거의 20년의 세월 동안 논리실증주의는 교육행정을 위한 적절한 과학의 개념이 될 수 없다는 확신 아래, 주관주의적 교육행정이론을 발달시키기 위하여 전통 교육행정이론에 대한 비판을 존재론적·인식론적·가치론적 시각에서 전개시켜 왔다. 또한 대표적인 미국의 1세대 교육행정학자인 다니엘 그리피스(Daniel Griffiths), 도널드 윌로워(Donald Willower)와 격렬한 이론적 논쟁을 벌였다(박선형, 1999 참조).

10　에버스와 라콤스키(Evers & Lakomski, 1991: 76)는 이것을 코페르니쿠스에 버금가는 그린필드의 혁명이라 지칭하고 있다.

연역적 접근에 근거한 이론은 실증적 연구에 의해서 결코 확증될 수 없다고 주장한다(Greenfield and Ribbins, 1993: 34).

행동과학적 접근에 대한 그린필드의 이러한 비판점은 과학철학 분야에서 논리실증주의의 쇠퇴를 초래한 두 가지 인식론적 논제인 '인간인지의 이론의존성(the theory ladenness of human cognition)'과 '이론의 경험적 미결정성(the underdetermination of theory by empirical data)'에 근거하고 있다.

일찍이 과학철학자 토마스 쿤(Thomas Kuhn)은 프톨레미의 천동설에서 코페르니쿠스의 지동설로의 전환에서 예증되듯이 과학의 발전은 새로운 관찰과 실증 증거에 의하여 성취된 것이 아니라 세계에 관한 우리의 지각, 즉 패러다임 전환에 의하여 가능하였다고 주장한 바 있다. 쿤의 견해에 입각해서 그린필드는 이론과 관찰의 명료한 경계선을 부정하였다(1979: 174). 즉, 이론은 과학적 관찰과 실험을 유도하고, 관찰적 표현 또한 이론을 전제로 하기 때문에 이론은 항상 관찰에 선행한다는 것이다. 따라서 이론 자체가 관찰 자료를 해석하기 위한 기준으로서 이용된다고 할 때 관찰을 통해 얻어지는 실증적 자료의 경험적 증거는 이론을 확증하기 위한 유일한 증거가 될 수 없다. 다시 말해 관찰적·실증적 자료는 이론 의존적(즉, 주관적) 성격을 가질 수밖에 없다. 따라서 이들 자료에 의하여 정당화되는 가설연역체제의 확증과정은 행동과학적 접근이 지향하였던 객관성을 보장받지 못한다는 것이다. 그린필드의 관점에서 객관적 실체는 결국 주관성 영역에서 사라진다. 이러한 맥락에서 그린필드는 조직은 객관적 실체가 아니라 인간의 행위에 의해서 규정되고 제한되는 사회적 구성물이라고 정의한다.

그린필드가 제시한 또 다른 논제는 무수히 많은 이론들이 관찰을 통해 얻어진 실증적 증거와 전혀 모순됨이 없이 양립하는 경우를 볼 때 논리실증주의가 주장하듯이 사실로서의 경험적 증거는 이론의 수월성을 결정하는 절대적인 준거가 되지 못한다는 주장이다. 즉, 동일한 관찰적 증거가 여러 상이한 이론을 확증한다는 것이다. 〈그림 7.4〉에서 보듯이 쇠막대기의 길이는 온도가 상승할수록 늘어나게 된다. 쇠막대기 길이와 온도 상승 간의 관계를 가장 명확하게 설명할 수 있는 가설적 이론은 두 요인들의 관계가 표시된 점을 통과하는 직선이다. 그러나 해당 그림에 예시되어 있듯이 수많은 선들이 일종의 경쟁적 가설 이론체계로서 두 변인(쇠막대기의 길이와 온도 상승) 간의 관계를 나타내는 점을 통과할 수 있다. 이는 동일한 경험적 증거가 여러 다양한, 심지어는 상충하는 이론들을 정당화하는 데 활용될 수 있음을 의미한다.

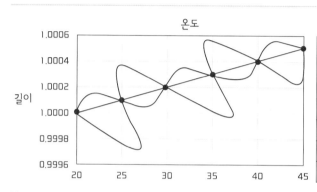

온도(℃)	길이(m)
20	1.0000
25	1.0001
30	1.0002
35	1.0003
40	1.0004
45	1.0005

┃ 그림 7.4 ┃ 온도 상승과 쇠막대기의 길이

여러 이론들이 실증적으로 동등한 가치를 가진다면 관찰을 통하여 얻은 자료에 의해서 정의되는 실증적 적절성(empirical adequacy)은 경쟁하는 이론들 중 보다 나은 이론 선택을 안내하기 위한 충분한 조건이 될 수 없다. 이는 곧 실증적 증거 이외에 어떤 다른 요소가 이론 선택을 위해 필요하다는 것을 시사한다고 그린필드는 추론하였다. 그린필드는 경쟁하는 이론들 중 보다 나은 이론의 선택은 궁극적으로 '규범적인 도덕적 가치판단(1975: 84)'과 관련되어 있다고 주장하였다. 요컨대, 이론 선택은 개인의 선호도와 같은 주관성이 반영되어 결정된다는 것이다

그린필드는 인간인지의 이론의존성은 결국 세계가 존재하는 방식에 대한 다양한 해석을 산출한다고 보았다. 이론화운동과 행동과학적 접근을 주도하였던 학자들은 가설연역적 모델의 이용을 통해서 객관성이라는 관념은 성취될 수 있다고 가정하였지만 상기한 두 가지 인식론적 논제에 의하여 그 주장의 존재 기반이 약화된다고 생각하였다. 따라서 보다 실증적이고 경험적인

연구들에 의존함에 의해서 실재에 대한 최선의 단일한 표상을 성취하는 것이 가능하다는 자연과학적 전제는 부정된다. 이러한 맥락에서 그린필드는 인간의 개인적 가치체제인 주관성으로부터 절대적으로 자유로운 과학은 없다는 결론을 내리게 되었다. 다시 말하면 "사실이 결정하는 것은 아무것도 없으며 사실을 결정하는 것은 사람이기 때문(1980: 43)"에 사실의 영역은 가치의 영역으로부터 결코 벗어날 수 없다는 것이다.

행정이론의 선택이나 조직 속에서의 구체적인 의사결정은 결국 개인의 가치판단과 선호라는 주관성을 반영한다는 사실에 근거하여 그린필드는 인간의 다양한 의미와 가치의 우선적 중요성을 고려하는 주관주의(인본주의)가 과학에 대한 보다 폭 넓은 새로운 개념으로서 교육행정학에 정착되어야 한다고 보았다.[11] 그린필드가 제시한 주관주의 교육행정이론은 미국이 주도하는 전통적 실증주의 교육행정이론에 대한 도전적 성격으로 인하여 유럽과 영연방국 특히 호주의 교육행정학 연구자들에게 심대한 영향을 미쳤으며 교육행정학 시각의 다양화에 크게 기여하였다는 평가를 받는다.

2) 비판주의 교육행정이론

1980년대에 교육행정의 적절한 이론적 대안을 찾기 위한 학자들의 노력은 비판주의 교육행정이론으로 나타났다. 비판주의 교육행정학을 주장하는 대표적 학자로는 호주학자인 리차드 베이츠(Richard Bates)와 미국학자인 윌리엄 포스터(William Foster)를 들 수 있다. 두 학자 중 어느 사람이 대표자로서 비판주의 교육행정이론을 대변하고 있는가에 대하여 학계의 명료한 합의점을 쉽게 발견할 수 없는 상황이다. 그러나 두 학자의 학술 활동과 출판물 등을 고려해 볼 때 전자가 후자에 비하여 훨씬 체계적으로 비판주의 교육행정

---

11 그의 대표적인 논문들과 인생 전반에 걸친 회고를 담은 사후 출판물이 『교육행정에 관한 그린필드의 견해: 인간과학을 지향하며(Greenfield on educational administration: Towards a humane science)』로 명명된 것은 이러한 주장을 예증한다. 주관주의적 교육행정 이론에 대한 자세한 논의는 박선형(1999) 참조.

이론을 제시하였다는 평
가를 받을 수 있다. 따
라서 비판적 교육행정이
론의 핵심내용을 검토하
기 위하여 본 절은 베이
츠의 이론을 중점적으로
다루고자 한다.

Educational Administration
and
the Management of
Knowledge

Richard Bates

▶ 리차드 베이츠(1941~)

출처: Bates(1982)

　　베이츠는 그의 이론
적 출발점을 영국의 지
식사회학, 특히 마이클 영(Michael Young)의 저서(Knowledge and control, 1971)
의 핵심적 아이디어에 근거하였다. 영은 그의 저서에서 학교에서 가르치는
지식의 구조와 사회의 권력구조 사이의 밀접한 관계성을 이해하기 위해서는
지식을 '특정한 시대의 사회적·역사적 구성물(Young, 1971: 23)'로 간주하는
현상학적 접근을 연구의 방법으로 채택하여야 한다고 주장하였다. 지식구조
와 통제구조 간의 관계성을 규명하고자 하는 이러한 신교육사회학적 관점은
베이츠의 이론체계에 있어서 지속적으로 핵심적인 논점을 차지한다. 그가 교
육행정학계에 비판이론을 최초로 제시한 1980년 EAQ 게재 논문[12]의 제목은
이를 예증할 수 있는 시사적인 단서가 된다.

　　그러나 베이츠는 현상학적 접근은 결국 인식론적 상대주의에 빠지게 되어
역사, 문화, 정치, 경제 등의 사회구조에 관한 거시적 측면과 교육에 대한 구
조적 영향력을 설명할 수 없다는 이론적 한계점을 가진다는 것을 인식하게 되
다. 그는 이러한 난점을 극복하고자 지식사회학과 더불어 현실세계의 구조적
요인에 보다 직접적인 관심을 기울이는 비판이론, 특히 하버마스(Habermas)의
이론을 전적으로 수용하게 된다.

　　그가 하버마스로부터 채택한 핵심적 내용은 3가지로 요약된다(Park, 1999).

---

[12] R. J. Bates, Educational administration, the sociology of science, and the management of knowledge, *Educational Administration Quarterly*, 16(2), 1980a, pp. 1-20.

첫째, 베이츠는 하버마스가 그의 역저 『정당성의 위기(Legitimation crisis)』에서 제시한 주요 내용을 차용하였다. 지속적 성장을 약속하는 자본주의의 화려한 미사여구에도 불구하고 자본주의의 발달은 현대국가가 직면할 수밖에 없는 다양한 위기상황을 낳게 되는데 교육체제 또한 이러한 위기상황 초래에 기여한다는 것이다. 베이츠는 왜 교육체제가 국가의 위기를 초래하는지를 세 가지 관점에서 제시하였다(1984: 65-67).

> 첫째, 교육체제는 '형평, 정의, 기회의 원리'를 촉진하고 이러한 원리들에 의하여 교육이 정당화되는 데 반하여 문화적·교육적 자원을 향유할 기회뿐만 아니라 부의 분배에서의 심각한 불평등이 총체적으로 증가하고 있다.
>
> 둘째, 계급상승을 위한 사회적 이동 기회는 노동시장의 구조와 특권층의 정치에 의해서 대부분 결정되기 때문에 교육조직으로서의 학교는 사회계급에서의 상층 이동을 위한 실질적인 주요 기회를 제공하지 못한다.
>
> 셋째, 학교가 의존하고 있는 업적주의의 원리는 모든 사람을 위한 기회의 평등을 제시하지만 결과는 그 반대로 나타난다. 즉, 이미 유리한 위치에 서있는 소수집단은 성공할 수밖에 없으며 그들의 성공은 이미 불리한 위치에 서 있는 대다수의 집단의 실패를 담보로 하고 있다.

논지의 요점은 학교교육은 점차적으로 사회통제를 위한 기제로서 이용되고 있으며, 교육행정이론은 이를 위한 도구적 수단으로 이용되었다는 것이다. 그는 특히 교육행정에 대한 행동과학적 접근은 학교에서 가르치고 있는 지식이 어떻게 지배계급의 주된 이익을 보존하는 데 이용되고 있는지, 사회적 불평등이 어떻게 교육에 의하여 영속화되는지에 대한 진지한 고려와 성찰을 결여하였다고 본다(Bates, 1980b: 66). 그는 자본주의와 교육의 내재적 위기를 극복하기 위해서는 기존의 시각과는 다르게 억압된 사회로부터의 인간해방과 보다 나은 사회 건설에 많은 관심을 가지는 적절한 접근이 교육행정에 필요하다고 보았다. 또한 이러한 시각은 현상학적 분석과 비판이론에서 제시될 수 있다고 보았다(1984: 74).

비판이론에 대한 심정적 동조와 함께 베이츠가 하버마스(1976, 1979)로부터 채택한 두 번째 아이디어는 이상적 담론상황(the ideal speech situation)이라는 개념에 근거하고 있는 의사소통 이론이었다. 하버마스는 인류가 도구를 이용하는 동물일 뿐만 아니라 언어를 사용하는 동물이라는 것을 가정할 때 마르크스주의는 역사적으로 발달하는 인간의 사회적 합리성을 설명하기에는 매우 협소한 이론적 토대인 '생산'이라는 경제적 패러다임에 지나치게 몰두하는 오류를 범하였다고 본다(Roderick, 1986: 49—51). 하버마스는 비판이론의 규범적 토대와 합리성을 설명할 수 있는 보다 확장된 관념은 우리 일상생활의 언어에 내재된 체계적으로 왜곡된 의사소통의 가능성을 가감 없이 드러냄에 의해서 발견될 수 있다고 주장한다. 이러한 의사소통 분석은 어떠한 강제적 제약요인(즉, 강압, 지배, 권력행사 등)으로부터 자유로운 구성원 간의 논증만을 통해서 합의에 도달할 수 있는 조건을 검토한다.

베이츠는 하버마스의 의사소통이론에 입각하여 참여적 민주주의와 인간해방의 과정을 촉진할 것을 목표로 하는 조직과 기관들의 재구조화(restructuring) 작업은 왜곡된 의사소통의 구조를 수정하는 데 관심의 초점을 두어야 한다고 주장한다. 사회와 학교조직에서 이용되는 언어 자체는 의사소통의 수단일 뿐만 아니라 통제를 위한 기제적 장치이기 때문이라는 것이다(1983: 44).

베이츠가 하버마스로부터 수용한 세 번째 이론적 내용은 과학의 본성과 지식의 원천에 대한 하버마스의 인식론적 관점이었다. 하버마스는 실증주의적 과학관이 인간의 합리성을 '과학적 절차의 방법론적 분석을 통하여 상술될 수 있는 것(1972: 67)'과 동일시하기 때문에 실증주의는 전형적인 '과학주의(scientism)'의 한 예가 된다고 보았다. 그러나 하버마스는 실증주의적 과학관의 가치를 전적으로 부정하지 않았다. 대신 하버마스(1972: 308)는 인류문명의 역사적 발전단계에 있어서 지식은 세 가지 특정한 인간관심에 의하여 상이한 종류로 나누어져 발전한다고 보았다. 즉, 경험—분석적 과학은 기술공학적 인지관심을, 역사적－해석학적 과학은 실제적인 관심을, 그리고 비판과학 접근은 해방적 인지관심을 통합하여 발전한다는 것이다.

하버마스의 인식론적 관점에 기초하여 베이츠는 교육조직과 행정에 대하여 실증주의적 접근을 적용·개발함에 의해서 효율성과 효과성을 제고하려던 전통주의적 교육행정이론의 인식론적 정당성을 의심하였다. 그러나 하버마스와 마찬가지로 베이츠(1988: 10)는 실증주의와 해석학적 지식이 가지는 한계는 해방적 관심에 호소하는 비판과학을 채택할 때 유일하게 해결될 수 있다는 것을 지적하였다.

논리실증주의에 근거한 이론화운동은 실증적 증거에 대한 독점적인 관심으로 인하여 가치의 영역을 행정의 영역에서 배제하는 결과를 초래하였다. 유사하게 그린필드의 주관주의 또한 가치와 사실의 이원론적 구분을 당연시하여 가치적인 측면만을 강조하고 개인주의적인 가치체제를 옹호하는 상대주의적 관점을 지향하기 때문에 가치 갈등적 상황을 타개할 수 있는 현실적 해결책을 제시하지 못한다는 비판을 받는다.

가치적인 문제들은 경제체제나 정치체제와 같은 사회구조적 요인들을 고려함이 없이는 결코 설명될 수 없다는 것을 파악한 베이츠는 교육행정연구에 있어서 구조적인 요인과 개인적 주관성을 통합하는 대안적 접근이 필요하다고 보고, 변증법적인 비판이론이 이를 위한 가장 적합한 이론체제라고 생각하였다. 다시 말해, 사회구성원 모두가 지향하기를 희망하는 '공통적이면서 호혜적인 사회적 선(예컨대, 사회정의, 민주적 사회, 인간해방 등)'은 조직과 행정의 민주화를 주창하는 비판이론에 의해서 성취될 수 있다고 보았다. 결론적으로 베이츠는 교육행정학은 효율성과 효과성 제고에 관심을 기울이는 경영관리과학이 아니라 보다 나은 사회건설과 사회정의 실현에 필요한 참여적 민주주의와 인간해방과 같은 '집합적인 사회적 가치'를 사회에 폭 넓게 전파하는 것에 주된 관심을 두어야 하며, 이는 실증과학적 지식과 해석학적 지식에 해방적 인지관심을 지향하는 비판과학을 덧붙일 때 한해서 가능하다고 보았다.

3) 자연주의 정합론

자연주의 정합론(naturalistic cohe-rentism)은 호주학자인 에버스와 라콤스키(Evers & Lakomski)에 의하여 1990년대 초에 창시되었다. 이들은 지난 20여 년간에 걸쳐 과

▶ 에버스와 라콤스키
출처: https://melbourne-cshe.unimelb.edu.au/about/fellows/gabriele-lakomski

학철학의 주류적 시각인 자연주의(naturalism)에 기초하여 교육행정학 이론발달을 위한 올바른 인식론적 정당화(정합론)를 탐색하면서 '과학적'인 교육행정이론을 개발하고자 하였다.

에버스와 라콤스키는 "과학에 대한 올바른 이해"를 가질 때 우리 인간은 있는 그대로의 실재적 세계(the way the world is) 즉, 진리에 보다 더 가까이 다가갈 수 있다고 주장한다. 그러나 기존의 교육행정이론들은 과학을 가치를 배척하거나 인간을 비인간화하는 수단으로 간주하였다. 논리실증주의는 윤리학·미적 영역을 관찰적 경험에 의하여 검증될 수 없는 비과학적 영역이라고 보고, 가치적 영역을 교육행정의 연구대상에서 전적으로 제외하였다. 또한, 주관주의, 비판주의와 같은 대안 이론들도 논리실증주의와 유사하게 주관주의적 가치와 과학적 합리성은 상호 보완적이기 보다는 상호 배타적이라는 이분법적 도식을 수용하고 있다. 과학은 가치적인 측면을 다룰 수 없기 때문에 교육의 주체인 인간의 심성을 황폐화시키면서 결국에는 사회의 '집합적 선(collective good)'을 저해한다는 즉, 과학은 인본주의와 정반대의 대립관계에 있다고 보는 것이다.

자연주의 정합론은 대안적 이론들이 실증주의와 과학을 동일시함으로써 과학의 중요성을 올바르게 파악하지 못하였다고 본다. 실증주의는 과학에 대

한 여러 가지 이론들 중 단지 하나의 견해에 불과하기 때문에 실증주의에 대한 비난이 곧 과학에 대한 비난이 될 수 없다는 것이다. 다시 말해, 과학은 인간의 삶과 사회를 파괴하는 억압적 기제가 아니라 삶의 질을 향상시키면서 인간에 대한 참된 본성을 알게 해주는 유용한 기제라고 본다. 지난 수 세기 동안 성취된 인류문명의 발전과 실생활의 개선은 과학의 중요성을 더욱 부각시킨다. 과학적 발견은 사회에 만연하였던 종교적 미신과 사회적 무지(예컨대, 신의 징벌로서의 흑사병, 인종 간 염색체 구조의 차이를 가정한 인종적 편견, 여성은 남성의 종속물이라는 성 차별적 가정 등)를 타파하였을 뿐만 아니라 인류발전에 필요한 지적인 원천을 제공하였다. 즉, 진리를 파악하기 위한 정당한 논리체제로서 경쟁하는 이론들 중 보다 좋은 이론을 선별하게 하여 주는 최선의 인식론적 준거는 '가장 최고의 과학(the best science)'이라는 것이다.

대안론적 시각과 마찬가지로 에버스와 라콤스키도 관찰에 근거하여 얻어지는 실증적 자료는 이론적 틀에 의하여 영향을 받는다는 관찰의 이론의존성을 고려할 때 경험적 적절성은 이론의 정당화를 위한 필요충분조건이 아니라는 데 동의한다. 그러나 대안적 시각들은 이론을 정당화하는 또 다른 준거를 탐색하는 데 있어서 인간의 주관성이나 사회적 구조의 역할을 지나치게 강조하는 오류를 범하고 있다.

자연주의 정합론은 '좋은 이론'에 대한 합리적 선택은 경험적 증거를 뛰어넘는 소위 이론의 '과학적 증거기반 요인(일관성, 간결성, 포괄성, 보수성, 설명적 단일성 등)'에 의해서 지지되는 객관성과 합리성의 개념을 참조함으로써 가능하다고 본다. 예를 들면, 경쟁하는 A라는 이론과 B라는 이론을 비교하여 선택해야 하는 경우 A 이론이 B 이론보다 기존 이론들의 주장과 일탈하는 정도가 적고(즉, 보수적이면서) 훨씬 간결하고 일관성 있게 연구주제에 대한 포괄적 설명력을 제공한다면 이론 A는 이론 B 보다 좋은 이론으로 간주된다는 것이다. 즉, 이론 선택은 개인적 선호도와 같은 주관성의 영향을 받는 것이 아니라 과학적 증거기반에 의하여 객관적으로 이루어진다.

과학발달의 역사를 살펴보면, 간결하면서도 종합적인 설명력을 일관되게 제공하면서 스스로 자기교정성과 반증가능성을 유지하는, 즉 합리성과 객관성을 담보하는 최선의 이론적 기제에 의해서 학문적 성장과 이론발전이 주도되어 왔다(예: 프톨레마이오스(Ptolemy) 이론 < 코페르니쿠스(Copernicus) 이론, 뉴턴(Newton) 이론 < 아인슈타인(Einstein) 이론). 자연주의 정합론은 교육행정학이 현재의 미성숙 수준을 벗어나는 학문발전과 지식성장을 달성하기 위해서는 합리성과 객관성을 이론 발전의 양축으로 설정할 필요가 있다고 주장한다. 다시 말해, 교육행정학 연구는 과학적인 증거기반을 확립할 때에 한해서 내용적 정당성을 확보할 수 있다는 것이다. 이를 위해서는 어떠한 철학적 관점을 지식기반으로 채택하든 간에 객관주의 시각에서 인식론적 판별 준거를 각자의 이론체계 생성과 연구결과물 산출에 엄정하게 적용할 필요성이 있다.

또한, 에버스와 라콤스키는 인간의 학습경로에 대한 과학적 설명이 없다면 지식 획득과 이론 학습은 불가능할 것이라고 보고, 지식의 본성과 한계를 다루는 인식론 역시 지식을 해석하고 처리하는 뇌의 인지체계에 대한 자연과학적 설명에 근거하여야 한다고 주장한다. 이러한 이유로 인하여 에버스와 라콤스키는 일련의 저서(1996, 2000)에서 인간 인지에 대한 자연과학적 설명체제로서 신경과학의 최신 발견들(인공신경망 활성화)을 의사결정 이론과 지도성 이론 등에 적용하고 있다.

가설연역체제 이론관은 전통 교육행정이론이 기대한 만큼 일선 교육행정가의 암묵적 지식 획득이나 문제 해결력 제고에 실질적 도움을 제공하지 못한다. 예컨대, 가설연역적 지도성 이론은 교육행정가가 교육현장에서 실제로 무엇을 어떻게 하고 있는지에 대하여 구체적으로 설명하지 못하고 있다. 전통적으로 이론은 추상적 문장 또는 명제적 지식(예: ~을 안다)으로 표현되어 왔으며, 이러한 종류의 지식은 교육실무가나 정책입안자에게 실제 세계의 현실적인 문제들을 다루기 위한 만족스러운 해결책을 제시해 주지 못한다. 그 결과 교육이론과 교육실제의 관계는 상호 연결되어 있는 호환적 관계이기보다는 상호 구분 또는 분리된 관계로 추정되는 경향이 있다.

그러나 교육행정 활동을 포함한 교육행위는 이론과 실제의 통합성 안에서 이루어져야만 한다. 의도적으로 설계된 교육활동 그 자체는 이미 이론에 근거할 수밖에 없고, 또한 교수학습이라는 실제적 행위와 분리될 수 없기 때문에 교육은 실제적 경험과 이론적 지식의 발달을 통합함에 의해서 그 성공이 보장될 수 있다. 즉, 교육이론은 실제적 관심을 반영할 필요가 있으며, 교육실제는 이론의 발달에 의하여 향상되는 것이다. 문제는 이론과 실제의 통합을 어떻게 가능하게 할 것인가라는 '방법론적' 의문이다.

에버스와 라콤스키(1996, 2000)는 인간 인지에 대한 자연과학적 시각으로서, 신경망 활성화 모델로서 뇌의 작동기제를 모사하는 '연결주의(Connectionism)'가 이론과 실제의 통합을 가능하게 할 것이라 생각한다. 연결주의에 의하면 인간 인지는 규칙과 명제에 의하여 구성되어 있는 것이 아니라 두뇌에 존재하는 1천 억 개의 신경들과 이를 연결하는 100조의 시냅스 간의 가중치의 활성화에 의하여 이루어진다고 본다. 연결주의 관점에서 학습은 규칙과 문장적 지식의 축적이 아니라 신경망 내의 연결부분인 시냅스의 결합을 형성하는 신경패턴을 두뇌가 어떻게 인식하느냐의 문제이다. 결국, 모든 지식은 신경 단위 간의 연결에 놓여 있다는 것이다.

규칙기반의 전통적 인지모델13은 기존 규칙이 적용되지 않는 새로운 문제 상황에서 해결책을 도출하는 데 상대적으로 무기력한 측면이 있다. 인지과학 분야에서 이러한 접근법은 구식 인공지능(good old fashioned AI: GOFAI)으로 명명되고 있으며, 최근 들어서 인지모델의 이론적 기제로서 입지와 경쟁력을 상실하고 있다. 이에 반하여 인간의 생물학적 뇌기능을 모사하는 연결주의는 새로운 상황 속에서 신경망학습과 심층학습 알고리즘에 근거하여 이용 가능한 정보를 현실에 맞게 평가·재조정하면서 최상의 문제해결책을 제시한다는 측면에서 인간의 인지능력을 설명하는 대표 모델로 주목받고 있다. 에버스와 라콤스키는 인간 인지에 대한 뇌신경망적 설명인 연결주의의 채택은 실제의 복잡한 성격과 실천적 기술의 획득(예: ~할 줄 아는 것)을 설명할 수 있다고 보고, 이는 궁극적으로 전통적 이론관과는 구분되는 새로운 물리적 이론관을 제공할 것이라고 믿는다.14

---

13 교육행정영역에서는 전통적 의사결정이론. 가설연역적 지도성 이론. 명제적 지식획득으로 구성되어 있는 교육연수프로그램 등을 들 수 있다.
14 신경과학적 관점에서 보면 지식은 두뇌 신경들 간의 시냅스 연결 가중치의 활성적 패턴으로 구현된다.

일반적으로 유아들은 사회적 규범과 가치판단을 학습하는 데 있어서 규칙을 상세하게 기술한 안내서에 의존하지 않는다. 이들은 무수히 많은 다양한 사회적 상황을 경험하고 관찰하면서 그러한 상황에 상응하는 원형(prototype)에 관한 정보를 각자의 뇌 속의 상호 연결된 거대한 신경단위들에 저장함에 의해 학습한다. 이러한 상황은 성장한 성인의 경우에도 그대로 적용된다. 유아와 마찬가지로 성인으로서의 교육행정가는 매일매일의 문제 상황 속에서 실제적인 경험을 획득하면서, 이에 대한 원형적 정보를 머리 속에 저장하여 미래의 의사결정 판단을 위한 참조기제로 활용한다.

자연주의 정합론자들은 우리의 뇌가 지식을 어떻게 표현(표상)하는지에 대해 보다 명료한 자연과학적 설명을 제공하는 연결주의에 관한 수많은 작업이 현재 인지과학, 특히 신경과학 분야에서 진행 중에 있기 때문에 가까운 미래에 '실제적 지식(knowing how)'과 '명제적 지식(knowing that)'을 통합할 수 있는 가능성을 발견하리라 믿는다. 이러한 맥락에서 에버스와 라콤스키는 그들의 최신 저서를 『행하는 교육행정: 행정적 실제에 관한 이론(Doing educational administration: A theory of administrative practice)』이라고 명명하며, 연결주의에 관한 최근 연구결과들의 함의점을 의사결정, 조직학습, 행정가 훈련, 지도성과 같은 교육행정의 실제적 관심사를 연구하기 위하여 이용하고 있다.

자연주의는 교육행정학의 이론발달과 지식의 성장을 위하여 이용 가능한 대안적 시각과 비교하여 볼 때 상대적으로 보다 포괄적인 이론적 범위와 광범위한 실제적 적용성을 가지기에 그 이론적 중요성이 부각되고 있다. 그러나 이론발달은 각 이론의 상이한 철학적, 특히 인식론적 가정을 반영하기 때문에 자연주의 정합론 자체도 다른 시각과 마찬가지로 학계의 여러 학자들에 의하여 비판적 검토의 대상이 되고 있다. 전통주의적 교육행정이론과 더불어 보다 최근의 대안적 시각들과 자연주의 정합론은 현재 교육행정이론을

따라서 자연주의는 문헌상(특히 철학 분야)에서 강조되는 명시지와 암묵지 간의 이원적 구분은 두뇌의 작동기제와는 무관한 명목적 분류를 위한 범주 착오로 간주한다.

개념화하기 위한 가장 적절한 접근의 후보자로써 상호 경쟁적 관계를 유지하고 있는 것이다.

5. 결론

과학철학자들의 학문적 관심과 지속적인 논쟁을 야기하는 핵심적 쟁점은 두 가지로 축약될 수 있다. 첫째는 '좋은 이론(good theory)'은 무엇인가? 라는 이론에 대한 정의의 문제이고, 둘째는 학문이 '과학적'이 되어야 한다면 인문·사회과학과 자연과학이라는 과학관 중 어떠한 과학의 개념을 채택하여야 하는가?라는 과학관의 문제이다. 이론관과 과학의 성격에 대한 이러한 논쟁은 미국과 영연방국 교육행정학자들 사이에서 집중적인 관심과 논의의 대상이 되고 있으나 국내 교육행정학계에서는 크게 주목의 대상이 되고 있지 못하다. 본 장은 교육행정학 이론이 근거하고 있는 다양한 철학적 아이디어와 전제를 비교하고 향후 교육행정의 이론발달 추세에 대한 지적 지형도를 제공하고자 하였다.

세계관, 진리, 가치, 이론과 실제 등의 문제에 대하여 상이한 아이디어를 제시하고 있는 과학철학적 시각은 교육정책과 같은 거시적인 영역뿐만 아니라 교육조직 운영과 관련된 지도성, 의사결정, 조직학습 등과 같은 미시적 영역을 조망할 수 있는 풍부한 이론적 시각을 제공한다. 다양한 철학적 관점에 기초한 교육행정의 이론발달은 궁극적으로 교육행정 연구방법론의 확대는 물론 학문의 성격 정립에도 기여한다. 이를 위한 전제조건으로 국내 학계는 자아 준거적 시각에서 미국 이외의 영연방국가에서 전개·발전되고 있는 다양한 시각들에 대한 끊임없는 이론적 반추와 더불어 한국의 교육행정 실제에 적합한 이론 구축의 가능성 탐색을 위한 지속적인 학문적 토론의 장을 활성화하여야 한다. 이 장은 이러한 논의를 위한 공개적인 기회를 가지려는 시도로서 구안되었다.

토론주제

1. 교육행정학의 경쟁적 이론 기제 중 선호하는 이론적 기제와 그에 대한
   이유를 설명해보자.

2. 이론의 선택은 어떻게 결정되는지 논의해보자.

3. 각 이론 기제의 교육조직 적용성과 교육문제에 대한 해결책은 어떻게
   가능한지 토론해보자.

참고문헌

남정걸(2006), 교육행정 및 교육경영, 교육과학사.

박선형(1999), 주관주의적 교육행정이론에 대한 비판적 고찰, 교육행정학연구, 17(3): 217-249.

박선형(2002), 교육행정 이론발달의 철학적 연원에 대한 고찰, 교육행정학연구, 20(4), 133-157.

박선형(2006), 선진국의 교육행정 지식기반: 논의 동향과 시사점 탐색, 교육행정학연구, 24(2), 1-29.

박선형(2012), 교육행정철학의 발전 가능성과 향후 과제, 교육행정학연구, 30(1), 53-77.

변기용(2018), 한국 교육행정학의 학문적 정체성과 연구방법론에 대한 비판적 성찰, 교육행정학연구, 36(4), 1-40.

신현석(2009), 한국적 교육행정학의 방법적 기반, 교육행정학연구, 27(3), 23-56.

Bates, R. J. (1980a). Educational administration, the sociology of education. *Educational Administration Quarterly*, 16(2), 1-20.

Bates, R. J. (1980b). Bureaucracy, professionalism and knowledge: Structures of Authority and control. *Educational Research and Perspectives*, 7(2), 66-76.

Bates, R. J. (1983). *Educational administration and the management of knowledge*. Victoria: Deakin University Press.

Bates, R. J. (1984). Education, community and the crisis of the state. *Discourse*, 4(2), 59-81.

Bates, R. J. (1985). Administration of education: Towards a critical practice. In T. Husen & T. N. Postlethwaite (Eds.), *The international encyclopedia of education Vol. 1* (pp. 63-73). Oxford: Pergamon Press.

Culbertson, J. A. (1983). Theory in educational administration: Echoes from critical thinkers. *Educational Researcher*, 12(10), 15-22.

Evers, C. W., & Lakomski, G. (1991). *Knowing educational administration: Contemporary methodological controversies in educational research*. London: Pergamon Press.

Evers, C. W., & Lakomski, G. (1996). *Exploring educational administration: Coherentist applications and critical debates*. London: Pergamon Press.

Evers, C. W., & Lakomski, G. (2000). *Doing educational administration: A theory of administrative practice*. London: Pergamon Press.

Foster, W. (1988). Educational administration: A critical appraisal. In D E.
Griffiths, R.T. Stout & P. B. Forsyth (Eds.). *Leaders for America's school*
(pp. 68–81). Berkeley: Mrcutrhan.

Greenfield, T. B. (1975). Theory about organization: A new perspective and its
implications for schools. In M. Hughes (Ed.), *Administering education:
International challenges* (pp. 71–99). London: Athlone.

Greenfield, T. B. (1979). Ideas versus data: How can the data speak for
themselves?. In G. Immegart & W. Boyd (Eds.), *Problem-finding in
educational administration: Trends in research and theory* (pp. 167–190).
Lexington: Lexington Books.

Greenfield, T. B. (1980). The man who comes back through the door in the
wall: Discovering truth, discovering self, discovering organizations.
Educational Administration Quarterly, 16(3): 26–59.

Greenfield, T. B., & Ribbins, P. (Eds.). (1993). *Greenfield on educational
administration: Towards a humane science*. London: Routledge.

Griffiths, D. E. (1957). Towards a theory of administrative behavior. In R. F.
Campbell & R. Gregg (Eds.), *Administrative behavior in education* (pp.
354–390). New York: Harper.

Griffiths, D. E. (1964). The nature and meaning of theory. In D.E. Griffiths
(Ed.), *Behavioral science and educational administration* (pp. 95–118).
Chicago: University of Chicago Press.

Griffiths, D. E. (1979). Intellectual turmoil in educational administration.
Educational Administration Quarterly, 15(3), 43–65.

Griffiths, D. E. (1983). Evolution in research and theory: A study of prominent
researchers. *Educational Administration Quarterly*, 19(3), 201–221.

Griffiths, D. E. (1985). *Administrative theory in transition*, Victoria: Deakin
University Press.

Habermas, J. (1972). *Knowledge and human interests*. Translated by J. J.
Shapiro. London: Heinemann.

Habermas, J. (1976). *Legitimation crisis*. Translated by T. McCarthy. London:
Heinemann.

Habermas, J. (1979). *Communication and the evolution of society*. Translated
by T. McCarthy. Boston: Beacon Press.

Hoy, W. K., & Miskel, C. G. (2012). (9th Edition) *Educational administration:*

Theory, Research and Practice. McGraw-Hill Education.

Lutz, F. W. (2000). Daniel E. Griffiths: He changed an entire professon. UCEA Review, 41(3), 1-3.

Macpherson, R. J. S. (1984). A hitch-hiker's guide to the universe of Tom Greenfield. *Australian Administrator*, 5(2), 1-6.

Park, S. H. (1997). Australian naturalism and its critics. *Educational Management and Administration*, 25(4), 395-417.

Park, S. H. (1999). The development of Richard Bates's critical theory in educational administration. *Journal of Educational Administration*, 37(4), 367-388.

Park, S. H. (2001). Towards developing naturalistic coherentism. *Journal of Educational Administration*, 39(6), 589-603.

Roderick, R. (1986). *Habermas and the foundations of critical theory*. London: Macmillan.

Scheurich, J. J. (1994). Social relativism: A postmodernist epistemology for educational administration. In S.J. Maxcy (Ed.), *Postmodern leadership: Meeting the crisis in educational administration* (pp. 17-46). Wesport: Praeger.

Simon H. A. (1976). *Administrative behavior: A study of decision-making processes in administrative organization*. 3rd ed. New York: Free Press.

Willower, D. J., & Forsyth, P. B. (1999). A brief history of scholarship on educational administration. In J. Murphy & K. S. Louis (Eds.), *Handbook of research on educational administration* (pp. 1-23). San Francisco: Jossey-Bass Publishers.

Young, M. F. D. (Ed.). (1971). *Knowledge and control: New directions for the sociology of education*. London: Macmillan.

교육학개론

INTRODUCTION TO EDUCATION

PART

8

교육공학

교육공학

교육공학은 '어떻게'에 관한 학문이다. 즉, 교육공학은 '어떻게' 하면 잘 가르치고, '어떻게' 하면 학생들이 잘 배우게 할 것인지를 탐구한다. 따라서 교육공학은 교육학의 여러 전공 중에서 교수-학습 '방법'에 관해 가장 체계적이고 심도 있게 연구하는 학문이라고 할 수 있다. 이 장에서는 교육공학의 정의 및 탐구영역, 역사적 발전과정 및 교육공학의 학문 분야 형성에 도움을 준 기저이론들을 살펴본다. 아울러 교육공학의 대표적인 교수-설계 모형과 교육공학이 활용되는 분야 및 최근 교육공학의 동향을 소개한다.

1. 교육공학의 정의 및 역사

1) 교육공학의 정의

교육공학에서 공학은 엔지니어링(Engineering)이 아니라 테크놀로지(Tech-nology)를 의미한다. 엔지니어링이 기계, 건물, 도로 같은 물리적인 실체를 만들어 낼 목적으로 과학적 지식을 활용한다면, 교육공학에서 말하는 테크놀로지는 어떤 문제를 해결하거나 목표를 달성하기 위하여 과학적 지식을 활용하는 데 초점을 둔다(성태제 외, 2018: 348). 교육공학에서 테크놀로지는 하드 테크놀로지(Hard technology)와 소프트 테크놀로지(Soft technology)로 구분해 볼 수 있다. 하드 테크놀로지는 시청각 매체나 컴퓨터, 각종 전자 디바이스 및 교육자료 등을 포함한다. 이때 테크놀로지는 미디어(Media)와 자원(Resource)을 모두 포함하는 의미이다(성태제 외, 2018: 349-350). 반면 소프트 테크놀로지는 교수 기법이나 수업 방법을 포함하여 학습을 촉진하고 수행을 개선하기 위해 동원되는 모든 과정을 의미한다.

교육공학에 대한 정의는 미국교육공학회(Association for Educational Com-munication and Technology: AECT)가 1963년 처음 발표한 이래 여러 차례 개정

을 거쳐 왔다. 그 가운데 1994년과 2004년에 시도한 정의가 가장 많이 알려져 있다. 1994년 발표에 따르면, 교수공학은 '학습을 위한 과정과 자원을 설계·개발·활용·관리·평가하는 이론과 실천'이다(Seels & Richey, 1994). 그런데 왜 여기서 교육공학이 아니라 교수공학을 정의했을까? 실제로 교육공학의 학문적 정립이 이루어진 미국에서는 교육공학이라는 용어보다 '교수공학(Instructional technology)', '교수체제공학(Instructional systems technology)', 또는 '교수체제설계(Instructional systems design)'라는 용어가 더 많이 사용된다(조규락, 김선연, 2006). '교수(Instruction)'란 가르치는 모든 상황을 포괄하는 용어이다. 즉, 교실 수업보다는 좀 더 포괄적인 개념이고, 교육보다는 좀 더 구체적인 개념으로써 교수-학습에 대한 처방이 이루어져야 하는 구체적인 상황을 상정한 개념이라고 할 수 있다(신나민 외, 2019).

이후 AECT는 잠정적이라는 전제를 하면서, 교육공학에 대한 정의를 다음과 같이 발표하였다.

> "교육공학은 적절한 공학적 과정과 자원을 창출·활용·관리함으로써 학습을 촉진하고 수행을 개선하는 연구와 윤리적 실천이다(AECT, 2004; 백영균 외, 2010)."

이러한 정의를 통해 우리는 교육공학이 단순히 시청각 매체나 기술의 활용을 넘어 인간이 배우고 가르치는 활동을 보다 효과적, 효율적, 매력적으로 만들기 위한 분야임을 알 수 있다. 즉, 교육공학 혹은 교수공학은 특정한 학습 결과를 얻기 위해 학습자의 학습을 촉진하고 수행을 향상시키는데 필요한 활동을 설계, 개발, 관리, 평가하는 이론과 실제를 포괄한다.

2) 교육공학의 영역

1994년 발표된 교수공학의 정의에서 살펴보았듯이 교육공학의 연구와 실천 영역은 설계, 개발, 활용, 관리, 평가의 5개 하위 영역으로 구분해 볼 수 있다. 이들 다섯 가지 영역 간의 관계는 상호의존적이고 보완적이며 교수

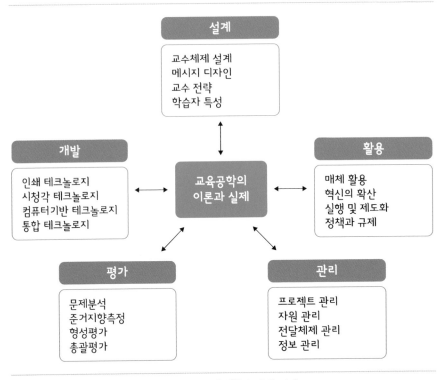

┃ 그림 8.1 ┃ 교육공학의 하위 영역

출처: 백영균 외, 2015: 27

목표 달성이라는 목표를 향해 서로 유기적으로 연결되어 있다. 이 다섯 가지 교육공학의 하위 영역에서 각각 어떤 과업들을 수행하는지를 이해하면, 교육 공학이 어떤 분야인지를 좀 더 구체적으로 알 수 있다.

(1) 설계

설계란 효과적인 교수 활동을 위해 주어진 학습 내용 및 학습자의 특성을 분석하여 교수전략을 세우고 메시지를 디자인하여 이를 구체적으로 표현하는 작업이다.

- **교수체제 설계**(Instructional Systems Design: ISD): 교수-학습 과정을 하

나의 '체제'로 보고 이를 디자인하는 작업이다. 즉, 어떻게 가르치고, 어떻게 배우게 할 것인지를 구체적으로 처방한다. 교수체제 설계는 교육공학의 핵심적 활동 가운데 하나라고 할 수 있다.

- **메시지 디자인**: 메시지 디자인은 학습 내용을 효과적으로 전달하기 위해 그 물리적 형태를 결정하는 작업이다. 책과 같은 인쇄 매체의 경우라면 내용의 편집, 폰트의 크기, 페이지의 색상 등 자세한 사항을 고려해야 한다.
- **교수 전략**: 많은 교수 방법 가운데 해당 학습 내용과 환경, 학습자의 특성에 맞게 가르칠 방식을 구체적으로 선택하는 작업이다.
- **학습자 특성**: 모든 교수 설계에서 가장 우선적으로 고려해야 할 부분이다. 성, 연령, 지능, 성격 등 학습자의 일반적 특성과 이전 학습 경험에 대한 부분 등 개별적인 학습자 정보를 분석해야 한다.

(2) 개발

설계가 계획하는 것이라면, 개발은 설계한 대로 만드는 것이다. 이를 위해서는 인쇄, 시청각, 컴퓨터, 통합기술 등이 활용된다.

- **인쇄 테크놀로지**: 보통 책이나 교재 등 문서나 시각자료를 의미한다.
- **시청각 테크놀로지**: 음성, 음향 및 시각자료를 제공하는 테크놀로지다. 필름, 슬라이드, 영화, 텔레비전, 비디오, 오디오, 컴퓨터, 디지털 카메라 등을 활용하여 교수-학습 자료를 개발한다.
- **컴퓨터기반 테크놀로지**: 컴퓨터를 이용하여 디지털화된 자료를 제작하고 전달하는 기술을 의미한다. 최근에는 e-러닝을 비롯하여 거의 모든 학습 환경이 컴퓨터기반 테크놀로지에 의존하게 되었다.
- **통합 테크놀로지**: 위에서 말한 여러 가지 테크놀로지를 함께 사용한다는 의미이다. 현재로서는 컴퓨터기반 테크놀로지가 이미 고도로 통합적이므로 그 의미가 명확하지 않게 되었다.

(3) 활용

설계와 개발을 거쳐 제작된 프로그램이 실제로 사용되기 위해 필요한 절차, 제도, 정책 등을 다루는 영역이다.

- **매체 활용**: 교수-학습에 필요한 매체를 다루는 영역이다.
- **혁신의 확산**: 새로운 교수-학습 방법이나 아이디어가 널리 알려지도록 연구하는 분야이다.
- **실행 및 제도화**: 교수전략을 실제 현장에 적용하고 이를 제도적으로 지원하는 노력을 의미한다.
- **정책과 규제**: 교육공학적 방법을 보급하고 확산하는 데 필요한 정책과 사회적으로 준수해야 할 규칙 등을 의미한다.

(4) 관리

개발된 프로그램이 적절히 활용되기 위해서는 프로젝트 관리, 자원 관리, 전달체제 관리, 정보 관리를 체계적으로 지원해야 한다.

- **프로젝트 관리**: 교수설계 및 개발 프로젝트를 전체적으로 기획, 조정하는 활동과 관련된다.
- **자원 관리**: 프로젝트에 필요한 전문가, 예산, 물리적 시설 등 인적자원과 물적자원을 관리하는 것을 의미한다.
- **전달체제 관리**: 교수자료를 효과적으로 전달할 수 있는 시스템을 관리하는 영역이다.
- **정보 관리**: 학습을 지원하기 위해서는 다양한 정보가 필요하다. 이런 정보를 저장, 전달, 처리하는 과정과 방법을 기획, 조직, 조정, 감독하는 활동과 관련되는 영역이다.

(5) 평가

개발된 프로그램이 적절한 절차로 개발되었는지 그 효과는 어떠한지에 대해 평가하는 영역이다.

- **문제분석**: 어떠한 교육적 요구로 인해 프로그램을 개발해야 하는지, 그 문제를 분석하는 과정이다.
- **준거지향평가**: 학습자의 지식, 기술, 태도가 미리 설정한 기준, 즉 준거에 비해 얼마나 이루어졌는지를 평가하는 영역이다.
- **형성평가**: 교수자료나 프로그램 개발 과정에서 그 절차가 제대로 작동하고 있는지에 대한 피드백을 받기 위해 이루어지는 평가이다.
- **총괄평가**: 프로그램이 종료된 이후 그 프로그램의 효과성 및 적절성에 대해 알아보기 위해 이루어지는 평가이다.

3) 교육공학의 역사

교육공학의 역사는 '교육에서 매체 테크놀로지 활용의 역사'와 '학문적 분야로서의 역사'로 구분해 볼 수 있다. 실제로 이 두 역사는 서로 중첩된다. 하지만 개념적으로 이러한 구분이 필요한 이유는 다양한 맥락에서 교육, 훈련을 지원해 왔던 교육공학의 이론적, 실천적 노력에 대한 이해보다는 전자 즉, 교육공학을 테크놀로지 활용에 관한 분야라고 예단해 버리기 쉽기 때문이다.

(1) 교육에서 매체 테크놀로지 활용의 역사

교육에서 매체를 활용한 것은 상당히 오래전부터 시작되었다. 역사적으로 가장 오래된 교수매체로는 코메니우스(Comenius, 1952~1679)가 17세기에 저술한 『세계도회』라는 저술로 알려져 있다. 이 책은 이전에 문자로만 이루어졌던 책에 삽화라는 그림을 도입하여 아동의 개념 학습을 돕고 있다(신나민 외, 2019). 즉, 바람이나 구름이라는 단어만 있는 것보다는 이들을 그림으로 표현해 주는 것이 학습을 더 흥미롭고 효과적이게 만들 수 있다는 생각을 하게 된 것이다. 누가? 책의 저자가. 왜? 이 책은 그냥 읽는 책이 아니라 누군가에게 무엇을 가르칠 목적으로 쓰여졌으므로. 이런 목적으로 쓰인 책을 '교재'라고 한다. 교재를 만드는 것을 '교재 개발'이라고 한다. 즉, 어떤 방식으로 교재 개발을 하느냐에 따라 학습의 효과가 달라질 수 있다고 생각하게 된 것이다. 이러한 생각, 즉 아이디어의 발전이 지금의 교육공학까지 오게 된 단초가 된다.

교육에 사용되는 매체는 보통 그 시대에 가장 발달된 테크놀로지이기 마련이다. 따라서 기술 발전과 이를 활용하고자 하는 사회적 요구가 동시에 있어야 교육 매체 활용에 대한 관심과 실천이 뒤따른다. 예를 들어, 미국에서는 1945년 제2차 세계대전 후 군대에서 훈련받은 인력들이 대거 일터로 돌아오면서 높아진 직업교육에 대한 요구와 1957년 소련의 스푸트니크호 발사로 인해 촉발된 국가의 위기의식을 꼽을 수 있다(Molenda, 2010). 특히 후자의 사건으로 인해 미국은 주정부에게 맡겨 놓았던 교육정책에 중앙 정부가 개입하면서 국가방위교육령(National Defense Education ACT: NDEA)까지 제정하여 과학, 기술, 외국어를 비롯한 교육 분야에 막대한 재정을 쏟고 교육매체에 대한 연구를 지원하게 된다. 즉, NDEA 프로그램은 교수 설계와 실행에 필요한 인적자원, 하드웨어 그리고 아이디어라는 세 가지 인프라를 구축하는 데 기여하여 이후 '교수 설계의 체제적 접근'이라는 교육공학의 핵심 아이디어로 발전하게 된다(Molenda, 2010).

서양에 코메니우스가 있었다면, 한국에서는 고려 말 유학자 권근(1352~1509)이 대학과 중용 같은 유학 경전을 쉽게 풀어쓰기 위하여 그림과 도표를 삽입하여 『입학도설』이라는 책을 출간한 것이 가장 오래된 매체 활용의 역사로 알려져 있다(한상길 외, 2014). 그리고 1950년대에는 라디오, 60년대는 텔레비전, 80년대 이후에는 컴퓨터, 2000년대 이후에는 인터넷이 대중화되면서 각각 교육매체로 활용되었다. 특히, 한국에서 교육매체가 학교 현장에 체계적으로 도입되고 활용된 것은 1996년부터 2014년까지 4단계에 걸쳐 정부에 의해 추진된 교육정보화정책에 힘입은 바 크다(성태제 외, 2018).

(2) 학문적 분야로서의 역사

교육공학이 하나의 학문적 분야로 자리 잡기 시작한 것은 대학에서 이 분야를 연구하는 프로그램이나 전공의 명칭을 살펴보면 의미 있는 시사를 얻을 수 있다. 미국의 인디애나 대학에서는 1942년부터 시청각 센터(Audio-Visual Center)가 있었지만 1969년에 학문적 프로그램을 개설하면서 학과의 명칭을 교수체제공학(Instructional Systems Technology)으로 정했다. 그리고 1963년 시라큐스 대학에는 사범대학 내에 교수 통신(Instructional Communications)이라는 프로그램이 있었다. 또한 플로리다 주립대학에서는 사범대학의 연구 역량을 강화하기 위하여 컴퓨터 보조 수업(Computer-Assisted Instruction: CAI)에 대한 연구개발 센터를 설립했다(Molenda, 2010: 68). 이런 전공명칭들이 소위 우리가 말하는 교육공학 분야인 셈이다. 요약하자면, 군대나 기업 등에서 시청각 매체로 훈련용 프로그램을 제작하고 연구하던 인력들이 교육관련 기관이나 대학에서 체계적으로 연구를 시작하면서 교육공학 분야는 하나의 전문적 분야로 정립되기 시작했다고 할 수 있다.

특히, 1970년에는 국가교육연합(National Education Association: NEA)의 시청각 수업 분과(Division of Audio-Visual Instruction)였던 조직이 독자적인 전문가 협회인 교육통신과 기술 연합(Association for Educational Communications and Technology: AECT)으로 명칭을 바꾸고 재정립됨으로써 교육공학은 전문 분야로서 더욱 확고한 정체성을 가지게 되었다. 또한 1977년 교수개발저널(Journal of Instructional Development: JID)이 발간되면서 학술적 교류와 성장은 가속화된다.

한국에서의 교육공학은 1951년 '한국시청각교육회'가 발족되고 1952년 이화여자대학교에서 '시청각교육'이 교직과목으로 개설된 것을 시초로 본다(신나민 외, 2019). 이후 1985년 '한국교육공학회'가 발족되고 학술지 '교육공학연구'를 발간하면서 교육공학에 대한 본격적인 학술 활동과 연구가 이루어지기 시작하였다. 또한 1995년부터 '한국교육정보미디어학회'가 『교육정보미디어연구』를 출간하면서 학술적인 교류의 장이 더욱 확대되게 되었다. 특히 한국은 정보기술 인프라를 바탕으로 한 인터넷 보급이 비교적 빨리 이루어져

e-러닝을 비롯하여 모바일을 활용한 m-러닝, 유비쿼터스 시대를 상징하는 u-러닝 등 다양한 형태의 기술과 학습의 결합이 시도되어 왔다.

2. 교육공학의 기저이론들

교육공학은 인접 학문들을 교수-학습 상황에 응용하면서 독자적인 분야로 발전해 올 수 있었다. 특히 교육공학이 현재의 학문적 체계를 갖추게 된 데는 체제이론, 학습이론, 커뮤니케이션이론과 같은 기저이론의 영향을 간과할 수 없다.

1) 체제이론

체제이론은 교수-학습 상황을 하나의 체제(System)로 보는 접근을 취하므로 체제적 접근(Systems approach)이라고도 불린다. 어떤 디자인, 기획, 개발에 체제적으로 접근한다는 것은 이 과정에서 고려해야 할 모든 요소들이 서로 유기적으로 관련되어 있다는 것을 전제한다. 유기적 관련, 이것이 체제적 접근의 가장 큰 특징이라고 할 수 있다. 즉, 교수-학습 상황을 하나의 체제라고 볼 수 있다면, 그 구성요소들을 파악할 수 있고, 그것을 해체할 수 있고(체제 분석), 새롭고 더 생산적인 방식으로 체제를 재구조화하는 것(체제 종합)이 가능해진다(Molenda, 2010: 71).

이런 발상은 언뜻 들으면 당연하게 여겨진다. 하지만 이는 초기의 교육공학자들이 시청각 매체와 테크놀로지를 사용하여 무수히 많은 프로그램 수업(Programmed Instruction: PI)을 개발해 본 결과 도달한 교훈이다. 즉, 중요한 것은 테크놀로지를 교수-학습 상황에 사용하는 것이 아니라 그 테크놀로지를 사용할 과정을 체계화하는 작업이다. 여기서 중요한 단어는 '과정'이다. 과정의 체계화, 이것이 교수설계의 핵심이다. 예를 들면, 교수 프로그램을 개발하는 과정은 대부분 학습자와 학습 과제를 분석하고, 학습 목표를 정하고,

적절한 연습과 피드백을 정하고, 프로토타입을 만들어 테스트해보고 수정하는 '과정'을 거친다.

교수설계 모형들은 모두 이 과정에 포함된 요소들의 순서를 알고리즘처럼 연결해 놓은 것이다. 따라서 이 과정에 포함된 요소들의 종류와 순서의 방향에 따라 다양한 교수설계 모형이 가능하다. 요약하자면, 교육공학의 주된 관심은 테크놀로지 자체가 아니라 교수-학습 과정과 방법의 과학화에 있다고 할 수 있다. 이 과학화에 도움을 준 이론이 체제이론, 즉 체제적 접근이라고 할 수 있다.

2) 학습이론

학습이론 역시 체제이론 못지않게 교육공학 분야에 지대한 영향을 미친 이론 가운데 하나이다. 쉽게 말해, 교육공학은 어떻게 가르칠 것인가를 체계적으로 탐구하는 학문이다. 누군가를 잘 가르치기 위해서는 사람들이 어떤 과정을 통해 새로운 지식·기술·태도를 배우는지, 그 메커니즘을 알고 있어야 한다. 이것이 바로 학습이론이 교육공학과 연결되는 지점이다. 즉, 효과적인 교수설계를 위해서는 학습이론을 충분히 참고해야 한다.

(1) 행동주의

행동주의 심리학자 스키너(B.F. Skinner)가 교수설계의 과정을 소프트웨어 개발에 비유하고, 이 과정을 '교수의 기술(Technology of teaching)'이라고 칭한 것은 교수설계에 상당한 시사를 주는 발언이었다. 나아가 스키너는 1954년 조작적 조건 형성이론에 기반하여 티칭 머신(Teaching machine)을 개발해 보이기도 하였다. 그리고 이러한 노력은 1960년대부터 풍미하기 시작했던 프로그램 수업과 개별화 교수(Individualized instruction)로 이어진다. 이런 수업들은 대부분 다음과 같은 요소들과 절차로 이루어져 있다(Molenda, 2010: 57).

학습자가 배워야 할 과제를 분석한다 → 그 과제를 작은 단계로 나눈다 → 각 단계를 완성했을 때의 행동적 지표를 구체화한다 → 바람직한 반응을 얻기 위해 자극을 고안한다 → 학습자 반응을 관찰한다 → 각 반응에 대하여 적절한 결과를 준다

즉, 프로그램 학습의 특징은 학습목표의 세분화, 활발한 응답 유도, 그 응답에 대한 즉각적 피드백(맞았는지, 틀렸는지, 틀렸으면 왜 틀렸는지) 그리고 반복되는 테스트와 복습을 통해 학습자가 학습목표를 달성할 때까지 계속할 수 있다는 것이다. 이러한 작업은 사람이 하기에는 시간과 노력이 너무 많이 소모되지만 프로그램된 기계나 컴퓨터는 지치지 않고 수행할 수 있기 때문이다. 이렇듯 행동주의 심리학은 체제이론과 컴퓨터공학적 지식을 빌어 현재까지도 교수설계 모형 개발에 가장 큰 영향을 미친 학습이론이라고 할 수 있다.

(2) 인지주의

행동주의와 체제이론이 교수체제설계의 근간을 마련했다면 인지주의 학습이론(cognitive learning theory)은 학습자의 내부에서 어떤 인지적 작용이 일어나는가에 대한 통찰을 주었다. 예를 들어, 가네가 펴낸 『학습의 조건(Conditions of Learning)』이라는 책은 정보처리이론에 바탕을 두고 자극이 주어졌을 때 학습자에게 어떤 인지적 사태들이 일어나는지를 다루고 있다(Gagne, 1965). 여기서는 효과적인 학습이 일어나는 단계를 9가지로 제시하여 교수설계자가 각 단계에 적합한 교수행위를 가이드 할 수 있도록 도와준다. 가네의 이론은 주로 인지적 영역에서의 학습을 다룬다는 점에서 이전의 행동주의적 접근과는 다른 것이었다.

| 그림 8.2 | 학습단계와 교수사태

출처: 이화여자대학교 교육공학과(2006: 123).

(3) 구성주의

구성주의(Constructivism)는 교수설계이론에 행동주의와 인지주의와는 다른 새로운 접근이 필요하다는 문제의식에서 등장한 일종의 패러다임으로 볼 수 있다. 구성주의적 접근에서는 교수설계를 통해 학습자가 지식·기술·태도를 획득하게 하는 것보다 실생활에서 자신의 문제를 해결해 나가는 데 도움이 되도록 학습 환경을 설계하는 것이 중요하다고 본다. 따라서 교수전략이나 교수방법을 처방하던 교수자 중심 설계에서 학습자 주도의 학습이 일어나도록 설계 모형이나 전략을 바꾸어야 한다고 주장한다(Reigeluth, Beatty & Myers, 2017). 이러한 구성주의 이론은 디지털 미디어가 활성화되던 시기를 만나 학습자에게 '상호작용적이고, 탐색적이며, 몰입적인 환경'을 제공하는 실천으로 이어지고 있다(Molenda, 2010: 81).

(4) 연결주의

최근에는 디지털 온라인 환경을 기반으로 하는 학습이 증대함에 따라 인간의 학습을 인터넷, 클라우드 컴퓨팅 등 진화하는 지식 구조망(network) 속에서 이해해야 한다는 관점도 많은 공감을 얻고 있다(Siemens, 2004). 이 이론은 디지털 시대 대부분의 학습은 웹 브라우저, 위키, 온라인 토론방, SNS 등 정보공유의 네트워크를 통해서 이루어진다는 의미에서 연결주의(Connectivism)로 불린다(Downes, 2007). 예를 들어, 2008년에 시작된 연결주의 공개 온라인강좌(c–MOOC: Massive Open Online Course)는 참여한 학습자들이 서로 질문하고 답하면서 함께 성장하는 방식으로 운영된다는 점에서 가르치고 배우는 사람이 분명히 구분되어 있던 전통적인 교수-학습의 틀에 도전하고 있다.

3) 커뮤니케이션이론

커뮤니케이션 분야에서 발전한 이론들 역시 교육공학 분야에 많은 영향을 주었다. 이는 정보, 즉 메시지를 주고받는 커뮤니케이션 상황과 수업내용을 주고 받는 교수-학습 상황의 유사성에 기인한다. 대표적인 두 가지 모델을 살펴보기로 하자.

(1) 쉐넌과 웨버의 모델

가장 단순하지만 가장 널리 알려진 커뮤니케이션 모델이다. 1949년 쉐넌(Schannon)과 웨버(Weaber)에 의해 개발된 이 모델은 라디오 및 전화 기술의 기능을 반영하여 설계되었으며 정보원, 송신기, 채널, 수신기, 목적지로 구성되어 있다(Hollnagel & Woods, 2005).

교수-학습 상황에 비유하자면, 정보원이나 송신기는 교수자의 활동에 해당되고 수신기와 목적지는 학습자의 활동에 해당된다. 메시지는 학습내용이고 소음은 시끄러운 소리가 아니라 학습을 방해하는 모든 요소들을 포함하게 된다.

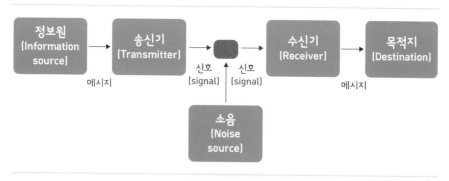

| 그림 8.3 | 쉐넌과 웨버의 커뮤니케이션 모델

(2) 벌로의 SMCR 모델

벌로(Berlo)의 모델은 송신자(Sender), 메시지(Message), 채널(Channel), 수신자(Receiver)의 네 가지 요소로 구성되어 있다. 이 모델에서는 통신기술, 태도, 지식수준, 사회체제, 문화양식이 송신자와 수신자에게 영향을 미칠 수 있으며 이 둘 간의 상호작용이 강조되었다. 이 모델을 교수-학습 과정에 적용한다면, 송신자와 수신자는 각각 교수자와 학습자로 생각해 볼 수 있고 전달되는 메시지는 학습내용으로 볼 수 있다. 그리고 이 교수-학습 활동은 일방적인 전달이 아니라 교수자와 학습자 간의 상호작용으로 이루어진다고 볼 수 있다.

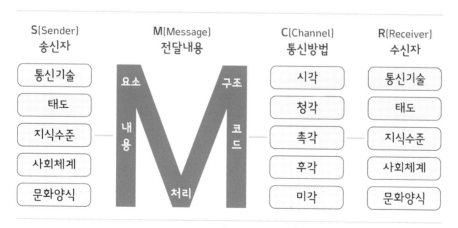

| 그림 8.4 | 벌로의 SMCR 모델

3. 교수설계 모형들

　교육공학에서 가장 핵심적이고 중요한 주제가 무엇인지 하나면 꼽으라고 한다면 그것은 아마도 '교수설계'일 것이다. 교수설계(Instructional design)란 '구체적인 학생 집단과 구체적인 코스 내용을 고려하여 학생들의 지식과 기술에서 바람직한 변화를 가져오기 위해 최선의 교수 방법이 무엇인지를 결정하는 과정'이다(Reigelth, 1983: 7). 사실 교육공학에서 하는 거의 대부분의 논의는 교수설계를 잘 하기 위한 노력에 관한 것이다. 다양한 교수설계 모형들이 있지만 일반적 교수설계의 대명사로 알려진 ADDIE 모형, 교수매체 선택을 위한 ASSURE 모형, 그리고 동기설계를 위한 ARCS 모형을 살펴보자.

1) ADDIE 모형

　ADDIE 모형은 분석(Analysis), 설계(Design), 개발(Development), 실행(Imple-mentation) 그리고 평가(Evaluation)의 다섯 단계로 구성된다. 이 다섯 단계의 절차는 특정 학자가 제안한 것이 아니라 오랜 기간 동안 교수체제설계의 가장 기본적인 구성 요소로 여겨져서 닉네임처럼 ADDIE 과정이라고 불리게 되었다(Molenda, 2010: 77). 〈그림 8.5〉는 각 단계에서 교수설계자가 고려해야 할 과제들을 제시하고 있다.

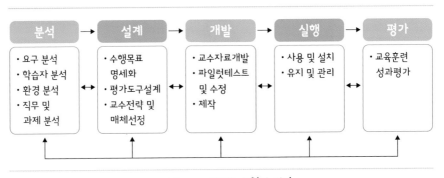

| 그림 8.5 | ADDIE 모형의 과정

2) ASSURE 모형

적절한 교수매체를 선택하는 것은 교수설계에서 중요한 작업이다. ASSURE 모형은 교수매체를 선택하고 활용할 때 고려해야 할 사항들을 안내해 준다 (Heinich, Molenda & Russell, 1989). 이 모형은 학습자 분석, 목표진술, 교수방법·매체·자료의 선정, 평가와 수정, 학습자 참여 유도 그리고 매체와 자료의 활용의 6단계로 구성된다(〈그림 8.6〉 참고).

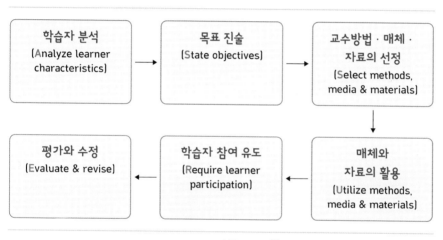

❙ 그림 8.6 ❙ ASSURE 모형

3) ARCS 모형

ARCS 모형은 교수-학습 상황에서 학습자의 동기를 유발하기 위한 전략들을 제시하는 동기설계모형이다. 이 모형은 기존의 교수체제설계가 행동주의와 인지주의의 영향으로 인하여 지나치게 외부의 자극에 집중하고 있음을 비판하고, 학습자의 동기를 유발하고 지속하기 위한 노력이 필요하다고 주장한 켈러(Keller)에 의해 개발되었다(Keller, 1979). ARCS란 주의집중(Attention), 관련성(Relevance), 자신감(Confidence) 그리고 만족감(Satisfaction)을 의미한다 〈표 8.1〉 참고).

| 표 8.1 | 켈러의 ARCS 모형

구성요소	의미
주의집중 (Attention)	학습자가 교수-학습 상황에서 학습 자극에 흥미를 갖고 주의를 기울이게끔 다양한 전략을 사용할 필요가 있다.
관련성 (Relevance)	학습내용이 학습자의 필요와 관련될 때 학습 동기가 높아질 수 있다.
자신감 (Confidence)	학습자가 학습과정에서 성공경험을 할수록 자신감이 높아지고 이 자신감은 학습 동기로 연결될 수 있다.
만족감 (Satisfaction)	학습자가 학습결과와 보상에 만족한다면 학습 동기는 지속될 가능성이 높다.

4. 교육공학의 활용분야

교육공학은 기본적으로 인간의 학습을 촉진하고 수행을 개선하는 데 도움을 주는 학문이라고 배웠다. 따라서 학습이 일어나는 곳이면 어디서나 활용될 가능성이 있다. 그러나 이런 노력을 위해서는 전문적 인력, 기술적 인프라와 비용이 수반되기 때문에 이를 지원해 줄 수 있는 조직에서 주로 활용된다.

1) 학교

학교는 대표적인 교육기관이다. 학교맥락에서 교육공학은 학습목표 달성을 위해 그에 적합한 수업방법이나 수업모형을 고안하는 데 기여하였다(성태제 외, 2018: 359). 또한 학교에서는 새로운 기술 매체가 등장할 때마다 이를 교수매체로 활용하여 교수-학습 활동의 효과성·효율성·매력성을 높이려는 노력이 이루어져 왔다. 그러나 이는 교수체제설계(Instructional Systems Design: ISD)적 접근이라기보다는 기존 교수법에 시청각 매체를 추가하는 형태로 이루어지는 경향이 있었다. 따라서 미국에서는 군대나 기업 등 다른 조직에 비

해 초·중·고등학교와 대학에서의 교육공학적 실천의 적용은 사회적·경제적
이유로 인해 그리 성공적이지 못했다는 평가를 받는다(Molenda, 2010: 78).

국내의 경우, 초·중등교육에서는 교육공학의 영역 중에 주로 매체 활용
과 새로운 교수법의 적용 등에 관심이 있어 왔다. 그리고 고등교육에서는 각
대학마다 '교수-학습지원센터' 혹은 '교수-학습개발센터'라고 불리는 곳에서
교수-학습 활동을 체계적으로 지원하기 위한 서비스를 제공하고 있다. 이런
노력들 역시 학생들의 학습을 지원하고 교수자들의 수행을 개선하기 위한 것
이라고 볼 수 있다.

2) 군대

반면 군대는 교육공학적 접근이 가장 큰 영향력을 미친 조직이라고 할
수 있다. 제2차 세계대전으로 인해 전투에서 많은 혁신 무기와 장비들이 도입
되면서 이를 작동하는 데 있어 체계적인 훈련이 필요했기 때문이다. 이런 훈
련을 가장 효과적으로 실행하도록 도와준 모델이 교수체제설계적(ISD) 접근이
라고 할 수 있다. 예를 들어, 미 공군은 군사훈련용 교재를 개발하는 사업체
들에게 "적어도 90%의 학습자들이 90%의 목표달성을 성취하도록" 요구하기
도 하였다(Harris, 1964: 142). 미 육군도 ISD 모델을 받아들이기 위해 연구, 개
발 그리고 기술 기반 훈련의 실천에 막대한 예산을 투자했다. 나아가 미 국
방부는 대학에 있는 수행공학센터(Center for Performance Technology) 같은 기
관의 도움을 받아 군사 훈련의 효과를 상당히 개선시키기도 하였다(Hannum,
2005).

결과적으로 미국은 육군, 공군, 해군, 해병대가 모두 ISD 절차를 군사
훈련에 도입하였고 군대 내에서의 훈련에 적용할 뿐만 아니라 방위 산업체까
지 의무화하도록 하였다(Molenda, 2010: 63). 미국의 군대에서 ISD가 이토록
환영을 받은 것은 체계적인 접근으로 효과가 높은 훈련 프로그램이 절실했기
때문이고 또 이를 재정적으로 뒷받침하고 정치적으로 추진할 수 있는 사회적
배경이 뒷받침되었기 때문이다.

3) 기업

기업은 교육공학의 최신이론을 가장 빨리 받아들이는 조직 가운데 하나
이다. 왜냐하면 기업은 구성원들이 업무에 필요한 지식·기술·태도를 빨리
갖추도록 하기 위해 최신 교수방법을 연구하고 실천하는 데 적극적이기 때문
이다. 특히, 대기업이나 전 세계에 직원들이 흩어져 있는 다국적기업은 이런
실천에 더욱 적극적이다. 많은 구성원들이 공통의 언어와 문화, 마음가짐을
가지게 하기 위해서는 체계적으로 교육훈련 프로그램을 기획할 필요가 있기
때문이다. 예를 들어, 미국의 초거대 기업 가운데 하나인 AT&T, 포드 등과
같은 기업은 1960년대 말부터 시스템적 접근에 관심을 가지고 기업의 훈련
체계를 정비해 왔다(Molenda, 2010: 64).

특히 기업에서 개인과 조직의 수행 문제를 체계적으로 개선하려는 노력
은 수행공학(Performance Technology)이란 분야를 낳게 된다. 수행공학은 기본
적으로 개인이나 조직이 일정한 성과를 내지 못했다면 그 원인을 분석하고
이를 개선하기 위해 체계적인 교육프로그램을 설계·개발하여 실행하고 평가
한다는 아이디어에 기반한다(송해덕, 2016). 학습의 결과가 궁극적으로 개인의
행동 변화 및 조직의 성과 개선으로 연결되어야 한다는 점에서 교육공학과
수행공학은 서로 연결되는 것이다. 특히 이 분야는 기업교육 혹은 인적자원
개발(Human Resource Development: HRD)이라는 영역에서 더욱 전문적으로 연
구되고 있다.

4) 평생교육기관 및 기타 조직

학교, 군대, 기업뿐만 아니라 거의 대부분의 단체나 조직은 구성원들의
자기 계발과 업무 역량 강화를 위해 교육, 훈련 프로그램을 제공하게 된다.
특히, 공무원 연수원이나 전문가 계속교육기관, 종교기관, 평생교육기관들은
기관 구성원을 위한 교육뿐만 아니라 특정 분야의 전문가나 일반 대중을 위
한 교육프로그램들을 운영하게 된다. 이럴 경우에도 교육공학적 접근은 각

조직이 교육프로그램을 개발하는 데 있어 일종의 가이드라인이나 로드맵 같은 역할을 할 수 있다.

특히 인터넷의 보급과 함께 등장한 온라인 교육 시장은 최신 테크놀로지를 활용하여 양질의 콘텐츠를 개발하고 전달하는 데 더욱 박차를 가하고 있다. 콘텐츠 개발을 전문적으로 하는 학습 산업(Learning industry)도 발전하고 있으며 COVID-19으로 인해 비대면 온라인 학습 시장은 더욱 확대될 전망이다(신나민, 이선희, 김수연, 2021: 97). 이런 학습 산업 영역에서는 교육프로그램의 질이 곧 그 사업의 성패를 좌우하므로 더욱 체계적인 교수-학습 설계와 개발이 이루어진다. 또한 교육상품을 전달하는 데 그치는 것이 아니라 학습자가 목표한 학습 성과를 내기까지 지속적으로 관리하는 학습관리시스템(Learning Management System: LMS)과 커뮤니티 운영 등 교육공학적 방법을 적극적으로 활용하고 있다.

5. 교육공학의 최근동향

교육공학은 정보통신기술(Information & Communication Technology: ICT)의 발달과 사회 변화에 민감한 학문이다. 왜냐하면 새로운 ICT는 인간 학습의 촉진과 수행의 개선을 위한 교육과 훈련에 새로운 시사점을 줄 여지가 많고 사회 변화에 따른 개인의 학습요구에도 부응할 수 있기 때문이다. 따라서 최근의 교육공학 동향에 큰 영향을 주는 요인은 자연스럽게 최근에 가장 주목받는 기술이라고 할 수 있다. 기술의 측면에서 보면 디지털 온라인 학습 환경과 인공지능 기술의 활용에 대한 관심이 높아지고 있고, 학습자의 측면에서 보면 학습자 중심 패러다임에 대한 강조와 개별화학습 및 지능형 튜터링 시스템 활용을 들 수 있다. 그러나 사실 이 두 측면은 밀접하게 관련되어 있으며 기술이 뒷받침되기 때문에 개별화학습도 가능한 것이다.

1) 디지털 온라인 학습 환경

(1) 공개교육자료: OER

디지털 온라인 학습 환경이 보편화되면서 도래한 가장 큰 변화는 교수-학습 자료를 무료로 공개하는 사회적 운동이 가능하게 되었다는 점이다. 이러한 움직임은 2002년 유네스코에서 제시된 공개교육자료(Open Educational Resources: OER)라는 개념에 잘 나타나 있다. OER의 핵심은 교육자료의 부족으로 인해 학습 기회를 갖지 못하는 집단이 없도록 잘 개발된 교육자료를 무료로 공개하자는 취지를 담고 있다(Mishra & Kanwar, 2015). 이 공개는 공개 주최, 공개의 범위, 목적, 대상, 비용, 자격증 수여 여부 등의 요인에 따라 다양한 형태로 나타나고 있다. 이 운동이 가장 체계화된 형태가 아래에서 살펴볼 MOOC라고 할 수 있다.

(2) MOOC

MOOC은 대형공개온라인강좌(Massive Open Online Course)를 의미하며 스탠퍼드 대학교의 세바스찬 스런(Sebastian Thrun)과 피터 노빅(Peter Novig) 교수가 자신의 인공지능개론 강좌를 온라인을 통하여 무료로 일반인에게 개방하면서 시작되었다. 이후 이들은 강의 공개의 취지에 공감하는 다른 교수들의 강의도 제공할 수 있는 플랫폼 코세라(Coursera)를 2012년 설립하였다. 이러한 강의 공개 플랫폼은 하버드대학과 MIT대학이 함께 설립한 에드엑스(edX), 컴퓨터공학 분야의 콘텐츠를 주로 개설하는 유다시티(Udacity) 등으로 확대되었다. 미국뿐만 아니라 유럽연합에서는 오픈업에드(OpenupEd), 일본에서는 제이묵(JMOOC), 한국에서는 한국평생교육진흥원에서 케이무크(KMOOC)를 운영하고 있다. 이들은 모두 대학 수준의 강의를 대학의 울타리를 넘어 공개하는 플랫폼이라는 공통점을 지닌다.

(3) 원격교육

원격교육은 우편통신교육으로부터 시작된 긴 역사를 가지고 있다. 그리고 최근의 ICT 기술의 발달은 교수자와 학습자가 서로 다른 공간에 있으면서도 통신매체를 활용하여 가르치고 배우는 것을 일상적으로 가능하게 만들었다. 이렇듯 원격교육은 '교수자와 학습자가 공간적으로 분리된 상황에서 매체를 통해 중재되는 교수-학습 활동'으로 정의된다(신나민·이선희·김수연, 2021). 원격교육은 교수자와 학습자의 소통과 내용 전달을 지원해 주는 플랫폼과 디바이스를 필요로 하며 실시간 혹은 비실시간으로 모두 가능하다.

소통 매체의 활용뿐만 아니라 원격교육이 교실교육과 다른 점은 교육제공자의 입장에서 사전 기획과 준비에 시간과 노력이 많이 든다는 점이다. 학습자 측면에서 볼 때 원격교육은 성숙하고 자율성과 학습동기가 높은 학습자에게 적합한 교육모드이기 때문에 전통적으로 성인을 주 대상으로 하였다(Moore, 2021). 그러나 최근의 COVID-19 팬데믹으로 인해 비상 휴교 시 출석수업에 대한 대안이나 교실 수업과 온라인 수업의 하이브리드 형태로 원격교육이 도입되면서 원격학습자의 폭이 한층 넓어지고 있다.

2) 학습자 중심 패러다임

(1) 개별화학습

전통적으로 교수설계이론이 '어떻게 가르칠 것인가'에 초점을 두었다면 최근 등장한 학습자 중심 패러다임은 학습자들이 '어떻게 하면 잘 배울게 할 것인가'에 초점을 두고 학습환경을 디자인하는 것에 무게 중심을 둔다(Reigeluth, Beatty & Myers, 2017). 예를 들어, 디지털 온라인 환경에서 이루어지는 학습 활동은 대부분 이를 지원하는 학습관리시스템(Learning Management System: LMS)을 통해 이루어지며 LMS는 학습자의 학습 과정에 대한 정보를 데이터로 축적할 수 있다. 이러한 학습데이터 분석은 개별 학습자의 수준과 학습 속도 및 성취 수준에 맞는 개별적인 학습을 제공하는 것을 가능하게 한다. 이런 학습을 '개별화학습(Personalized learning)'이라고 하는데 최근에는 인공지능기술의 활용으로 인해 마치 학생이 1:1 수업을 받는 것처럼 교육 프로그램이 개인에게 맞는 수업과 즉각적인 피드백을 제공할 수 있다(윤승원 외,

2017). 즉, 기존의 교육이 교실수업에서 일대다(One to Many) 형식으로 이루어졌다면, 미래의 교육은 지능형 튜터링 시스템을 활용하여 개별적으로 이루어질 가능성이 높아지고 있다.

(2) 지능형 튜터링 시스템

지능형 튜터링 시스템(Intelligent Tutoring System: ITS)은 개인 학습자의 특성에 대한 이해를 바탕으로 컴퓨터가 맞춤형 학습을 지원하고 학습경험을 설계하고 구조화하는 데 가장 크게 일조할 기술로 꼽힌다(Freedman, 2000). ITS의 기본적인 구조나 아이디어는 1980년대 등장했던 컴퓨터 보조학습(Computer Assisted Instruction: CAI)과 유사하지만 인공지능 기술의 발달로 인해 ITS의 설계와 개발이 더욱 용이해지고 활용 범위도 다양해졌다고 할 수 있다. 역사적으로 ITS는 독립적으로 사용하건 전통적인 수업과 병행해서 사용하건 학생들의 학습 결과를 향상시키는 데 효과가 있는 것으로 나타났다(Weitekamp, Harpstead & Koedinger, 2020). 따라서 최근 부상하는 인공지능(Artificial Intelligence: AI) 기술을 활용하여 AI 튜터링 시스템을 개발하고 교육에 응용하는 데 대한 관심은 지속될 것으로 보인다.

토론주제

1. 교육공학의 정의를 분석해 보고 교육공학이 무엇을 위한 학문인지, 그 정체성을 논의해보자.

2. 자신이 교육공학에 대해 가지고 있던 인상이나 선입견과 이번 장을 읽고 난 후의 소감을 이야기해보자.

3. 이 장에 소개된 기저이론들이 어떤 측면에서 교육공학의 학문적 정립에 도움을 주었는지 논의해보자.

4. 기술의 발달이 교육공학과 교육의 미래를 어떻게 바꿀 수 있을지, 함께 전망해보자.

참고문헌

백영균·박주성·한승록·김정겸·최명숙·변호승·박정환·강신천·김보경(2010), 유비쿼터스 시대의 교육방법 및 교육공학, 제3판, 학지사.

백영균·한승록·박주성·김정겸·최명숙·변호승·박정환·강신천·윤성철(2015), 스마트 시대의 교육방법 및 교육공학, 제4판, 학지사.

성태제·강대중·강이철·곽덕주·김계현·김천기·김혜숙·송해덕·유재봉·이윤미·이윤식·임웅·홍후조 외 12인(2018), 최신교육학개론, 3판, pp.345-372, 학지사.

송해덕(2016), 교육공학 관련 정부정책, 나일주·조은순 공편, 교육공학 탐구, pp.87-107, 박영사.

신나민·이선희·김수연(2021), 교사와 예비교사를 위한 원격교육론, 박영스토리.

신나민·하오선·장연주·박종향(2019), 이판사판 교육방법 및 교육공학, 박영스토리.

조규락·김선연(2006), 교육방법 및 교육공학, 학지사.

한상길·김응래·박선환·박숙희·정미경·조금주(2014), 8장. 교육공학의 이해, 교육학개론, pp.291-314, 공동체.

AECT(2004). *The definition of educational technology*, Association for Educational Communications and Technology, Retrieved from http://ocw.metu.edu.tr/file.php/118/molenda_definition.pdf

Downes, S.(2007). *What connectivism is*, Posted to the connectivism conference form, Feb. 05, 2007, Retrieved from https://halfanhour.blogspot.com/2007/02/what-connectivism-is.html

Freedman, R.(2000). What is an intelligent tutoring system?, *Intelligence*, 11(3), 15-16.

Gagne, R. M.(1965). *The Conditions of Learning*. New York: Holt, Rinehart and Winston.

Hannum, W.(2005). Instructional systems development: A 30-year retrospective. *Educational Technology*, 45(4), 5-21.

Harris, R.F.(1964). Programmed instruction at Chanute AFB, Illinois. In G. D. Ofiesh & W. C. Meierhenry (Eds.), *Trends in programmed instruction*. Washington DC: Department of Audiovisual Instruction, National Education Association.

Heinich, R., Molenda, M. & Russell, J. D.(1989). *Instructional media and the new technologies of instruction*, New York: Macmillian.

Hollnagel, E. & Woods, D. D.(2005). *Joint Cognitive Systems: Foundations of*

Cognitive Systems Engineering. Boca Raton, FL: Taylor & Francis.

Keller, J. M.(1979). Motivation and instructional design: A theoretical perspective, *Journal of Instructional Development*, 2(4), 26–34.

Molenda(2010). Chapter 3. Origins and evolution of instructional systems design, In (edited by Kenneth H. Silber & Wellesley R. Foshay), *Handbook of Improving Performance in the Workplace*, Volume 1, Instructional Design and Training Delivery, pp.53–92. International Society for Performance Improvement, Pfeiffer.

Moore, M. G.(2021). Preface: Distance education for teachers and pre-service teachers, 신나민·이선희·김수연, 교사와 예비교사를 위한 원격교육론, 박영스토리.

Reigeluth, C. M., Beatty, B. J. & Myers, R. D.(2017). *Instructional-design theories and models, Volume IV: The learner-centered paradigm of Education*, New York and London: Routledge, Taylor & Francis Group.

Siemens, G.(2004). *Connectivism: A learning theory for the digital age*. Retrieved from http://www.elearnspace.org/Articles/connectivism.htm

Weitekamp III, D., Harpstead, E. & Koedinger, K.(2020). *An interaction design for machine teaching to develop AI tutors*, CHI '20, April 25-30, 2020, Honolulu, HI, USA.

9

PART

교육평가

교육평가

📚 학습개요

  이 장의 제목과 학습목표는 교육학 입문 또는 개론서의 한 장으로 교육평가를 안내하기 위한 것이다. 학습목표는 교육학 입문자 또는 예비교사들이 갖추어야 할 교육평가 전문성을 갖추기 위한 준비 작업에 해당한다.

  첫째 목표인 '교육평가의 의미'는 제1절에서 비교적 상세하게 다룬다. 교육평가는 학생평가와 교육프로그램평가를 포함하는 개념으로 정의되었다. 이 정의에 근거하여 기존 이론상의 교육평가와 일상적으로 쓰는 교육평가를 구별하였다. 그리고 교육평가의 교육조형 기능을 서술함으로써 교육평가의 타당성을 강조하고자 하였다.

  둘째 목표인 '교육평가의 유형'은 제2절에서 실제 다양하게 존재하는 교육평가 또는 관련 활동들이 어떤 기준에 의해서 어떻게 분류될 수 있는지를 서술하는 동시에 기존의 소통에서 있을 수 있는 고정관념을 주의하고자 하였다.

  셋째 목표인 '교육평가 이론'은 제3절에서 학생평가 중심으로 이론의 전체적 구조를 개략적으로 소개한다. 검사이론으로서의 고전검사이론과 문항반응이론, 그리고 점수해석의 타당성과 신뢰성을 짚을 수 있는 개념을 의미론적으로 소개하였다.

  넷째 목표인 '교사의 교육평가 전문성'은 이 장 중간중간의 반성적 고찰을 하는 동시에 학생평가와 프로그램평가를 통하여 자율적으로 판단하고 책임질 수 있는 교사로서의 조건을 서술하였다.

1. 교육평가의 의미

1) 교육평가의 정의

  교육평가는 교육과 관련된 평가 활동들, 즉, 교육의 일환으로 이루어지거나 교육을 위하여 이루어지는 평가 활동을 아우르는 개념이 되어야 할 것이다. 그러한 평가 활동은 다양하게 있을 수 있다. 각종 시험에 의한 평가, 수행평가, 인성평가, 수업평가, 교육과정평가, 학교평가 등은 교육현장에서 쉽게 접할 수 있는 평가 관련 활동이다. 이들은 일부 예이지만 두 가지로 구분된다. 앞의 세 가지(각종 시험에 의한 평가, 수행평가, 인성평가)는 학생을 평가하는 예이고, 뒤 세 가지(수업평가, 교육과정평가, 학교평가)는 학생을 교육하기위하여 존재하는 유형 또는 무형의 조건들, 즉 교육프로그램을 평가하는 예이다. 그렇다면, 교육평가의 정의는 이들을 포함해야 할 것인 동시에 교육평가가 아닌 것들을 배제할 수 있어야 할 것이다. 그래야만 학문적이든 실천적이든 교육평가와 관련된 오해나 왜곡을 피할 수 있을 것이다.

여기에서는 위에서 예시한 활동들을 포괄할 수 있게 하는 정의로서 '교육평가란 학습자의 교육적 성취를 위하여 조직된 (유·무형의 조건으로서의) 교육프로그램이나 학생의 교육적 성취 자체의 특징이나 가치를 체계적으로 조사하고 판정하는 활동'으로 정의한다(김성훈 외, 2018, p.22). 이 정의는 교육프로그램평가와 학생평가를 병렬시키고 있다. 이는 교육의 장이나 연구에서 학생평가의 비중이 훨씬 크지만, 교육프로그램평가가 현실적으로 결코 학생평가에 못지않게 영향을 미치고 있음을 드러낸다. 이 정의는 교육평가의 세 가지 하위 개념요소를 포함한다. 그 세 가지는 첫째, 교육평가는 (교육 자체 또는 그 효과에 대한) 가치판단이며, 둘째, 가치판단의 대상은 학생(피교육자)이거나 학생에게 주어지는 조건으로서의 교육프로그램이며, 셋째, 판단 활동은 (임의적으로 하는 것이 아니라) 자료수집, 분석, 해석을 포함하는 체계적 절차에 근거한다는 것이다(김성훈 외, 2018).

이상의 개념 정의와 요소는 교육평가와 아닌 것을 구별하는 데 사용될 수 있다. 예를 들어 기업체 평가는 첫째나 둘째 조건 대신 다른 조건을 포함하므로 교육평가와는 서로 다른 평가이며, 국가경쟁력 평가는 첫째와 둘째 조건보다 넓은 조건이기 때문에 교육프로그램 평가보다는 넓은 활동이다.

2) 다양한 의미로 쓰여온 '교육평가'

기존의 '교육평가'는 일상적 대화, 언론상의 뉴스, 학술적 글 등에서 쉽게 접할 수 있는 용어이다. '기존의 교육평가'는 크게 두 가지로 나눌 수 있다. 그 하나는 사전이나 학술적 글에서 정의된 진술문의 형식을 갖춘 교육평가이고, 다른 하나는 진술문의 형식을 갖추지 않은 채 일상적으로 쓰이는 교육평가이다. 편의상 전자를 '기존 정의로서의 교육평가'로 부르고 후자를 '일상관념으로서의 교육평가'로 부른다. 과연 '기존 정의로서의 교육평가'나 '일상관념으로서의 교육평가'는 앞 절에서 정의한 교육평가와 어떻게 구별되는지를 보자.

(1) 기존 정의로서의 교육평가

기존에 정의되어온 교육평가는 크게 사전적 정의와 이론적 정의로 나뉠 수 있다. 전자의 예로서 우리나라 표준국어대사전, 위키피디아, 그리고 교육학용어사전의 정의를 보자.

- 학습자의 학습과 행동 발달 정도를 교육의 목표에 비추어 측정하고 판단하는 일(표준국어대사전, 2021.1.6.)
- 교육목적의 달성에 영향을 미치는 변인에 관한 증거를 수집하고 그에 대해 교육적 의사결정을 내리는 과정(서울대학교 교육연구소(편), 교육학용어사전, 1994, p.130)
- 교육의 과정(process) 측면(들)을 특성화하고 가치를 매기는 과정(위키피디아, 2021.1.6.)

위의 정의 중 표준국어대사전의 정의는 학생의 성취도 평가에 초점이 맞추어져 있고, 위키피디아 정의는 프로그램평가에 초점이 맞추어져 있고, 교육학용어사전의 정의는 학생평가와 프로그램 평가를 포함할 수 있다. 위키피디아의 정의는 교육프로그램평가 전문서나 연구에서의 정의와 맥을 같이 한다. 아래 정의들을 보자(김성훈 외, 2018, p.19). 그 정의들은 학생평가를 지칭하는 교육성취평가(educational assessment)와 구별되는 활동으로서의 교육(프로그램)평가가 각 이론적 틀 안에서 정의되어왔음을 보여준다.

- 타일러(Tyler, 1942, 1967): 교육평가는 교육과정 또는 교육프로그램의

목표가 실제로 달성된 정도를 판단하는 과정
- 스터플빔(Stufflebeam, 1971): (교육) 프로그램의 상황, 투입, 과정, 산출에서의 의사결정 정보제공
- 스크리븐(Scriven, 1974): (교육) 프로그램의 장점과 가치에 대한 소비자 판단
- 팔레트와 해밀턴(Parlett & Hamilton, 1976): 교육의 과정과 절차에 관련된 요소들을 명료하게 보여줌으로써 교육의 개선을 추구하는 사람에게 도움을 주고 빛을 밝혀주는 과정
- 아이즈너(Eisner, 1985): 교육프로그램에 대한 전문적 감식과 비평

이상에서 보듯이 기존 이론적 정의로서의 교육평가 역시 실제 존재하는 다양한 교육평가를 다 포괄한다고 하기는 어려운 동시에 이론에 따라서 서로 다른 접근을 전제한다. 이는 이론적 정의가 그 개념상 특정 이론적 틀 안에서 내려지는 것이기 때문에 당연한 귀결이라고도 할 수 있는 것으로서, 실재하는 다양한 교육평가 활동들을 포함하지는 못한다.

(2) 일상적 관념으로서의 교육평가

일상적 관념으로서의 교육평가는 실제 삶 속의 특정 상황에서 경험한 바에 따라 형성된 관념으로서, 진위판별을 전제하지 않고 형성된 것임을 특징으로 한다. 그러므로 일상적 관념으로서의 교육평가는 상황이 달라지면 그 의미가 적용되지 않거나 교육평가가 아닌 것과의 구분이 어려워질 수 있다. 강승호 외(2001, pp.14-19)가 소개한 '신화적 믿음'은 그 예에 해당한다.

- 시험은 곧 경쟁이라는 믿음
- 시험은 학습동기를 유발한다는 믿음
- 숫자는 언제나 정확하다는 믿음
- 객관식 시험만이 신뢰롭다는 믿음
- 평가의 결과는 모두 학생의 책임이라는 믿음

위의 믿음들은 콤즈(Combs, 이성호 역, 1985, p.7)의 정의를 빌려 표현하자면, '참인지 거짓인지 확실하지도 않은 어떤 가정을 아무런 사실적 근거나 비판의 여지도 없이 당연한 것으로 받아들이는 태도'를 말하기 때문에 신화적으로 불렸다(강승호 외, 2001, p.14).

일상적 관념으로서의 교육평가는 신화적이라는 표현에까지 가지 않더라도 발견된다. 교육평가 강좌에 참여한 학생들이 첫 시간에 '교육평가라는 말을 들었을 때 가장 먼저' 떠올린 생각의 몇 가지 예를 보자(김성훈 외, 2018, pp.40–41).

- 평가는 선생님이 한다.
- 시험 결과로 확인한다.
- 등급(서열)이 매겨진다.

일상적 관념으로서의 교육평가는 학생평가이고, 그중 다분히 경쟁적 선발을 전제하는 시험에 초점이 맞추어져 있다고 할 수 있다.

이상에서 볼 때, '기존의 교육평가'는 '기존 정의로서의 교육평가'이든 '일상적 관념으로서의 교육평가'든 학생평가와 교육프로그램평가를 동시에 포함하지 못하고 있다. 이 장에서는 앞 절에서 정의한 바와 같이 교육평가는 학생평가와 교육프로그램평가를 다 포괄하는 것을 의미한다.

3) 평가 관련 활동(시험, 검사, 측정)과 교육평가의 관계

앞에서 살핀 바와 같이 '기존 정의로서의 교육평가'나 '일상적 관념으로서의 교육평가'는 교육평가와 시험이 혼용되고 있음을 알 수 있다. 그러나 이들은 구별될 필요가 있다. 왜냐하면, 개념 정의상 교육평가는 가치판단이기 때문이고, 시험점수는 가치판단 이전의 양적 자료이기 때문이다.

양적 자료는 측정치, 검사점수, 그리고 시험점수를 포함한다(〈그림 9.1〉). 측정은 관심 대상의 수량화 과정이고, 검사는 관심 대상의 측정을 위한 표집

행동의 체계적 관찰이고, 시험은 지적 성취도 검사의 한 예다. 그러므로 측정은 검사를 포함하고, 검사는 시험을 포함한다고 할 수 있다. 달리 표현하면, 시험점수는 검사점수나 측정치의 한 유형이다. 이들의 공통적 특징은 가치판단 이전의 수치 정보라는 것이다. 가치판단이 이루어지기 전의 시험점수 그 자체는 교육평가 이전의 양적 자료로 보아야 할 것이다.

아래 〈그림 9.1〉은 평가, 측정, 검사, 시험 간의 관계를 설명하기 위하여 한 교과에서 그 학기 중에 생성된 자료 중 일부가 기말평가에 사용된 가상적 상황을 예시적으로 그린 것이다. 그 상황은 생성된 7개 자료 중 4개(1,3,5,7) 자료만이 기말평가에 사용되었음을 가정하고 있다.

그 그림이 보여주고자 하는 바는 측정, 검사, 시험은 포함관계이지만, 평가는 그들과 포함관계는 아님을 보여준다. 평가, 측정, 검사, 시험 간의 관계는 다음과 같이 정리된다.

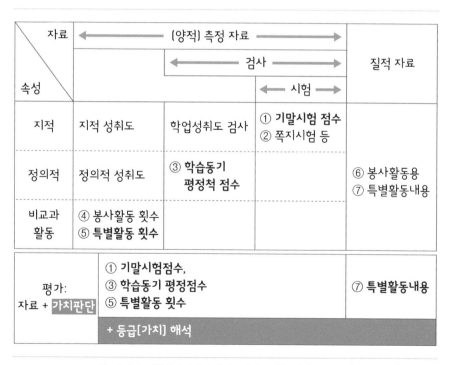

Ⅰ 그림 9.1 Ⅰ 한 교과의 기말평가에서의 측정, 검사, 시험, 질적자료와 평가 간의 관계

첫째, 측정, 검사, 시험은 넓은 개념 순이다(측정⊃검사⊃시험). 이 예에서 지적 성취도 측정에는 학업성취도 검사 외에 다수 있을 수 있으며, 학업성취도 검사에는 기말시험 외에 쪽지시험 등 다수 있을 수 있다. 그리고 특별활동 횟수의 측정치는 존재하지만, 검사는 존재하지 않음은 측정과 검사의 포함관계를 나타낸다. 그리고 학습동기 평정척이라는 검사는 존재하지만, 그 시험은 존재하지 않음은 검사와 시험의 포함관계를 나타낸다.

둘째, 평가에 동원되는 자료는 양적 자료(1,3,5)와 질적 자료(7)를 포함한다. 이들은 평가가 시험점수 외에도 다양한 정보를 사용함을 알 수 있다. 그러므로 '시험＝평가'라는 관념은 평가의 범주를 축소시키는 셈이다.

셋째, 평가는 동원되는 자료들에 가치판단이 부가되었을 때 이루어진다. 위 예에서 양적 자료 세 가지와 질적 자료 한 가지를 활용하여 최종적 성적 등급이라는 가치판단 또는 해석이 부여되기 전까지는 기말평가가 이루진 것이 아니라 평가 자료수집이 이루어진 것이다.

넷째, 이상에서 볼 때, 측정, 검사, 시험 등 양적 자료화 방법과 교육평가는 상호 부분적 포함관계이다. 앞에서 보았듯이 측정, 검사, 시험은 넓은 개념 순으로 포함관계가 성립하지만, 이들과 평가는 부분적 포함관계일 뿐이다. 평가에 사용된 정보에 국한해서 보면 평가가 가장 넓은 개념이다. 그렇다고 평가가 측정이나 검사 시험을 포함한다고 할 수는 없다. 왜냐면, (2,4,6번 정보와 같이) 교육평가에 포함되지 않는 양적 또는 질적 자료들이 있을 수 있기 때문이다.

4) 교육평가의 교육조형기능

교육평가가 교육 실제에 특정 방향으로 영향을 미치는 현상을 교육평가의 교육조형기능으로 부른다(김성훈, 2008). 기말평가 결과는 그 이후의 학습이나 수업, 포상, 진학 등의 의사결정을 위한 주요 자료로 쓰일 수 있다. 이는 학생은 평가를 대비하여 공부하고, 교사는 평가를 대비하여 수업할 수 있도록 영향을 미침을 의미한다. 교육프로그램평가도 마찬가지다. 학교평가를 준비하는 학교는 흔히 평가지표를 학사운영에 반영한다.

교육평가의 교육조형기능은 교육평가 결과가 중요시될수록 크다. 예를 들어 대학수학능력시험에 의한 입학사정의 교육조형기능은 국가수준학업성취도 평가의 그것보다 더 크며, 같은 교과평가 내에서도 기말시험이나 중간시험에 의한 평가의 교육조형기능은 수업 도중에 보는 쪽지시험에 의한 형성평가의 그것보다 더 크다. 교육프로그램평가 또한 마찬가지다. 그 결과에 따라서 정부의 지원 정도가 달라지는 학교평가의 교육조형기능은 그렇지 않은 대학인증평가의 그것보다 더 크다. 그리고 같은 학교에서 이루어지는 강의평가라고 하더라도 그 결과를 중요시하는 교수일수록 그 기능은 크다.

교육평가의 교육조형기능에는 순기능과 역기능이 공존한다. 예를 들어 수행평가는 이론이나 개념들을 이용하여 실제 문제를 해결할 수 있도록 기능하지만, 동시에 수행과제 대행과 같은 역기능도 있다. 그리고 대학수학능력시험에 의한 입학사정은 과거보다 사고력 강조하는 수업이나 학습을 유도했지만, 여전히 객관식 시험위주의 입주위주교육에서 벗어나지 못하게 한다. 대학평가 또한 대학교육의 질을 높이고자 하는 대학의 노력을 끌어내지만, 대학교육을 평가지표로 획일화하는 역기능도 있다.

교육평가의 교육조형기능은 교육평가의 타당성을 강조하게 하는 논리적 근거가 된다. 개인적으로든 사회적으로든 교육평가가 중요할수록 그 영향은 크다고 할 때, 그 조형기능은 다양한 차원에서 나타난다. 개인 차원의 기능은 그 개인의 학습방법에서부터 가치관까지 나타날 수 있으며, 사회적으로는 풍토를 좌우할 수도 있는 것이다. 그러므로 교육평가는 개인과 사회적 차원 그리고 단기적 및 장기적 목적 달성을 담보할 수 있어야 정당화될 수 있다고 할 것이다.

2. 교육평가의 유형

교육평가의 유형은 그 분류 기준에 따라 다양하게 있을 수 있다. 대표적 기준으로는 평가의 대상, 목적, 점수의 해석 기준, 판단을 위한 정신작용 등 다양하다. 〈표 9.1〉은 각 분류 기준에 따른 유형과 예를 제시한 것이다.

| 표 9.1 | 교육평가의 유형

분류기준	유형	예	비고
대상	교육프로그램평가	수업평가, 학교평가	국가/국제수준 학업성취도 평가
	학생평가	기말평가, 성취도 국제평가	
목적	총괄평가	기말평가, 중간평가	과정중심평가
	형성평가	형성평가, 쪽지시험	
	진단평가	학습준비도평가, 오개념평가	
점수 해석 기준	준거참조평가 (절대평가)	교과별 성취 수준 평가	대학수학능력 시험 등급
	규준참조평가 (상대평가)	고교 교과별 등급 평가	
판단을 위한 정신작용/ 자료의 질	양적(정성적) 평가	시험점수나 사건/사물의 빈도로 판단	정량적/정성적 객관적/주관적
	질적(정량적) 평가	수행과제 질적 속성을 판단	
비배타적 구분	교실평가/대규모평가	내신평가 vs 국가/국제 수준 성취평가	
	지필평가/수행평가	객관식 시험 vs 수행평가	

1) 교육프로그램 평가 vs 학생평가

학생(student)평가와 교육프로그램(Educational program)평가는 평가의 대상을 기준으로 나눈 것이다. 앞 절에서 교육평가는 이 두 유형을 포함하여 정의하였다. 그 두 유형을 정의에 포함시킨 것은 교육프로그램평가에 대한 주의를 높임으로써 평가에 관련된 의사소통에서의 오해를 줄이기 위한 것이고, 이 그림에 포함시킨 것은 분류표의 완성도를 높이기 위한 것이다. 이 구분에는 두 가지 점을 유의할 필요가 있다.

하나의 유의사항은 교육프로그램평가든 학생평가든 다른 분류 기준에 의해서 각각 구분될 수 있음을 의미한다. 〈표 9.1〉에서 대상에 따른 구분 외의 분류는 학생평가에 더 적합하다. 그러나 교육프로그램평가 역시 다른 분류 기준으로 분류될 수 있다. 교육프로그램평가도 진단적, 형성적, 그리고 총괄적 평가로도 분류될 수 있고, 준거지향평가(절대평가)와 규준지향평가(상대평가)로도 구분될 수도 있으며, 양적 평가와 질적 평가로도 분류될 수 있다.

다른 하나의 유의사항은 교육프로그램평가는 흔히 학생평가를 포함한다는 것이다. 어떤 교육프로그램이건 궁극적으로 학생의 교육적 성장을 크게 했을수록 그 가치는 클 것으로 가정할 수 있다. 이런 가정은 교육프로그램평가의 개념화를 시작했다고 할 수 있는 타일러(Tyler, 1942, 1967)가 교육평가를 '교육과정 또는 교육프로그램의 목표가 실제로 달성된 정도를 판단하는 과정'으로 정의한 데에서 찾아볼 수 있다. 그리고 국가나 PISA나 TIMSS와 같은 국제수준 교육성취평가는 교사와 학교의 특징들을 포함하지만, 이들은 학생들의 성취도를 설명하는 조건으로 사용되는 것이 일반적이다. 그리고 대학평가와 같은 기관평가는 학생들의 학업성취도를 직접 측정하는 대신 취업률과 같은 성과들을 포함한다.

2) 진단평가 vs 형성평가 vs 총괄평가

평가의 목적에 따른 구분은 진단(diagnostic)평가, 형성(formative)평가, 총괄(summative)평가로 구분된다. 이 세 유형의 평가는 시간적 순서에 따른 구분으로 오해되기도 한다. 이 오해는 시험과 평가를 구분하지 않는 데 기인한다. 학기 초에 하는 예진적 진단은 시간에 따른 것이라고 할 수 있다. 그러나 진단평가가 예진적 진단평가만을 의미하는 것이 아니며, 학기 중간이나 말에도 할 수 있는 것이다. 가령 학기 중간중간에 학습속도나 문제점을 확인하기 위한 (쪽지)시험을 보고, 중간시험과 기말시험을 친다고 해보자. 그 시험들은 시간적 순서로 나눌 수 있다. 그러나 시험점수들에 근거한 평가는 시간적 순서에 의해서 구분되기 어렵다. 학기 중간평가나 기말평가라는 총괄평가가 있기는 하지만, 그 언제든 학생들의 오개념을 파악과 지도를 위한 진단평가와 형성평가를 할 수도 있는 것이다.

목적에 따른 세 유형의 평가와 과정중심평가의 관계를 짚어보자. 과정중심평가는 '교육과정 성취기준에 기반한 평가계획에 따라 교수·학습 과정에서 학생의 변화와 성장에 대한 자료를 다각도로 수집하여 적절한 피드백을 제공하는 평가'로서 '학문 분야에서 교육 평가의 특정 유형으로 정립된 용어'는 아니다(임은영, 2017, p.53). 과정중심평가는 실천적 용어로서 '학습의 과정을 중시하는 평가'를 강조한 2015 개정교육과정 이후에 국가 정책적 뒷받침으로 교육현장에 뿌리내렸다고 할 수 있다. 학습의 과정에서의 환류를 중요시 한다는 점에서 과정중심평가는 형성평가와 비슷하지만, 동의어는 아니다. 학교현장에서 실천하는 과정중심평가는 형성평가뿐만 아니라 진단평가와 총괄평가도 포함한다고 보아야 할 것이다. 그런 맥락에서 과정중심평가는 앞으로 학문적 이론화를 요구한다.

3) 준거참조평가(절대평가) vs 규준참조평가(상대평가)

준거참조평가(Criterion-referenced evaluation)와 규준참조평가(Norm-referenced evaluation)는 점수 해석기준에 따른 구분이다. 일상적으로 준거참조평가는 절대평가로 규준참조평가는 상대평가로 불린다. 준거참조란 준거, 즉 어떤 (절대적) 기준에 근거하여 판단하거나 해석함을 의미한다. 자격시험의 합격 기준으로서의 분할점수(cut score)나 성취도 절대평가를 위한 분할점수가 준거의 대표적 예이다. 그러므로 절대평가는 절대기준 참조평가를 줄인 말이라고 할 수 있다.

규준참조에서의 규준(norm)이란 한 집단을 대표하는 점수분포(distribution)상에서의 각 위치 해석기준을 의미한다. 그러므로 한 개인의 점수는 그 집단 내에서의 상대적 위치로 해석될 수 있다(〈그림 9.2〉 참고). 그러므로 상대평가는 참조하고자 하는 집단, 즉 규준집단 내에서의 상대적 위치로의 평가를 줄인 말이라고 할 수 있다.

아래 그림은 고등학교 학생생활 기록부 작성요령에 나오는 기말평가 예시이다. 그 기록부는 각 학생별로 지필평가, 수행평가, 합계, 원점수, 성취도, 석차등급과 석차들이 기록되어 있다. 그중 원점수는 평가 이전의 지필평가 점수와 수행평가 점수의 합산 점수를 정수로 반올림한 점수로서 최종적 기말평가 이전의 양적 자료이다. 기말평가 결과는 규준참조평가와 준거참조평가로 구분되어 있다. '김길동'과 '나민주'의 '성취도' 'A'와 'C'는 준거참조평가 결과이고, 각각의 '석차등급' '1'과 '5'는 규준참조평 결과이다.

| 표 9.2 | 고등학교 학생생활 기록부 교과학습발달상황 예

평가방법 (반영비율) 반/번호, 성명	명칭, 영역 (반영비율)	지필평가(60%)		수행평가(40%)				합계	원점수	성취도	석차 등급	석차 (등석차수) /수강자수
		1회 (30%)	2회 (30%)	○○○ (10%)	◇◇◇ (10%)	□□□ (10%)	△△△ (10%)					
1/1	김길동	28.50	29.40	8.80	9.60	8.80	10.00	95.10	95	A	1	4(15)/532
1/2	나민주	25.50	19.20	6.00	8.00	7.00	5.00	70.70	71	C	5	273/532
1/3												
수강자 최고점		30.00	30.00	10.00	10.00	10.00	10.00	100.00				
수강자 최저점		9.95	10.00	5.00	6.00	7.00	6.00	43.95				
수강자 평균		23.42	25.74	8.40	8.16	8.76	7.59	82.07				
강의실 평균		21.24	24.43	8.50	7.52	8.91	7.35	77.95				
과목 평균									82.1			
과목 표준편차									10.1			

위의 예에서 성취도가 준거참조평가라고 함은 구분점수(cut score)가 절대적 기준으로 작용함을 의미한다. 김길동의 성취도 A는 그의 원점수(95)가 90점이라는 구분점수(cut score)를 넘었음을 의미한다. 나민주가 C인 것은 그가 성취도 C의 구분점수인 70점을 넘었지만, B의 구분점수(80점)에는 못 미치기 때문이다. 여기서 90점은 A 등급 판단 준거이고, 70점은 C 등급 판단 준거이다. 이러한 준거참조평가 상황에서 만약 한 학급의 모든 학생이 모두

90점을 넘는다면 모두 A로 평가될 것이고, 90점을 넘는 학생이 한 사람도 없다면 A는 한 사람도 없을 것이다.

역시 위의 예에서 석차등급이 규준참조평가라고 함은 원점수가 어떻든 석차에 근거하여 최상 등급에서부터 최하등급에 이르기까지 학생들이 배분되어야 함을 의미한다. 김길동의 석차등급 1은 그의 석차가 (동점자 중 맨 뒤라고 하더라도 18등이므로) 전교생 532명 중에서 상위 4%인 21등 이내에 들었기 때문이다. 이는 다른 학생들에 비해서, 즉 상대적으로 가장 높은 점수대에 있다고 해석된 결과이다. 그리고 나민주의 석차등급 5는 그가 중간 20%인 그룹에 속함을 의미한다. 보다 구체적으로는 그의 석차(273)가 40% 위치인 213등과 60% 위치인 319등 사이에 속한 것으로 평가된 것이다. 그러므로 석차등급에는 원점수가 아니라 석차가 결정한다고 할 수 있다. 따라서 규준참조평가 상황에서는 원점수가 어떻든 석차는 1등에서부터 (최하위) 532등까지 있으며, 석차등급 또한 1등급에서부터 9등급까지 만들어진다.

위 예에서 1등급을 위한 4%와 가운데 5등급을 위한 20%는 각 등급 구간에 속하는 사람 수 비율로서 스테나인(stanine) 점수를 활용한 것이다. 스테나인 점수는 아래 그림에서 보는 바와 같이 9개의 등급에 속한 비율(4%, 7%, 12%, 17%, 20%, 17%, 12%, 7%, 4%)에 해당하는 사람들에게는 그 구간 번호를

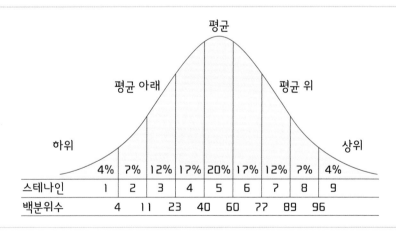

| 그림 9.2 | 스테나인 점수

점수로 부여한 것이다. 만약 100명이 석차 순으로 되어 있다면, 1등부터 4등까지는 9등급, 5등부터 11등까지는 8등급이 주어지는 식이다. 스테나인은 가장 높은 점수 구간이 9이지만, 석차등급에서는 1을 부여한다는 점이 다르다.

스테나인은 상대적 평가를 위한 기준으로 활용되지만, 9개 등급 점수라고 해서 다 상대적 평가만을 의미하지는 않는다. 우리나라 대학수학능력시험에서 주어지는 9등급은 준거지향평가도 있고, 규준지향평가도 있다. 영어나 국사 등급은 분할점수(cut score)에 의해서 등급이 결정되므로 준거지향평가에 해당하지만, 국어나 수학의 등급은 상위 몇 %에 드는가에 따라서 등급이 결정되므로 규준지향평가에 해당한다.

4) 양적(정량적) 평가 vs 질적(정성적) 평가 / 주관적 평가 vs 객관적 평가

양적 평가와 질적 평가는 두 가지 관점에서 구분한다. 그 하나는 자료의 성격과 관계없이 평가 결과가 수치인가 아닌가에 의한 구분이다. 어떤 자료를 이용하여 어떤 과정을 거쳤건 평가 결과를 수치로 제시한다면 양적 평가이고, 수치가 아닌 언술로 제시한다면 질적 평가로 구분한다. 위의 〈표 9.2〉에 제시된 학생생활 기록부상에 (A, B 등의) 성취도나 (1등급이나 2등급 등의) 석차등급은 양적 평가이다. 수행평가 결과 또한 양적 평가에 해당한다. 그 그림에는 안 나타나지만, 언어적 서술로 된 결과는 질적 평가로 구분될 수 있다.

다른 한 관점은 평가를 위한, (가치) 판단을 위한 정신작용에 따른 구분이다. 판단을 위한 정신작용이 수량적 판단이면 양적 평가로 불린다. 이런 의미의 양적 평가는 정량적 평가로 불리며, 객관적 평가가 가능해진다. 그리고 정신작용이 질적 판단인 경우가 질적 평가이다. 질적 평가는 정성적 평가로도 부르며, 객관성을 담보할 수 없기 때문에 주관적 평가가 이루어진다고 본다. 이 관점에 의할 때, 질적 평가인가 양적 평가인가는 판단과정에 근거하는 것이므로, 그 결과는 어느 경우이든 수치로 제시할 수 있다. 위 〈표 9.2〉의 수행평가의 경우에 포트폴리오에 포함된 작품의 수를 토대로 점수를 매겼다면, 그 결과는 양적 평가가 이루어진 것이다. 그러나 작품의 수가 아니라 그 구조나 의미의 해석과 같은 질적 판단에 근거하였다면, 그 결과가 수치이지만 질적 평가가 이루어진 것이다. 이처럼 판단을 위한 정신작용에 근거하는 양적 평가와 질적 평가는 각각 객관적 평가와 주관적 평가로 간주된다.

객관적 평가와 주관적 평가를 시험 문항 형식에 근거하여 구분하는 경우는 주의를 요한다. 객관식 시험을 객관적 평가로, 주관식 시험을 주관적 평가로 본다고 해보자. 이 경우의 극단적 예로서, 단답식 문항으로 구성된 시험=주관식 평가라는 인식이 있다고 해보자. 이 인식은 두 가지 오해를 안고 있다. 그 하나는 시험과 평가가 같다고 보는 오해이다. 앞에서 서술한 바와 같이 시험점수는 가치판단 이전의 자료의 지위를 가질 뿐이다. 다른 하나는 단답식 문항=주관식 문항이라는 오해이다. 그 오해의 예로서 대학수학능력시험에서의 단답형 문항을 주관식 문항으로 보는 경우이다. 이는 문항을 구분하는 준거 착오에 기인한다. 〈표 9.3〉에서 보는 바와 같이 문항은 채점자의 주관 개입 여부와 응답자(학생) 반응의 자유도에 따라서 서로 달리 구분된다. 단답형 문항은 객관식 문항인 동시에 구성형/제공형 문항이다. 단답형 문항이 '객관식'인 것은 선택형 문항과 같이 채점자의 주관을 배제하고 객관적 채점을 전제하는 문항임을 의미하고, '구성형/제공형'인 것은 피험자인 학생이 답을 구성하거나 제공하는 문항임을 의미한다.

┃ 표 9.3 ┃ 문항 형식 구분

채점자 주관	문항 형태	응답자(학생)의 반응
주관식 문항(subjective item)	논문형	구성형/서답형 문항 (constructed response/ supply type item)
객관식 문항 (objective item)	단답형	
	완성형	
	선다형	선택형 문항 (forced choice type item)
	배합형	
	진위형	

5) 불완전한 구분들

앞에서 본 바와 같이 평가 대상, 목적, 점수해석 기준, 판단을 위한 정신작용을 기준으로 하는 구분과 달리 구분 준거가 모호하거나 서로 배타적이지 않은 구분도 존재한다. 이들을 불완전한 구분이라고 부르자. 대규모 학업성취평가(large-scale learning assessment) 대 교실평가(classroom assessment)는 전자의 예이고, 지필평가(paper & pencil assessment) 대 수행평가(performance assessment)는 후자의 예에 해당한다.

(1) 대규모 학업성취평가와 교실평가

대규모 학업성취평가는 평가 대상인 학년의 지역 범위가 한 국가이거나 국가들의 집합인 경우를 지칭한다. 우리나라의 국가수준 학업성취도 평가와 PISA 또는 TIMSS와 같은 국제수준 학업성취평가는 대규모 학업성취평가의 대표적 예이다. 국제수준 학업성취도 평가에 대한 각국의 관심은 지구상의 환경변화와 함께 높아졌다. 이러한 대규모 평가는 대규모 표본을 통해서 평균적 성취도 외에 교사 및 학교 조건들이 그 성취에 어느 정도로 영향을 미치는지 규명하고자 한다. 성취도는 주요 교과의 성취도로 측정하지만, 그에 미치는 조건들의 영향을 규명하기 위해서는 교사나 행정가들로부터 미리 계획된 자료를 수집하여 분석한다. 그러므로 대규모 학업성취평가는 학생평가를 활용한 교육프로그램평가로 보아야 할 것이다.

교실평가는 교실에서 학생의 성취를 확인하고, 수업과 학습으로의 환류를 일차적 목적으로 한다. 그러므로 교실평가는 형성평가나 과정중심평가를 닮았다. 그리고 교실평가는 특정 학급이거나 학교에 국한한다는 점에서 대규모 평가와 대조된다. 그렇다고 교실평가를 아우르는 소규모 평가라는 별도의 학술적 용어가 있는 것도 아니다.

방법에 따라서 지필평가 대 수행평가, 양적 평가 대 질적 평가, 객관식 평가 대 주관식 평가 등의 구분이 있지만, 그 구분은 서로 배타적이지는 않다.

우선 지필평가 대 수행평가를 보자. 우리나라 교육현장에서 사용하는 학생생활 기록부는 각 교과의 성취도 평가를 위해서 지필평가와 수행평가로 구분하고 있다.

(2) 지필평가와 수행평가

지필평가는 지필시험에 근거하는 평가를 의미하고, 수행평가는 (객관식 지필시험이 아닌) 수행 결과에 근거하는 평가를 의미한다. 수행평가는 논술이나 시를 쓴다든지, 그림을 그린다든지, 수영을 한다든지, 실험보고서를 쓴다든지, 공작품을 만드는 등의 수행 결과에 근거하여 평가를 하는 것이다.

수행평가는 객관식 지필시험의 한계를 극복하기 위한 대안(alternate)으로 자리 잡아왔다. 객관식 지필시험은 위와 같은 고차적이고 복잡한 능력을 측정하는 것이 결코 쉽지 않다. 설사 지필시험이 어느 정도 고차적 능력을 측정한다 하더라도, 간접적 측정이다. 더구나 그러한 객관식 시험의 비중이 클수록 단순지식 위주의 교육을 조형할 가능성이 높아진다. 수행평가는 그러한 한계를 극복하기 위한 대안이다.

그러나 수행평가는 전혀 새로운 대안으로서 나타난 것도 아니고, 지필시험과 완전히 배타적 관계에 놓인 것도 아니다. 논술식 시험도 지필시험이다. 그리고 논술시험의 역사는 객관식 지필시험보다도 더 길다. 위의 예에서 보았듯이 지필시험인 논술시험에 의한 평가는 그 자체로서 수행평가이다. 그러므로 수행평가와 지필시험은 겹치는 부분도 있다.

남는 문제는 수행평가를 결정하는 기준은 무엇이어야 할 것인가이다. 중요한 것은 교육평가라면, 교육목적 타당성을 가져야 할 것이다. 따라서 교육목표 달성을 직접 확인할 수 있는 평가를 수행평가라고 정의할 수 있다. 따라서 위에서 예로 든 '논술이나 시를 쓴다든지, 그림을 그린다든지, 수영을 한다든지, 실험보고서를 쓴다든지, 공작품을 만드는 등'에 의한 평가가 수행평가인 것은 그러한 수행이 교육의 목표라는 전제를 필요로 한다. 결국 수행평가 여부는 교육목표의 직접적 확인 여부에 달렸다고 할 수 있다. 그렇게 볼 때, 단순한 능력을 요구하는 교육목표가 있을 때는 객관식 지필시험도 수행평가가 될 수 있다. 예를 들어 '한 자리 자연수의 덧셈을 할 수 있다'라는 교육목표가 있다면, '4+7=?'과 같은 문항으로 된 객관식 지필시험에 의한 평가도 수행평가가 될 수 있어야 할 것이다.

3. 교육평가 이론: 교육측정이론으로서의 학생평가이론 중심

교육평가란, 무엇을 어떻게 평가해야 할 것인가에 대한 개념과 이론체계이다. 그 무엇이 학생의 특성이라면 학생평가가 될 것이고, 학생 교육을 위하여 주어지는 어떤 조건들이라면 교육프로그램평가가 될 것이다. 그러므로 교육평가이론은 크게 학생평가 이론과 교육프로그램평가 이론으로 나뉠 수 있다.

교육프로그램평가 이론은 이 장의 제1절에서 인용한 교육프로그램 중심의 교육평가 정의들에서 짐작할 수 있다. 왜냐하면, 교육프로그램 평가의 정의는 각각의 대안적 모형 틀 안에서 이루어졌기 때문이다. 그 정의 연도에서 볼 수 있듯이 교육프로그램평가 이론은 20세기 중·후반에 책무성 판단과 질 개선을 위한 대안을 찾는 과정에서 대두했다(Stufflebeam & Shinkfield, 2007). 정의된 연도의 순으로 볼 때, 대표적 프로그램평가 모형은 타일러(Tyler, 1942, 1967)의 목표 기반(object-oriented) 모형, 스터플빔(Stufflebeam, 1971)의 CIPP (상황-투입-과정-산출) 모형, 스크리븐(Scriven, 1974)의 소비자 기반(Consumer oriented) 모형, 팔레트와 해밀턴(Parlett & Hamilton, 1976)의 자연적 참여 기반 (Naturalistic participant oriented) 모형, 아이즈너(Eisner, 1985)의 전문성 기반 (Expertise oriented) 모형 등이다.

이하에서는 실제 교육현장이나 교사훈련에서 교육평가 이론의 주축을 이루는 교육측정이론으로서의 학생평가 이론을 간략히 소개한다. 학생평가 이론은 20세기 초반부터 심리측정 이론과 함께 교육측정 이론으로 발전해왔다. 심리적 속성의 수치화, 즉 심리측정은 심리학이 철학으로부터 독립하여 과학적 학문으로 발전하는 데 결정적 역할을 했다고 할 수 있다. 그 속성이 지능과 같은 지적 속성이든 인성이나 흥미와 같은 정의적 속성이든 어떻게 하면 정확히 재는가가 과학적 이론화를 위한 화두 중의 하나였다.

　　　교육의 장에서는 심리적 속성들이 지적 성취도와 정의적 성취도로 나타나고, 이들의 측정에 관한 이론이 곧 교육측정으로 불렸다. 교육측정은 측정 대상이 되는 속성이 교육이라는 가치에 의해 규정된다는 점에서 가치중립적인 심리측정과 구별된다. 심리측정은 가능한 한 보편적인 심리적 속성을 수량화하는 반면, 교육측정은 교육목적으로서의 심리적 속성을 재고자 한다. 그렇게 볼 때, 교육측정 이론은 심리측정 이론의 일부분으로 이해할 수도 있지만, 실제로는 다르다. 학습 지도를 위한 형성평가는 교육측정의 고유한 개념이며, 인지진단 이론은 교육의 장에서 더 빛을 발하는 이론이다.

　　　앞의 〈표 9.2〉는 지필시험과 수행평가를 합산 점수에 근거한 평가를 한 예시다. 원점수 95점을 받은 김길동은 성취도 A와 석차 1등급으로 평가되었고, 원점수 71점을 받은 나민주는 성취도 C와 석차 5등급을 받았다. 이 평가 결과들은 그 개인의 이해와 지도를 위한 정보인 동시에 사회적 경쟁을 위한 근거자료로도 쓰이며, 교육을 조형하는 기능을 할 수도 있다. 그러므로 그 평가 결과들은 다음과 같은 질문들에 답할 수 있어야 하며, 그 답을 위한 개념체계가 평가이론을 구성한다고 할 수 있다.

　　　〈표 9.4〉에 관해서는 두 가지를 유의할 필요가 있다. 그 하나는 제시된

｜표 9.4｜ 학생평가를 위한 주요 질문과 교육평가 이론/개념

질문	이론/개념	
점수=(심리)속성, 어떤 논리에 근거하는가?	진점수이론(모형)	문항반응이론(모형)
점수는 측정의 목적에 합당한가?	준거 타당도 내용 타당화 구인 타당화 결과적 타당화	고전검사이론 원용
점수는 오차로부터 자유로운가?	검사재검사 신뢰도 동형검사 신뢰도 크론바크 알파	정보(량)함수
문항은 어떤 특성인가?	난이도(P) 변별도(r/d)	변별도(a) 난이도(b) 추측도(c)

4개의 질문은 필자에게 가장 핵심적인 표본이라는 것이다. 그 외에도 '평가도구는 어떻게 만들어야 할 것인가'라는 질문이 있을 수 있고, 이에 대해서 검사개발 이론과 이원목표분류표 등의 개념들이 있을 수 있다.

다른 하나는 첫째 질문에 대한 답인 검사점수이론 모형에 따라서 그 이하의 질문에 대한 답으로서의 개념체계가 달라진다는 것이다. 검사점수이론 모형은 진점수이론(True Score Theory) 모형과 문항반응이론(Item Response Theory) 모형으로 나뉜다. 그러므로 진점수이론과 문항반응이론별로 하위 개념들, 특히 신뢰도와 문항특성은 달리 개념화된다. 이하에서는 두 점수이론과 그에 따른 하위 개념들을 간략히 소개한다.

1) 진점수이론

고전검사이론(Classical Test Theory)로도 불리는 진점수이론(True Score theory)은 관찰된 점수(X)는 진점수(T)와 측정오차(E)의 합이라는 모형 'X=T+E', 그리고 오차는 무작위적(random)이라는 가정에 근거한다. 신뢰도, 타당도, 그리고 문항특성은 이 모형과 가정에 근거해서 개념화되었다.

진점수이론 모형은 오차(E)가 적을수록 관찰점수(X)는 진점수(T)에 근접하며, 신뢰도가 높다는 직관적 이해를 가능하게 한다. 달리 표현하면, X에 포함된 E의 비중이 클수록 신뢰도가 낮음을 의미한다. T나 E는 직접 확인이 불가능하므로, 신뢰도는 평행형검사(parallel test)라는 추가적인 가정을 충족할 수 있는 실제 자료에 근거하여 추정하여야 한다. 그러므로 신뢰도의 유형들은 자료수집과 분석 방법에 따른 구분이다. 그런데, 검사점수 X가 측정의 목적인 심리적 속성(T)에 적합하지 않더라도 일관적이어서 오차가 적으면 신뢰도는 높다. 예를 들어 지능을 측정하기 머리둘레나 몸무게를 재더라도 그 측정치의 신뢰도는 높을 수 있다. 검사점수의 목적 적합성은 타당도로 개념화된다.

타당도는 측정치가 측정의 목적인 T를 어느 정도나 충실히 반영하는가를 의미한다. 앞의 예에서 머리둘레나 몸무게는 신뢰도가 높지만, 타당도는 낮다. 타당도 증거 제시 방식은 상관계수로 지표화되는 방식과 그렇지 않은

305

방식으로 나뉜다. 측정의 목적을 나타내는 수량적 기준이 있는 경우, 상관계수로 지표화된다. 이는 준거관련타당도로 불리며, 예언타당도와 공인타당도를 포함한다. 그 외에는 내용분석에 근거한 질적 증거를 제시하는 내용타당화, 이론적 틀 안에서 변별기능과 수렴기능에 대한 통계적 검증을 하는 구인타당화, 일정한 시간이 흘러도 검사가 원래 목적을 충족하는지를 증거로 확인하는 결과타당화 등이 있다.

진점수이론에서의 문항특징은 난이도와 변별도로 대표된다. 난이도는 정답률로, 변별도는 상위그룹의 난이도와 하위집단의 난이도의 차이 또는 문항점수와 검사점수 간의 상관계수로 지표화된다. 추측에 의한 정답률을 구할 수는 있으나, 이는 난이도나 변별도를 구할 때 추측에 의한 효과를 조절하는 데 사용할 뿐이다.

진점수이론의 구조나 가정은 이해하기 쉬우며 그 활용이 쉽지만, 이론적 한계를 가진다. 'X=T+E'라는 구조나 E는 무작위적이라는 가정은 직관적으로 이해가 가능하다. 그리고 피험자의 점수나 그 점수의 양호도에 해당하는 신뢰도, 타당도, 문항특성 통계치 등은 계산기나 엑셀로 구할 수 있다. 그러나, 피험자의 점수는 검사의 난이도에 따라서 달라지고, 검사의 양호도는 피험자 집단에 따라서 달라지는 한계를 지닌다. 이러한 한계는 문항반응이론에서 어느 정도 극복될 수 있다.

2) 문항반응이론

문항반응이론 모형은 학생(i)의 능력수준이 θ_i일 때, 그가 문항 j를 맞출 확률 $P(X_j=1|\theta_i)$은 그의 능력수준과 문항특성(난이도b, 변별도a, 추측도c)에 따라 결정된다는 수식이다. 이 모형은 검사점수 차원의 수식인 진점수이론 모형과 달리 각 문항별 수식과 문항특성곡선으로 그려진다.

$$P(X_j = 1|\theta) = \frac{1}{1 + \exp^{-1.7(\theta - b)}}$$

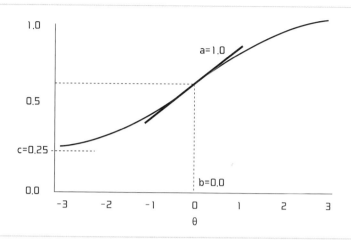

▌ 그림 9.3 ▌ 문항특성곡선

그림은 난이도(b) 0.0, 변별도(a) 1.0, 추측도(c) 0.25인 문항특성곡선이다. 이 문항은 능력이 아무리 낮아도 25%의 정답률을 가진다는 의미에서 추측도(c)＝0.25이고, 능력(θ)이 3.0 이상이 되면 정답률이 1.0에 근접한다. 그리고 난이도(b)는 곡선의 기울기가 변하는 지점의 능력의 위치이고, 변별도는 변곡점의 기울기이다. 개인의 능력은 여러 개의 문항에 대한 반응 패턴에 근거해서 확률적으로 추정한다. 즉, 그의 반응 패턴이 나올 수 있는 확률을 최대로 하는 능력의 위치가 그의 능력 추정치가 된다. 문항반응이론에서의 추정치의 타당도는 고전검사이론에서의 타당도를 활용하지만, 신뢰도는 정보의 양으로 추정된다. 양 극단의 능력수준에서는 중간 수준의 능력수준에 비해서 정보의 양이 적고, 따라서 덜 신뢰로운 것으로 해석된다.

문항반응이론은 고전검사이론의 이론적 한계를 극복했다고 할 수 있다. 문항특성이나 피험자의 능력의 추정치는 서로 의존적이지 않다. 그리고 능력수준별로 정보의 양, 즉 신뢰도가 능력의 위치에 따라 달리 추정된다는 것도 검사당 하나만의 신뢰도를 가지는 고전검사이론 한계를 극복한 것으로 해석한다.

그러나 문항반응이론은 실천과 괴리를 보이는 것도 사실이다. 이 이론은 직관적 이해가 어려우며, 통상적인 계산으로 결과를 얻기 힘들기 때문이다. 그리고 전제 조건을 충족하기도 어렵다. 이 이론은 일차원성(uni-dimensionality) 가정, 문항에 대한 반응의 독립성(local independence) 가정, 그리고 자료의 유형과 크기 등의 조건을 충족해야 한다. 국어시험을 예로 든다면, 그 시험에 답하는데 다른 교과 능력이 요구되지 않아야 하며(일차원성), 한 문항에 대한 반응은 다른 문항에 영향을 주지 않아야 한다(문항에 대한 반응 독립성). 그리고 이 이론을 적용할 수 있는 자료의 유형이나 크기도 제한적이다. 정답(1)과 오답(0)으로 채점할 수 있거나 최대 3~5개 정도의 분할점수로 채점되는 검사 자료 이외의 논술시험 등의 자료에는 적용하기 어렵다. 그리고 자료의 크기는 30문항 *250명 이상이어야 한다는 것이 다수의 연구 결과이다(Sahin & Anil, 2012, p.332). 그러므로 수십 명의 학생을 대상으로 지필평가와 수행평가를 병행하는 교실 내 평가(classroom assessment)에 문항반응이론을 적용할 여지는 별로 없는 셈이다.

4. 교사의 교육평가 전문성

교사는 교육을 직무로 하는 전문가라고 할 수 있다. 교사의 교육평가 전문성은 개념적으로는 교육전문성의 부분집합이지만, 실제에서는 교육전문성과 구분되기 어렵다. 교육평가는 기말평가나 학교평가와 같이 주기적으로 형식을 갖춘 평가에만 국한하지 않는다. 교육의 전 과정에서 학생의 상태를 판단하며, 어떻게 가르칠지를 판단해야 한다. 전자는 학생평가에 해당하고, 후자는 교육프로그램평가에 해당한다. 이 예는 특별한 형식을 갖추지 않고 가시적이지도 않다. 그럴수록 교육평가의 전문성은 더욱 요구된다. 왜냐하면, 미리 계획되지 않은 상황에서의 평가는 필요로 하는 지식이나 기술이 체화되어 있어야 할 것이기 때문이다.

다른 전문가들과 마찬가지로 교사 또한 전문가로서의 형식적 조건을 갖춘다. 그는 체계적인 교육과 훈련을 통해서 직무에 필요한 지식과 기술을 익히고, 자격증을 획득하고, 교사집단에 소속한다. 실지로 교육평가 전문성을 위해서는 교육평가를 교직과목으로서 이수해야 하며, 일정 수준 이상의 성적

(B학점)을 얻어야 교사자격증을 획득하며, 교사집단의 구성원으로서 비교사
집단과 구별된다.

　　보다 중요한 조건은 전문성의 본질적 조건으로서의 자율적 판단과 자율
적 책임이다. 전문가는 직무와 관련해서는 자율적 결정을 할 수 있어야 하고,
그에 대한 책임 또한 자율적으로 질 수 있어야 한다. 후자는 전문성에 근거
한 자율적 판단에 법적 책임을 물을 수 없음을 의미한다. 전문집단의 윤리규
정이나 강령은 이 조건에 근거한다. 교육평가 전문성 또한 마찬가지다. 형식
적이든 비형식적이든 교육평가는 무엇을 어떻게 평가할 것인지에 대한 수많
은 의사결정을 요구한다. 그 의사결정을 외부의 지시나 안내를 따르는 것이
아니라 스스로 결정할 수 있어야 하고, 그 잘잘못에 대해서 스스로 반성하고
윤리적 책임을 질 수 있을 때 전문성을 발휘한 것이다.

　　우리나라의 교육평가 전문성의 기준은 교직과목으로 가르치는 교육평가
과목의 지식체계라고 할 수 있다. 이 장의 구성도 그 지식체계의 개략적 안
내인 셈이다. 2000년대에 들어와서 학생평가 전문성을 신장을 위한 연구도
있었다. 김신영(2002) 연구 이후로 한국교육과정평가원에서도 일련의 연구가
있었다. 남명호 외(2006)의 한국교육과정평가원의 연구보고서에는 다음과 같
은 내용과 기준들을 제시하고 있다.

| 표 9.5 | 한국교육과정평가원이 개발한 교사의 학생평가 전문성 기준

내용영역	전문성 기준 요소
평가방법 선정	• 학습목표와 평가목적의 확인과 명료화 • 학습목표와 평가목적에 적합한 평가방법을 선정
평가도구 개발	• 평가목적과 내용에 적합한 평가도구 개발 또는 선택 • 평가도구의 질 점검과 개선
평가의 실시, 채점, 성적 부여	• 평가계획에 부합하도록 평가 실시 • 정확한 채점과 타당한 성적 부여
평가결과의 분석, 해석, 활용, 의사소통	• 평가결과의 타당한 분석과 해석 • 수업과 학생을 위한 교육적 의사결정에 평가결과 환류 • 학생, 학부모, 교육관련자와 평가결과에 대한 의사소통
평가 윤리성	• 학생 인격 존중, 모든 평가 활동 시 윤리적·법적 책임 준수 • 학생 특성·배경을 고려한 공정한 평가 실시, 평가 적절성 판단

위 기준들은 학생평가에 국한하지만, 교육프로그램평가에도 원용할 수 있다. 제1절에서 보았듯이 교육평가의 교육조형기능은 교육평가에서 무엇을 어떻게 평가하는가에 따라서 교육의 실제도 달라짐을 의미한다. 이는 전문적 평가자로서의 교사에게 타당한 평가를 하여야 한다는 윤리적 책무를 부여한다. 그리고 상황의 변화와 함께 전문성 신장 또한 필요로 한다. 전문가의 본질적 속성이 자율적 판단과 책임인 만큼, 교육평가 전문성의 신장 또한 자율적일 때 그 교사는 전문가로 남아 있을 수 있다. 격변하는 21세기의 적응은 교육 여하에 달렸고, 교육평가의 교육조형기능을 전제한다면, 교육평가는

첫째, 국내적으로는 창의적 전인교육으로 향하도록 해야 할 것이고,
둘째, 국제적으로는 지구촌의 지속 가능성 교육으로 향하도록 해야 할 것이고,
셋째, 교육을 교육답게 해야 할 것이다.

토론주제

1. 우리 사회의 교육평가에 대한 인식은 고정관념으로부터 자유로운지 생각해보자.

2. 교육평가 이론은 교실평가 실천을 충분히 설명하고 지원하는지 토론해보자.

3. 실제 우리 사회의 학생평가나 교육프로그램평가는 교육을 교육답게 하는 것인지에 대해 토론해보자.

참고문헌

강승호·김명숙·김정환·남현우·허숙(2001), 현대 교육평가의 이론과 실제, 양서원.

김성훈(2008), 교육평가는 교육을 교육답게 하는가, 교육원리연구, 13(1), 73-91.

김성훈·김신영·김재철·반재천·백순근·서민원(2018), 예비교사를 위한 교육평가(2판), 학지사.

김신영(2002), 현장교사의 평가전문성 연구, 교육평가연구, 15(1), 67-85.

남명호·박소영·송미영·김국현(2006), 교사의 학생평가 전문성 신장 연구(III), 한국교육과정평가원.

서울대학교 교육연구소 편(1994), 교육학용어사전, 하우.

위키피디아(2021.1.6. 내림), https://en.wikipedia.org/wiki/Educational_evaluation.

이성호 역(1985), 교육 신화(A. W. Combs. Myths in education), 양서원.

임은영(2017), 과정 중심 평가의 개념과 의미, 교육부, 행복한 교육, 2017년 2월호.

표준국어대사전(2021.1.6. 내림), https://stdict.korean.go.kr/search/searchView.do.

Eisner, E. W. (1985). The art of educational evaluation: a personal view. London: Falmer Press.

Parlett, M., & Hamilton, D. (1976). Evaluation as illumination: A new approach to the study of innovative programs. In G. V. Glass (Ed.), Evaluation studies review annual (Vol. 1). Beverly Hills, CA: Sage.

Sahin, A., & Anil, D. (2012). The Effects of test length and sample size on item parameters in Item Response Theory. Educational Sciences: Theory and Practice, 17(17), 321-335.

Scriven, M. (1974). Evaluation perspectives and procedures. In J. W. Popham (Ed.), *Evaluation in education: Current application* (pp. 3-93). Berkeley, CA: McCutcheon.

Stufflebeam, D. L. (1971). The relevance of the CIPP evaluation model for educational accountability. *Journal of Research and Development in Educations, 5*, 19-25.

Stufflebeam, D. L, & Shinkfield, A. J. (2007). Evaluation theory, models, and applications. CA: Jossey Bass.

Tyler, R. W.(1942). General statement on evaluation. Journal of Educational Research, 35, 492-501.

Tyler, R. W.(1967). Perspective of curriculum evaluation. AERA Monograph Series on Curriculum Evaluation, No.1, Chicago: Rand McNally.

Weiss, D. J., & Minden, S. V. (2012). A comparison of item parameter estimates from Xcalibre 4.1 and Bilog-MG. St. Paul, MN: Assessment Systems Corporation.

교육학개론

INTRODUCTION TO EDUCATION

PART

생활지도와
상담

생활지도와 상담

학습개요

교육(教育)을 수행하는 교사의 주요과제는, 수업과 교수법을 통해서 학생들을 가르치고 지식을 전달하는 것(教)과, 학생들이 가지고 있는 여러 가지 고민을 상담하고 때로는 문제행동을 지도하는 것과 같은 생활지도 활동을 통해서 학생들의 인지적·사회적·정서적 발달을 도모하고 잠재력을 꽃피울 수 있도록 기르는 것(育)으로 구성된다. 생활지도 및 상담은 교육에서 육(育)에 해당하는 것으로, 부모가 아이를 기르는 것처럼 교사가 학생들을 기르는 활동 및 과업이라고 할 수 있다. 그렇다면 교사는 학생의 무엇을 키우고 어떻게 기르는 것일까? 이는 부모가 아이를 기른다는 것이 무엇인지를 구체적으로 기술하기 어려운 것처럼 쉽게 정의 내리기 어려운 문제이며, 학업과 입시가 우선시되는 현실 교육에서 최근에 들어서야 주목받기 시작한 분야다. 이 장의 전반부에서는 먼저 생활지도의 개념과 방법, 그리고 생활지도의 대표적인 영역인 학업, 진로, 개인/사회성 발달의 내용과 지도방법에 대해 탐색한다. 후반부에서는 수용과 공감을 바탕으로 교사와 학생이 나누는 대화인 상담에 대해서 상담의 정의, 주요 상담이론 및 상담의 기본적인 대화방법에 대해 알아본다. 이를 통해 학생을 가르치는 사람뿐만 아니라 학생을 기르는 사람으로서의 교사에 대한 상(像)을 정립하기를 기대한다.

1. 생활지도

1) 생활지도의 정의

생활지도라고 하면 흔히 복장 규정이나 지각, 벌점과 같은 협소한 의미로 생각하거나, 또는 인성교육이나 전인적 교육과 같은 광범위한 의미로 접근하기 쉽다. 가이던스(guidance)를 번역한 말인 '생활지도'는 안내 또는 지도의 의미를 담고 있으며, 학교에서 학생들을 적절하게 안내하고 학생들의 발달을 촉진하기 위해 다양한 지도를 제공하는 의미로 사용되고 있다(김은하·고홍월·조애리·조원국, 2017). 생활지도의 정의에 대한 정의를 좀 더 확장해보면, 교사가 '어떤 영역에서' 학생들의 발달을 촉진하고 '어떻게' 학생들을 적절하게 안내하고 지도해야 하는지 생각해보자. 첫째, 청소년기는 아동에서 성인으로 이행하는 과도기이자, 신체적인 발달을 포함해서 인지, 정서, 사회성, 도덕성, 정체성 등에서 커다란 변화와 성장을 겪으며 다양한 발달 과업을 수행하는 시기이다. 또한 미래의 직업인, 사회인, 시민으로서 기초를 다지는 시기이기도 하다. 따라서 교(敎)에 해당하는 지적인 성장 이외의 다른 모든 측면에서의 성장(예: 인간관계를 맺는 법, 관계에서 갈등을 다루는 법, 가치관의 탐색 및 정립, 자신의 감정을 인식하고 수용하는 법 등)이 생활지도의 영역에 포함된다고 할 수 있다. 둘째, 이와 같이 생활지도를 포괄적으로 접근한다면, 수업에서 이루어지는 지식 전달 이외에 학교에서 이루어지는 모든 지도 활동을 생활지도라고 할 수 있을 것이다. 여기에는 진로지도, 양성평등교육, 금연교육과 같이 프로그램의 형식으로 명시적으로 이루어지는 생활지도도 있지만, 교사의 관심과 대화, 또래관계를 통한 사회성 발달, 공동체 생활을 통한 협동심과 배려의 함양과 같이 학교생활을 하면서 자연스럽게 암묵적으로 이루어지는 생활지도도 있다.

2) 생활지도의 방법

(1) 상담

학교에서 상담의 형식은 크게 개인상담과 집단상담으로 나누어진다. 개인상담은 상담자 1명과 내담자 1명이 만나서 상담을 진행하는 방식이다. 학교에서 개인상담은, 학교생활과 적응의 어려움으로 인해 학생이 스스로 담임교사나 상담실의 문을 두드리는 자발적인 상담이 있고, 학생의 의사와 관계없이 담임교사, 교과지도교사, 또는 학부모가 의뢰해서 상담이 이루어지거나, 학교의 각종 위원회의 결정에 의해 의무적인 상담이 부과되는 비자발적인 상담이 있다(김은하 외, 2017). 학교에서 전문적 상담자는 전문상담교사 또는 진로진학상담교사의 역할로 보지만, 학교에서 학생들을 만나는 시간이 가장 많은 담임교사나 교과지도교사 역시 중요한 상담자다. 학기로 운영되는 학교의 특성상, 10회기 내외의 단기상담이 효과적이다.

집단상담은 상담자 1~2명과 소규모 집단의 내담자(보통 8~15명으로 구성)로 구성되며, 전문상담교사 또는 진로진학상담교사가 주로 운영한다. 학교에서의 집단상담은 특정한 주제를 정해서 구조화된 방식으로 운영되며, 주로 진로나 친구관계, 사회성 등과 관련된 주제를 많이 다룬다. 집단상담은 일정한 시간에 여러 학생들을 동시에 상담할 수 있어서 경제적이라는 장점, 그리고 비슷한 문제를 경험하는 학생들이나 발달수준이 유사한 학생들이 모여서 서로에 대한 이해와 공감을 빨리 형성할 수 있다는 장점이 있다.

(2) 심리검사

심리검사는 학업, 적성, 성격, 정서, 태도 등 다양한 측면에서 학생들의 특징을 이해하고 정보를 수집하며, 도움을 필요로 하는 학생을 조기에 파악할 수 있다는 측면에서 매우 유용한 도구다. 현재 중고등학교에서 많이 사용하는 대표적인 검사에는 홀랜드 진로탐색검사(진로), MBTI, 에니어그램(성격) 등이 있으며, 국가 차원에서 학생정서·행동 특성검사를 정기적으로 실시하고 있다. 학교 장면에서는 1:1로 검사를 실시하고 해석하는 개인 심리검사보다는, 한 번에 많은 학생들에게 검사를 실시하고 객관식 시험처럼 컴퓨터 채점이 가능한 집단 심리검사를 많이 사용한다.

심리검사는 시간과 비용 측면에서 경제적이고 효율적으로 단시간에 학생들의 특징에 대한 다양한 정보를 파악할 수 있지만, 눈에 보이지 않는 인간의 심리적 특징을 인위적으로 수량화한 점수라는 측면에서 심리검사의 사용과 해석에 있어서 고도의 전문성과 세심한 주의가 요구된다. 특히, 심리검사 결과에 학생을 맞추는 낙인(labeling)의 오류를 범하지 않도록 주의해야 한다.

(3) 교내외 비교과·교과 연계 프로그램

비교과 프로그램은 학교에서 수업시간 이외에 진행되는 프로그램들을 말하는 것으로, 각 학교별로 자율활동, 창의적 체험활동, 봉사활동, 진로활동 등으로 분류되는 다양한 프로그램을 운영하고 있다. 여기에는 학교 행사, 학생자치회 활동, 견학 프로그램, 직업 체험활동, 교내외 봉사활동 등 수많은 활동들이 속한다. 비교과 프로그램은 학급 단위 또는 학교 전체 행사와 같은 교내 프로그램이 있고, 학교 밖의 기관들과 연계 및 협력을 통한 프로그램이 있다. 이러한 비교과 프로그램을 실행하는 데 있어서 각 프로그램을 통해 학생들에게 함양시키고자 하는 덕목이 무엇인지(예: 리더십, 협동심, 진로탐색)를 명확하게 하는 것이 중요하며, 단지 프로그램에 참여하는 것으로 끝나지 않고 이를 통해 학생들이 무엇을 배웠는지를 성찰하는 과정이 동반되면 더욱 효과적이다.

생활지도를 통해서 학생들에게 함양시키고자 하는 덕목들을 교과와 연계해서 수업을 구성하는 교과연계 생활지도 프로그램도 매우 유용할 수 있다. 교과수업시간은 교사와 학생이 가장 많은 시간을 같이 보내는 시간이며 학생들의 집중도가 상대적으로 높기 때문에, 이 시간을 잘 활용하면 생활지도가 더 효과적으로 이루어질 수 있다. 예를 들면, 영어시간에 난민 문제를 이해하고 해결방안을 모색하는 활동을 하면서, 유엔난민기구에 영어로 이메일을 쓰는 활동이나 난민 돕기 크라우드 펀딩 개설서를 영문으로 작성하는 활동을 할 수 있다. 이를 통해 글로벌 시민으로서 국제 문제를 이해하는 눈을 기르고 나아가 사회적 약자를 공감하고 배려하는 마음을 같이 기를 수 있다(행복한 교육, 2020).

(4) 자문, 연계 및 조정

자문, 연계 및 조정은 앞서 제시한 세 가지 방법과 같은 구체적인 방법은 아니다. '아이 한 명을 키우는 데 마을 전체가 필요하다'는 말이 있듯이, 학생 한 명을 키우는 데에도 교사뿐 아니라 여러 인력과 기관의 도움을 필요로 한다. 학생은 혼자 동떨어진 존재가 아니라 많은 시간을 학교 안에서 보내면서 여러 주체들과 관계를 맺기 때문에 생활지도에서 연계와 협력은 필수적이며, 여러 주체들의 다양한 도움을 통해서 보다 효율적으로 학생의 발달과 성장을 도모할 수 있다.

자문, 연계 및 조정은 크게 교내 연계와 교외 연계로 구분할 수 있다. 먼저, 학교에서 학생에 대한 생활지도에서 일차적 책임이 있고 가장 큰 역할을 하는 주체는 담임교사다. 생활지도에서 교내 연계는 담임교사를 중심으로 학교장, 교과담당교사, 책임교사, 전문상담교사, 진로진학상담교사, 보건교사 등이 있을 수 있다. 그리고 많은 경우에 가정 및 학부모와의 연계가 요구된다. 예를 들어서 학교폭력 사안이 발생했을 경우, 피해학생 및 가해학생에 대한 적절한 조치, 사안의 행정적 처리, 가정에서 교육 및 돌봄, 예방프로그램의 설계 및 운영 등에 있어서 교내 구성원들의 긴밀한 연계와 협력이 요구된다.

교외 연계는 학교 밖의 다양한 인력 및 기관들과 이루어질 수 있다. 먼저 행정적으로 학교가 속한 시·도의 교육청이 있으며, 생활교육 지원 담당부서나 Wee 센터를 통해서 개별 학교 차원에서 다루기 어려운 문제들에 대한 도움을 받을 수 있고 전문 인력을 요청할 수 있다. 각 지역사회에는 청소년을 돕기 위한 다양한 기관들이 있는데, 대표적으로 각 시·도에 청소년상담복지센터가 설치되어 있으며(www.kyci.or.kr), 청소년지원센터, 청소년쉼터, 청소년수련관 등이 있다. 이러한 기관들에서 청소년안전망운영, 학교밖청소년지원, 청소년폭력예방, 청소년또래상담 등 다양한 사업과 프로그램을 제공하고 있다. 학생의 상황과 사안에 따라서 지역의 경찰청, 고용노동청, 의료기관, 사회복지센터와 연계하기도 한다. 이렇듯, 학교와 교사는 지역사회에 있는 다양한 인력과 기관 및 이들이 제공할 수 있는 행정적·물질적·심리적 자원을 파악하고, 필요한 경우에 적절한 지원을 요청하고 협력해야 한다.

3) 생활지도의 영역

앞서 논의한 것처럼 수업에서 이루어지는 지식 전달 이외에 학교에서 이루어지는 모든 지도 활동을 생활지도라고 한다면, 생활지도의 영역은 무수히 많다고 할 수 있다. 일반적으로 생활지도의 대상이 되는 영역을 학업, 진로, 개인/사회성 발달로 나누는데, 이는 미국학교상담자협회(American School Counselor Association, ASCA)에서 학교상담의 영역을 학업발달, 진로발달, 개인/사회발달로 도식화한 것과 유사하다(ASCA, 2003). 이 절에서는 생활지도의 영역을 세

가지로 나누어 살펴보지만, 이 세 영역은 서로 유기적으로 연결되어 있다. 특히 학업과 진학이 절대적인 비중을 차지하는 한국의 경우, 학업과 진로, 학업과 정신건강 또는 학업과 교사, 학부모, 또래와의 관계는 떼려야 뗄 수 없는 관계라고 할 수 있다.

(1) 학업

학업은 학생 본연의 임무이며 학교는 1차적으로 학습의 공간이므로, 학업은 교사가 지도해야 할 가장 핵심적인 영역이다. 이러한 기본적인 의미를 넘어서, 고도의 학력중심사회인 한국에서 학업과 진학이 가지는 의미는 거의 절대적이라고 할 수 있다. 좋은 대학교에 들어가기 위해 어릴 때부터 치열하게 공부해야 하는 한국 학생들이 학업 문제로 인해 경험하는 스트레스와 여기에서 파생되는 다양한 심리적 문제들은 심각한 우울증이나 자살 행동에까지 몰고 가기도 한다. 교사가 학생이 호소하는 공부 및 성적에 대한 어려움과 스트레스를 잘 이해하고 문제의 원인을 파악하여 적절한 도움을 주는 것은, 전문적 지식과 교수법을 사용해서 수업을 잘 하는 것만큼 중요하다.

김창대·이정윤·이영선·남상인(1994)은 청소년들의 학업 호소 문제를 12가지로 분류했으며, 이는 다음과 같다: 시험 불안, 공부 자체에 대한 회의와 의문, 집중력 부족, 성적 저하 및 저조로 인한 걱정과 스트레스, 공부방법 문제, 공부에 대한 반감, 노력은 했는데 성적이 안 오름, 능력 부족, 공부 습관 미형성, 공부에 대한 동기 부족, 성적에 대한 집착, 성적으로 인한 관계에서의 문제. 이러한 12개의 학업 호소 문제는 지금까지도 현장을 잘 반영하고 있다는 평가를 받고 있다(황매향, 2016).

학생의 학업에 영향을 주는 요인들은 크게 인지적 요인(예: 지능, 학업기초능력, 과목별 선수학습 수준), 정의적 요인(예: 학습동기, 자기효능감, 자기결정성, 불안), 학습방법 및 전략, 환경적 요인(예: 부모의 기대, 교사효능감, 물리적 환경)으로 나누어 볼 수 있다(김은하 외, 2017). 이 요인들 각각에 대한 이론적 설명은 이 책의 다른 장에서 다루기 때문에 여기에서는 생략한다. 지능이나 학업동기에 대한 설명은 교육심리에 대한 6장을, 학습방법 및 전략에 대한 설명은 교육공학에 대한 8장을 참조하도록 한다.

학업 관련 문제들을 잘 지도하고 적절한 도움을 주기 위해서는, 먼저 학생이 호소하는 학업 관련 문제의 원인 또는 가장 큰 영향을 미치는 요인이 무엇인지를 파악해야 한다. 인지적 요인의 경우, 지적 장애나 학습장애와 같은 지적 능력과 관련된 문제는 특수교육과 외부전문가의 도움을 필요로 한다. 특정 과목에서만 어려움을 겪거나 상급학교에 올라와서 학업성취에 어려움을 겪는다면 과목별 선수학습 정도를 확인하고 이를 보완해 줄 필요가 있다. 학생이 학습동기의 부족으로 공부에 흥미를 보이지 않는 것은 아마도 교사들이 가장 흔하게 만나게 되는 학업문제다. 동기와 관련된 여러 가지 요인들(자기효능감, 내재적·외재적 동기, 목표의 부재)을 살펴볼 필요가 있으며, 진로와 연관해서 학생의 목표를 구체화하며 공부의 가치를 찾아나가는 방법을 고려할 수 있다. 공부에 대한 동기가 있고 공부를 어느 정도 함에도 불구하고 학업성취가 부진하다면 학습전략 문제, 즉 학생의 공부하는 방법에 문제가 없는지, 자신과 잘 맞는 공부방법을 사용하는지를 검토할 필요가 있다. 노트필기, 시간관리, 학습과정 모니터링 등 다양한 각도에서 학생의 공부방법에 접근할 수 있으며, 학습전략과 관련해서 다양한 방법을 적용할 수 있다. 〈표 10.1〉에 다양한 학습전략의 정의와 각각의 학습전략에 적합한 노트필기 방법을 제시했다. 학업지도 및 상담과 관련한 보다 구체적인 방법에 대해서는 황매향(2016)을 참고하기 바란다.

┃ 표 10.1 ┃ 필기방법의 종류 및 학습전략과 관련된 적용(황매향, 2016)

학습전략		정의	필기활동의 적용
인지 전략	시연	단기기억에서 정보가 사라지지 않게 하기 위한 것으로, 반복적이고 기계적으로 외우는 것	• 수업내용 필기 • 반복쓰기
	정교화	자료 내에서 서로 연결을 만들거나 혹은 학습하려는 자료와 이미 알고 있는 다른 자료의 내용 사이에 연결을 만드는 것	• 암기할 사항 요약 • 단권법
	조직화	정보를 위계화·범주화로 재조직하여 정보의 형태를 이해하고 기억하기 쉽게 변형하는 것	• 마인드맵

학습전략		정의	필기활동의 적용
초인지 전략	계획	목표의 설정, 개관, 질문, 과제분석 등을 통해 전략 사용을 계획하고 사전지식을 활용하는 것	• 요약하면서 읽기
	점검	자신의 주의집중, 이해도, 진전도, 학습속도, 시간 소요 등을 확인하는 것	• 오답노트
	조절	과제를 수행할 때 자신의 행동을 점검하면서 더 적절한 것으로 바꿔나가는 것	• 나만의 노트 만들기
관리 전략	시간 관리	어떻게 학습할 시간을 계획하고 확보하고 실천해나가는 것인가에 관련된 것	• 시간계획표
	노력 관리	자신의 몸과 마음을 잘 다스려서 몸과 마음을 최고 상태로 유지함으로써 우리 속에 있는 잠재력을 최대한 발휘할 수 있도록 하는 것	• 잡념노트 • 일기

(2) 진로

진로란 한 개인이 일생 동안 일과 관련해서 밟는 길 또는 과정을 의미하며, 개인은 생애의 모든 단계에서 일과 관련한 다양한 과업과 학습을 수행하게 된다. 청소년기는 성인이 되어서 직업을 선택하고 실제로 일을 하기 위한 시작점에 해당하는 중요한 시기다. 최근 통계청 조사에서 우리나라 13~18세 청소년이 가장 고민하는 문제는 여전히 공부(47.3%)로 나타났지만 청소년기의 공부에 대한 고민은 대학 진학, 나아가 이후 삶의 방향과 직결된다고 할 수 있다. 이는 같은 조사에서 19~24세 청소년이 가장 고민하는 문제가 직업(45.1%)인 것과 맥락을 같이 한다(통계청, 2018). 이렇듯 한국 청소년들의 진로에 대한 불안과 걱정은 갈수록 높아지고 있다. 여기에는 진로의 선택과 결정이라는 것이 개인의 흥미, 적성, 학업성취도 수준과 같은 개인 내적 요인뿐만 아니라 부모의 기대와 가정 환경, 직업의 전망과 노동시장의 변화 등의 수많은 요인들이 복합적으로 얽혀있는 맞추기 어려운 퍼즐과 같기 때문이다(신효정·송미경·오인수·이은경·이상민·천성문, 2016). 따라서 청소년들이 진로와 직업을 잘 준비할 수 있도록 개인의 역량을 키우고 적절한 직업정보를 제공하며 궁극적으로 만족스러운 삶을 영위할 수 있도록 돕는 진로지도는 매우 중요하다. 이는 청소년 개인의 측면에서도 중요하지만, 사회적 측면에서도 미래 사회의 중요한 인적 자원인 청소년들이 적절하게 역량을 발휘해서 사회의 중추적 역할을 담당하도록 준비시킨다는 점에서 진로지도와 진로교육은 학교와 교사의 중요한 책무가 되고 있다.

진로지도의 목표와 내용의 공통적이고 핵심적인 구성요소는 다음과 같다: (1) 자신에 대한 보다 정확한 이해 증진, (2) 직업세계에 대한 이해 증진, (3) 진로의사결정 능력의 증진, (4) 정보탐색 및 활용능력의 함양, (5) 일과 직업에 대한 올바른 가치관 및 태도 형성(김봉환·정철영·김병석, 2006). 이 중에서 (1), (2), (3)은 진로지도의 기본모형인 특성－요인 이론의 창시자인 파슨스(Parsons, 1909)의 3단계 모형의 요소다. 파슨스(1909)의 이론은 자신의 개인적 성향을 충분히 이해하고, 주어진 직업에 대한 정보를 풍부하게 수집하며, 수집한 정보를 바탕으로 자신과 직업에 대한 '진실한 추론(true reasoning)'의 과정을 통해 직업을 선택할 것을 강조하였다.

진로선택과 결정을 위한 첫 번째 과제는 자신의 흥미, 적성, 성격, 가치관, 신체적 특징, 진로포부, 생활양식을 이해하는 것이다. 이를 위해 다양한 진로 관련 심리검사를 사용할 수 있다. 둘째, 자신의 흥미나 적성에 맞는 직업은 어떤 것인지 또는 자신이 관심을 가지고 있는 직업에서 요구되는 능력이나 자격요건, 보수와 같은 직업조건, 직업의 전망 등을 충분히 알아보도록 한다. 셋째, 진로탐색의 최종적인 결과는 진로에 대한 '결정'을 내리는 것으로 나타나며, 이 과정에서 자신과 직업에 대한 충분한 정보를 바탕으로 합리적이고 자신이 처한 상황에 잘 맞게 결정을 내리는 힘[1]을 기르도록 한다. 넷째, 진로지도 및 진로상담에서는 '정보제공'이 큰 비중을 차지하며, 현대사회로 갈수록 교사가 학생에게 직접 정보를 제공하기보다는 학생이 스스로 필요한 정보를 탐색하고 적절한 정보를 선별해서 활용하도록 안내하고 지도하는 역할이 중요하다. 다섯째, 일과 직업이 가지는 의미와 이에 대한 올바른 가치관과 태도를 형성하도록 지도하도록 한다. 우리나라의 경우 소위 '좋은 직

---

[1] 이는 진로심리학에서 '진로결정 자기효능감(career decision-making self-efficacy)'과 밀접한 관련이 있다. 진로결정 자기효능감이란, '개인이 자신의 진로목표를 성취할 수 있을 것인지에 대한 신념'을 말한다 (Mazurek & Shoemaker, 1997).

업,' '이상적인 직업'에 대한 인식이 강하며, 대개 이러한 직업들은 '이름만 들으면 다 아는 대기업,' '안정적인 공무원'과 같이 대상이 지극히 한정적이고 화이트 칼라직이나 사무직에 국한된다. 우리 사회에 만연되어 있는 지위 지향적 직업관, 직업에 대한 귀천 의식, 블루 칼라직을 천시하고 기피하는 풍조는 학교와 사회 모두 깊이 고민하고 함께 개선방향을 모색해야 하는 문제다(김봉환 외, 2006).

진로지도는 매우 다양한 방법으로 이루어진다. 첫째, 홀랜드 진로탐색검사, 스트롱 검사, 진로성숙도 검사 등 다양한 진로 관련 심리검사를 활용해서 개인의 특성을 파악하고 이해할 수 있다. 둘째, 교과 연계 진로지도로, 자아이해, 사회적 역량 개발, 직업세계 이해, 직업의식 형성 등과 같은 진로교육 영역들을 다양한 교과과목들과 연계하여 수업을 진행하는 것이다. 예를 들면, 한국지리 시간에 인구 변화에 대해 다루면서 인구 변화에 따른 직업 세계의 변화를 탐색하는 것을 생각해 볼 수 있다. 이러한 교과 연계 진로지도는 다양한 교과와 관련된 직업에 대한 이해를 높일 수 있고, 진로와 연계함으로써 교과에 대한 학습 동기를 높일 수 있다는 장점이 있다(김은하 외, 2017). 셋째, 진로체험 프로그램, 진로동아리 프로그램, 창체연계 프로그램, 진로상담 프로그램, 창업체험 프로그램, 전문가 초청 강연 또는 전문가 면담 등 다양한 진로 관련 프로그램을 활용할 수 있다(한국직업능력개발원, 2018). 진로정보망 커리어넷 홈페이지(www.career.go.kr)를 방문하면 수많은 교과 연계 진로지도 관련 자료, 매뉴얼, 진로 관련 프로그램들이 탑재되어 있고 지속적으로 업데이트되고 있다. 또한 특정한 집단을 대상으로 하거나 특정한 발달 주제를 다루는 진로지도 프로그램의 경우, 학술 연구 논문과 저서들을 참고할 수 있다. 자유학기제 시행, 교육과정 개편, 창의적 체험활동 및 진로활동 등의 비교과 활동의 증가와 함께 진로지도와 진로교육의 중요성은 앞으로 더욱 높아질 것이다.

(3) 개인/사회성 발달

미국학교상담자협회(ASCA, 2004)가 제시한 학교상담의 영역에 따른 학생들의 성취기준에 의하면 개인/사회적 발달 영역에 대한 성취기준은 다음과 같다. (1) 자신(self)과 타인을 이해하고 존중하는 데 도움이 되는 지식, 태도, 대인관계 기술을 습득한다(예: 자신의 가치관, 태도, 신념을 파악, 감정의 적절한 표현, 개인차와 문화적 차이를 이해, 효과적인 의사소통 기술 사용), (2) 의사결정을 내리고, 목표를 설정하고, 목표를 달성하기 위해 필요한 행동을 취한다(예: 자신의 결정과 선택에 따르는 결과를 이해, 갈등 해결 기술을 적용할 수 있음), (3) 안전 및 생존을 위한 기술을 이해한다(예: 또래의 지지가 필요한 상황과 어른의 도움이 필요한 상황을 구별, 또래 압력에 대처, 생활 사건을 다루는 대처 기술 습득). 미국 학교상담 영역의 내용을 우리나라에 그대로 적용할 수는 없지만, 이와 같은 내용에서 개인/사회성 발달이 개인발달과 학교생활에서 매우 광범위한 내용영역들을 다루고 있다는 것을 유추할 수 있다.

ASCA에서 제시한 개인/사회적 발달 영역의 첫 번째 성취기준과 관련되는 생활지도의 내용 또는 영역의 예시를 몇 가지 제시해보면 다음과 같다. MBTI와 같은 심리검사를 사용한 자신의 성격에 대한 이해, 다른 사람의 감정을 파악하고 이를 공감할 수 있는 능력 함양, 자신의 의견을 공격적이지 않으면서도 명확하게 표현할 수 있는 자기주장 훈련, 다문화 학생과 특수아 학생들에 대한 이해와 감수성 증진 등이다. 또한, 세 번째 성취기준에서 다룰 수 있는 생활지도의 내용 또는 영역의 예시를 우리나라 맥락과 문화에 비추어 제시해보면 다음과 같다. 학교폭력 및 또래괴롭힘 예방교육, 성희롱·성폭력 예방 및 이와 연계한 성인지 감수성과 양성평등의식 고취, 심폐소생술 또는 지진대피훈련 등 생존 관련 대처능력 증진, 바이러스 감염방지 및 위생 관련 행동 교육 등이다.

앞서 기술한 학업 및 진로 영역과 비교해 볼 때, 개인/사회성 발달에 대한 생활지도는 그 중요성에 비해서 우리나라 학교에서 소홀히 다루어지고 있는 것이 현실이다. 현재 학교에서 금연교육, 성희롱·성폭력 예방교육, 자살예방 및 생명존중 교육 등이 실시되고 있지만 대부분 의무교육으로 대규모 집단강의나 동영상 시청 등으로 이루어지고 있어서 실효성이 떨어지는 경우가 많다. 또한, '인성교육' 또는 '전인교육'과 같이 교육의 궁극적 지향점 위주로 논의가 이루어질 뿐, 개인/사회성을 발달시키는 교육의 구체적인 실체 및 방향성이 명확하지 않은 상태이기도 하다. 심리적으로 건강하고 성숙한 시민으로 성장하기 위해 청소년기에 가꾸고 발전시켜야 하는 다양한 덕목들, 그리고 학교와 교사가 어떻게 이를 기를 것인지에 대한 지속적인 논의가 요구된다.

2. 상담

1) 상담 및 학교상담의 정의

(1) 상담의 정의 및 특징

상담에 대해서 많은 이론가들이 다양한 정의를 내려왔지만, '도움을 필요로 하는 사람(내담자)이, 전문적 훈련을 받은 사람(상담자)과의 대면관계에서 생활과제의 해결과 사고·행동 및 감정 측면의 인간적 성장을 위해 노력하는 학습과정(이장호·이동귀, 2014)'이라는 정의가 가장 널리 받아들여지고 있다. 이 정의를 살펴보면서 상담의 특징에 대해서 알아보도록 한다. 첫째, 상담은 내담자, 상담자, 그리고 이 두 주체가 맺는 (상담)관계로 구성된다. 우리가 평소에 고민이 있을 때 믿을 수 있는 사람에게 고민을 털어놓는 것처럼, 내담자와 상담자 간에도 이해와 신뢰를 바탕으로 한 상담관계가 필수적이다. 둘째, 상담자는 전문적 훈련을 받은 사람이다. 일상생활에서 다른 사람의 이야기를 잘 들어주는 사람도 어느 정도 상담자의 역할을 할 수 있지만, 상담자는 인간의 사고·감정·행동에 대한 전문적 이해와 상담기술 및 방법에 대한 전문적 훈련을 통해 내담자의 고민과 심리적 문제를 다룬다. 셋째, 상담의 일차적 목표는 내담자가 상담에 가져온 생활과제의 해결과 심리적 문제를 줄이는 것이며, 이차적 목표는 내담자의 내면세계에 대한 깊은 이해를 통해서 자신과 타인에 대한 이해를 넓히고 인간적인 성장을 도모하는 것이다.

(2) 학교상담의 정의 및 특징

앞서 설명한 상담의 일반적인 정의를 학교상담에 적용해보면, 학교상담에서의 내담자는 심리적 어려움과 부적응을 겪고 있는 학생으로, 상담자는 전문상담교사 또는 일반교사로 볼 수 있다. 흔히 학교상담의 내담자를 학교에서 통제하기 어려운 소위 문제학생이나 비행학생으로, 학교상담의 상담자를 상담활동을 전문으로 하는 전문상담교사나 진로진학상담교사로 인식하는 경우가 많은데(신효정 외, 2016), 이는 학교상담을 매우 협소하게 이해하는 것이다. 학교에 재학하는 모든 학생들은 청소년기를 겪으면서 학업, 진로, 인간관계 등에 대해서 고민과 갈등을 경험하는 잠재적 내담자다. 또한 담임교사나 교과교사와 같은 일반교사는 학교에서 학생들과 만나는 시간과 상호작용이 가장 많은 주체로, 일상적 상담을 통해 학생의 고민을 들어주고 파악하며, 학생의 고민이 심각한 문제로 판단될 경우 전문상담교사나 외부 전문가와 연계하는 중요한 역할을 하는 상담자다. 따라서 상담에 대한 전문적 이해와 역량을 어느 정도 함양하는 것은 교육전문가로서 일반교사의 중요한 책무라고 할 수 있다.

오인수(2010)는 심리적 문제나 고민을 가진 사람이 상담실을 찾는 치료적 상담과 비교해서 학교상담의 특징을 5가지로 제시했다(〈그림 10.1〉). 첫째, 학교상담은 부적응으로 문제를 보이는 학생만을 대상으로 하는 것이 아니라 학교에 재학 중인 모든 학생을 대상으로 한다. 둘째, 치료적 상담이 문제를 가지고 온 사람들에 대해 개입 또는 중재를 하는 반응적(reactive) 접근만 할 수 있는 것에 비해, 학교상담은 반응적 접근도 하지만 동시에 문제가 발생하기 이전에 선제적으로 접근함으로써 더 큰 문제로 발전하는 것을 미연에 방지하는 예방적(preventive) 역할도 같이 할 수 있다. 셋째, 치료적 관점에서는 의학적 모델(medical model)에 기초해서 문제를 보이는 개인을 무언가 결핍된 존재로 간주하고 개인의 문제를 진단하고 치료하는 것에 중점을 둔다. 반면, 학교상담은 발달적 모델(developmental model)에 기초해서 학생의 문제를 성장기 발달의 과정에서 나타나는 일시적인 부적응으로 간주하고 학생에게 건강한 영향을 미치는 환경을 조성함으로써 적응적 발달을 촉진하고자 한다. 넷

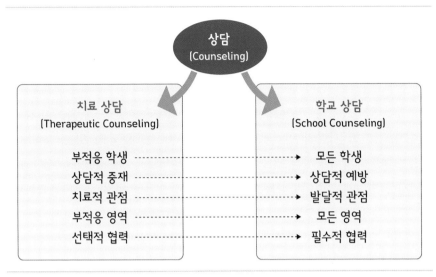

| 그림 10.1 | **학교상담과 치료상담의 비교**(오인수, 2010)

째, 치료적 상담에서는 내담자가 상담에 가져온 특정 문제 영역에 초점을 두지만, 학교상담에서는 학생이 호소하는 문제뿐만 아니라 그 문제와 관련된 인접 영역도 같이 다룰 수 있기 때문에 학생의 종합적 발달과 전인적 성장 촉진이 가능하다. 다섯째, 치료적 상담에서는 상담자와 내담자의 1:1 개인상담이 주로 이루어지지만, 학교상담에서는 학생을 둘러싼 다양한 주체들(예: 담임교사, 학부모, 교과교사, 관리자 등)과의 협력적 관계 형성을 통한 도움이 필수적이다. 학교체제의 특성상 이러한 주체들을 연결하고 조정하는 데 있어서 담임교사의 역할이 매우 중요하다고 할 수 있다(신효정 외, 2016).

(3) 상담자의 태도

아래에 제시된 상담자의 세 가지 태도는 인간중심 상담이론에서 유래된 것으로, 현재에는 인간중심이론을 사용하는 상담자뿐만 아니라 모든 상담자가 가져야 하는 기본적 태도로 인식되고 있다. 상담자가 이 세 가지 태도를 충분히 보임으로써 신뢰로운 상담관계를 맺을 수 있고, 이를 바탕으로 내담자는 자신의 내면을 깊이 있게 이해하고 변화를 시도할 수 있다. 여기에 제시된 상담자의 태도는 교사가 학생을 대하는 태도로서 고려할 가치가 있으므로, 교사와 상담자, 학생과 내담자를 교차해서 사용한다.

① 무조건적 긍정적 존중

무조건적 긍정적 존중(unconditional positive regard)이란, 상담자(교사)가 내담자(학생)를 한 사람의 인격체로서 존중하면서 내담자(학생) 있는 그대로의 모습을 따뜻하게 수용하는 것을 말한다. 무조건적(unconditional)이란, 상담자가 내담자를 인격체로서 존중하는 데 있어서 어떤 조건을 걸지 않는다는 의미이다. 학생(내담자)이 공부를 잘 해야지만, 말썽을 피우지 않고 착하게 행동을 해야지만 교사(상담자)의 존중을 받을 자격이 있는 것이 아니라, 모든 학생은 존재 자체로서 교사의 존중을 받을 수 있다. 또한, 긍정적 존중(positive regard)이란 내담자의 감정·사고·행동에 대해서 어떠한 판단이나 평가를 하지 않고 이를 인정하고 수용한다는 의미이다. 이는 내담자(학생)의 모든 감정과 사고에 상담자(교사)가 동의한다거나 내담자(학생)의 모든 행동을 받아준다는 뜻은 아니다.

② 일치성(진솔성)

일치성 또는 진솔성(genuineness)이란, 상담자가 단지 상담자 또는 교사로서 가면을 쓰고 어떤 역할을 하는 것이 아니라 인간적이고 진솔하게 내담자(학생)를 대하는 것을 말한다. 진솔성을 바탕으로 상담자는 내담자와의 관계에서 경험하는 자신의 감정을 있는 그대로 인정하고 이를 적절하게 표현해야 한다(천성문·이영순·박명숙·이동훈·함경애, 2015). 내담자(학생)에 대한 긍정적인 감정뿐만 아니라 실망이나 안타까움, 때로는 분노와 같은 부정적인 감정이 일어날 때, 상담자(교사)가 이를 솔직하게 자각하고 내담자(학생)의 성장에 도움이 되는 방식으로 표현하는 것이 좋다.

③ 공감적 이해

공감(empathy)에 대한 여러 가지 정의 중에서 상담에서 가장 많이 인용되는 로저스(Rogers)의 정의를 소개하면 다음과 같다. "공감은 다른 사람의 내적인 준거틀을 정확하게, 그것의 감정적인 요소와 거기에 관련된 의미를 마치(as if)라는 사실을 망각함이 없이 마치 자신이 그 사람인 것처럼 지각하는 상태이다(Rogers, 1957)." 공감이란 상담자가 내담자의 입장이 되어서 '내가 이런 상황이라면 어떤 마음일까?'는 심정으로 내담자의 감정을 같이 느끼고 이해하고자 하는 것이다. 상담자가 내담자의 감정에 빠져서 자신을 잃어버리면 공감이 이루어지기 어렵고, 내담자와 함께 하지 않고 떨어져서 측은하게 바라보게 되면 공감이 아닌 동정(sympathy)을 하는 것이다(김은하 외, 2017).

2) 상담이론

상담이론은 내담자의 마음의 작동과 심리적 문제를 이해하고 상담의 방향을 설정하는 틀이다. 개별 상담이론은 인간의 마음에 대한 기본적 가정과 철학적 배경, 심리적 문제가 발생하는 기제, 심리적 문제를 다루는 원리와 구체적인 방법에 있어 각기 다르다. 현재 존재하는 상담이론은 약 250~400여 개에 달하는 것으로 알려져 있으며, 여기에서는 대표적인 상담이론인 정신분석 상담이론, 인간중심적 상담이론, 인지행동 상담이론에 대해 알아본다.

(1) 정신분석 상담이론

지그문트 프로이트(Sigmund Freud, 1856~1939)에 의해 창시된 정신분석 상담이론은 최초의 심리치료이론으로, 이후 등장한 수많은 상담이론들의 모태가 되었다. 정신분석 상담이론에서는 인간의 사고·감정·행동의 대부분이 우리가 의식하지 못하는 무의식에 의해 결정되며, 따라서 이 무의식을 발견하고 깨닫는 것, 즉 무의식의 의식화를 목표로 한다. 정신분석 상담이론에서는 인간을 생물학적 존재이자 결정론적 존재로 본다. 첫째, 생물학적 존재로서 인간은 모든 사고·감정·행동이 무의식적 본능을 충족시키려는 추동(drive)에 의해 움직인다. 특히 성적 추동(libido)과 공격적 추동(thanatos)이 주된 동력이며, 이들은 일상생활에서 쉽게 충족되지 않고 사회적으로 받아들여지기 어렵기 때문에 무의식 세계에서 작동하게 된다. 둘째, 결정론적 존재로서 인간은 초기 아동기, 생후 6년 동안의 심리성적 사건들의 경험에 의해서 성격구조가 결정되며, 이는 성인기 이후에도 변하지 않는다. 따라서 초기 생의 경험을 이해하고 이를 재구성하는 것이 중요하다.

프로이트는 인간의 성격이 원초아(id), 자아(ego), 초자아(superego)로 구성된다고 보았다. 원초아는 생물학적 요소로, 쾌락의 원리에 따라서 본능적인 욕구를 충족시키고자 하며 이성·논리·현실과 관계없이 맹목적으로 작동한다. 자아는 심리적 요소로, 현실의 원리에 따라서 원초아와 초자아, 그리고 외부 현실 세계를 중재하면서 마음의 균형을 유지하는 역할을 한다. 부모나 사회의 기준을 내면화한 초자아는 사회적 요소로, 도덕의 원리에 따라서 원초아의 본능적 충동을 차단하고 자아가 보다 도덕적으로 작동하도록 압박을 가한다(천성문 외, 2015). 원초아, 자아, 초자아는 마치 한 지붕 세 가족처럼 균형을 유지하고 있는데, 여기에서 가장 중요한 역할을 하는 요소가 자아이다. 외부의 충격적인 사건이나 불안으로 인해 자아가 위협을 받게 되면 이를 보호하기 위해 다양한 자아방어기제(ego-defense mechanism)를 사용하게 되며, 여기에는 억압, 부인, 반동형성, 투사, 전치, 승화, 합리화 등이 있다.

정신분석 상담이론에 따르면, 인간은 원초아-자아-초자아 간의 갈등이 심화되거나 균형이 흔들릴 때, 외상적 사건(traumatic event)이나 개인의 무의식적 갈등과 연결되는 사건을 경험할 때, 자아방어기제를 미성숙하고 잘못된 방식으로 사용할 때 심리적 문제를 경험하게 된다. 정신분석 상담이론은 현재 겉으로 드러나는 심리적 문제의 이면에 있는 무의식적 갈등에 접근하고 이를 통찰함으로써 무의식을 의식화하고 원초아-자아-초자아의 성격구조를 재정립하는 것을 목적으로 한다. 이를 위해 자유연상, 꿈의 해석, 전이의 해석, 저항의 해석 등 다양한 상담기법을 사용한다.

(2) 인간중심적 상담이론

1940년대에 칼 로저스(Carl Rogers, 1902~1987)가 주창한 인간중심적 상담이론은 인본주의 심리학과 흐름을 같이 하는 이론으로, 인간은 내부에 잠재력과 가능성을 '이미' 가지고 있으며 이를 실현하고자 하는 방향으로 움직이고 이를 통해 건설적이고 생산적인 삶을 살 수 있다는 긍정적인 관점을 가지고 있다. 이는 인간이 무의식의 지배를 받고 성적·공격적 추동에 의해 움직인다는 정신분석적 상담이론의 인간관이나, 인간은 외부 환경과 자극에 의해 행동을 산출하는 수동적인 존재라는 행동주의적 상담이론의 인간관과는 상당히 다른 관점에서 인간을 바라보는 것이다. 인간중심적 상담이론에서 상담자는 전문적 기법을 사용해서 내담자의 문제를 해결해 주는 것이 아니라, 내담자 스스로 잠재력을 발휘하고 실현하는 방향으로 나아가도록 돕는 촉진자의 역할을 한다. 인간중심적 상담이론은 인간을 바라보는 긍정적인 관점과 내담자를 대하는 상담자의 태도와 자세를 강조한다는 측면에서, 여러 상담이론들 중에서 특히 교육 장면에서 가지는 함의가 크다.

인간중심적 상담이론에 따르면, 인간은 신체·정서·행동이 통합된 하나의 유기체로서 세상을 인식하고 경험하면서 자신에 대한 지속적인 인식체계인 자기(self)를 형성해 나아간다. 자기를 형성하는 데 있어서 인간은 두 가지 힘의 영향을 받는데, 하나는 스스로의 잠재력과 가능성을 실현하고자 하는 자기실현 경향성(actualizing tendency)이고, 다른 하나는 부모나 사회와 같이 나에게 중요한 존재에게 사랑받고 수용받고자 하는 긍정적 존중에의 욕구다. 여기에서 중요한 기제가 가치의 조건(또는 조건적 가치)인데, 이는 부모나 사회와 같은 중요한 타인이 나를 가치 있게 여기고 인정하는 데 있어서 조건이 붙는 것이다. 중요한 타인이 있는 그대로의 나를 사랑하고 존중하지 않고, 내가 어떤 조건을 만족해야(중요한 타인이 부과하는 모습이 되어야) 나를 사랑하고 수용한다고 인식하게 되면, 우리는 긍정적 존중에의 욕구가 있기 때문에 중요한 타인이 바라는 모습이 되고자 한다. 동시에 우리는 자기실현 경향성이 있기 때문에 타고난 잠재력을 실현하는 참자아(true self)가 되고자 한다. 이 두 가지 모습 간의 간극이 커지면 인간은 심리적 문제를 겪게 된다.

앞서 기술한 것처럼, 인간중심적 상담이론에서는 전문적 기법보다 상담자가 내담자를 대하는 태도 또는 자세가 중요하다고 본다. 이는 앞서 제시한 무조건적 긍정적 존중, 일치성(진솔성), 공감적 이해로, 인간중심적 상담이론을 넘어서 상담자의 기본 자세로 간주되고 있다. 인간중심적 상담이론에서는 상담자의 세 가지 태도를 상담의 필요충분조건으로 보았으며, 이를 통해 내담자는 자신의 내면을 투명하게 바라보고, 자신의 경험을 왜곡 없이 있는 그대로 받아들일 수 있게 된다.

(3) 인지행동 상담이론

인지행동 상담이론은 1950~1960년대에 시작된 이론으로, 인간의 사고(생각)가 정서와 행동에 영향을 미친다는 인지적 결정론의 입장을 취하고 있다. 인간의 비합리적, 비현실적, 역기능적 사고를 수정하면 여기에 따라서 부정적 정서와 부적응적 행동은 감소하게 된다. 인지행동 상담이론은 앨버트 엘리스(Albert Ellis, 1913~2007)의 합리적 정서행동치료와 아론 벡(Aaron Beck, 1921~)의 인지치료로 대표되며, 특히 벡이 개발한 인지치료에서 발전된 인지행동치료는 단일이론이 아닌 인지(생각)를 다루는 접근을 핵심으로 하는 여러 이론가들의 다양한 이론들의 집합체를 이루었고 20세기 후반부터 지금까지 가장 널리 사용되는 상담이론이다.

엘리스의 합리적 정서행동치료(REBT)는 인간의 심리적 문제의 원인을 비합리적 신념으로 본다. 비합리적 신념은 '반드시 ~해야 한다'와 같이 융통성이 결여되어 있고, 현실적이지 않고, 그 신념을 유지하는 것이 자신에게 유용하지 않은 특징을 가진다. REBT는 ABCDE 모델로 설명할 수 있는데, A는 부정적 감정을 유발한 선행사건(Activating event)이고, 이 선행사건에 대한 개인의 신념(Beliefs)인 B는 합리적일 수도 있고 비합리적일 수도 있다. 선행사건을 비합리적 신념으로 해석하게 되면 선행사건이 일으킬 수 있는 것보다 더 크고 부적절한 감정과 행동을 경험하게 되는데, 이것이 결과인 C(Consequence)에 해당한다. 여기에 대해서 상담자는 논박(D: Disputes)을 사용해서 비합리적 신념을 합리적 신념으로 변화시키고 그 결과 C(결과)보다 강도가 줄어든, 선행사건에 적절한 감정과 행동을 경험하는 효과(E: Effects)를 얻게 된다.

REBT와 비교할 때 벡의 인지치료는 보다 다양한 수준에서 인지(생각)에 접근한다. 어떤 생활사건을 경험했을 때 스치듯이 지나가는 자동적 사고, 생활사건의 의미를 처리하고 해석하는 과정에서 범하는 체계적인 오류인 인지적 오류, 자신과 세상에 대한 완고하고 비현실적인 신념인 역기능적 신념 등이다. 인지행동치료에서는 상담자와 내담자가 협력적 관계를 구축하며, 마치 공동연구를 하는 연구자처럼 내담자의 역기능적 인지를 파악하고 그것의 타당성을 검토하고 대안적 인지를 발견해나가는 작업을 함께 수행하는데, 이를 협력적 경험주의(collaborative empiricism)라고 한다(권석만, 2012). 인지행동치료에서는 역기능적 사고 기록지, 소크라테스식 대화, 인도된 발견, 하향 화살표 기법, 행동실험 등의 다양한 상담기법을 사용해서 내담자의 역기능적 인지를 수정한다.

3) 상담의 대화방법

상담을 상담자와 내담자의 대화, 여기에서는 특히 교사와 학생과의 대화라고 할 때, 상담이 일상생활에서 대화 수준에 머무르지 않도록 전문적 상담에서 상담자가 사용하는 대화의 원리 및 방법에 따라서 상담을 진행하도록 한다. 이 절에서는 가장 기본적인 상담의 대화방법인 주의집중 및 경청, 질문, 감정의 반영에 대해 알아본다.

(1) 주의집중 및 경청

학생이 교사에게 상담을 하러 올 때 학생은 어떤 마음일까? 정도는 다양하겠지만 어느 정도 불안과 긴장된 마음으로 상담에 올 것이다. "선생님이 내 이야기를 잘 들어주실까?", "뭐 이런 걸 가지고 고민하냐고 하지는 않을까?" 이러한 학생을 따뜻하게 맞이해서 마음을 편하게 만들어주고 학생의 이야기를 진지하게 듣는 것이 상담자로서 교사의 시작이다. 상담자가 따뜻하고 비판적이지 않은 분위기에서 학생이 자신의 고민과 속마음을 솔직하게 꺼내 놓을 수 있도록 하는 것이 상담자의 대화방법의 기본이다.

주의집중 또는 관심 기울이기는 시선, 자세와 몸짓, 얼굴 표정, 목소리와 같이 상담에서 학생을 대하는 교사의 비언어적 태도를 말한다(천성문 외, 2015). 이건(Egan, 1994)은 상담에서 주의집중하는 태도와 자세를 단어의 앞 글자를 따서 SOLER로 설명하는데, 내담자를 바로(Squarely) 마주 보고, 개방 적인(Open) 자세를 취하고(팔짱을 끼거나 다리를 꼬는 자세는 방어적으로 인식될 수 있음), 내담자 쪽으로 몸을 살짝 기울이고(Lean), 좋은 시선의 접촉(Eye Contact) 을 유지하고, 편안하고(Relaxed) 자연스러운 자세를 취하는 것이다. 상담에서 교사가 학생에게 주의를 집중하는 모습을 유지하는 것은, 학생으로 하여금 교사가 자신을 존중하고 자신의 이야기를 잘 듣고 있다는 메시지를 전달한다.

경청은 학생이 전달하려고 하는 메시지를 상담자가 포착하고 이해하는 능력을 말한다(Egan, 1994). 상담에서의 경청을 적극적 경청(active listening)이라고 하는데, 이는 학생이 말하는 언어적 메시지, 즉 이야기의 내용을 듣는 것뿐만 아니라 학생의 표정, 몸짓, 목소리에서 나타나는 미묘한 변화와 같은 비언어적 메시지가 말하는 것도 파악하고자 하는 것이다. 또한 상담에서 교사가 자신이 학생의 이야기를 경청하고 있다는 것을 전달하는 것이 중요한데, 이는 주의집중하는 모습과 고개를 약간씩 끄덕이는 행동, 그리고 '아', '음'과 같은 짧은 반응을 통해 이루어진다. 특히 상담 초기에는 최대한 학생의 이야기를 경청함으로써 학생이 자신이 하고 싶은 말을 충분히 하고 내면을 드러낼 수 있도록 하는 것이 중요하다. 학생의 말을 어느 정도 들어보니 무슨 이야기인지 알겠다 싶어서 말을 중간에 끊거나, 섣부르게 돕고 싶다는 마음에 너무 빨리 충고나 해결책을 제시하는 행동은 지양하는 것이 좋다.

(2) 질문

질문은 내담자를 이해하는 데 필요한 정보를 얻거나 내담자의 사고·감정·행동을 구체적으로 확인하고 분명하게 하기 위한 방법이다(박철홍 외, 2013). 상담에서의 질문은 개방형 질문(open question)과 폐쇄형 질문(closed question)으로 구분하며, '예/아니오' 또는 짧은 사실적 답변을 하게 하는 폐쇄형 질문의 형태보다 내담자가 자신의 상황과 심리에 대해서 구체적이고 상세하게 말하도록 하는 개방형 질문이 도움이 된다. 개방형 질문의 예를 들면, "그 일이 일어났을 때 어떤 느낌이 들었나요?", "부모님이 냉정하다고 했는데 그게 어떤 의미일까요?"와 같은 질문이다. 이러한 개방형 질문을 통해서 내담자는 문제와 상황을 보다 명료하게 인식하고 자신의 생각과 느낌을 깊이 있게 탐색할 수 있다. 폐쇄형 질문은 내담자의 자기 탐색을 촉진하지 못하기 때문에 일반적으로 상담 상황에서 유용하지 않다. 하지만, 정확한 정보를 확인하거나 자살사고와 같이 잠재적으로 위협적이고 내담자가 혼란스러운 상황에서는 폐쇄형 질문을 통해 내담자의 상태를 확인하는 것이 유용하다(천성문 외, 2015).

(3) 감정의 반영

내담자는 해결하기 어려운 문제를 풀기 위해 상담자를 찾기도 하지만, 많은 경우 우울, 불안, 분노, 외로움과 같이 자신을 괴롭히는 감정을 안고 상담자에게 온다. 상담자는 이러한 내담자의 힘들고 지친 마음을 이해하고 공감해 줌으로써 내담자로 하여금 이해받고 수용받는다는 느낌을 갖게 하고, 이 자체가 치료적인 힘을 가진다. 감정의 반영이란, 내담자가 직접적으로 표현하지 않지만 느끼고 있을 법한 감정을 파악하고 이를 내담자에게 감정을 중심으로 표현하는 것이다(천성문 외, 2015). 대부분 내담자는 부정적인 감정으로 마음이 힘들지만, 자신이 어떤 감정을 느끼는지 잘 모르거나 또는 우울과 분노와 같은 감정을 파악하고 받아들이기 어려워한다. 상담자는 내담자의 말의 내용과 비언어적 행동(예: 목소리의 떨림)을 통해 내담자가 느끼고 있을 감정을 파악하고 이를 내담자에게 전달한다("친구의 행동에 화가 많이 난 것 같네요."). 상담자가 반영한 감정이 내담자가 느끼는 것과 완전히 일치하지 않더라도 어느 정도 가깝다고 느끼면, 내담자는 자신의 마음을 충분히 이해받는다고 느끼게 되고 이 자체가 상담과정을 촉진하는 역할을 한다. 또한 내담자는 자신의 감정에 보다 주의를 기울이고 이를 자유롭게 표현하며 깊이 있게 탐색할 수 있다.

지금까지 제시한 상담의 기본방법은 글로 읽으면 쉽게 수행할 수 있는 것처럼 느껴진다. 하지만, 나의 이야기를 하기보다 상대방의 이야기에 주의를 집중하고 경청하는 자세, 상대방의 내면을 탐색하는 개방형 질문, 상대방이 힘들어하는 감정을 파악하고 이를 다루는 반응은 우리가 일상적인 대화에서는 거의 사용하지 않는 대화방법이다. 상담의 기본방법을 실제로 적용해서 상담자 실습을 해 본 사람들은 예외 없이 상담을 실제로 하는 것이 매우 어렵다고 고백한다. 교사가 되기 전에, 그리고 교사가 된 이후 상담의 기본방법을 적용하면서 상담을 진행하고자 노력하고, 가능하면 자신이 한 상담에 대해서 전문가의 지도 또는 검토를 받기를 권한다.

토론주제

1. 자신이 중고등학교에서 어떤 '기름(育)'을 받았는지 생각해보자. 중고등학교 때 선생님은 무엇을 어떻게 길러주셨나? 만일 그런 경험이 없다고 생각하면, 중고등학교에서는 학생들에게 무엇을 길러줘야 하고 교사는 이를 어떻게 길러줘야 할까? 이를 통해 학교와 교사의 '기름(育)'에 대한 자신의 생각을 가능한 구체적인 수준에서 정리해보자. ('인성교육이 중요하다', '사회성을 길러줘야 한다'보다 더 구체적으로 정리)

2. 3명이 한 조가 되어 각각 내담자, 상담자, 관찰자의 역할을 맡아보자. 내담자는 진로나 인간관계에 대한 가상의 고민을 이야기하고, 상담자는 주의집중과 경청의 자세를 유지하면서 질문과 감정의 반영과 같은 상담자 반응을 사용해서 짧게 상담을 진행한다. 관찰자는 상담자의 자세나 반응에 대해서 자신이 관찰한 바나 느낀 바를 같이 나눈다. 내담자, 상담자, 관찰자 역할을 번갈아가며 연습해보자.

참고문헌

권석만(2012), 현대 심리치료와 상담이론, 학지사.

김봉환·정철영·김병석(2006), 학교진로상담, 학지사.

김은하·고홍월·조애리·조원국(2017), 학교 생활지도와 상담, 학지사.

김창대·이정윤·이영선·남상인(1994), 성적이 떨어지는 아이들, 청소년대화의 광장.

박철홍 외 12인 공저(2013), 현대교육학개론, 학지사.

신효정·송미경·오인수·이은경·이상민·천성문(2016), 생활지도와 상담, 박영스토리.

오인수(2010), 학교상담의 체제적 접근: 종합학교상담모형의 적용, 이화교육총서, 교육과
    학연구소 2010-17.

이장호·이동귀(2014), 상담심리학, 박영스토리.

천성문·이영순·박명숙·이동훈·함경애(2015), 상담심리학의 이론과 실제, 학지사.

통계청(2018), 2018년 사회조사 결과, 통계청.

한국직업능력개발원(2018), 중학교 교과연계 진로교육 교수·학습 프로그램, 한국직업능력
    개발원.

행복한 교육(2020. 2), 난민에 대한 공감을 통한 인식 변화, 그리고 세상과 연결 짓기, 교
    육부.

황매향(2016), 사례에서 배우는 학업상담의 실제, 사회평론.

American School Counselor Association (2003). The ASCA national model: A
    frmaework for school counseling programs. Alexandria, VA: Author.

American School Counselor Association (2004). ASCA national standards for
    students. Alexandria, VA: Author.

Eagan, G. (1994). *The skilled helper: A problem-management and opportunity-
    development approach to helping*. Brooks/Cole.

Mazurek, N., & Shoemaker, A. (1997). *Career self-efficacy in college
    students with disabilities: Implications for secondary and post-secondary
    service providers*. (ERIC. Document Reproduction Service NO. ED 089
    763).

Parsons, F. (1909). *Choosing a vocation*. Houghton, Mifflin and Company.

Rogers, C. R. (1957). The necessary and sufficient conditions of therapeutic
    personality change. *Journal of Counseling Psychology, 21*, 95-103.

PART

통합교육시대의
특수교육

통합교육시대의 특수교육

📚 **학습개요**

　이 장에서는 다양한 학습자에 대한 이해와 모든 학습자를 포함하는 교육에 대해 설명한다. 특히 장애가 있는 학습자를 포함하는 교육현장을 이해할 수 있도록 통합교육의 개념과 역사적 배경, 특수아동과 특수교육의 개념을 살펴본다. 또한 장애학생을 적절하게 지원하기 위한 개별화교육에 대해 알아보고 성공적인 통합교육 실행을 위한 협력의 중요성에 대해 논의한다.

　특수교육은 학습자의 독특한 교육적 요구를 다루는 학문이다. 특수교육 분야를 이해하기 위해서는 학습자의 다양성을 이해하고 교육을 통해 일반아동과는 다른 요구를 지닌 아동의 특성을 적절히 지원하기 위한 접근에 대해 살펴보아야 한다. 이제 학교는 장애가 있는 학습자처럼 특별한 요구가 있는 다양한 학생을 포함하고 있으며, 여러 학습자가 함께 배우고 성장하는 교육의 장으로 변하고 있다. 또한 학교에서 모든 학습자를 교육과정에 자연스럽게 포함하려는 교육적 노력의 일환으로 특수교육의 개념과 역할은 점차 확장되고 있다.

1. 다양한 학습자와 통합교육

1) 다양한 학습자와 모두를 위한 교육

　학교에는 이미 다양한 학습자가 존재하며, 그 다양성의 범위는 계속 확장되고 있다. 장애가 있는 학습자, 학습 부진을 경험하는 학습자, 다양한 언어 및 문화적 배경을 지닌 학습자 등 그동안 교육에서 소외되거나 배제되어 왔던 모든 집단이 다양한 학습자에 포함될 수 있다. 그러나 일반적인 발달을 보이는 전형적인 아동이 주류 학습자였던 기존의 학교에서 학습자의 다양성은 '다름'으로 인식되기보다 무시되거나 문제로 다루어졌으며, 결과적으로 교육권의 제한으로 연결되었다. 교육받을 권리는 국민의 기본권이다. 1948년 제정된 세계인권선언은 모든 사람의 교육받을 권리를 인권으로 보았으며, 같은 해 제정된 우리나라 헌법 역시 모든 국민의 교육받을 권리를 보장하고 있다(제31조). 이처럼 교육에서의 평등(equity)은 중요하게 보장되어야 할 권리이자 국가의 의무이며, 국제사회 역시 공평한 교육을 받을 권리에 대해 강조해 왔다.

그럼에도 불구하고 그동안 '모든 사람'에 대한 논의에서 명백히 배제되어 온 집단이 존재한다는 점에서 국제사회는 교육권의 주요 내용으로 평등과 차별 금지, 교육 접근성, 질 높은 교육을 포함하고 그동안 교육 분야에서 차별받고 배제되어 온 여러 집단에 대한 지원을 강조하였다(UNESCO & Right to Education Initiative, 2019). 모든 아동이 자신의 성별, 인종, 종교, 경제·사회적 지위, 장애 등에 의해 교육에서 차별받지 않을 권리가 얼마나 잘 보장되고 있는지를 보여주는 주요 지표로서 장애학생의 교육권 보장은 국제사회가 지속적으로 관심을 기울이는 주제이다. 지난 2006년 유엔 총회에서 장애인권리협약(Disability Rights Convention)이 채택되면서 국제사회는 장애아동의 교육권 보장에 대한 구체적인 실행을 요구하고 있으며, 우리나라 역시 이 협약의 체결국으로서 국제 기준에 대한 합의를 이행해야 한다. 특히 교육과 관련한 이 협약의 주요 내용은 장애학생을 포함한 모든 학생에게 접근 가능한 교육 환경이 보장되어야 한다는 것이며, 이때 교육 환경은 물리적 환경뿐 아니라 교육자료 및 교육과정에 대한 접근을 모두 포함한다. 따라서 모든 교육자(일반교사, 특수교사, 학교행정가 등)는 '접근 가능한 학교 환경의 제공뿐만 아니라 접근 가능하고 적합하게 수정된 교육자료 및 교육과정, 특히 교실 내 보조공학기기 및 지원 제공을 통해 학교를 비롯한 교육기관에서 통합교육과 정당한 편의를 제공하기 위한 노력'을 기울여야 한다(유엔 장애인인권위원회, 2014).

유네스코는 아동의 교육권 보장을 위해 지난 2000년 '모두를 위한 교육(Education for All)'을 의제로 정했다. 이는 교육에서 소외된 집단에 대한 국가의 책무를 강조한 것으로 장애아동에 대한 공평한 교육을 위해 국제 사회의 노력을 요구하였다(UNESCO, 2015). 이후 유엔은 개별 국가와 국제사회가 2030년까지 달성할 17개 분야의 '2030 지속가능발전목표'를 채택하고 교육 분야 목표 달성을 위해 포용적인 교육체계(inclusive education system)를 보장하도록 촉구했다. 이때 포용적인 교육체계란 모든 아동이 서로의 차이(difference)와 상관없이 함께 배워야 한다는 통합교육(inclusion)의 원칙에 기초한 것으로 장애아동의 교육권에 대한 내용이 포함된다(UNESCO, 2017).

다양한 학습자가 존재하는 학교에서 통합교육은 선택이 아닌 필수이며, 변화하는 학교 환경에서 모든 교사는 다양한 학습자에 대한 이해를 기초 자질로 갖추어야 한다. 특히 장애학생에 대한 이해는 통합교육 교사로서 모든 학습자를 지원하려는 노력으로 이어질 수 있다.

2) 통합교육의 개념과 역사적 배경

역사적으로 장애가 있는 사람은 교육에서 소외되거나 배제되었다. 통합 교육은 '모든 학생'에서 늘 배제되었던 장애아동에게도 비장애아동과 동등하게 교육받을 권리가 있다는 인식으로부터 출발한다. 이러한 인식에 큰 영향을 준 배경에는 북유럽에서 시작된 정상화 원리(principle of normalization)가 있다. 정상화 원리란 사회의 주류가 누리고 있는 일상생활의 양식과 조건을 장애인에게 돌려주어야 한다는 것으로 장애가 없었더라면 누렸을 삶의 형태, 즉 자신의 가족과 함께 살며, 지역사회에서의 일상생활을 영유하도록 하는 조건의 제공을 의미한다(Nirge, 1969). 따라서 살고 있는 지역사회에서 또래와 같은 학교에 가고, 함께 교육받는 것이 자연스럽고 당연한 일이라면 이것은 장애아동에게도 마찬가지라는 것이다. 이러한 정상화 원리는 1970년대 미국에 소개되어 탈시설운동(deinstitutionalization)을 이끌었으며, 세계적으로 장애인 권리 운동을 이끄는 중요한 근거가 되었다(Wolfensberger, 1972). 그동안 지역사회로부터 격리되어 주로 시설에서 살던 장애인이 지역사회 구성원으로 함께 살아야 함을 주장하는 탈시설운동은 결과적으로 통합교육의 법적기반을 마련하는 데 크게 기여했다.

그러나 주류화(mainstreaming)로 불리던 초기 통합교육(integration)은 여전히 주류 교육환경인 일반학교에 장애학생을 물리적으로 배치하는 것에 머물러 있었으며, 장애학생이 일반학교에 배치되었음에도 비장애학생과 분리되어 대부분의 시간을 특수학급에서 보내는 것에 대한 비판이 제기되었다. 이러한 물리적 통합에 초점을 둔 통합교육은 일반교육과 특수교육이 철저히 이원화된 체계를 학생이 '오가는 형태'로 실행되었으며, 장애학생의 어려움 혹은 학습하는 데 있어서의 장벽을 제거하도록 돕는 지원이 거의 포함되지 않았다. 이러한 비판으로 1990년대 이후 '통합교육(inclusion)'의 개념은 장애학생이 비장애학생과 같은 학교에 배치되는 물리적 통합에서 더 나아가 사회적·교수적 통합을 의미하는 것으로 확장되었다. 현재 통합교육은 장애학생이 자신

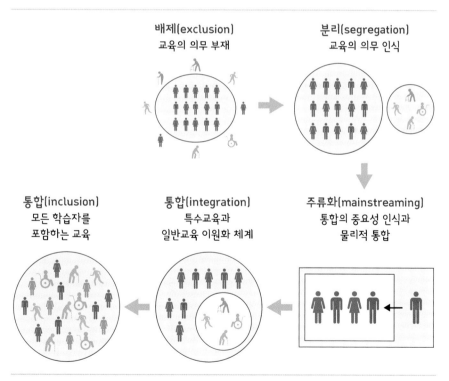

배제(exclusion)
교육의 의무 부재

분리(segregation)
교육의 의무 인식

통합(inclusion)
모든 학습자를
포함하는 교육

통합(integration)
특수교육과
일반교육 이원화 체계

주류화(mainstreaming)
통합의 중요성 인식과
물리적 통합

❙ 그림 11.1 ❙ 통합교육의 개념 변화

의 또래와 함께 자신이 속한 학급에서 '일반교육과정에 접근'하면서도 자신의 교육적 요구에 적합한 지원을 받을 수 있는 체제를 의미하며, 이를 통해 모든 학생이 의미 있는 학습을 할 수 있게 하는 전반적인 학교문화와 체제의 변화를 요구한다(McLeskey, Waldron, Spooner, & Algozzine, 2014).

한국에서도 장애학생은 그동안 교육에서 배제되거나 소외되어온 대표적인 학습자이다. 장애아동이 교육받을 권리를 본격적으로 보장받은 것은 1977년 특수교육진흥법이 제정되면서부터라고 할 수 있다. 하지만 장애아동의 교육권은 장애가 없는 또래와 분리된 특수학교에 취학한 경우에 한해 의무교육이 아닌 무상교육으로 제공되었으며, 1994년 특수교육진흥법이 전면 개정되면서 특수교육대상자에 대한 의무교육이 명시되었다. 또한 통합교육의 법적 개념이 처음으로 등장해 장애학생의 교육이 특수교육기관에만 국한된 것이 아니며 장애학생도 '또래와 함께 자신이 살고 있는 지역사회에서 학교를 다닐 권리'를 제도적으로 보장하기 시작했다. 통합교육은 일반학교의 학습자 개념을 변화시켰으며, 학교는 장애학생을 포함한 다양한 학습자를 적절하게 교육해야 하는 요구에 직면하기 시작한 것이다. 특수교육진흥법에 처음 명시된 통합교육의 법적 개념은 '일반학교에서 특수교육대상자를 교육하거나, 특수교육기관의 재학생을 일반학교의 교육과정에 일시적으로 참여시켜 교육하는 것'으로 정의되었다. 그러나 이러한 초기 통합교육 개념은 단순히 장애학생과 비장애학생을 같은 공간에 배치하는 것에 머물고 있다는 점에서 많은 비판을 받았다(박승희, 2003). 이후 통합교육의 법적 개념은 장애학생의 사회적·교수적 통합을 포함하는 보다 포괄적인 의미로 바뀌었으며, 현재 정의는 다음과 같다.

> 통합교육이란 특수교육대상자가 일반학교에서 장애유형·장애정도에 따라 차별을 받지 아니하고 또래와 함께 개개인의 교육적 요구에 적합한 교육을 받는 것을 말한다.
> 「장애인 등에 대한 특수교육법」 2조 6항

이처럼 통합교육의 개념은 변화해 왔으며, 〈표 11.1〉은 다양한 통합교육의 정의를 보여준다. 기본적으로 통합교육은 학교에서 장애학생과 비장애학생을 함께 교육하는 것이지만 통합교육이 성공적으로 실행되는 학교는 다양한 능력과 교육적 요구를 지닌 모든 학생이 함께 의미 있는 학습을 하는 통합학교(inclusive school)의 모습을 갖추어야 한다. 따라서 통합교육 시대의 특수교육은 장애학생에 대한 논의에 초점을 두었던 것에서 개별성을 가진 모든 학생의 교육적 요구를 적합하게 지원할 수 있는 교육 체계로 변해가려는 노력으로 확장되어야 한다.

∥ 표 11.1 ∥ 다양한 통합교육의 개념

출처	통합교육이란
박승희(2003)	개별성을 가진 모든 학생들의 욕구를 가장 적합하게 충족해 갈 수 있는 교육 체계로 변해가기 위한 노력
이소현·박은혜(2011)	다양한 교육적 필요와 능력을 지닌 학생들이 함께 교육받는 것으로 장애아동과 일반아동이 사회적 활동이나 교수활동에서 의미 있는 상호작용을 하는 것
이대식·김수연·이은주·허승준(2018)	개별성과 다양성을 가진 모든 학생의 요구를 가장 적합하게 충족시키기 위한 교육
Friend(2011)	모든 학생이 자신의 잠재력을 발현할 수 있도록 교육해야 할 책임에 대해 학습공동체인 학교 내 모든 구성원인 교사, 행정가, 기타 교직원, 학생, 부모가 공유한 신념 체계
McLeskey, Waldron, Sppner, & Algozzine(2014)	장애학생이 비장애 또래와 함께 학교생활 전반에 걸쳐 학업적, 사회적, 비교과교육과정활동에 학교 공동체의 가치 있는 구성원으로서 참여하고 학생 성과를 향상시키는 지원과 효과적 교수를 제공받는 것
Villa & Thousand(2017)	일련의 특수교육 프로그램이 아니라 각 개인이 가치 있고 함께 속해있다는 믿음에 근거한 삶의 방식으로 함께하는 환경에서 모든 학생의 학업, 사회·정서, 언어·의사소통 학습과 교육목표 달성을 위한 경험을 환영하고, 가치 있게 여기며, 격려하고, 지원하는 것
UNESCO & Right to Education Initiative(2019)	학습자의 존재·참여·성취를 제한하는 장벽을 극복하도록 돕는 과정

3) 통합교육 현황과 요구

한국의 통합교육은 그동안 급격한 양적 팽창을 거듭하였다. 그러나 이러한 성장은 장애아동이 또래와 함께 지역사회에서 교육받을 권리를 보장하기 위한 노력으로 시작된 것은 아니었다. 장애학생의 교육받을 권리가 인식되면서 국내 장애학생의 수는 급격히 증가했으며, 주로 특수학교 설립을 통한 장애학생 교육권 확보에 주력하던 우리나라는 특수학교만으로는 감당할 수 없는 장애학생의 교육수요에 대한 방안으로 특수학급을 증설하기 시작했다(박승희, 2003). 1971년 1개 학급에 불과하던 특수학급이 2021년 12,048개로 늘어났으며, 지난 2010년 이후부터는 전체 특수교육대상자의 70% 이상이 꾸준히 일반학교에 배치되고 있다(교육부, 2021).

이처럼 빠른 통합교육의 확대는 장애학생에 대한 이해와 준비가 없었던 학교와 교사에게 부담이나 어려움으로 인식되었으며, 장애학생이 속한 학급의 담임교사와 교과교사의 통합교육 역량 문제가 지속적으로 제기되었다(이숙향·이효정·최하영·채수정, 2017). 따라서 장애학생의 교육권은 단순히 교육받을 권리에서 나아가 일반학교에서 또래와 함께 의미 있는 학습을 할 수 있는 권리로 확장되었으며, 결국 통합교육이 성공적으로 실행되기 위해 학교가 근본적으로 변해야 함을 요구하고 있다. 통합교육이 가져온 학교변화는 교원양성과정에도 반영되어 2009년부터 모든 교원양성과정에서 특수교육 교과목을 교직소양과목으로 반드시 이수하도록 하고 있다(김남순·김경신·박석일, 2010).

현재 통합교육시대에 적합한 교원양성과정의 개선에 대한 논의는 주로 통합교육을 실행하게 되는 일반교사의 자질에 관한 준거(standards)를 통해 제시되고 있다. 국내외 선행연구를 통해 보고된 통합교육 교원과 관련한 주요 지표 및 자질에 대한 영역 및 예시는 〈표 11.2〉와 같이 정리되었다(이효정, 2019). 통합교육 환경에서 요구되는 교사자질로서 교원양성과정에서 준비되어야 할 공통영역은 다양한 학습자 특성에 대한 기초 지식, 모든 학습의 수업 접근성을 보장하는 수업 설계, 다양한 전문가와의 협력 등을 포함한다.

| 표 11.2 | 통합교육 교원 관련 주요 지표와 자질

영역	주요 지표 및 관련 자질	예시
지식	• 특수교육 및 통합교육 역사 • 발달과 학습차(장애특성) • 문제행동의 기능 • 특수교육 전달체계 • 학습자 권리와 교사의 책무	• 정상화 원리, 최소제한환경, 통합교육의 개념 • 「장애인 등에 대한 특수교육법」 관련 내용 • 특수교육대상자의 장애유형 • 특수교육대상자 의뢰 및 평가 절차 • 장애인 권리협약의 권고사항
교수	• 다수준 수업과 차별화 교수 • 보편적 학습설계 • 교육과정 수정 • 효과적인 교수법	• 개인차를 수용하는 학습내용, 학습과정, 학습결과, 학습환경에 대한 다양한 접근 계획 • 학습자의 학습양식·선호도를 고려한 다양한 방식의 정보 제시, 학생의 다양한 표현수단 제공, 다양한 참여수단 제공 • 교구 수정, 교수방법 수정, 물리적 환경 수정(예: 자리배치, 조명), 교수적 환경의 수정(예: 활동 수정, 전환 활동 활용) • 협동학습의 계획과 실행
협력	• 장애 관련 전문가와 함께 일하는 능력 • 개별화교육지원팀의 역할 실행 • 가족 및 지역사회 기관과의 협력	• 협력교수의 계획과 실행 • 협력을 통한 개별화교육계획의 개발과 실행 • 다양한 지역사회기관(예: 복지관, 병원, 치료실) 자원 연계

출처: 이효정(2019)에서 발췌.

2. 특수아동과 특수교육

1) 특수아동과 특수교육대상자

특수아동(exceptional children)이란 특정 영역(예: 듣기, 보기, 말하기, 이동하기, 생각하기 등)에서 대부분의 아동과는 현저한 차이를 보여, 일반교육만으로는 자신의 잠재력을 실현하기 어려운 특별한 교육적 요구가 있는 아동으로 정의할 수 있다(이소현·박은혜, 2011; Hallahan, Kauffman, & Pullen, 2019). 이러한 능력 혹은 어려움의 차이를 보이는 장애아동과 영재아동이 특수아동에 포함된다. 그러나 국내에서 법적으로 특수교육을 제공받을 수 있는 학생은 반드시 특수교육대상자로 선정되어야 하며, 특수교육대상자란 법에서 정하는 장애유형 중 하나로 진단·평가된 아동을 의미한다(〈표 11.3〉).

▌표 11.3 ▌ 특수교육대상자의 법적 유형과 정의

시각장애를 지닌 특수교육대상자
시각계의 손상이 심하여 시각기능을 전혀 이용하지 못하거나 보조공학기기의 지원을 받아야 시각적 과제를 수행할 수 있는 사람으로서 시각에 의한 학습이 곤란하여 특정의 광학기구·학습매체 등을 통하여 학습하거나 촉각 또는 청각을 학습의 주요 수단으로 사용하는 사람

청각장애를 지닌 특수교육대상자
청력 손실이 심하여 보청기를 착용해도 청각을 통한 의사소통이 불가능 또는 곤란한 상태이거나, 청력이 남아 있어도 보청기를 착용해야 청각을 통한 의사소통이 가능하여 청각에 의한 교육적 성취가 어려운 사람

지적장애를 지닌 특수교육대상자
지적 기능과 적응행동상의 어려움이 함께 존재하여 교육적 성취에 어려움이 있는 사람

지체장애를 지닌 특수교육대상자
기능·형태상 장애를 가지고 있거나 몸통을 지탱하거나 팔다리의 움직임 등에 어려움을 겪는 신체적 조건이나 상태로 인해 교육적 성취에 어려움이 있는 사람

정서·행동장애를 지닌 특수교육대상자
장기간에 걸쳐 다음 각 목의 어느 하나에 해당하여, 특별한 교육적 조치가 필요한 사람
가. 지적·감각적·건강상의 이유로 설명할 수 없는 학습상의 어려움을 지닌 사람
나. 또래나 교사와의 대인관계에 어려움이 있어 학습에 어려움을 겪는 사람
다. 일반적인 상황에서 부적절한 행동이나 감정을 나타내어 학습에 어려움이 있는 사람
라. 전반적인 불행감이나 우울증을 나타내어 학습에 어려움이 있는 사람
마. 학교나 개인 문제에 관련된 신체적인 통증이나 공포를 나타내어 학습에 어려움이 있는 사람

자폐성장애를 지닌 특수교육대상자
사회적 상호작용과 의사소통에 결함이 있고, 제한적이고 반복적인 관심과 활동을 보임으로써 교육적 성취 및 일상생활 적응에 도움이 필요한 사람

의사소통장애를 지닌 특수교육대상자
다음 각 목의 어느 하나에 해당하여 특별한 교육적 조치가 필요한 사람
가. 언어의 수용 및 표현 능력이 인지능력에 비하여 현저하게 부족한 사람

나. 조음능력이 현저히 부족하여 의사소통이 어려운 사람

다. 말 유창성이 현저히 부족하여 의사소통이 어려운 사람

라. 기능적 음성장애가 있어 의사소통이 어려운 사람

학습장애를 지닌 특수교육대상자

개인의 내적 요인으로 인하여 듣기, 말하기, 주의집중, 지각(知覺), 기억, 문제 해결 등의 학습기능이나 읽기, 쓰기, 수학 등 학업 성취 영역에서 현저하게 어려움이 있는 사람

건강장애를 지닌 특수교육대상자

만성질환으로 인하여 3개월 이상의 장기입원 또는 통원치료 등 계속적인 의료적 지원이 필요하여 학교생활 및 학업 수행에 어려움이 있는 사람

발달지체를 보이는 특수교육대상자

신체, 인지, 의사소통, 사회·정서, 적응행동 중 하나 이상의 발달이 또래에 비하여 현저하게 지체되어 특별한 교육적 조치가 필요한 영아 및 9세 미만의 아동

「장애인 등에 대한 특수교육법」 시행령 [별표] 〈개정 2016. 6. 21.〉

보호자의 동의하에 법적 장애유형 중 하나로 진단·평가된 아동은 특수교육대상자로 선정될 수 있으며, 특수교육대상자에게는 유치원부터 고등학교 과정의 교육을 의무교육으로 하며, 만 3세 미만의 장애영아는 무상교육을 받을 수 있다(제3조). 현재 우리나라 특수교육대상자 중 가장 많은 비율을 차지하는 장애유형은 지적장애(53.1%)로 전체 특수교육대상자의 절반 이상을 차지하며, 자폐성장애(14.6%)와 지체장애(10.4%) 순이다(교육부, 2020). 다만 다른 장애유형과 달리 발달지체(developmental delay)는 구체적인 장애유형을 의미하지 않으며, 특정 장애를 정확히 진단하기에는 어리지만 자신의 또래보다 발달이 느리거나 차이를 보이는 만 9세 미만의 영유아나 아동에게만 주어지는 명칭이다. 이는 어린 아동이 특정 장애를 진단받지 않더라도 가능한 빨리 지원을 제공받을 수 있게 함으로써 이후 어려움이 더욱 커지는 것을 예방하고 아동의 발달을 돕고자 하는 적극적인 예방 노력으로 볼 수 있다.

특수아동을 이해하고 적절히 지원하기 위해 무엇보다 중요한 것은 이들의 능력이나 어려움의 '차이'를 이해하면서도 아동의 연령에 따른 '보편성'을

인식하는 것이다. 일반아동과 비교해 특수아동이 보이는 차이는 특정 영역에 국한될 수 있으며, 교육은 이러한 차이를 문제가 아닌 아동의 특성으로 바라보고 연령에 적합한 환경과 그에 따른 적절한 지원을 제공하는 것임을 이해해야 한다.

2) 장애를 바라보는 관점

장애를 어떻게 바라보느냐에 따라 교육적 접근 또한 크게 달라진다. 장애를 바라보는 대표적인 두 가지 관점은 의료 모델(medical model)과 사회 모델(social model)이다. 전통적으로 장애를 설명하는 데 활용되어 온 의료 모델은 장애를 기능의 손상이나 질병으로 바라보는 관점으로 '정상'과 '병리적 상태'를 구분하며, 명확한 진단과 치료를 통해 장애를 고치거나 없애는 것에 주로 초점을 둔다. 따라서 장애의 원인이나 증상을 중재하거나 치료하려는 노력으로 실제 다양한 연구와 치료가 축적되었으며, 장애인이 경험하는 신체적 통증이나 다양한 증상을 개선하는 데 큰 기여를 하였다. 초기 특수교육 역시 이러한 의료 모델에 기초해 학생의 장애를 '고치거나' 혹은 '저하된 기능'을 개선하려는 노력을 중심으로 전개되었다. 그러나 의료 모델은 장애를 극복해야 하는 개인 차원의 어려움이나 문제로 보고 장애인은 영구적인 환자 혹은 보호받아야 하는 존재로 인식했다. 또한 장애를 진단하고 치료하는 전문가 역할을 중요하게 생각함으로써 장애 당사자의 경험이나 가족의 역할을 수동적으로 보거나 권력과 존엄성이 제한되는 사람으로 인식시키는 결과를 가져오기도 했다(Baglieri, 2020).

장애를 단지 개인의 손상이나 결함으로 보고 장애인을 '고쳐야 하는' 불완전한 존재로 규정하는 이러한 의료 접근에 비판하며 등장한 사회 모델은 한 사회가 장애를 어떻게 인식하고 대하는지에 관심을 두며 장애를 신체와 환경 간의 상호작용에 의한 총체적 경험으로 이해한다. 특히 유엔의 장애인 권리협약은 모든 장애인의 존엄과 권리를 보장하기 위한 인권조약으로 장애에 대한 사회적 접근을 강조한다(국가인권위원회, 2007). 여기서는 장애를 점진적으로 변화되는 개념으로 규정한다. 따라서 장애란 단지 개인의 손상만이 아니라 타인과 동등하게 사회에 참여하는 것을 저해하는 태도와 장벽 있는 환경이 상호작용하는 것이라 봄으로써 장애에 대한 사회적 인식과 지원을 강조한다. 따라서 이러한 사회적 접근이 강조되는 교육은 장애 학습자의 권리를 침해할 수 있는 모든 유형의 교육적 장벽을 없애고 학교의 물리적·교수적·사회적 차원에서 모든 학생의 접근성을 증진하려는 노력으로 연결된다.

특수교육 역시 장애를 바라보는 의료 모델과 사회 모델의 영향을 받으며, 지속적으로 변화하고 있다. 교육적 측면에서 장애는 개인의 결함이나 고쳐야 할 문제가 아닌 학생의 특성이자 교육적 요구로 바라보아야 한다는 것이 더욱 강조되고 있다. 따라서 교육적 접근에서 장애를 '질병'이나 '아픈 상태'로 인식하는 것을 지양하고 지원이 필요한 아동의 특성으로 이해함으로써 대부분의 아동과는 다른 방식으로 보고, 듣고, 움직이며, 생각하는 학습자가 교육 환경에서 겪을 수 있는 다양한 어려움에 대한 적절한 지원을 제공하는 것이 중요하다.

3) 특수교육의 이해

통합교육은 특수교육의 초점을 장애학생에 대한 지원에서 개별성을 가진 모든 학생의 욕구를 가장 적합하게 충족해 갈 수 있는 교육 체계로 변화시키려는 노력으로 확장하고 있다. 그러나 좀 더 협의의 개념으로 특수교육을 정의하면 특수아동을 지원하기 위해 제공되는 교육이라고 할 수 있다. 법적 정의에 따르면 특수교육은 '특수교육대상자의 교육적 요구를 충족시키기 위하여 특성에 적합한 교육과정' 및 '특수교육 관련서비스 제공을 통하여 이루어지는 교육'을 말한다(장애인 등에 대한 특수교육법, 2조 1항). 이때 특수교육대상자인 장애학생에게 제공되는 특별히 설계된 교육과 교육과정이란 아동의 장애 유형이나 정도 등에 따른 개별적인 특성이나 현행 수준, 필요한 지원 영역에 따라 개별적인 교육목표와 내용·방법이 결정될 수 있다는 의미이다. 또한 학생의 요구에 따라 특별한 교재나 교구를 사용하거나 혹은 교육과정을 수정 혹은 변경할 수 있다. 특수교육 관련서비스는 일반교육과 가장 구별되는 특징으로 '특수교육대상자의 교육을 효율적으로 실시하기 위하여 필요한 인적·물적 자원을 제공하는 서비스'라고 정의된다(장애인 등에 대한 특수교육법 제2조 1). 특수교육대상자의 교육적 요구를 지원하기 위해 법적으로 제공될 수 있는 관련서비스에는 상담지원, 가족지원, 치료지원, 보조인력지원, 보조공학기기지원, 학습보조기기지원, 통학지원 및 정보접근지원 등이 포함된다.

한편 특수교육이 특수아동에게 제공되는 교육이라고 할 때 특수아동의 요구는 각 아동의 장애유형, 장애 정도와 특성 등에 따라 모두 개별적이다. 따라서 특수교육은 이러한 각 개별 아동의 독특한 교육적 요구에 적합하도록 특별히 설계되고 개별화된 교수이며, 개별화교육(individualized education)과 개별화교육계획(individualized education plan: IEP)을 통해 실행된다. 개별화교육이란 개별 학생의 특성과 요구에 적합한 맞춤형 교육을 의미하며, 학교는 모든 특수교육대상자에게 개별화교육을 제공해야 할 의무가 있다(장애인 등에 대한 특수교육법 제22조). 개별화교육의 구성요소에는 해당 장애아동의 장애유형 및 장애특성에 적합한 교육목표, 교육방법, 교육내용, 특수교육 관련서비스 등이 포함되어야 하며, 이외에도 특수교육대상자의 인적사항, 현행 수준, 교육목표에 따른 평가계획이 제시되어야 한다(〈표 11.4〉).

▌**표 11.4 ▌ 개별화교육의 구성요소**

학생의 현행 수준
학생이 모든 주제 영역(예: 특정 교과, 일상생활, 의사소통, 사회성 등)에서 어떠한 수행을 보이는지 서술한다.

측정 가능한 교육목표
주제 영역별로 학생을 위한 단기(주별/월별)목표와 장기(학기별)목표를 측정 가능한 방식 (수학 교과 목표의 예: "민호는 계산기가 주어지면 세 번의 연속된 회기에 걸쳐 80%의 정확도로 학년 수준의 수학 교육과정 문제를 풀 것이다.")으로 서술한다.

교육내용과 교육방법
학생의 교육적 성취를 위해 필요하다고 파악된 영역(예: 의사소통, 사회성, 일상생활, 교과)과 교육내용이 포함될 수 있으며, 해당 영역의 지원을 위해 가장 적합한 교육방법(예: 교수

전략, 교재 수정)을 목록화하거나 서술한다.

평가계획

학생의 진보(progress)를 어떻게 측정할지에 대해 서술하고, 이를 얼마나 자주, 어떻게 측정할지 설명한다. 이때 필요하다면 평가 조정을 위한 구체적인 방법을 포함한다.

특수교육 관련서비스

필요한 경우 학생이 받아야 할 지원(예: 언어치료, 보조공학기기 지원, 특수교육보조인력 활용계획 등)의 양, 유형, 수준을 서술한다.

일반교육 참여 정도

학생이 일반학급에서 비장애또래와 얼마나 함께 보내는지 기록한다(예: 일반학급 통합 교과 및 수업 시수, 점심시간 참여).

현재 우리나라에서 특수교육대상자가 적절한 특수교육을 받기 위해서는 특수학교, 일반학교의 특수학급, 일반학교의 일반학급에 배치될 수 있으며, 이외에도 아동의 건강상의 상태 및 요구에 따라 가정이나 병원에서 특수교육을 제공받는 경우도 있다(〈그림 11.2〉). 따라서 특수교육이란 특정 장소에서 제공되는 교육이 아니라 특수교육이 필요한 아동에게 제공되어야 하는 지원으로 아동이 속한 교육환경이라면 어디에서든 제공될 수 있어야 한다. 하지

┃ 그림 11.2 ┃ 특수교육대상자 배치 형태

만 일반학교에 배치된 장애학생의 특수교육은 주로 장애학생만을 교육하는 특수학급에서만 제공되는 경우가 여전히 많다는 점이 지적되고 있다(박승희 외, 2015). 통합교육의 중요성이 인식되고, 그 개념이 확장되어감에 따라 많은 장애학생이 일반학교를 다니며 또래와 함께 교육받게 됨으로써 장애학생이 일반 교육과정에 접근할 수 있도록 통합교육 체제에서 일반교육과 특수교육 의 협력은 더욱 중요해지고 있다.

3. 모두를 포함하는 수업

1) 모든 학생의 접근성을 보장하는 교수 설계

다양한 학습자가 포함된 교실에서 모든 학생은 의미 있는 학습을 할 수 있어야 한다. 특히 장애학생과 비장애학생이 함께 학습하는 교수적 통합에 대한 요구는 점차 높아지고 있다. 독특한 교육적 요구가 있는 장애학생이 포함된 수업에서 장애학생을 지원하면서도 모두가 의미 있는 학습을 할 수 있는 수업이 되기 위해서는 학생의 다양성을 고려한 교수 설계가 매우 중요하다. 차별화 교수(differentiated instruction)와 보편적 학습설계(universal design for learning: UDL)는 이러한 접근을 잘 보여준다.

차별화교수는 모든 학생은 각자 독특하다는 가정에서 시작한다. 따라서 차별화교수는 개별성과 독특성을 지닌 개별 학생의 독특한 요구에 반응하는 교실로서 학생의 준비도, 선호도, 강점영역에 초점을 둔다(Gregory & Chapman, 2014). 차별화교수를 통해 제공되는 교수는 모든 학생에게 자신의 잠재 능력을 최대한 발휘해 학습할 수 있는 기회를 제공하기 위한 것으로 수업의 내용·평가·전략을 학생의 수준에 맞추기 위해 노력한다. 예를 들어 다양한 수준별 자료를 활용하거나 학생에게 선택권을 제공하며, 학습자가 선택할 수 있는 다양한 학습활동을 제시한다.

보편적 학습설계란 장벽 없는 혹은 접근성 높은 건물을 설계하려는 건

축학적 개념에서 출발한 개념으로 학습에 다양한 요구가 있는 학생들이 수업에서 성공할 수 있도록 설계된 교육과정 및 교수에 대한 교육적 접근으로 정의된다(Council for Exceptional Children, 2005). 보편적 학습설계는 장애학생을 포함해 다양한 교육적 요구가 있는 모든 학습자를 포함하려는 노력으로 교실에 있는 학생들이 보이는 학습 차이의 연속성을 인식한다. 그리고 이러한 학습자의 다양성과 학습차를 지원하기 위해 융통성 있고 공평하며 접근 가능한 교육과정과 교수 환경을 제공한다. 처음부터 통합적인 교수 설계와 융통성 있는 교육과정을 강조하는 보편적 학습설계는 다음 세 가지 원리가 적용된다.

- **다양한 수단을 통한 표상**(representation): 학생이 다양한 방법으로 정보와 지식을 습득할 수 있도록 돕는 교수 설계
- **다양한 수단을 통한 표현**(action and expression): 학생이 아는 것을 대안적인 방법을 포함해 여러 방식으로 표현할 수 있도록 돕는 교수 설계
- **다양한 수단을 통한 참여**(engagement): 학생의 흥미를 끌고, 적절하게 도전이 되는 과제를 제시하며, 학습을 동기화시켜 학생의 참여를 촉진하는 교수 설계

예를 들어 직각삼각형 개념을 이해하는 수업에서 보편적 학습설계가 적용된 경우 먼저 다양한 표상을 위해 교사는 직각삼각형 개념을 설명하고, 개념 이해를 돕는 애니메이션을 활용하며, 친숙한 사물이나 구체물을 직접 보면서 개념을 이해하도록 다각적으로 돕는 교수 설계를 할 수 있다. 그리고 다양한 표현을 위해 교사는 학생이 직각삼각형의 개념을 잘 이해했는지 여러 방식으로 표현할 수 있는 과제를 제시할 수 있다. 학생들은 직각삼각형의 개념을 활동지에 글로 작성해 오거나, 음성으로 설명해 녹음해 올 수 있으며, 어떤 학생은 직각삼각형을 그림으로 그리거나, 사진으로 찍어오는 등의 방법으로 자신이 아는 것을 표현할 수 있는 기회를 갖는다. 또한 학생의 흥미를 유발할 수 있는 다양한 교재와 교구를 사용하고, 학생 간 상호작용을 유발하

는 다양한 협동학습 모형을 적용해 좀 더 적극적인 참여를 촉진할 수 있다. 이러한 보편적 학습설계의 원리는 모든 학습자가 일반교육과정에 접근하고 참여하게 하며, 이를 통한 모든 학생의 진보와 성취를 목표로 한다.

2) 일반교육과정 접근과 교수적 수정

보편적 학습설계나 차별화 교수가 다양한 학습자를 포함하려는 교수적 노력이라면 이러한 교수설계가 적용되는 학급에서 장애학생은 대체로 다양한 선택과 기회를 통해 자신의 교육적 요구가 지원될 수 있다. 그럼에도 불구하고 어떤 장애학생의 특별한 요구는 좀 더 개별화된 지원을 통해서만 충족될 수 있을 것이다. 예를 들어, 청각적 정보를 이해하기 위해 보청기와 같은 보조공학기기가 필요하거나 시각적 정보처리가 어려운 시각장애학생의 경우 점자나 음성으로 제공된 교재가 필요할 수 있다. 또한 또래에 비해 인지적 어려움이 큰 지적장애학생의 경우 특정 교과의 교육목표나 학습목표 자체가 변경되어야만 학생의 개별화된 교육목표가 적절히 지원될 수도 있다.

이와 같이 어떤 장애학생에게는 교실 혹은 수업에 접근하기 위해 보조공학기기나 보조도구의 지원이 필수적일 수 있으며, 장애유형과 정도에 따라 적합하게 수정된 교재나 교구가 필요할 수 있으며, 약간의 교육과정 변경 혹은 근본적인 변경이 필요할 수도 있다. 이처럼 장애학생의 적절한 개별화교육을 위해 필요한 것이 교수적 수정이다. 교수적 수정이란 일반학급에서 장애학생이 수업에 성공적으로 참여할 수 있도록 교재나 교구, 과제, 평가 방식이나 기준, 교수 제시 형태 등을 바꾸는 대안적인 교수행동을 의미한다(박승희, 2003; Causton & Tracy-Bronson, 2018).

교수적 수정은 주로 교육과정을 근본적으로 바꾸지 않는 방식(예: 시험 장소, 학생의 답안 작성 방식의 변경)의 조절(accommodation)과 교육목표와 같은 교육과정의 기대수준이나 내용을 바꾸는 방식(예: 수업 내용, 시험 시간 및 제시 방식의 변경)의 조정(modification)이 있다. 예를 들어 주의집중에 어려움이 있는 장애학생의 자리배치나 시험 장소를 조용한 공간으로 변경하거나 시각장애 학생에게 점자로 된 시험지를 제공해주는 것 등은 조절의 예이다. 그러나 수업 내용이나 교재를 변경하거나 학생 평가를 위한 과제의 양이나 내용을 변경하는 것, 청각장애 학생에게 듣기 평가 영역을 다른 방식으로 변경해 제시하는 것 등은 조정의 예로 볼 수 있다. 장애인 등에 대한 특수교육법(제28조 4항)에 따라 장애학생은 필요한 경우 특별한 교구(예: 점자 혹은 음성도서)나 보조공학이나 학습보조기기(예: 음성으로 출력되는 의사소통장비)가 제공될 수 있으며, 점자 인쇄물로 시험을 보는 시각장애 학생은 시험 시간 연장이 필요하거나 수업을 이해하고 참여하기 위해 어떤 청각장애 학생은 수화통역사 서비스가 필요할 수 있다. 교사는 이러한 학생의 독특한 요구를 이해하고, 어떤 학습자에게 이러한 교수적 수정은 학습을 위한 필수요건이라는 것을 기억해야 한다.

4. 통합교육 성공의 열쇠: 협력

1) 가족참여와 학교 협력

가족은 아동에게 가장 중요한 집단으로 특히 부모는 아동의 전생애에 관여하는 유일한 성인이다. 부모는 아동의 법적 보호자이자 옹호자로서 누구보다 아동에 대해 잘 알고, 아동의 삶 전체에 관심이 있으며, 아동에 대한 어떤 결정이든 일상에서 그 결정과 함께하게 된다. 특히 장애아동의 부모는 학교가 학생의 개별화교육을 위한 계획을 세울 때 반드시 포함되어야 하는 중요한 법적 구성원이다. 그럼에도 불구하고 부모참여를 어렵게 하는 여러 장벽이 있으며, 실제 많은 부모들이 정보 부족, 무력감, 전문가와의 의사소통 어려움, 학교와의 갈등 등 다양한 어려움을 호소한다.

교육의 동반자이자 아동을 이해하기 위한 주요 정보제공자로서 부모의 역할 강화를 위한 지원은 중요하며 가족지원은 법적인 특수교육 관련서비스의 한 유형으로 제공될 수 있다. 부모-학교 간 효과적인 협력 체계 구축을 위해서는 효과적인 의사소통과 신뢰가 매우 중요하며, 부모의 역할 강화(empowerment)는 이러한 관계 형성을 위해 중요한 요소로 지적된다. 또한 자녀의 장애와 관련해 적절한 지원이 가정과 학교에서 함께 제공될 수 있도록 부모 교육, 개별화교육지원팀 사전 회의, 가족지원, 장애자녀를 둔 동료 부모와의 결연을 통한 지원(parent-to-parent support) 등이 가족참여와 부모 역할 강화를 증진하는 주요 요소로 지적된다.

2) 교사와 관련 전문가 협력

장애유형이나 특성에 따라 다양한 교육적 요구가 있는 장애학생을 적절히 지원하기 위해 교사와 관련 전문가의 협력은 필수적이다. 일반교사와 특수교사의 협력은 성공적인 통합교육의 가장 핵심이다. 일반학급의 담임교사는 개별화교육지원팀에 반드시 참여해야 하는 필수 구성원으로서 학급의 분위기, 교우관계, 쉬는 시간이나 급식시간과 같은 사회적 상호작용이 활발해지는 시간과 장소에 대한 전반적인 정보를 특수교사와 공유하고 개별화교육계획의 교육목표를 설정, 실행, 평가하는 전반에 참여해야 한다. 또한 개별화교육지원팀의 필수 구성원은 아니지만 장애학생을 일반학급에서 가르치는 교과교사 역시 구성원으로 포함될 수 있으며, 해당 구성원이 아니더라도 학생의 현행수준과 개별화교육계획의 교육목표 등은 장애학생을 가르치는 교과교사와 공유하여 교육에 필요한 수정(예: 난이도 조절, 교재 수정, 평가 방법의 조정 등)이 원활히 일어날 수 있도록 해야한다. 특수교사는 학생의 장애에 대한 일반적인 정보와 함께 고려해야 하는 구체적인 장애특성과 지원 전략에 대한 정보를 공유하고, 적절한 교육이 제공될 수 있도록 구체적인 교수적 지원을 할 수 있다.

일반교사와 특수교사 간 협력에는 자문, 협력교수 등이 포함되며, 특히 교수적 협력을 위한 구체적인 방안으로 협력교수는 많은 연구를 통해 입증된 효과적인 교수방법이다. 협력교수란 두 명 이상의 교사가 같은 공간에서 교수적 책임을 공유하는 것으로 협력교수의 한 유형인 팀티칭(team teaching)이나 협동교수(collaborative teaching)라고 불리기도 한다(Causton & Tracy-Bronson, 2018). 일반적으로 통합학급에서의 협력교수는 대개 한 명의 일반교사와 한 명의 특수교사가 포함되며, 두 교사는 동등한 책임을 갖고 장애학생을 포함한 모든 학생이 의미 있는 학습을 하도록 가르친다. 이를 위해 협력교수자는 교수목표를 세우고, 계획하며, 평가하는 일련의 과정을 함께 협의한다. 협력교수는 다양한 방식(예: 교수-지원, 팀티칭, 스테이션교수, 대안교수, 평행교수 등)으로 실행할 수 있으나 기본 원리는 교수자 간의 책임공유라고 할 수 있으며, 이를 위해 정기적인 의사소통과 모든 학생을 포함하는 교수설계를 위한 전문가의 적극적 노력이 중요하다.

3) 학교변화와 학교장 역할

모든 학생에게 효과적인 통합학교가 되기 위해서는 학교변화가 필수적이며, 변화의 초점은 일관성이 있어야 하며, 교사와 여러 이해관계자에게 명확하게 전달되어야 하고, 이러한 변화를 위해 교장의 강력한 리더십이 요구된다. 통합교육은 주류 학습자를 가정하는 기존 학교체제의 변화를 요구하며, 이 과정에서 학교장의 역할은 매우 중요하다. 또한 앞서 살펴보았듯이 학교장에게는 통합교육 실행을 위한 많은 법적 책임이 있다. 먼저 학교장은 개별화교육을 위해 개별화교육지원팀을 구성하고 개별화교육계획에 따른 학생의 학업성취도 평가 결과를 특수교육대상자와 보호자에게 통보할 법적 책임이 있다. 또한 학교장은 통합교육을 위한 학교 시설이나 설비 등을 설치하고 특수교육대상자가 교육활동에 참여하고 정보에 접근할 수 있도록 적절한 교재와 교구를 갖춘 학교 환경을 마련해야 한다(시행령 16조).

그러나 무엇보다 통합교육이라는 철학과 신념을 학교문화로 만드는 중심에는 학교장이 있다. 학교장은 학교에서 이루어지는 다양한 교육활동에 영향을 미치는 위치에 있으며 학교의 전반적인 문화에 영향을 미친다(김라경, 2014). 또한 교과와 비교과를 모두 포함하는 학교 교육과정의 세심한 계획을 통해 모든 학생이 소속감을 느끼고 학습하며 성장할 수 있도록 환경을 조성하는 데 중요한 역할을 담당한다. 하지만 주로 특수학급 증설을 통해 통합교육의 양적 확대를 이루어 온 우리나라 교육현장은 장애학생 등 모든 학생을 포함하는 교육이 이루어지는 통합학교(inclusive school)로 변화하는 데 어려움을 겪고 있다. 미국이 교육 관련 연방법을 「낙오아동방지법(No Child Left Behind)」과 「모든학생성공법(Every Student Succeeds Act)」으로 연이어 개정하면서 학생 실패에 대한 학교의 책무성을 강조하는 것과는 대조적으로 우리의 학교 현장은 여전히 학생이 경험하는 어려움을 개별 학생이 지닌 문제로 인한 개인의 실패로 다루는 경우가 많다(김수연·이효정·이희연·최하영, 2016).

통합교육시대에 학교장의 리더십은 학교구성원이 통합교육의 개념을 합의하고 실천할 수 있도록 하는 데 결정적인 요인이 된다. 특히 협력이 강조되는 통합학교에서 교사가 자신의 전문성을 바탕으로 부모 및 관련 전문가와 서로 의사소통하고 전문성을 공유할 수 있도록 학교장은 이들의 협력자이자 지원자가 되어야 한다. 통합교육의 성공은 학교가 모든 학습자의 개별성과 다양성이 존중되는 학교문화를 형성하고 적절한 교육을 제공할 수 있는 교사 전문성을 확보했을 때 가능하다. 교사는 모든 학생에게 적절한 교수적 지원을 할 수 있어야 하며, 장애학생처럼 특별한 교육적 요구가 있는 경우 부모 및 다양한 전문가와의 협력은 필수적이다. 그리고 통합교육은 아동 각자의 능력과 특성에 따라 배우는 속도와 양은 다를 수 있으나 결국 '모든 아동은 배울 수 있다'는 교육가능성(educability)의 신념에서 시작한다.

토론주제

1. 현재 통합교육의 모습을 자신의 경험에 기초해 이야기하고 성공적인
   통합학교는 어떠해야 하는지 논의해보자.

2. 다양한 학습자를 포함하는 교육과정과 수업은 어떠한 모습이며, 중요
   하게 고려되어야 하는 요소는 무엇인지 논의해보자.

3. 학교에서 협력을 방해하는 요소는 무엇인지 생각해보고 통합교육을
   위한 구체적인 협력 방안을 논의해보자.

참고문헌

교육부(2021), 특수교육통계, 교육부.

국가인권위원회(2007), 장애인권리협약해설집. http://humanrights.go.kr/site/program/
board/basicboard/view?&boardtypeid=19&menuid=001003001004&
pagesize=10&boardid=555567에서 2021. 5. 1. 인출.

김남순 · 김경신 · 박석일(2010), 교육인적자원부 고시(제2007-161호) 후 일반교원양성과
정에서 특수교육 관련 교과목의 운영 실태, 특수교육학연구, 45(3), 253-272.

김라경(2014), 장애아동 통합교육에 대한 교장의 지원과 초등교사의 소진 인식과의 관계,
통합교육연구, 9(2), 23-43.

김수연 · 이효정 · 이희연 · 최하영(2016), '모든 학생을 위한 통합교육' 모델 개발 연구, 경
기도교육연구원, 경기도교육청.

박승희(2003), 한국 장애학생 통합교육: 특수교육과 일반교육의 관계 재정립, 교육과학사.

이대식 · 김수연 · 이은주 · 허승준(2018), 통합교육의 이해와 실제: 통합학급에서의 효과적
인 교육방법(3판), 학지사.

이소현 · 박은혜(2011), 특수아동교육: 통합학급 교사들을 위한 특수교육 지침서(3판), 학
지사.

이숙향 · 이효정 · 최하영 · 채수정(2017), 통합교육 실행 매뉴얼 개발을 위한 기초연구: 초 · 중
등학교 통합교육 현실 및 지원요구 중심으로, 특수교육학연구, 52(2), 45-79.

이효정(2019), 통합교육과 교사교육, 2019 한국교육학회 연차학술대회 기관발표자료집,
1-22, 동국대학교 교원정책중점연구소.

Baglieri, S. (2017). *Disability studies and the inclusive classroom: Critical
practices for embracing diversity in education.*(2nd ed.) New York:
Routledge.

Causton, J., & Tracy-Bronson, C. P. (2018). 통합교육: 일반교사와 특수교사를 위
한 안내서[The educator's handbook for inclusive school practices], 이효정
역, 학지사. (원전은 2015년에 출판)

Council for Exceptional Children (2005). *Universal design for learning: A guide
for teachers and education professionals.* Pearson/Merrill Prentice Hall.

Friend, M. (2011). Special Education: Contemporary Perspectives for School

Gregory, H., G., & Chapman, M. C. (2013). 맞춤형, 수준별, 개별화 수업전략: 획일
적 수업으로는 모두를 만족시킬 수 없다[Differentiated instructional strategies:
One size doesn't fit all(3rd ed)], 조영남, 나종식, 김광식 공역, 학지사. (원전은
2013년에 출판)

Professionals. (3rd ed.). Upper Saddle River, NJ: Pearson.

Hallahan, D. P., Kauffman, J. M., & Pullen, P. C. (2019). *Exceptional learners: An introduction to special education* (14th ed.). Upper Saddle River, NJ: Pearson Education.

McLeskey, J., Waldron, N. L., Spooner, F., & Algozzine, B. (Eds.). (2014). *Handbook of effective inclusive schools: Research and practice*. Routledge.

Nirge, B. (1969). *The normalization principle and its management implications. Changing Patterns in Residential Services for the Mentally Retarded*. Washington: US GPO.

UNESCO & Right to Education Initiative (2019). *Right to education handbook*. The author.

UNESCO (2015). *Education for all 2000-2015: Achievements and challenges*. Paris: UNESCO.

UNESCO (2017). *Unpacking sustainable development goal 4 education 2030*. Paris: UNESCO.

Villa, R. A., & Thousand, J. S. (2017). *Leading an inclusive school: Access and success for ALL students*. ASCD.

Wolfensberger, W. (1972). *The principle of normalization in human services*. Toronto, Canada: National Institute on Mental Retardation.

PART

평생교육

PART 12 평생교육

학습개요

평생교육은 '모든 이에게 평생에 걸친 교육기회를 제공한다(Lifelong Learning for
All)'라는 이념을 실현하기 위해 제도적 시스템을 구축하고 이러한 평생교육 시스템 안에
서 국민 개개인이 적극적으로 평생교육 활동을 전개할 수 있도록 지원하는 제 방법론을
연구하는 분야이다. 본 장에서는 이에 따라 평생교육의 등장배경과 이념적 지향성, 평생
교육 실천에 근간이 되는 성인학습이론, 그리고 우리나라 평생교육 시스템의 구조와 실천
을 위한 제도적 방향성 등을 알아본다.

1. 평생교육의 배경과 이념적 지향성

1) 평생교육의 배경

평생교육은 그 용어에서 볼 수 있듯이 교육기회는 아동에서 노인에 이
르기까지 평생에 걸쳐서 제공되어야 하며, 평생학습을 통하여 인간은 자신의
잠재성을 지속적으로 실현해 갈 수 있다는 점을 강조한다. 인간의 신체는 성
인기 이후 점점 쇠약해 갈지 모르지만 지적·영적인 성숙은 지속된다는 점에
서 학습이 평생에 걸쳐 이루어져야 한다는 점은 매우 당연한 말로 들린다.
그럼에도 불구하고 평생교육이 학계와 실천분야에서 받아들여지고 확산되어
온 역사는 그리 오래되지 않는다. 왜냐하면 교육학의 중심은 교실 내의 학습,
즉 학교교육에 치중되어 있었기 때문이다. 평생교육 이론가들은 공간적으로
는 학교교육 중심에서 전 사회 중심으로, 시간적으로는 아동교육 중심에서
전 생애 중심으로의 전환을 이루어야 한다는 교육 패러다임의 변화를 주장해
왔다. 이와 같은 주장의 배경으로서는 다음의 세 가지 측면을 들 수 있다.

첫째는 학습사회가 도래했다는 점이다. 세계화와 정보화가 진행되면서
사람, 자원, 정보의 이동이 자유로운 세계가 되었고 또한 기술의 발전을 통

368

해 생산의 효율화가 급격히 진행되었다. 세계의 경제 시스템은 수요에 비해 공급이 훨씬 풍부한 체제가 되었고 고객을 잃지 않기 위한 기업 간의 또한 국가 간의 경쟁은 더욱더 치열해졌다. 이러한 시장경쟁에서 승리하기 위한 요건은 새로운 지식을 함유한 혁신적 제품 및 서비스일 수밖에 없고 이에 따라 물리적 자원의 경쟁이 아닌 지식의 경쟁 및 창의성 경쟁이 시장의 기준이 되었다. 이에 따라 새로운 지식은 끊임없이 넘쳐나고 지식의 반감기는 시간이 지날수록 더욱 더 짧아지는 시대를 맞이하게 된 것이다. 조직이 시장에서 경쟁력을 유지하고 인간이 일터에서 경쟁력을 유지하기 위해서는 끊임없이 학습을 하여 시장의 변화 및 기술의 변화에 적응해 가야 하는 것이다. 인간의 수명이 100세가 된다고 볼 때, 의무교육기간에 배웠던 지식은 결코 한 개인의 인생을 책임져 줄 수가 없다. 인간 개인 측면으로도 학습은 생존과 번영을 위해 평생에 걸쳐 이루어져야 하며, 사회적 측면에서도 학교만이 아닌 사회 곳곳의 조직적 맥락 안에서 학습활동은 지속적으로 촉진되어야 하는 것이다.

둘째, 평생교육은 학교교육에 대한 비판적 재조명에서 시작되었다. 학교교육은 공교육제도를 통하여 많은 학생들에게 공평한 교육의 기회를 제공해 온 것이 사실이다. 최초로 미국에서 국민의 세금을 통하여 모든 학령인구의 학생들이 빈부의 차별 또는 부모의 사회적 지위와 상관없이 동일한 의무교육을 받도록 한 것은 인류 역사에 길이 남을 획기적 사건이었다. 미국의 개척 시대에 유럽으로부터의 이주민들은 독일, 프랑스, 이태리, 영국 등 자신의 출신 국가별로 서로 모여 살았고 유럽에서의 계급과 가문의 부유함에 따라서 자식을 교육시켰지만, 미국 건국의 아버지들은 계급사회가 아닌 민주주의 사회의 초석을 다지기 위해서는 교육에서의 평등이 무척 중요하다고 생각하여 모든 이들로부터 교육세를 걷고 일정한 연령대의 아이들은 학교에서 의무교육을 받도록 하는 공교육제도를 수립하였다. 그 당시만 하더라도 남의 자식들을 위해 나의 돈을 세금으로 지불해야 한다는 것은 생각하기 어려운 시대였다. 또한 유럽에서 귀족계급으로 있었던 이민자들은 자신의 돈으로 자신의 아이들을 교육시키지 못하고 강제로 학교에 보내 다른 아이들과 똑같은 의무교육을 받도록 해야 한다는 요구를 받아들이기 힘들었다. 그럼에도 불구하고 미국의 건국 아버지들은 부모의 재산에 영향을 받지 않는 평등한 교육이 모든 아이들에게 주어 져 시작점부터 기회의 균등을 이루고 뒷배경의 차별 없이 오로지 자신의 능력 과 노력으로만 아메리칸 드림을 이룰 수 있는 토대를 만들기 위해 노력하였다.

이러한 공교육제도의 확립이 국가 전체의 민주주의 발전에 엄청난 공헌 을 하였다는 점은 부인할 수 없다. 이러한 엄청난 업적에도 불구하고 산업화 가 진행되면서 학교교육은 큰 비판에 직면하게 된다. 그 비판의 핵심은 학교 에서의 교육활동이 획일화되어 각 개인의 개성의 신장보다는 기업조직의 생 산 시스템의 효율화에 기여하는 표준화된 인력을 생산하는 역할을 수행하게 되었다는 점이다. 이는 학교가 교육의 본질적 측면인 각 개인의 고유한 잠재 성을 실현한다는 목적보다는 사회의 틀에 맞추어 경제적 목적 달성을 위한 인 력양성에만 초점을 맞추었다는 점이었다. 라이머(1982)는 이러한 현상을 극적 으로 나타내어 '학교는 죽었다'라고 표현하기도 하였다. 갈등론자들은 학교에 서의 수업이 50분 수업에 10분 휴식과 같이 조직화된 것도 기업의 컨베이어 벨트 노동구조와 흡사하다는 점 등을 들어 학교는 자본가들이 대다수 예비인 력들에게 노동자의 행동양식을 체득시키는 데에 효율적으로 활용되는 도구로 이용된다고 주장하였다. 기업의 체제에 신속히 순응할 수 있는 문화양식을 학 교에서 잠재적 교육과정을 통해 배우고 자본가 중심의 이데올로기에 순응할 수 있는 인력양성을 위해 학교가 활용된다는 것이다. 갈등론자들은 더 나아가 비단 학교에서의 활동에 대한 비판적 인식뿐만 아니라 체제적으로도 기존의 자본가 중심의 사회적 지위 체계를 학교를 통해 재생산하게 된다는 구조적 관 점도 제시하였다. 평생교육은 학교 중심의 형식교육을 넘어 무형식교육을 포 함하여 인생 전체의 기간 동안 학습이 진행됨을 강조한다. 이렇게 학습에 대 한 확대된 관점은 인간 성장이 평생에 걸쳐 지속됨을 지적함으로써 학교 중심 의 교육관을 탈피하여 성인교육, 노인교육, 지역사회교육, 기업교육 등을 모 두 포함하는 시공간적으로 통합된 교육시스템의 재구조화를 요청한다.

셋째, 평생교육의 발전은 국제기구의 리더십을 통해 이루어졌다. 국제기구 중에서도 유네스코와 오이시디의 역할이 주목할 만한데, 평생교육이라는 용어 조차도 유네스코에서 가장 먼저 사용되었다. 유네스코(United Nations Educational,

Scientific, and Cultural Organization: UNESCO)는 1945년 창설되었으며, 그 명칭에서 알 수 있듯이 국제연합(UN) 산하 교육, 과학, 문화 분야에서 국제적인 교류협력과 발전을 꾀하기 위해 활동하는 전문기구이다. 유네스코에서는 1949년부터 12년마다 개최되는 세계성인교육회의(CONFINTEA)를 중심으로 평생교육의 이념을 전파하고 있다. 유네스코가 주장하는 평생교육의 지향점은 세계 성인교육회의와 함께 각종 위원회 활동과 그 결과로 제출된 보고서에서 잘 나타나 있다. 이 중에 3개의 보고서가 매우 중요한 평생교육 핵심개념을 담고 있는데, 그것은 첫째로 랑그랑(Lengrand)이 1965년 프랑스 파리에서 열렸던 유네스코 '성인교육발전위원회(International Committee for the Advancement of Adult Education)'에서 발표한 논문이고, 둘째는 1972년 교육발전국제위원회 (International Commission on the Development of Education)에서 발표한 「존재를 위한 학습: 세계교육의 현재와 미래(Learning to Be: The World of Education Today and Tomorrow)」라는 보고서이다. 동 보고서는 위원회의 위원장이었던 프랑스의 포레의 이름을 따서 일명 '포레(Faure) 보고서'라고도 불린다. 셋째는 1996년 '21세기 세계교육위원회(International Commission on Education for the Twenty-first Century)'를 통하여 제시된 일명 '들로르(Delors) 보고서'라고 알려진 「학습: 그 안에 담겨있는 보물(Learning: The Treasure within)」이라는 보고서이다.

먼저, 랑그랑의 보고서는 「영구교육(Education Permanente)」이라는 제목의 논문이었는데 주요 핵심사항으로서 인간은 태어나서 죽을 때까지 평생에 걸쳐 교육받을 권리가 보장되어야 하며, 이를 위해서 교육대상에 따라서 분절되어 있는 교육제도를 재구성하여 새로운 통합적인 교육제도가 만들어져야 한다는 것이었다(한숭희, 2009). 랑그랑의 주장은 이후 유네스코가 1970년을 '세계 교육의 해(International Year of Education)'로 설정하면서 평생교육을 기본 이념으로 채택하는 데 영향을 미쳤다(김종서 외, 2009).

다음으로 포레 보고서는 1968년 5월 프랑스에서 대학의 경직성 및 비민주적인 대학운영에 반발하여 소르본 대학 점거 등 좌파학생집단 및 지식인이 주도가 된 68운동의 와중에 탄생한 개혁을 향한 보고서로서 교육의 민주화를 주장하면서 '학습사회'를 궁극적 이념으로 주장하였다. 학습사회에서 지향하는 학습은 생명을 위한 학습, 지속적인 배움을 위한 학습, 자유롭고 비판적인 사고를 위한 학습, 세계와 인간을 사랑하기 위한 학습, 창조적 노동을 개발하기 위한 학습 등으로 삶의 유지와 발전을 위해 학습은 필수불가결하다는 점이 지적되었다(Faure et al., 1972). 학습사회의 강조는 교육시스템에 대한 관점을 학교사회에서 평생학습사회로 전환하고 그 학습은 비민주적인 억압으로서의 학습이 아니라 존재를 위한 학습, 즉 삶의 해방과 자기 성장을 위한 학습이라는 점을 분명히 하고 있다.

들로르 보고서는 「학습: 그 안에 담겨 있는 보물」이라는 제목에서 알 수 있듯이 평생학습의 가치를 아직 제대로 드러나지 않았으며 숨겨져 있는 보물로 비유한다. 우리가 그 보물을 발견한다면 인간의 잠재성을 실현시킬 수 있을 것이라고 한다. 이를 위해 네 가지 학습유형을 제시하고 있는데, 이는 '학습의 네 가지 기둥'으로 알기 위한 학습(learning to know), 행위를 위한 학습(learning to do), 더불어 살기 위한 학습(learning to live together), 존재를 위한 학습(learning to be)이다(유네스코 21세기 세계교육위원회, 1997). 알기 위한 학습이 스스로 학습할 수 있는 능력을 기르는 것이라면, 행위를 위한 학습은 개인의 생산성 즉 일을 할 수 있는 역량을 기르는 것을 의미하며, 더불어 살기 위한 학습은 문화적 감수성을 지니고 다양성에 대한 수용적 태도를 기르는 것을 말한다. 끝으로 존재를 위한 학습은 배경조건에 관계없이 개인 스스로 개별적인 자아실현을 가능하게 하는 학습을 의미한다. 평생교육은 이러한 학습의 네 가지 양태가 총체적으로 구현될 수 있도록 지원하는 활동이 되어야 할 것이다.

오이시디는 유네스코와 달리 지식기반경제의 도래에 따른 고용가능성의 유지와 강화를 위한 평생교육의 중요성을 강조한다. 위 들로르 보고서의 학습의 네 가지 기둥 중에서 '행위를 위한 학습'에 초점이 있다고 볼 수 있다. 유네스코가 평생교육을 '삶과 학습의 통합'이라는 관점에서 보았다면 오이시디는 '일과 학습의 통합' 관점에서 평생교육을 바라보았다고 볼 수 있다. 이는 오이시디가 국제적인 경제기구라는 특성이 반영된 것으로 보인다. 이런 관점에서 오이시디는 '순환교육'이라는 개념을 도입하였는데 시장경제의 발전에 따라 지식이 폭발적으로 증가함으로써 학교교육만으로는 일터에서의 지식의 요구를 따라잡을 수 없으며 어떤 형태로든지 학교교육을 넘어선 계속교육이 필요하다는 점이 강조된 것이다. 순환교육은 '학교에서 일터로(school to work)', '일터에서 학교로(work to school)'의 연계에 '일터에서 일터로'의 연결까지 더해져 하나의 사이클로 돌아가도록 하는 것을 기본 원리로 한다(조순옥, 2009). 순환교육은 개인 인생 전반에 걸쳐서 교육기회가 제공되어야 한다는 점을 강조하였다는 점에서 의의가 있다.

2) 평생교육의 이념적 지향성

평생교육의 이념적 지향성을 구체적으로 알아보는 것이 중요한 이유는 이러한 지향점에 따라서 이를 구현하려는 시스템을 구축할 수 있고 이에 따라 그 시스템이 효과적이고도 효율적으로 작동할 수 있는 방법론을 개발할 수 있기 때문이다. 따라서 이념-시스템-방법론으로 이어지는 체계에 대한 탐색이 바로 '평생교육론'이라고 할 수 있다. 왜 평생교육을 공부하는가 하는 질문에 대한 해답은 이러한 이념, 시스템, 방법론에 대한 구체화를 위한 것이라고 답할 수 있다. 먼저 평생교육의 이념적 지향성에 대해서 (1) 교육 가치에 대한 관점과 (2) 교육시스템 관점의 측면에서 살펴보기로 한다.

(1) 교육 가치에 대한 관점

① 존재를 위한 학습

평생교육은 학교교육보다 교육의 본질에 더 가까이 있다. 그렇다면 교육의 본질은 무엇인가? 교육의 본질은 인간의 본질에서 유추된다. 왜냐하면 교육은 인간의 성장과 밀접한 관련이 있기 때문이다. 인간의 본질과 관련하여서는 부정적인 면과 긍정적인 면이 있다. 부정적인 측면은 인간의 삶에는 고통이 존재한다는 것이고 긍정적인 측면은 그럼에도 불구하고 인간은 고통을 극복하고 자신만의 해방, 즉 자유를 성취할 가능성을 가지고 있다는 것이다. '삶은 고통이다'라고 많은 사람들이 이야기하지만 사실 인간은 사물과 현상에 대해 있는 그대로의 전체적 조망을 하지 못할 때 고통을 초래한다. 불완전한 생각과 편견에 의한 행동을 통해서 예기치 못한 결과를 맞이하고 원하는 것을 얻지 못할 때 고통을 느끼는 것이다. 하지만 이러한 고통을 극복할 수 있는 힘 또한 기를 수 있는 것이 인간이다. 이것이 바로 자유에 대한 열망이다. 자신의 '해방적 전체성'을 획득하기 위해 변화해 가는 것이다. 이 변화의 과정이 인간의 삶이라고 볼 수 있다. 인간은 끊임없이 자유를 갈구하고 있으며 그 자유는 삶에 대해 그리고 이 세계와 우주에 대해 전체적이고 흠결 없는 조망이 가능할 때 주어진다. 결국 성숙된 관점과 진리에 대한 통찰을 통해 자유로워진다고 볼 수 있다.

　삶이 고통을 극복하고 자유를 획득하기 위해 변화해 나간다고 할 때 그러한 변화의 과정은 무엇에 의해 가능할까? 결국 학습에 의해 그러한 변화가 가능한 것이다. 인간이 교육적 동물일 수밖에 없는 이유는 이러한 변화가 존재의 핵심이기 때문이다. 자세히 보면 인간의 고통이 꼭 유·청소년의 학령기에만 존재하는 것은 아니다. 인생 전반에 걸쳐서 고통은 존재한다. 따라서 학습은 학교에서만 이루어지는 것이 아니라 평생에 걸쳐 이루어질 수밖에 없는 것이다. 그러므로 평생교육이 학교교육보다 교육의 본질에 가깝다고 하는 것이다. 교육의 본질은 인간의 완성을 돕는 것이고 그 과업은 평생에 걸쳐 진행된다.

② 균형적 발전

　인간의 학습은 다차원적이다. 앞서 언급한 존재를 위한 학습과 같이 인간이 자신의 해방적 전체성을 향해 나아가는 철학적 측면만 있는 것은 아니다. 들로르 보고서에서 언급된 바대로 알기 위한 학습, 행동을 위한 학습, 더불어 살기 위한 학습 모두 필요하다. 특히 현재와 같이 4차 산업혁명의 기술로 인해 혁신과 빠른 지식반감기, 불확실성과 변화의 물결이 휘몰아치고 있는 와중에 인간의 생존과 번영의 문제는 그 어느 때보다도 새로운 해결책이 필요해 보이는 시점이다. 자기 이해를 위한 성찰의 깊이뿐만 아니라 타인을 이해하기 위한 사회성, 그리고 우리 모두의 공동번영을 위한 경제적 생산성까지 모두 갖춘 균형 잡힌 사람이 될 필요가 있는 것이다. 평생교육은 좋은 대학, 좋은 직장에 선발되기 위한 교육에만 치중한다거나 또는 극단적으로 도덕교육·인성교육만 중요하다는 등의 치우친 견해에 반대한다. 학습은 다차원적이며 평생교육은 이러한 다차원의 학습이 공존하고 인간의 균형적 발전이 필요함을 강조한다.

③ 평생에 걸친 학습권의 보장

인간의 존재를 위한 학습, 그리고 균형적 발전이 평생에 걸쳐 이루어진다는 전제는 결국 인간을 위한 학습권이 평생에 걸쳐 보장되어야 함을 의미한다. 그렇기 때문에 우리나라 헌법에서도 12조 1항에 국민의 평생교육을 보장한다는 내용이 있는 것이다. 인간은 끊임없는 경험의 재구성을 통해서 자신의 존재를 향상시키고 자유를 확대해 나간다. 이는 인간의 본질적 활동이며 국가는 이를 위해 누구나 평등하게 교육기회를 제공해야 할 의무가 있다. 평생교육학은 '평생에 걸친 학습권의 보장'을 위해 국가 시스템이 어떻게 조직되어야 하며 이를 구현하기 위한 구체적 방법론이 무엇인지를 탐색한다.

(2) 교육 시스템에 대한 관점(통합)

교육 가치에 대한 관점에서 인간은 완성을 향한 변화를 겪고 이것은 인간의 본질이라는 점을 지적하였다. 교육은 이러한 변화과정을 돕는 활동이다. 이 과정이 인생의 어느 한순간에만 이루어지는 것이 아니고 또한 어느 한 인류에게만 속하는 과제가 아니므로 '모든 이를 위한 평생교육 기회의 제공'이라고 하는 시스템적 지원체계를 갖추는 것은 평생교육이 풀어야 할 핵심사항이라고 볼 수 있다. 이것은 다음의 세 가지 관점에서 논의할 수 있다.

① 시간의 통합

시간의 통합은 교육 시기의 확장을 의미하는 것이므로 교육이 비단 유아와 학령기에만 제공되는 것이 아니라 그 이후의 성인기와 노년기까지 학습자가 배우고자 할 때 언제든지 교육의 기회가 제공될 수 있는 체제를 지향한다. 학령기 때 미처 학교졸업장을 갖지 못한 학습자라고 하더라도 성인이 되어 얼마든지 다시 학교졸업장에 상응하는 교육기회의 제공을 통해 자격의 취득이 가능한 시스템이 구축될 필요가 있다. 또한 시간의 통합은 학교시스템만으로 인간의 학습욕구를 모두 감당할 수 있다는 생각에서 벗어나 생애 어느 시기에서든지 학습자가 필요로 할 때 그에 상응하는 적절한 교육기회가 항상 제공될 필요가 있다는 점을 시사한다.

② 공간의 통합

공간의 통합은 교육활동이 비단 학교 등 형식교육이 이루어지는 장소만이 아니라 가정, 지역사회, 일터, 공공기관 등으로 확대되어 어디에서든 교육의 기능이 활성화될 수 있는 가능성을 실현하는 것을 의미한다. 현재는 기술의 발전을 통하여 인터넷 사이버공간의 교육적 활용 또한 확대되고 있다. 학교교육 또한 공간통합의 관점에서 바라본다면 학교 내의 교실공간만을 교육이 이루어지는 장소로 생각할 것이 아니라 지역사회와 연계하여 주변의 기업, 정부기관, 일반사회시설, 박물관 및 미술관 등 각종 조직들과 협업하여 학생들의 학습을 지원하는 시스템을 구현할 수도 있을 것이다.

③ 교육형식의 통합

교육형식의 통합은 학습이 형식교육으로만 이루어지는 것이 아니라 비형식교육 및 무형식교육으로도 얼마든지 풍부한 학습이 이루어질 수 있다는 점을 강조한다. 사실 우리가 경험하는 모든 것이 학습의 대상이다. 경험학습이론에 따르면 구체적 경험은 반성적 관찰과 추상적 개념화를 통해 능동적 실천에까지 이르게 될 수 있다.

현대에 이르러 교육형식의 통합 측면은 크게 부각될 가능성이 농후하다. 왜냐하면 형식교육으로 전수되는 명시적 지식보다 무형식교육에 의해 체화되는 암묵적 지식의 중요성이 그 어느 때보다도 중요해지고 있기 때문이다. 현대는 지식의 홍수 속에서 살고 있고 명시적 지식은 인터넷 공간에서 얼마든지 검색될 수가 있다. 그리고 이러한 명시적 지식은 컴퓨터와 로봇이 인간의 두뇌보다도 훨씬 더 많은 양을 쉽고 빠르게 찾아내고 보여줄 수가 있는 것이다. 하지만 암묵적 지식은 다르다. 이는 인간만이 체화할 수 있고 잘 전달되지는 않지만 그 전문적 숙련과 맥락적 판단이 교묘히 결합되어 문제에 대한 독특한 해결방안을 새롭게 제시할 수 있는 풍부한 부가가치를 지닌 지식이다. 평생교육은 학교교육과 같이 형식교육만으로는 인간의 성장과 발달을 도모할 수가 없다는 점을 지적한다. 오히려 형식교육과 비형식 및 무형식교육의 통합을 통해 평생에 걸친 전인적 성장을 지원하는 교육시스템을 지향한다.

2. 평생교육의 주요 학습이론

평생교육의 학습이론은 주로 성인학습이론이라고 볼 수 있다. 기존의 아동·청소년을 위한 학습이론은 교육심리학 등에서 행동주의, 인지주의, 구성주의를 중심으로 많이 소개되었으나 성인을 위한 학습이 어떻게 이루어지는지는 자세히 묘사되지 않았다. 성인학습을 안드라고지(andragogy)라고 부르는데 이는 아동·청소년교육인 페다고지(pedagogy)와 구분해서 지칭하는 말이다. 여기서는 주요한 평생교육 학습이론을 1) 안드라고지, 2) 자기주도학습, 3) 전환학습, 4) 비판적 학습이론, 5) 경험학습의 다섯 가지 이론을 중심으로 기술한다.

1) 안드라고지

안드라고지를 정립한 사람은 말콤 놀스(Malcolm Knowles, 1913~1997)이다. 페다고지와는 다르게 성인에게 적용될 수 있는 독특한 학습 원리와 학습과정을 소개하였다. 놀스는 페다고지를 'the art and science for teaching children'으로 안드라고지를 'the art and science for helping adults learn'으로 정의하였다(Knowles, 1980). 페다고지는 가르치지만, 안드라고지는 돕는다는 정의에서도 보듯이 성인학습은 자기주도적이어서 자신의 경험을 학습자원으로 하여 당면한 문제의 해결 또는 분명한 목표를 지향하며 외부적 동기부여가 없이도 자립적인 학습을 해나간다는 특징이 부각된다고 볼 수 있다. 놀스, 홀튼,

스완슨(2005)은 안드라고지의 핵심원리를 다음의 여섯 가지로 정리하였다.

(1) 성인은 학습하기 전에 왜 그것을 배워야 하는지를 알고자 한다.

(2) 성인의 자아개념은 자기주도적이다.

(3) 학습자의 선행경험은 풍부한 학습자원이다.

(4) 성인은 일반적으로 생활과 관련되고 발달과업을 수행할 때 학습 준비성이 강화된다.

(5) 학습의 지향성은 문제 중심적이고 맥락적이다.

(6) 성인학습자의 동기는 외재적이기보다는 내재적이다.

페다고지와 비교하여 보다 자세한 설명은 〈표 12.1〉에 나타나 있다.

▌표 12.1 ▌ 안드라고지와 페다고지의 가정 비교

가정	안드라고지	페다고지
학습자의 알고자 하는 욕구	성인은 학습하기 전에 학습 필요성을 점검한다. 학습결과에 따른 이해관계를 조사·분석하는 데 심혈을 기울인다. 따라서 학습욕구를 증진할 도구로서 개인적인 평가체계, 직업체계, 역할모형, 특징적인 수행평가 등 효과적인 학습도구를 제공하여야 한다.	학습내용이 실제 생활과 연관되고 적용될 가능성이 있다는 것을 배제한다. 학습자들의 시험, 진급 등에 필요한 것은 교사가 가르치는 것을 학습해야만 한다는 것으로 인식하고 있다.
학습자의 자아개념	일반적으로 자아개념은 학습자의 성숙에 따라 의존적인 경향에서 점차 자기주도적 특성으로 변화해 간다. 물론 자기주도성에 따른 인간의 성숙은 개인의 삶의 여건과 상황에 따라 속도와 시기는 다르다. 성인을 지도하는 교사는 자기주도성이 지속적으로 향상되고 촉진될 수 있는 방향으로 자극하고 지도할 책임이 있다. 성인들은 비록 특정 상황에서 의존적일지라도 자기주도적이고자 하는 강한 심리적 요구를 가지고 있다.	학습자의 역할은 의존적이다. 사회는 학습자가 학습해야 할 내용·시기·방법을 교사가 전적으로 책임을 가지고 결정하기를 기대한다.

가정	안드라고지	페다고지
학습자 경험의 역할	경험은 중요한 학습자원의 역할을 한다. 사람은 성장함에 따라 자신뿐만 아니라 다른 사람에게도 중요한 학습자원이 되는 경험을 점차 축적해 나간다. 수동적으로 얻은 것보다 경험을 통해서 얻은 지식과 기술에 더 큰 의미를 둔다. 따라서 교육방법은 실험, 토의 문제해결, 시뮬레이션 연습, 현장학습 등이 활용된다.	학습상황에서 학습자의 경험들은 거의 가치가 없다. 학습자는 교사, 교재의 저자, 시청각 자료 제작자 및 기타 전문가를 통해 가장 큰 경험을 얻게 된다. 따라서 교육방법은 강의 읽기, 과제, 미리 준비된 시청각 자료의 제시와 같은 전달식 수업방법에 의존한다.
학습 준비도	학습에 대한 준비도를 점차적으로 사회적 역할과 관련한 발달과업에 바탕을 둔다. 사람들은 실제 생활과 관련한 문제를 해결하고 과제를 충족시켜 나가기 위한 학습의 필요성을 느끼게 될 때 배움에 대한 욕구가 더욱 강화된다. 교수자는 '알기 위한 욕구'를 발견하도록 도구와 절차를 제공하고 학습여건을 조성할 책임이 있다. 또한 학습 프로그램은 실제 생활에 적용할 수 있도록 조직되어야 하고, 학습자의 학습준비도에 따라 계열화되어야 한다.	학습자는 학습에 대한 준비도가 부족하다. 사람들은 사회에서, 특히 학교에서 규정하는 학습을 강요받기 쉽고, 상 혹은 체벌 등의 여부에 따라 학습을 준비하는 경향이 있다. 같은 연령이면 대부분 동일한 내용을 배우게 된다. 그러므로 같은 연령의 학습자들이 통일된 단계별 학습을 거칠 수 있도록 표준화된 교육과정이 필요하다.
학습 지향성	학습이란 미래 생활에 대비하기 위한 것이 아니라 실제 생활에 즉각적이고 효과적으로 적용하기 위한 것이며, 학습성향은 교과 중심이 아니라 문제해결 중심이다. 학습경험은 역량개발 중심으로 조직되고 학습자는 성과 중심의 학습을 한다.	학습은 미래생활에 대비하기 위한 것이다. 학습자에게 있어서 교육은 교과내용을 습득하는 과정이다. 습득한 지식의 대부분은 미래의 삶에 적용하기 위한 것이다. 따라서 교육과정은 여러 가지 교과가 논리적으로 체계 있게 조직되어야 하므로 학습자는 교과목 중심의 학습을 한다.
학습동기	성인학습자들은 외적인 동기(직업, 승진, 봉급 등)에 민감하지만 잠재되어 있는 동기로써 내적인 압력(직업에 대한 만족감, 자존감, 생활의 질 등)에 더 큰 학습동기를 부여한다.	학습자들은 학점, 교사의 인정 또는 불인정, 부모의 압력 등 외면적인 상황에 따라 학습동기를 부여받는다.

출처: 나항진 외(2015).

2) 자기주도학습

놀스는 자기주도학습을 '타인의 도움이 있건 없건 상관없이 자신의 학습요구 진단, 달성할 학습목표 수립, 학습에 필요한 인적·물적 자원의 판단, 적절한 학습 전략의 선택과 실행, 그리고 학습결과의 평가에서 개인이 주도권을 갖는 학습 과정(Knowles, 1975, p.18)'으로 정의하였다. 자기주도적 학습이란 결국 자신의 책임하에 학습목표, 학습전략, 학습내용, 학습과정, 학습평가 등을 선택하고 구조화하는 학습이라고 볼 수 있다. 학습자의 독립성, 주도성, 자율성을 극대화한 학습이론이라고 볼 수 있다(권두승, 2000). 자기주도학습에서 그로우(Grow, 1991)의 단계적 자기주도학습이론(Staged Self-Directed Learning: SSDL)이 흔히 언급되는데, 이는 학습자의 자기주도성이 처음부터 발현되는 것이 아니므로 교육자의 도움으로 단계적 과정을 거쳐 자기주도적 학습자가 되도록 모형이 설계되어 있다는 점에서 의미가 있다. 또한 각 단계별 적절한 지도방식을 소개하고 있는데, 이는 부하의 성숙도에 따라 지도성의

┃ 표 12.2 ┃ 상황적 리더십 유형과 단계적 자기주도적 학습모형 비교

허시와 블랜차드의 상황적 리더십 유형		그로우의 단계적 자기주도적 학습 모형	
효과적 리더십 유형	구성원 특성	효과적 지도 유형	학습자 특성
지시적 리더십	낮은 심리적 성숙도 낮은 직무 수행 성숙도	권위를 갖춘 코치	의존적 학습자
설득적 리더십	높은 심리적 성숙도 낮은 직무 수행 성숙도	동기 유발, 가이드	관심을 갖는 학습자
참여적 리더십	낮은 심리적 성숙도 높은 직무 수행 성숙도	촉진자	참여적 학습자
위임적 리더십	높은 심리적 성숙도 높은 직무 수행 성숙도	상담자, 위임자	자기주도적 학습자

출처: 김한별(2019).

차이를 보여주는 허시와 블랜차드의 상황적 리더십모델을 차용하여 효과적 지도 유형을 설명하고 있다.

3) 전환학습

전환학습은 메지로우가 정립한 학습이론으로서 그는 '학습자 자신의 행위나 사고를 조정하기 위해서 기존 해석을 바탕으로 경험의 의미를 새롭게 해석 혹은 재해석하는 과정(Mezirow, 2000, p.5)'으로 학습을 정의했다. 그의 이론을 이해하기 위해서는 몇 가지 개념을 알 필요가 있는데 바로 '의미도식(meaning scheme)'과 '의미관점(meaning perspective)'이 그것이다. 의미도식은 '일상 경험을 이해하고 해석하는 데 사용되는 습관적 기대(Mezirow, 1990, p.2)'를 뜻하고, 의미관점은 '새로운 경험이 기존의 경험과 관련하여 해석·재구조화되는 과정에 개입하는 가정, 전제의 구조(structure of assumptions)(Mezirow, 1990, p.2)'를 뜻한다. 의미도식이 경험의 내용이라면 의미관점은 그 경험 내용의 성격과 특징을 결정짓는 기본 가정이라고 볼 수 있다. 전환학습은 이러한 의미체계에서 관점전환이 진행되는 것을 말한다. 그렇다면 어떻게 기존의 의미관점과 의미도식이 전환되는가? 이에 대해 메지로우는 점진적 변화와 급진적 변화를 소개한다. 우선 점진적 변화는 경험내용이 점점 축적되면서 의미도식이 변화하고 이에 따라 선을 넘으면 관점의 변화도 가능할 수 있다는 점이다. 마치 야구선수가 투수역할을 하면서 수많은 연습이 축적되면 던지는 방법, 기술, 야구경기를 보는 관점이 전문적으로 변화되는 것과 같은 것이다. 급진적 변화는 부모의 죽음, 직장의 상실, 전쟁의 경험, 죽을 병의 선고 등 기존의 의미도식으로는 도저히 해석할 수 없는 갑작스러운 경험의 충격에서 어떻게 이를 관점전환을 통해 상황을 이해하는 수준으로 변화시키는가의 과정을 말한다. 메지로우는 이러한 충격적 경험을 '혼란스러운 딜레마(disorienting dilemma)'라고 명명하였으며 이는 의미관점의 변화를 촉진시키는 역할을 한다. 메지로우가 "아동기의 학습은 주로 형성적 기능(formative function)의 특징을 보이는 반면, 성인기의 학습은 전환적 기능(transformative function)

이 구별되는 특징(Mezirow, 1995, p.51)"이라고 지적했듯이 전환학습은 성인학습에서 중요한 이론이다.

4) 비판적 학습이론

우리가 '비판적'이라는 말을 쓸 때는 기존의 무의식적으로 받아들여지고 있는 인식에 대해 다시 검토하고 그 전제를 명확히 하고자 하는 분별행위를 할 때이다. 표피적인 의식 저변에 깔려있는 기본 가정과 가치들을 깊이 있게 파헤치고 의식 자체의 진실성을 재평가해보는 행위라고 볼 수 있다. 이러한 의미에서 비판적 학습이론은 '비판적 성찰'을 기반으로 해방을 지향하는 학습이라고 볼 수 있다. 해방을 지향한다는 것은 개인의 생각과 행동을 규정하는 사회적 규범, 문화적 가치 등을 비판적으로 검토하여 불필요한 억압에서 벗어나 독자적 행위주체로서의 개인으로서 자기의식을 고양한다는 것을 의미한다. 비판적 학습이론의 해방적 관심은 특히 자본주의 이데올로기에 대항하여 지배─복종의 사회구조를 개혁할 수 있도록 억압받는 자의 인간성 회복 운동에 초점을 두고 있다. 이러한 논리의 대표적 학자로는 파울로 프레이리를 들 수 있는 데, 그의 '의식화 교육'의 개념은 해방적 학습의 전형이라고 할 수 있다. 여기서 말하는 의식화는 기존 헤게모니를 주입받는 수용체로서의 객체적 존재가 아니라 주위의 사회문화적 현실을 정확히 이해하고 이를 변혁시켜가는 주체적 활동의 과정이라고 할 수 있다. 프레이리는 이러한 중심적 활동을 '프락시스(praxis)'라고 불렀는데 이는 다른 말로 한다면 '의식적 실천'이라고 할 수 있다. 그렇다면 이러한 의식화는 어떤 교육적 기제에 의해 가능할까? 이에 대해 프레이리는 문제제기식 교육(problem posing education)이 필요함을 역설한다. 문제제기식 교육은 학습자의 참여를 강조하고 교육자 또한 일방적인 설교자가 아니라 학습자와의 대등한 관계에서 대화를 통해 앎의 수준을 통합해가면서 현실상황에 내재되어 있는 보이지 않는 불평등과 모순을 인식하여 학습자 스스로가 자신의 상황을 주체적으로 바꾸어 나갈 수 있도록 각성하는 데에 목표를 둔다. 이러한 교육의 반대편에 있는 교육을 '은

행저금식 교육'이라고 하는데 이는 교수자가 전파하는 지식을 그대로 저금하 듯이 머릿속에 저장하며 문제의식 없이 그대로 현실로 받아들이는 교육을 의 미한다(Freire, 1995). 은행저금식 교육은 불평등한 사회구조를 비판 없이 지속 시키는 '침묵의 문화'를 양태하는 반면 문제제기식 교육은 의식화를 통한 '해 방의 문화'를 지향한다.

5) 경험학습

경험학습은 성인에게 자신의 풍부한 경험이 주요한 학습자원임을 잘 보 여주는 학습이론이라고 볼 수 있다. 경험학습에서 유명한 이론은 〈그림 12.1〉 과 같은 콜브의 이론으로서 학습자의 구체적 경험이 반성적 관찰과 추상적 개념화를 거쳐 능동적 실험으로 이어지는 학습사이클을 소개하고 있다(Kolb, 1984).

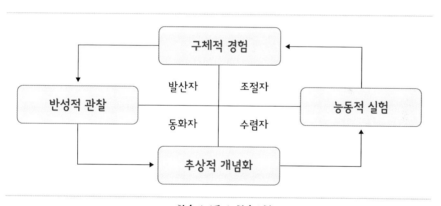

∥ 그림 12.1 ∥ 학습사이클과 학습유형(Kolb, 1985)

이러한 학습사이클은 또한 학습자의 학습스타일을 보여주는데 구체적 경험과 능동적 실험을 보다 잘하는 학습자는 조절자, 능동적 실험과 추상적 개념화에 강점이 있는 학습자는 수렴자, 추상적 개념화와 반성적 성찰을 잘 하는 학습자는 동화자, 반성적 관찰과 구체적 경험에 뛰어난 학습자는 발산자로 분류될 수 있다. 경험학습은 경험을 학습자원으로 하여 어떻게 인식과 실천을 통해 학습활동이 전개될 수 있는지를 잘 설명하고 있다.

3. 우리나라의 평생교육 시스템

평생교육시스템의 구축은 법, 제도, 정책의 측면에서 위에서 언급한 평생교육의 이념이 잘 구현될 수 있도록 어떻게 구조화되어 있는가의 문제라고 볼 수 있다. 평생교육 이념이 제대로 구현되기 위해서는 이념이 실현되는 체제, 즉 평생교육시스템이 잘 디자인되어야 하고 또한 시스템이 제대로 작동하기 위해서는 디자인된 구조에 맞는 실천방법들이 풍부하게 만들어져야 할 것이다. 여기서 실천방법이라고 하는 것은 바로 평생교육 프로그램들을 의미하는 것으로서 법, 제도, 정책 등에서 밝히는 방향성에 따라서 다양한 프로그램들이 적용된다면 가치 있는 실천적 결과들이 창조될 것이다. 본 장에서는 평생교육 시스템에 초점을 맞추어 평생교육 법, 제도, 정책을 간략히 소개한다. 우리나라는 모든 이에게 평생에 걸친 교육기회를 균등하게 제공하기 위해 형식적인 법과 제도의 체계는 잘 정비되어 있다고 볼 수 있다.

1) 평생교육법의 체계

평생교육과 관련된 법적 조항은 헌법, 교육기본법, 평생교육법에 분명히 적시되어 있다. 직접적으로 관련 있는 조항들을 살펴보면 다음과 같다.

(1) 헌법: 제31조 5항
- 모든 국민은 능력에 따라 균등하게 교육을 받을 권리를 갖는다.
- 국가는 평생교육을 진흥하여야 한다.

(2) 교육기본법

- 제2조(학습권) 모든 국민은 평생에 걸쳐 학습하고 능력과 정서에 따라 교육받을 권리를 갖는다.
- 제10조(평생교육)

  제1항 국민의 평생교육을 위한 모든 형태의 평생교육은 장려되어야 한다.

  제2항 평생교육의 이수는 법령이 정하는 바에 의하여 그에 상응하는 학교교육의 이수로 인정될 수 있다.

  제3항 평생교육시설의 종류와 설립·경영 등 평생교육에 관한 기본적인 사항은 따로 법률로 정한다.

위와 같이 우리나라의 법률체계에서는 평생교육 진흥에 대한 국가의 책임과 평생에 걸친 학습권을 정확히 규정하고 있다. 헌법과 교육기본법에 더해서 평생교육법에서는 보다 구체적으로 평생교육에 대한 국가 및 지방자치단체의 의무, 평생교육사, 평생교육시설 등에 대해 상세히 규정하고 있다. 특히 제1장 총칙의 제2조에서는 평생교육을 '학교의 정규교육과정을 제외한 학력보완교육, 성인 문자해득교육, 직업능력향상교육, 인문교양교육, 문화예술교육, 시민참여교육 등을 포함하는 모든 형태의 조직적인 교육활동을 말한다'라고 정의하고 있는데, 이론적으로 학교교육이 당연히 평생교육에 포함됨에도 불구하고 법체계에서 제외된 이유는 교육기본법을 중심으로 교육 3법이라고 할 수 있는 초·중등교육법, 고등교육법, 평생교육법 등 각 법률 간의 관할 영역이 다름으로 인해 그 중복을 방지하기 위한 것으로 보인다. 〈표 12.3〉은 평생교육법 그리고 평생교육법시행령, 평생교육법시행규칙의 주요 내용을 정리한 것이다.

▌표 12.3 ▌ 현행 평생교육법의 구성 체계 및 내용

구분	평생교육법	평생교육법 시행령	평생교육법 시행규칙
기본 체계	8장 46조, 부칙	6장 78조, 부칙	25조, 부칙
주요 내용 및 범위	• 총칙 • 평생교육진흥기본계획 • 국가평생교육진흥원 • 평생교육사 • 평생교육기관 • 문해교육 • 평생학습 결과의 관리· 인정	• 총칙 • 평생교육진흥기본계획 • 평생교육진흥원 • 평생교육사 • 평생교육기관 • 문자해득교육	• 평생교육실무조정위원회 • 전문인력정보은행제 • 학습계좌제 • 평생교육사 자격증 • 평생교육사 양성기관 • 평생교육시설 설치기준 • 문자해득교육
평생 교육 정책 방향성	• 국가 및 지방자치단체 • 평생교육추진체제 정비 • 평생교육사 자격 및 평 생교육사 양성기관 정비 • 문해교육 및 학력인정 제 도 도입 • 평생학습계좌제 도입 및 시행	• 평생교육 기본계획 및 시 행계획 추진사항 • 평생교육진흥위원회 운영 • 평생교육진흥원 운영 • 평생교육사 및 양성기관 운영 세부사항 • 평생교육시설 설치기준 확정 • 문해교육 프로그램 활성 화 세부사항	• 전문인력정보은행제 운영 활성화 • 평생교육사 및 평생교육사 양성기관 설치기준 제시 • 평생교육시설 설치기준 제시 • 문해교육 프로그램 운영 기준 및 학력인정 절차 제시

출처: 국가법령정보센터 홈페이지.

2) 평생교육 제도 및 정책

(1) 평생교육의 행정체제

우리나라 평생교육법 제5조는 "국가 및 지방자치단체는 모든 국민에게 평생교육 기회가 부여될 수 있도록 평생교육진흥정책을 수립·추진하여야 한다"라고 규정하여 국가 및 지방자치단체의 평생교육정책 추진의 책임을 명시하고 있다. 이에 따라 중앙정부 수준에서는 교육부장관이 5년마다 평생교육진흥기본계획을 수립하여야 하며 교육부장관 소속으로 평생교육진흥위원회를 두어 평생교육정책에 대한 주요사항을 심의하도록 하고 있다(평생교육법 제

10조). 국가수준에서 이러한 정책적 방향성을 실제 담당하고 지원하는 시행 주체로서는 국가평생교육진흥원이 맡고 있다.

　　지방자치단체 수준에서도 이러한 국가수준의 체계에 상응는 행정적 체제를 갖추고 있는데, 각 시·도지사는 평생교육진흥기본계획을 바탕으로 연도별 평생교육진흥시행계획을 수립하여 지방자치단체 수준의 평생교육을 추진한다. 평생교육 관련 심의기구로서는 시·도 평생교육협의회를 두고 각 시·도지사가 의장 역할을 담당한다. 또한 평생교육정책의 시행 기관으로서 광역자치단체장들은 시·도 평생교육진흥원을 설치 또는 지정·운영할 수 있다. 이러한 병렬적 행정체제는 광역자치단체 수준에서 시·군·자치구와 같은 기초지방자치단체까지 이어지는데, 기초지방자치단체 수준에서는 시·군·자치구 평생교육협의회를 두고 평생교육 실천을 담당할 시행 주체로서 평생학습관을 설치·운영한다. 우리나라 평생교육 주요 행정체제를 요약하면 〈표 12.4〉와 같다.

┃ 표 12.4 ┃ 우리나라 평생교육 행정체제

정책 결정 주체	심의 기관	시행 기관
교육부 장관	평생교육진흥위원회	국가평생교육진흥원
광역자치단체장(시·도)	시·도 평생교육협의회	시·도 평생교육진흥원
기초자치단체장 (시·군·구)	시·군·자치구 평생교육협의회	평생학습관

(2) 학습결과 인정제도

　　학습결과 인정제도는 개인의 다양한 학습경험들이 누적되었을 경우 학교 등 형식교육에 의해 졸업장이 취득되어 있지 않더라도 학점 또는 학력으로 인정받을 수 있는 제도를 말한다. 이러한 제도가 중요한 이유는 헌법에서 규정한 균등하게 교육받을 권리와 모든 이에게 교육기회의 확대를 성취하는 데에 인정제도가 기여할 수 있기 때문이다. 학교 등 형식교육에 삶의 여건상 참여하지 못했다고 하더라도 다른 학습기회를 제공받아 동등한 학력인정을 받는다면 상위 수준으로의 지속적인 학습기회를 계속 개척해 나갈 수 있는 기반이 된다. 이러한 학습결과 인정제도에는 크게 ① 평생학습계좌제, ② 학점은행제, ③ 독학학위제 등이 있다. 먼저 평생학습계좌제는 전 생애에 걸쳐 이루어지는 개인의 다양한 학습경험을 학습계좌에 기록·누적하여 체계적인 학습설계를 지원하고 그 결과를 학력이나 자격 인정, 고용정보로 활용할 수 있도록 지원하는 제도이다(최운실 외, 2018). 평생학습계좌제는 형식교육의 기회뿐만 아니라 비형식 및 무형식교육 경험도 동일한 가치를 지니는 것으로 인정될 수 있다는 점에서 획기적이라고 볼 수 있다. 개인의 학습이력관리시스템은 국가평생교육진흥원에서 온라인으로 관리하고 있으며 수록 정보의 범위는 인적사항, 학력사항, 경력사항, 자격취득사항, 평생교육프로그램이수실적, 특기사항 등이다.

학점은행제는 「학점인정등에관한법률」에 의거하여 학교에서뿐만 아니라 학교 밖에서 수행되는 다양한 형태의 학습활동을 학점으로 인정하고, 그 학점이 누적되어 일정 기준이 충족되면 학위취득이 가능하도록 하는 제도이다. 학점은행제에서 학점으로 인정되는 대상은 평가인정 학습과정, 학점인정 대상학교 학습과목, 시간제등록 학습과목, 자격취득, 독학학위제, 국가무형문화재 전수교육 이수학점 등이다.

독학학위제는 학습자의 독학에 의한 학습내용을 시험을 통해서 평가하고 합격한 결과를 바탕으로 고등교육 수준의 학위를 수여하는 제도이다(김한별, 2019). 독학학위제는 교과목 수강을 하지 않더라도 개인적인 상황에 맞게 언제 어디서든 자유롭게 자기주도적인 학습을 하여 학위를 취득할 수 있다는 장점이 있다. 「독학에의한학위취득에관한법률」의 제1조에서는 독학학위제의 목적을 '독학자에게 학사학위 취득의 기회를 줌으로써 평생교육의 이념을 구현하고 개인의 자아실현과 국가·사회의 발전에 이바지하는 것'이라고 규정하고 있다. 시험은 1단계에서 4단계로 운영되며 국어국문학, 영어영문학, 심리학, 경영학, 법학, 행정학, 가정학, 유아교육학, 컴퓨터과학, 정보통신학, 간호학 등 11개의 전공분야에서 독학학위제를 통한 학위를 취득할 수 있다.

(3) 평생교육사

평생교육이 발전하고 모든 국민이 평생교육에 참여할 수 있는 기회가 확대되기 위해서는 평생교육분야의 전문인력이 필요한데 이러한 전문적인 평생교육 실천을 담당하는 인력을 평생교육사라고 한다. 「평생교육법」에 따른 평생교육기관은 평생교육사를 배치하여야 하며, 「유아교육법」, 「초·중등교육법」, 「고등교육법」에 따른 기관에서도 평생교육 프로그램의 운영에서 필요한 경우 평생교육사를 채용할 수 있다(평생교육법, 제26조). 「평생교육법」에는 평생교육사의 역할에 대해 '평생교육을 기획·진행·분석·평가 및 교수업무를 수행한다(제24조 2항)'라고 명시하고 있다. 이에 근거하여 국가평생교육진흥원은 평생교육사의 직무체제 모델을 학습자 조사 및 환경분석, 학습자원 간 네트워킹, 프로그램 및 기관 운영 지원, 평가보고 및 성과분석, 계획 수립 및 기획, 프로그램 개발, 교수·학습, 상담·컨설팅, 행정경영, 학습참여 활성화 및 변화촉진 등 열 가지로 분류하여 제시하고 있다. 이미 학습사회로 진입하였고 인공지능, 빅데이터, 로봇, 초지능화 사회로 대변되는 4차 산업혁명 시대로 넘어가고 있는 와중에 교육기회의 확대를 위해 평생교육사의 역할은 그 어느 때보다도 중요해질 것으로 보이며 평생교육시스템의 질적 고도화를 위해서도 그들의 적극적인 활동이 기대된다.

토론주제

1. 평생교육의 등장배경을 설명하고 현대사회의 변화에 맞추어 평생교육이 나아가야 할 미래지향적 방향성을 논의해보자.

2. 평생교육의 이념적 지향성을 설명하고 4차 산업혁명 등 기술적 발전과 혁신이 중심이 되고 있는 시장경제 상황을 고려하여 평생교육의 중요성과 역할을 생각해보자.

3. 지금까지 국가에서 제시한 '평생교육진흥 기본계획'을 검토하고 우리나라 평생교육 시스템의 제도적인 강점과 미비점을 비교 검토해보자.

4. 경험이 갖는 학습적 의미를 검토하고 평생교육 참여자를 위한 교육프로그램 디자인에서 어떻게 고려될 수 있는지를 토론해보자.

참고문헌

권두승(2000), 성인학습 지도방법의 이론과 실제, 교육과학사

김종서·김신일·한숭희·강대중(2009), 평생교육개론, 교육과학사.

김한별(2019), 평생교육론, 학지사.

나항진 외(2015), 평생교육론, 양서원.

유네스코 21세기 세계교육위원회(1997), 21세기 교육을 위한 새로운 관점과 전망(김용주·
　　　김재웅·정두용·천세영 공역), 오름.

조순옥(2009), OECD 순환교육의 형성 과정 연구, 중앙대학교 대학원 박사학위논문.

최운실·송성숙·최라영·조미경·이주석(2018), 평생교육론, 공동체.

한숭희(2009), 학습사회를 위한 평생교육론(3판), 학지사.

Faure et al. (1972). *Learning to be: The world of education today and tomorrow.*
　　　Paris: UNESCO

Freire, P. (1995). 성찬성 역, 페다고지: 억눌린 자를 위한 교육, 한마당.

Grow, G. (1991). Teaching learners to be self-directed: A stage approach.
　　　Adult Education Quarterly, 41(3), 125-149.

Knowles, M. S. (1975). *Self-directed learning.* New York: Association Preess.

Knowles, M. S., Holton, E. F. & Swanson, R. A. (2005). *The Adult Learner. The
　　　definitive classic in adult education and human resource development.*
　　　6th edition. Burlington, USA: Elsevier.

Kolb, D. A. (1984). *Experiential learning: Experience as the source of learning
　　　and development.* Englewood Cliffs, NJ: Prentice Hall.

Mezirow, J. (1990). How critical reflection triggers transformative learning. In
　　　J. Mezirow & Associates (Eds.), *Fostering critical reflection in adulthood:
　　　A guide to transformative and emancipatory learning* (pp. 1-20). San
　　　Francisco: Jossey-Bass.

Mezirow, J. (1995). Transformation theory of adult learning. In M. R. Welton
　　　(Ed.), *In defense of the lifeworld: Critical perspectives on adult learning*
　　　(pp. 39-70). Albany, NY: SUNY Press.

Mezirow, J. (2000). Learning to think like an adult: Core concepts of
　　　transformation theory. In J. Mezirow & Associates (Eds.), *Learning as
　　　transformation: Critical perspectives on a theory in progress* (pp. 3-34).
　　　San Francisco: Jossey-Bass.

/ 공저자 약력 /

김성훈

- 일리노이대학교(University of Illinois at Urbana-Champain) 대학원, Ph. D.
- 現 동국대학교 교육학과 교수
- 관심분야: 인지진단, 집단창의력, 프로그램 (메타)평가

고진호

- 동국대학교 대학원 교육학박사
- 現 동국대학교 교육학과 교수
- 관심분야: 교육과정, 교육철학, 종교교육학

박선형

- 타즈마니아대학교(University of Tasmania) 대학원, Ph. D.
- 現 동국대학교 교육학과 교수
- 관심분야: 분산적지도성, 조직창의성과 혁신경영, 교육행정이론, 정치교육과 시민교육 등

조상식

- 괴팅겐대학교(Georg-August Uni. Göttingen) 대학원, Dr. disc. pol.
- 現 동국대학교 교육학과 교수
- 관심분야: 서양근대교육사상, 비판이론, 미학교육론, 교사교육 등

신나민

- 펜실베니아주립대학교(The Pennsylvania State University) 대학원, Ed. D.
- 現 동국대학교 교육학과 교수
- 관심 분야: 원격교육, 의인화기제, 인간-로봇 상호작용(HRI), 인공지능 윤리 등

박종배

- 서울대학교 대학원 교육학박사
- 現 동국대학교 교육학과 교수
- 관심 분야: 한국교육사, 동아시아 전통교육, 한국 현대 교육문제 등

박현주

- 미주리대학교(University of Missouri-Columbia) 대학원, Ph.D.
- 現 동국대학교 교육학과 교수
- 관심분야: 완벽주의, 상담자교육, 비교문화연구, 척도개발 및 타당화

윤초희

- 워싱턴대학교(University of Washington) 대학원, Ph.D.
- 現 동국대학교 교육학과 교수
- 관심분야: 인지발달, 학습과학, 창의성, 사고력교육 등

장환영

- 인디애나대학교(Indiana University-Bloomington) 대학원, Ph.D.
- 現 동국대학교 교육학과 교수
- 관심분야: 인적자원개발, 평생교육, 성과공학, 성인학습 등

이효정

- 캔자스대학교(University of Kansas: KU) 대학원, Ph.D.
- 現 동국대학교 교육학과 교수
- 관심 분야: 특수교육, 통합교육, 자폐성장애, 긍정적 행동지원, 보편적 학습설계 등

김용희

- 동국대학교 대학원 교육학박사
- 現 동국대학교 교육학과 강사
- 관심분야: 청소년 공동체, 대안교육 등

교육학개론

초판발행	2021년 8월 30일
지은이	김성훈·고진호·박선형·조상식·신나민 박종배·박현주·윤초희·장환영·이효정·김용희
펴낸이	노 현
편 집	김다혜
기획/마케팅	이영조
표지디자인	이미연
제 작	고철민·조영환
펴낸곳	㈜ 피와이메이트 서울특별시 금천구 가산디지털2로 53, 한라시그마밸리 210호(가산동) 등록 2014. 2. 12. 제2018-000080호
전 화	02)733-6771
f a x	02)736-4818
e-mail	pys@pybook.co.kr
homepage	www.pybook.co.kr
ISBN	979-11-6519-175-7 93370

copyright©김성훈 외 10인, 2021, Printed in Korea

정 가   20,000원